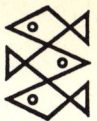

Über dieses Buch   »Lebensraum im Osten« – das war das eher phantomhafte Kriegsziel Hitlers, bereits 1925 in seinem Buch ›Mein Kampf‹ entworfen. Der Wahn vom Ostimperium war aber bereits im Kaiserreich entstanden und erfaßte im »Dritten Reich« schließlich große Teile der deutschen Führungseliten. Auch in der Bevölkerung fanden solche Ideen Widerhall. Rund 10 Millionen Deutsche kämpften zwischen 1941 und 1944 in den Weiten Rußlands einen Kampf zur Versklavung und Vernichtung der östlichen Nachbarvölker, angespornt durch die Aussicht, in den künftigen Ostkolonien eine neue Existenz zu finden.

Das Buch analysiert und dokumentiert die deutschen Planungen und Maßnahmen zur Ostsiedlung, die Initiativen von Professoren, Ministerien und Wirtschaftsverbänden, den hemmungslosen Drang der Generale nach Rittergütern im Osten. Himmlers SS brauchte sich mit ihrem »Generalplan Ost« nur an die Spitze dieser Bewegung zu setzen.

Konkurrierende Entwürfe und Interessenkonflikte werfen ein bezeichnendes Licht auf Struktur und Machtverteilung im NS-Staat. Es wird deutlich, daß es sich dabei nicht um »Sandkastenspiele« für den Endsieg handelte, sondern um den eigentlichen Motor von Massenmord und Vernichtung, die mehr als 30 Millionen Menschen in Polen und in der UdSSR das Leben kosteten.

Der Autor   **Rolf-Dieter Müller**, geboren 1948, Studium der Geschichte, Politikwissenschaft und Pädagogik in Braunschweig und Mainz, 1975 Staatsexamen, Dr. phil. (1981); seit 1979 Historiker im Militärgeschichtlichen Forschungsamt in Freiburg, Mitarbeiter der Historischen Kommission bei der Bayerischen Akademie der Wissenschaften.

Veröffentlichungen u. a.: Das Tor zur Weltmacht. Die Bedeutung der Sowjetunion für die deutsche Wirtschafts- und Rüstungspolitik in der Zwischenkriegszeit (1919–1939), Boppard 1984; Die deutsche Wirtschaftspolitik in den besetzten sowjetischen Gebieten 1941–1945, Boppard 1991; Mitautor von: Chemische Kriegführung – Chemische Abrüstung, Berlin 1985; Deutschland am Abgrund. Zusammenbruch und Untergang des Dritten Reiches 1945, Konstanz 1986; Wer zurückweicht wird erschossen!, Freiburg 1985; Geschichtswende?, Freiburg 1987; Giftgas gegen Abd el Krim, Freiburg 1990; Beiträge in: Das Deutsche Reich und der Zweite Weltkrieg, Bd. 4, Bd. 5/1, Stuttgart 1983, 1988.

Rolf-Dieter Müller

Hitlers Ostkrieg und die deutsche Siedlungspolitik

Die Zusammenarbeit von Wehrmacht, Wirtschaft und SS

Fischer
Taschenbuch
Verlag

Lektorat: Walter H. Pehle
in Verbindung mit dem Militärgeschichtlichen Forschungsamt, Freiburg

Originalausgabe
Veröffentlicht im Fischer Taschenbuch Verlag GmbH,
Frankfurt am Main, Juli 1991

Umschlaggestaltung: Buchholz/Hinsch/Hensinger
Foto: Aus der NS-Zeitschrift:
Der Vierjahresplan, Jg. 6 (Januar 1942), S. 23
Karte S. 133: Ulf Balke, Zeichenstelle des
Militärgeschichtlichen Forschungsamtes, Freiburg
Gesamtherstellung: Clausen & Bosse, Leck
Printed in Germany
ISBN 3-596-10573-0

Inhalt

Vorwort

Bei den raschen revolutionären Veränderungen in Mittel-Osteuropa in unseren Tagen ist es immer wieder zu Irritationen durch den Eindruck gekommen, daß die Frage der deutschen Ostgrenze »offen« sei. Kein anderes Problem im Verhältnis der Deutschen zu ihren Nachbarn hat in dem ausgehenden 20. Jahrhundert derartiges Unheil angerichtet. Vor 50 Jahren nahm der Zweite Weltkrieg seinen Ausgang an der deutschen Ostgrenze. Dort im Osten fanden die blutigsten Schlachten statt. Millionen von Menschen wurden Opfer des rassenideologischen Vernichtungskrieges, den die deutsche Wehrmacht gegen Polen, Juden, Russen, Ukrainer und andere slawische Völker führte, um Hitlers Wahn vom »Lebensraum im Osten« zu erfüllen. Dieser Krieg brandete schließlich zurück. Nun wurden Millionen Deutsche aus ihrer angestammten Heimat im Osten vertrieben, das Bismarck-Reich zerschlagen und die deutsche Ostgrenze weit nach Westen verschoben. 45 Jahre brauchte es, bis ein neues Deutschland seine Ostgrenze vorbehaltlos anerkannte.

Die besorgte Frage unserer Nachbarn nach der Verläßlichkeit dieser Anerkennung wird nur vor dem Hintergrund dieser leidvollen historischen Erfahrung verständlich. Es ist eine lange Erfahrung mit dem deutschen »Drang nach Osten«, die über den Zweiten Weltkrieg hinaus weit in die Vergangenheit zurückreicht.[1]* In der gemeinsamen Geschichte gab es wohl auch Phasen friedlicher Durchdringungen, des kulturellen und wirtschaftlichen Austausches, der freundschaftlichen Begegnung. Aber eben nicht selten auch traten die Deutschen als Eroberer und Kolonisatoren auf. Hitlers Wahnvorstellungen eines neuen »Germanenzuges« nach Osten bildeten nur den völkermordenden Höhepunkt dieser verhängnisvollen Traditionslinie deutscher Geschichte.

Programm und Wirklichkeit nationalsozialistischer Ostpolitik gehören daher zu den wichtigsten Themen der Zeitgeschichtsforschung sowie der historisch-politischen Bildungsarbeit. Das Geschichtsbild wird weithin geprägt von der Rolle des Diktators und seiner schwarzen Schergen. Terror und Vernichtung, Zwangsarbeit, Vertreibung und massenhafte Um-

---

* Die Anmerkungen befinden sich am Ende des Bandes.

siedlungen in den eroberten polnischen und sowjetischen Gebieten, darüber ist relativ wenig geschrieben und diskutiert worden. Lange nachwirkende ideologische Frontstellungen haben mit dazu beigetragen, daß Zielsetzung und Praxis der NS-Herrschaft in Osteuropa auch von der Forschung vernachlässigt worden sind.

Reicht es aus, Hitlers programmatische Schrift »Mein Kampf« zu analysieren, um etwas über die Absichten der Nationalsozialisten gegenüber den osteuropäischen Nachbarvölkern zu erfahren? Wie war es mit der Zustimmung und Mitwirkung der alten Führungseliten, die bereits im Ersten Weltkrieg den Griff nach dem Ostimperium gewagt hatten und 1941 darum erneut zu kämpfen entschlossen waren?

Daß die Wehrmacht als mächtigster Pfeiler des deutschen Nationalstaates Bismarckscher Prägung nicht abseits stand, sondern tief in die verbrecherische Kriegspolitik verstrickt war, diese Einsicht hat sich gegen vielfältige Widerstände und Legenden erst allmählich durchgesetzt.[2] Weniger bekannt ist die Tatsache, daß Millionen deutscher Soldaten nicht nur zur Erfüllung militärischer Aufgaben im Osten eingesetzt waren, sondern mit der Aussicht in den Eroberungskrieg geschickt wurden, als Siedler und »Wehrbauern« die künftige Herrenschicht der Ostkolonien zu bilden.

Auch über die Rolle der deutschen Wirtschaft, der Unternehmer, Konzerne und Verbände bei der Formulierung und Durchsetzung deutscher Kriegsziele im Osten ist nur wenig zu erfahren. Waren sie die eigentlichen Drahtzieher und Nutznießer, wie es in der kommunistischen Geschichtsschreibung hieß, oder nur mißbrauchte Experten, die für den Diktator die »Ausschlachtung« der besetzten Gebiete organisieren mußten?[3]

Daß Himmlers SS die eigentliche »Schmutzarbeit« im Osten betrieb und die Ziele des »Führers« hemmungslos in die Tat umzusetzen versuchte, ist dagegen weitverbreitete Einsicht. Himmlers »Generalplan Ost« gilt als eines der wichtigsten Schlüsseldokumente der Zeitgeschichte.[4] Er kennzeichnet die extremste Form der NS-Kriegszielpolitik, Utopie einer rassischen »Neuordnung« Europas, zugleich Handlungsanleitung für die Vernichtungs- und Siedlungspolitik während des Zweiten Weltkrieges. Der Holocaust an den Juden, der Massenmord an sowjetischen Kriegsgefangenen, die Euthanasie, die verbrecherische Besatzungspolitik in Polen und Rußland, alles Elemente und Konsequenzen des »Generalplans Ost«.[5]

Aber es war ein geheimer Planungsentwurf, von Himmler immer wieder revidiert und erweitert, keineswegs verbindlich für die anderen Institutionen im Dritten Reich, letztlich nur die makabre Nutzen-Kosten-Analyse entfesselter Planungsbürokraten[6], gleichwohl aber mehr als einer der zahlreichen Schubladenpläne für den Endsieg, Anstoß nämlich für die größte Völkerwanderung der Geschichte, 1939 in Polen begonnen und keineswegs auf Ost-Mitteleuropa beschränkt.[7] Der »Generalplan Ost« ist daher zu Recht Synonym für die NS-Kriegsziele im Osten geworden, obwohl darüber wenig bekannt ist und geforscht wurde.[8]

Das gilt noch mehr für die konkurrierenden Entwürfe und Beiträge von Wehrmacht, Wirtschaft und Ministerialbürokratie. Die Analyse der Siedlungsideen und Aktivitäten dieser traditionellen Führungsgruppen rückt die SS mit ihrem »Generalplan Ost« in ein anderes Licht, entdämonisiert den »Schwarzen Orden« und seinen erhobenen Anspruch auf den Osten.

Betrachtet man die Siedlungspolitik einmal nicht aus dem Blickwinkel der SS, sondern als einen dynamischen Prozeß, dann wird zweierlei deutlich: Einerseits war das Ringen um Pläne und Richtlinien für die Ostsiedlung ein wichtiges Vehikel für Himmler, um seinen Machtanspruch zu erweitern, und andererseits wird erkennbar, daß es hier über Meinungsverschiedenheiten und Kompetenzstreitigkeiten hinweg auch Gemeinsamkeiten gab.[9] Dem Traum vom Rittergut im Osten jagten manche Generale noch nach dem Menetekel von Stalingrad nach. Mit einem Geheimbefehl mußte Hitler diesen Drang förmlich bremsen. Dieser Befehl wirft – wie auch andere bislang meist unbekannte Dokumente, die im Anhang veröffentlicht sind – ein bezeichnendes Licht auf ein Kapitel der Geschichte des »Dritten Reiches«, das erst heute, nach mehr als vier Jahrzehnten, abgeschlossen wird.

Mein Dank gilt den Mitarbeitern des Bundesarchivs Koblenz, des Militärarchivs Freiburg, des Hauptstaatsarchivs Stuttgart, des Staatsarchivs Nürnberg und dem Document Center Berlin, besonders aber für ihre Hinweise und Anregungen Dr. Norbert Frei und Dr. Hans Woller vom Institut für Zeitgeschichte München sowie Dr. Wolfgang Michalka vom Militärgeschichtlichen Forschungsamt.

Freiburg   Rolf-Dieter Müller

»Der Russe muß sterben damit wir leben.
Die stramme 6. Kompanie«

I. Die Wehrmacht:
Mit Schwert und Pflug nach Osten

1. Der »Ostwall« in Polen – Befestigungslinie oder Siedlungsgebiet?

Die Ansiedlung von Soldaten und Bauern zum Schutz der Ostgrenze und zur Herrschaftssicherung in den annektierten polnischen Gebieten läßt sich bis in die friderizianische Zeit zurückverfolgen. Es waren damals vor allem Veteranen, die mit Landgeschenken versorgt wurden. Auch im wilhelminischen Deutschland, wo dieser Umgang mit der Ostgrenze und den östlichen Nachbarn bereits starke nationalistische, ja sogar rassistische Züge trug, blieb eine solche Verbindung von Schwert und Pflug zahlenmäßig von begrenzter Bedeutung.

Im Ersten Weltkrieg verstärkte sich dann das »Nebeneinander von militärstrategischem und siedlungspolitischem Denken«[10], wurden weitreichende Pläne für die Machterweiterung des Reiches nach Osten und die Kolonisierung angrenzender Gebiete diskutiert. Noch im Angesicht der Niederlage wurden 1919 Freikorpstruppen für das Baltikum gegen großzügige Landversprechungen angeworben. Viele von diesen Soldaten dienten zwanzig Jahre später in Hitlers Wehrmacht, vor allem in den rückwärtigen Einheiten und Ortskommandanturen im Osten.

In der Weimarer Republik war an die Fortsetzung einer offensiven Siedlungspolitik vorerst nicht mehr zu denken. Statt dessen trat eine andere Variante stärker in den Vordergrund: die Sicherung der östlichen Reichsgrenze durch eine gezielte Volkstumsarbeit, d. h. die Aufsiedlung und »Eindeutschung« der Grenzgebiete zur Abwehr polnischer Gebietsansprüche und zum Schutz vor polnischer »Unterwanderung«. Militärischer Grenzschutz und Siedlungsförderung bildeten auf diese Weise erneut eine Einheit.[11]

Dazu gehörten spezielle Militärsiedlungen für Soldaten, die nach Ablauf ihrer Dienstzeit eine Siedlerstelle in Ostdeutschland übernehmen wollten. Auf einen Heereslehrgut wurden sie mit der Landwirtschaft vertraut gemacht. Selbst ihre Frauen und Bräute mußten sich auf ihre »Tauglichkeit« überprüfen lassen. Die Militärsiedler wurden auch nach ihrer Entlassung von den Fürsorgestellen des Heeres betreut und beraten. Genaue Zahlen lassen sich nicht mehr ermitteln. Die Gesamtzahl der jährlichen

Neusiedlungen betrug, einschließlich der Militärsiedler, vor der Machtübernahme der Nationalsozialisten knapp 9000 (1931). Davon wurden 76 Prozent östlich der Elbe angesiedelt.[12] Der bevölkerungspolitische Effekt blieb angesichts dieser geringen Zahlen minimal. Die ökonomische Misere in der ostdeutschen Landwirtschaft und der dadurch bedingte Geburtenrückgang trugen zum Leidwesen der Militärs noch zu diesem Ergebnis bei. Eine Intensivierung dieser Siedlungstätigkeit wurde deshalb nach 1933 von der Wehrmacht unterstützt, auch in ihrer stärkeren Ideologisierung. Die »Blut-und-Boden«-Parolen der Nationalsozialisten wurden von den Militärs durchaus verstanden, klagten sie doch seit fast einem Jahrhundert über die negativen Folgen der Industrialisierung für Geburtenziffern und Gesundheitszustand der Rekruten. In einer Schrift der Militärärztlichen Akademie hieß es deshalb 1937:

»Das Dritte Reich hat begonnen, aus den Lehren der Geschichte die Folgerungen zu ziehen. Wehrkraft und Siedlung sind nicht voneinander zu trennen. Eines bedingt das andere. Durch Urbarmachen und Bereitstellen allen entbehrlichen deutschen Bodens entstehen überall neue Bauern- und Arbeitersiedlungen, nicht zuletzt auch in den bisher menschenarmen Grenzgebieten des Ostraums. Wenn einmal das gewaltige Siedlungsvorhaben des Führers beendet sein wird, dann hält ein wehrkräftiges, schollengebundenes Siedlergeschlecht von deutschen Arbeitern und Bauern Grenzwacht gegen fremdrassige Unterwanderung.«[13]

Daß dieses Siedlungsvorhaben nicht auf Deutschland in den Grenzen von 1937 beschränkt war, mußte jedem, der die programmatischen Äußerungen der Nationalsozialisten zur Kenntnis nahm, klar sein. Hitler selbst erklärte es der Wehrmachtführung immer wieder. Wie ein roter Faden zog sich durch seine Reden und Ansprachen die Forderung nach »Lebensraum im Osten«. Das angebliche »Volk ohne Raum« sollte zu einem neuen »Germanenzug« nach Osten aufbrechen, zur gewaltsamen Landnahme, zur »Germanisierung« und Besiedlung Osteuropas. »Wenn wir aber von neuem Grund und Boden reden, können wir in erster Linie nur an Rußland und die ihm untertanen Randstaaten denken«, so Hitlers vielzitierte Maxime in seiner millionenfach verbreiteten Schrift »Mein Kampf«.[14]

Im Unterschied zu früheren Siedlungsvorstellungen dachte Hitler jedoch nicht an eine Art von Kulturmission, an ein friedliches Nebeneinander deutscher Siedler mit der slawischen Bevölkerung. Sein rassenideologisches Konzept lief auf die Versklavung bzw. Vernichtung der osteuropäischen Nachbarvölker hinaus. Mit dieser Zielsetzung betrieb er, unterstützt von den nationalkonservativen Führungseliten, Aufrüstung und Kriegsvorbereitung. Die Okkupation der Tschechoslowakei bildete 1938/39 den Auftakt, doch mit der sofort aufgenommenen Siedlungspolitik unter der Ägide der landwirtschaftlichen Behörden und der SS war die Wehrmacht nicht unmittelbar verbunden[15] – anders im September 1939 in Polen. Hier übernahm das Militär zunächst die Besatzungsgewalt und wurde sofort mit den Folgen des nationalsozialistischen Siedlungsdrangs konfrontiert.[16]

Nach dem Abschluß der Kampfhandlungen in Polen hatte Hitler dem Reichsführer SS den Auftrag erteilt, die Umsiedlung der Volksdeutschen aus dem Baltikum sowie aus Ostpolen zu organisieren und ihre Ansiedlung in den annektierten polnischen Westgebieten durchzuführen.[17] Daraus entwickelte sich rasch eine heftige Kontroverse mit örtlichen Wehrmachtstellen, die bereits gegen die Übergriffe der SS während des Polen-Feldzuges protestiert hatten. Durch die wilde und planlose Vertreibung der polnischen Bevölkerung aus den Ansiedlungsgebieten ins sogenannte Generalgouvernement sah der Oberbefehlshaber Ost die militärischen Interessen erheblich verletzt. Dieser Konflikt wurde einer der Treibsätze für die tiefgreifende Vertrauenskrise, die das Verhältnis zwischen Hitler und Teilen der Wehrmachtführung im Winter 1939/40 bestimmte.[18]

Oppositionelle Regungen griffen vom Osten auch auf den Westen über, seitdem Hitler die Vorbereitung des Angriffs auf Frankreich befohlen hatte, den einige Heerführer in seinen Erfolgsaussichten skeptisch beurteilten. Die Verbindung beider Bereiche lag darin, daß Hitler zur Verstärkung der Westarmee die weitgehende Entblößung der Ostgrenze befahl. Er hielt das für möglich, weil er davon ausging, daß sein Bündnis mit Stalin für »absehbare Zeit« ungefährdet sein würde, eine militärische Bedrohung aus dem Osten also nicht zu erwarten war.[19]

So konnte Hitler auch für eine abrupte Beendigung der Militärverwaltung in Polen und die Einsetzung einer Zivilverwaltung unter Generalgouverneur Hans Frank sorgen.[20] Durch diese Maßnahme wurde der Oberbefehlshaber (OB) Ost teilweise entmachtet und seinen wiederholten kritischen Einwänden der Boden entzogen. Beschränkt auf die Aufgabe der militärischen Grenzsicherung und der Ausbildung von Ersatzeinheiten für die Westfront, verfügte der OB Ost allerdings noch über einen erheblichen Einflußspielraum, um dessen extensive Auslegung sich Generaloberst Johannes Blaskowitz bemühte.

Die routinemäßige Anlage neuer Übungsplätze bot einen ersten Ansatzpunkt, um einerseits militärische Autonomiebereiche gegenüber der Zivilverwaltung zu schaffen und andererseits die angelaufenen Umsiedlungsaktionen einzudämmen bzw. zu kanalisieren. Die Heeresführung übernahm zunächst diese Linie.

Hitler sah Polen als deutsches »Aufmarschgebiet für [die] Zukunft« an und billigte daher den Ausbau der militärischen Infrastruktur. Neben dem Ausbau von Straßen und Eisenbahnlinien befahl er die Schaffung von Garnisonen, die wie »Ordensburgen« als Sicherungs- und Machtzentren im polnischen Raum wirken sollten.[21] Mit dem Führerbefehl vom 19. Oktober 1939 erhielt das Heer als Ersatz für die Militärverwaltung eine Reihe von Privilegien, insbesondere das Recht, sogenannte Schutz- und Sicherungsbereiche einzurichten. Der OB Ost beabsichtigte, entlang der Flußlinie Narew–Weichsel–San, die sich als natürliche Verteidigungslinie anbot, einen schmalen Streifen sowie einzelne Brückenköpfe zum Sicherungsbereich zu erklären.[22]

Der künftige Generalgouverneur Frank schien zu ahnen, daß die Wehrmacht dabei war, sich einen exterritorialen Streifen quer durch sein »Königreich« zu schaffen, und forderte eine möglichst rasche Offenlegung der Wehrmachtplanungen.[23] Schließlich schaltete sich Anfang November 1939 auch das Oberkommando der Wehrmacht (OKW), Hitlers eigentliches militärisches Büro, ein und forderte die Wehrmachtteile auf, ihre Vorhaben zu konkretisieren. Das OKW wollte diese Wünsche dann der Planungsstelle des Reichskommissars für die Festigung deutschen Volkstums (RKF) übermitteln, um eine Abstimmung mit den Umsiedlungen zu erreichen.[24] Dahinter stand das Bemühen Keitels, jedem politischen Streit aus dem Wege zu gehen und sich auf die militärischen Interessen zu beschränken. Der Chef des OKW lehnte daher die weitergehendere Kritik des OB Ost an den Umsiedlungen ab.[25] Innerhalb des OKW gab es allerdings auch keine einheitliche Linie, da das Wehrwirtschafts- und Rüstungsamt, formell nicht nur für die Funktionsfähigkeit der Wirtschaft, sondern auch für Fragen der Landesplanung zuständig[26], die kritische Position des OB Ost unterstützte, und der Amtschef General Georg Thomas zur militärischen Opposition zählte, die sich bemühte, die Heeresführung in ihrem Konflikt mit Hitler und Himmler zu einem energischen Standpunkt zu veranlassen.

Am 22. November 1939 entschied sich Hitler nach einer Vorlage des Oberkommandos des Heeres für die Errichtung des »Ostwalls«. Da er bekanntlich die deutsch-sowjetische Demarkationslinie nicht als endgültige deutsche Ostgrenze betrachtete, sondern sich nach der militärischen Entscheidung im Westen wieder nach Osten, zur Niederwerfung der UdSSR und der Eroberung von weiterem »Lebensraum im Osten« zuwenden wollte, strebte er keine ständige Befestigung, also eine echte Verteidigungslinie an. Es ging vielmehr um die Errichtung einer Sicherungslinie, hinter der sich im »Spannungsfalle« größere Verbände versammeln konnten. Die von den Wehrmachtteilen geforderten Übungsplätze sollten Teil dieses Aufmarschgebietes und zugleich »Machtzentren« im polnischen Raum sein. In seiner Begründung, der Ostwall solle dem »Schutz des volksdeutschen Raumes nach Osten« dienen, steckte allerdings auch ein Element jener Politik, die Himmler in Polen verfolgte. Keitel forderte daher sowohl die Wehrmachtteile als auch den Reichsführer SS dazu auf, ihre Vorschläge einzureichen.[27]

Himmler war dazu aber noch gar nicht imstande. Während verschiedene SS-Organisationen derzeit noch mit der praktischen Umsiedlungsarbeit aus dem Baltikum beschäftigt waren, lief die Arbeit in der Dienststelle RKF erst in bescheidenen Ansätzen. Längerfristige und großräumige Planungen konnten nicht ohne weiteres erstellt werden. Nach einem ersten »Nahplan« wurden im Dezember 1939 mehr als 160 000 polnische Bürger aus den annektierten Gebieten vertrieben, und in einem zweiten Nahplan sollten im Frühjahr 1940 40 000 Einwohner den Baltendeutschen weichen. Insgesamt ging es um knapp 7 Millionen Menschen, die aus den »Eingegliederten Ostgebieten« ins Generalgouvernement, das geplante »Polen-Reservat«, umgesiedelt werden sollten.[28]

Himmler engagierte Professor Konrad Meyer-Hetling, Experte für landwirtschaftliche Soziologie und Siedlungswissenschaft, um eine systematische Planung in Angriff nehmen zu können. Lediglich vom Rassenpolitischen Amt der NSDAP lag bereits ein Siedlungsplan vor, der die landläufigen Siedlungsvorstellungen der Partei zusammenfaßte. Kernpunkt war die Forderung nach Schaffung eines Wehrbauerngebiets, die Aufsiedlung eines 200 km breiten Streifens diesseits der neuen Reichsgrenze.[29]

Aus dem militärischen Blickwinkel war ein solches Vorhaben uninteressant, ja eher gefährlich, weil die aus den Siedlungsgebieten deportierten Polen in den östlicher gelegenen Sicherungsbereich der Wehrmacht strömten und dort zwangsläufig für Unruhe sorgten. Eigene Vorstellungen zur Lösung des Problems hatte man im Oberkommando des Heeres (OKH) noch nicht entwickelt. Dort wurde in Weiterführung der bisherigen Überlegungen die Einrichtung von drei großen Übungsplätzen als Unterbringungs-, Ausbildungs- und Aufmarschräume gefordert. Vom OKW verlangte man die baldige Bekanntgabe der beabsichtigten Siedlungsräume im Generalgouvernement, um bei der anstehenden Erkundung der Plätze entsprechende Rücksichten nehmen zu können.[30] Als Vermittler zwischen OKH und RKF, wie es auch Hitler in einer erneuten Bestätigung der Heerespläne erwartete[31], trat das OKW aber nicht in Funktion, denn das mit der Federführung beauftragte Wehrwirtschafts- und Rüstungsamt war tief in die sogenannte Munitionskrise verstrickt. Der Streit um die Zielsetzung und Führung der Rüstungswirtschaft belastete das Verhältnis zwischen OKW und OKH und blockierte eine engere Zusammenarbeit der beiden Oberkommandos.[32]

So ergriff das OKH Anfang 1940 die Initiative. Nach ersten Absprachen mit den anderen Wehrmachtteilen lud die zuständige Amtsgruppe für Truppenübungsplätze zu einer Besprechung aller interessierten zivilen und militärischen Dienststellen in Lodsch am 16./17. Januar 1940 ein.[33] Besonders wichtige Adressaten waren die Spitzen der SS und des RKF, von denen eine Offenlegung ihrer Siedlungspläne erwartet werden konnte. Der konkrete Vorschlag des OKH für eine Sicherungszone mit entsprechenden Übungsplätzen fand, obwohl gegenüber der ursprünglichen Planung des OB Ost räumlich erheblich vergrößert, die Zustimmung Hitlers. Er legte aber fest, daß in der Sicherungszone keine Einsiedlung von Volksdeutschen stattfinden sollte.[34] Dennoch nahm man im OKH den Gedanken einer Verbindung von deutscher Siedlung im polnischen Raum und militärischer Infrastruktur-Planung sofort auf.

Den Anstoß dazu gab vielleicht das Zurückweichen Himmlers in der Siedlungspolitik. Den vielfältigen Protesten und Einsprüchen, insbesondere von Göring, Frank und Lammers, entsprechend, war der Reichsführer SS bereit, die Evakuierung der polnischen Bevölkerung aus den annektierten Gebieten mit Rücksicht auf die schwierige Lage des Generalgouvernements zu drosseln.[35] Andererseits interessierte man sich auch in der Wehrmachtführung durchaus für die Siedlungsmöglichkeiten und fand in Hitlers Absicht, den Kriegsteilnehmern künftig den Vorrang bei der Vergabe von Landbesitz und Gewerbebetrieben einzuräumen, einen Hebel, um bei der Ansiedlung mitzuwirken.[36]

Dem hatte Himmler Rechnung tragen müssen, indem er die Anweisung erteilte, keine endgültigen Besitzzuteilungen an die Umsiedler vorzunehmen und mit der zusätzlichen Ansiedlung von Reichsdeutschen erst nach Kriegsende zu beginnen, um die Soldaten nicht zu benachteiligen.[37] Nach Abschluß der laufenden Umsiedlungsaktion würde die SS also ihre Siedlungstätigkeit einstellen müssen, wenn ihr nicht durch die Wehrmacht Soldatensiedler zur Verfügung gestellt wurden. Wollte man im Osten »blühende germanische Provinzen« schaffen[38], dann war der RKF demnach auf die Zusammenarbeit mit der Wehrmacht angewiesen, mehr noch: Die Wehrmacht hatte eigentlich gute Chancen, die Siedlungspolitik in Polen ganz an sich zu ziehen oder doch zumindest einen dominierenden Einfluß auszuüben.

Offenbar wurde im OKH diese Chance auch erkannt. Dort entwickelte man für die Besprechung in Lodsch einen umfassenden eigenen Siedlungsplan als Alternative zu Himmlers scheinbar planlosen Umsiedlungsaktionen. Als Vertreter des OKH ging Major Hartwieg von der Amtsgruppe Unterkunft und Truppenübungsplätze des Allgemeinen Heeresamtes in Lodsch zielstrebig ans Werk (Dokument 6). Die militärischen Aspekte – die Lage und Ausdehnung der Übungsplätze sowie der Sicherungszone – waren rasch behandelt. Sein eigentliches Anliegen kam in der Zielsetzung zum Ausdruck, »durch schnelle Erschließung des Landes den Ostraum dem deutschen Zentrum näher zu bringen«. Ausgangspunkt seiner überraschenden Ausführungen war die Feststellung, daß bei den Übungsplätzen im Umkreis von 50 km keine Juden und Polen geduldet werden könnten. Der notwendige Arbeiterbedarf sollte durch volksdeutsche Siedler gedeckt werden, schon um der Truppe die Gelegenheit zu geben, »sich zu Hause« zu fühlen. Für diesen Zweck reichten nach seinen Berechnungen die rund 270 000 volksdeutschen Umsiedler aus dem Baltikum und Ostpolen nicht aus. Er kalkulierte auch bereits 400 000 reichsdeutsche Familien ein, denen in Polen eine bessere landwirtschaftliche Existenzgrundlage geboten werden sollte.

Diese Überlegungen basierten einerseits auf allgemeinen Siedlungsplanungen und -berechnungen, wie sie in den vergangenen Jahren von verschiedenen Stellen diskutiert worden waren, bewegten sich andererseits aber auch auf traditionellen militärstrategischen Bahnen. Aus nationalsozialistischer Sicht wäre daran nichts zu beanstanden. Der OKH-Plan war sogar noch weiter gesteckt und radikaler als die augenblicklichen Pläne der SS. Er lief bereits auf eine Vorverlegung der Siedlungszone ins polnische Kerngebiet hinaus, ein klarer Verstoß gegen das Völkerrecht, während Himmler sich bei der Besiedlung der annektierten Gebiete zumindest in dieser Hinsicht formell korrekt verhielt. Unter Hitlers Vorgabe einer möglichst raschen »Eindeutschung« der Ostgebiete barg der OKH-Plan außerdem ein höheres Risiko, denn er verteilte das begrenzte Siedlungspotential über einen wesentlich größeren Raum.

Ob man nun die »Festigung deutschen Volkstums« in kleinen Schritten oder raumgreifender vollzog, war eine Frage, über die in den nächsten Monaten und Jahren immer wieder heftig gestritten wurde, und auch die SS fand später im besetzten Rußland Gefallen an der Stützpunkt-Idee. Doch die Durchführung eines solchen militärischen Siedlungsprogramms würde nicht nur die zivile Autonomie des Generalgouvernements in Frage stellen, sondern auch den RKF an die Vorgaben der Wehrmacht binden. Der anwesende Vertreter des RKF, Stabsleiter Dr. Gebert, zeigte sich verblüfft und war nicht imstande, eigene Siedlungsvorstellungen vorzutragen. Er kündigte an, dem Reichsführer SS »die Gesichtspunkte zu einer letzten Stellungnahme und Entscheidung vorzulegen«. Die Aussprache mit den Zivilbehörden brachte weitere Bedenken und Einwände gegen die geplanten Ausbildungszentren hervor, vor allem natürlich von seiten des Generalgouverneurs, dessen Vertreter erhebliche Nachteile befürchtete. Dennoch drang der Beauftragte des OKH auf die Abfassung eines förmlichen Besprechungsergebnisses, das von den Hauptbeteiligten unterzeichnet wurde.

Welche Bedeutung kann dem skizzierten militärischen Siedlungsplan zugemessen werden? Hatte hier womöglich ein einzelner Offizier seine Kompetenzen überschritten? Gegen eine solche Vermutung sprechen die umfangreichen und detaillierten Überlegungen, die der Vertreter des OKH vorgetragen hat, und zwar in Anwesenheit zahlreicher anderer Wehrmachtvertreter und gewichtiger ziviler Stellen.[39] Ein solches Programm ohne Auftrag durch die Heeresführung vorzutragen, wäre eine Eigenmächtigkeit gewesen, die nicht zur Tradition der Stabsarbeit gehörte. Das Protokoll dieser Sitzung wurde außerdem vom OKH allen beteiligten Dienststellen zugesandt, ohne Widerruf der Siedlungsideen.[40] Vor allem aber widerspricht die Reaktion Himmlers einer solchen Deutung. Davon wird noch die Rede sein.

Es kann also von der These ausgegangen werden, daß mit Billigung der Heeresführung Ansätze zu einem eigenen Siedlungsprogramm im OKH entwickelt worden sind. Die Motive dafür lagen aber wohl kaum im eigentlichen militärischen Bereich. Der Vertreter des OB Ost, Oberstleutnant Gerlach, stellte schon in Lodsch klar, daß es nicht um einen »Ostwall« im Sinne einer Befestigungslinie wie im Westen des Reiches ging, sondern um den Ausbau einer Aufmarschzone. Eine militärische Bedrohung durch die UdSSR hielt er ausdrücklich für nicht gegeben, vielmehr sah er die größere Gefahr in der Möglichkeit eines polnischen Aufstandes. Selbst für den unwahrscheinlichen Fall eines sowjetischen Angriffs sollten die Truppen direkt an der Grenze zur Verteidigung übergehen. Mit den derzeit zehn Landwehrdivisionen hatte der OB Ost in dieser Hinsicht offenbar keine Probleme.

Die Befestigungsarbeiten waren gerade erst in Gang gekommen. Ein Zehntel des geplanten Grenzzaunes von ca. 1000 km Länge war fertiggestellt, die Brückenköpfe der Sicherungslinie waren erkundet, teilweise schon mit Hindernispfählen verstärkt, Bautruppen und Festungspionierstäbe im Anmarsch. Der Stellungsbau beschränkte sich angesichts des strengen Winters auf die Sicherung der Unterkünfte und den Bau feldmäßiger Stellungen.[41] Eine »Gesamtplanung« wollte das OKH aber auf alle Fälle vornehmen, um zu einem späteren Zeitpunkt freiwerdendes Personal und Material einsetzen zu können und »allmählich in den planmäßigen Ausbau einer ständigen Ostbefestigung überzuleiten«.[42]

Das Interesse am Ausbau der Übungsplätze durch eine Zone volksdeutscher Siedlungen hatte also keine aktuelle militärische Bedeutung, sondern resultierte aus einer derzeit noch fiktiven Nachkriegsplanung. Die Motive für den Vorschlag müssen daher wohl eher im politischen Raum gesucht werden. Und hier fällt sofort ins Auge, daß der Konflikt zwischen Heer und SS in diesen Tagen seinem Höhepunkt zustrebte. Die Heeresführung wurde durch Angehörige der Militäropposition zu einem energischen Vorgehen gegen Partei und SS gedrängt.[43] Der Oberbefehlshaber des Heeres, Walther von Brauchitsch, verweigerte sich jedoch diesem Ansinnen und suchte mit allen Mitteln, zu einem Ausgleich mit Himmler zu gelangen. Diejenigen seiner Untergebenen, die ihn allzu hartnäckig zur Tat drängten, ließ v. Brauchitsch kaltstellen, und an das Heer erließ er eine Reihe von Befehlen, die um Verständnis für die Aufgaben der SS warben.[44] Er suchte darüber hinaus auch eine persönliche Aussprache mit Himmler, um die zahlreichen Streitfälle und Klagen zu bereinigen. In diesem Zusammenhang könnte das Siedlungsprojekt des OKH ein Signal an den Reichsführer SS gewesen sein, wieder zu einer gemeinsamen Plattform zurückzufinden.

Wie würde Himmler darauf reagieren? Seine Planungshauptabteilung machte sich nach den Neuigkeiten von Lodsch sofort an die Arbeit, um die eigenen Überlegungen möglichst rasch zu Papier zu bringen. Der Leiter, Prof. Konrad Meyer-Hetling, konnte bereits zwei Wochen nach Lodsch den Vertretern der Raumordnungsbehörden die Hauptlinien seiner Planung erläutern[45], die zwar auch strategisch angelegt war, aber nicht im militärischen Sinne, sondern entsprechend der Volkstumspolitik (Dokument 7).

Festgelegt werden sollte eine »Siedlungszone 1. Ordnung«, ein Grenzwall, nicht so weit nach Osten vorgeschoben, wie der OKH-Plan dies vorsah, sondern entlang der Grenze zum Generalgouvernement, lediglich im Nordabschnitt gleichlaufend mit dem Ostwall der Wehrmacht, ansonsten im Bereich der annektierten polnischen Landkreise. Dazu gehörte auch eine Siedlungsbrücke, eine Ost-West-Achse, die den Grenzwall mit dem Altreich verbinden und so zur Einschließung polnischer Siedlungsreservate dienen sollte, die man später germanisieren wollte.

Die Studie des RKF wurde bereits als »Generalplan« bezeichnet. Es handelt sich also um die Urfassung des Generalplans Ost (GPO) mit einem 5-Jahres-Programm, das nach Kriegsende beginnen sollte. Geplant war, 3,4 Millionen Deutsche anzusiedeln und rd. 4 Millionen Polen aus diesen Gebieten zu vertreiben. Damit verbunden war die Vorstellung einer grundlegenden wirtschaftlichen und sozialen Neuordnung. Die künftige Gesellschaftsordnung basierte auf einer Mischstruktur von deutschen Landarbeitern, bäuerlichen Wirtschaften und Rittergütern – jetzt Wehrbauernhöfe genannt – sowie einer mittelständischen Handwerks- und Gewerbestruktur.

Es ist anzunehmen, daß die Planungshauptabteilung diese provisorischen »Planungsgrundlagen für den Aufbau der Ostgebiete«, wie in Lodsch angekündigt, vom Reichsführer SS absegnen ließ, bevor sie Ende Februar 1940 an das OKW weitergeleitet wurden. Bereits für seine Aussprache mit v. Brauchitsch am 2. Februar 1940 zeigte sich Himmler entsprechend präpariert. Das Ostwall-Projekt des OKH kam für ihn daher nicht in Betracht. Weil er aber selbst daran interessiert war, das Verhältnis zum Heer zu verbessern, machte er einen Gegenvorschlag, einen geschickten Schachzug, der auf die Entkoppelung von Siedlungsauftrag und militärischer Aufgabenstellung hinauslief.

Himmlers Idee war es, an der deutsch-sowjetischen Grenze einen Panzergraben als militärisches Bollwerk zu errichten, gebaut durch 2,5 Millionen Juden, deren Umsiedlung bereits in vollem Gang war.[46] Er griff damit einen Plan des Höheren SS- und Polizeiführers in Lublin auf, »durch jüdische Zwangsarbeit einen 40 bis 50 m breiten und 1,50 m unter dem Grundwasser tiefen Graben« anzulegen, 5 km hinter dem Drahtzaun des Zollgrenzschutzes. Das Gebiet zwischen Zaun und Wassergraben sollte unbewohnt bleiben.[47] Hierbei wäre es also um eine polizeitaktische Maßnahme zum Schutz gegen Schmuggler und Agenten gegangen. Der Ausbau zu einem Panzergraben als militärische Befestigungslinie war dagegen eine andere Sache.

Aber für Himmler ging es bei seinem Vorschlag wohl auch gar nicht so sehr um den militärischen Nutzen eines solchen Bauwerks. Die politischen Vorteile waren offenkundig. Eine solche Grenzbefestigung würde die drohenden Kompetenzprobleme im Generalgouvernement, wie sie das OKH-Projekt aufwarf, von vornherein ausschließen. Zum anderen würde sich Himmler die Möglichkeit bieten, für den Abtransport der Juden, die weder der Generalgouverneur noch das OKH in seinem Ostwall aufnehmen wollten, Ziel und Legitimation zu finden. Die Versklavung und Vernichtung der jüdischen Bevölkerung ließe sich hinter militärischen Notwendigkeiten verdecken und machte am Ende auch die Wehrmacht selbst zum Komplizen des Holocaust.

Der Oberbefehlshaber des Heeres ging auf diesen Vorschlag sofort ein und ließ ihn in den nächsten sechs Wochen von den zuständigen Experten einer ernsthaften Prüfung unterziehen.[48] Vom Siedlungsplan des OKH war fortan keine Rede mehr. Das OKW trug dieser neuen Situation Rechnung, als es am 2. März 1940 in einem Schreiben an die in Lodsch beteiligten Stellen über die nunmehr festliegenden »Planungsabsichten der Wehrmacht« informierte und damit die in Lodsch vorgetragenen Absichten des OKH korrigierte.[49] Festgehalten wurde dabei an der Sicherungszone und an den geplanten Ausbildungszentren. Dafür gab es immerhin einen Führerbefehl. Eine Ansiedlung von Volksdeutschen sollte aber – entsprechend den Planungsgrundlagen des RKF – nur im nördlichen, auf Reichsgebiet liegendem Teil stattfinden. Die weitergehenderen OKH-Forderungen von Lodsch wurden ausdrücklich widerrufen. Zusätzliche Juden wollte das OKW aber aus den militärischen Gebieten auf jeden Fall fernhalten. Der drohende Konflikt mit der SS über die unterschiedlichen Siedlungsvorstellungen war damit abgewendet.

Die zumindest partielle Zusammenarbeit bei der Ansiedlung lief sofort an. Himmler erteilte die Anweisung, die Transporte von Volksdeutschen aus Wolhynien und Galizien dorthin zu dirigieren, wo sie als Siedlungsgürtel für die geplanten Übungsplätze von der Wehrmacht gewünscht worden waren. Der Kreis Konin im Warthegau (Übungsplatz des Heereswaffenamtes) erhielt zusätzlich 4000 Familien, der Bezirk Zichenau (Übungsplatz Heer/Lufwaffe) 1000[50]. Auch der schwelende Streit mit Frank hätte beendet werden können, wäre der OB Ost nicht von sich aus aktiv geworden. Er ließ nämlich einerseits nicht nach, gegen die Übergriffe der SS zu protestieren, und andererseits übermittelte er dem Generalgouverneur eine offizielle Erklärung der Schutzbereiche, womit er den Anspruch eines militärischen Primats erneuerte.[51]

Frank eilte nach Berlin. Eine Aussprache mit v. Brauchitsch, Göring und Himmler zerstreute seine Befürchtungen. Entscheidend waren Hitlers Ausführungen auf der geheimen Tagung der Gau- und Reichsleiter der NSDAP am 29. Februar 1940.[52] Der »Führer« demonstrierte Siegesgewißheit und war überzeugt, daß der Sieg im Westen noch im Jahre 1940 errungen werde. Die Notwendigkeit einer militärischen Rückendeckung durch einen Ostwall entfiel damit, zumal Hitler die Ansicht bekundete, »daß die Russen in 100 Jahren nicht angreifen« würden. Ebenso wie sein Außenminister schätzte er die Moskauer Regierung als loyal ein, fügte aber bezeichnenderweise hinzu: »Wenn überhaupt eine Veränderung der Grenze in Frage kommt, dann nur weiter nach Osten. Aber das wäre eine Sache für spätere Zeiten.«

Mit dieser Rückendeckung durch den »Führer« konnte Frank die Auseinandersetzung mit dem OB Ost aufnehmen. Blaskowitz forderte vergeblich den Oberbefehlshaber des Heeres dazu auf, an den Schutzbereichen festzuhalten und an dieser Frage den Bruch mit dem Generalgouverneur herbeizuführen. Ohne den Ostwall-Plan aber gab es keine Möglichkeit, Frank in seine Schranken zu weisen.[53] Von Brauchitsch ging sogar noch weiter: Er drängte Himmler, am 13. März 1940 in Koblenz vor der höheren Generalität über die Aufgaben der SS im Osten zu referieren und auf diese Weise das gegenseitige Verständnis zu vertiefen.[54]

Bei dieser Gelegenheit wurde auch die Zustimmung des OKH zu Himmlers Panzergraben-Projekt besiegelt, obwohl die Einschätzung des militärischen Werts und des Aufwands nicht einhellig war. Der General der Pioniere beim OB Ost hatte als zuständiger Experte schwerwiegende Bedenken. Das Grenzabschnittskommando Mitte stellte den militärischen Nutzen klar in Abrede und wollte auch keine »Judenkolonnen« eingesetzt wissen. Deren möglicher Einsatz durch die Wehrmacht sei ausgeschlossen, und die »Leitung der Arbeit in die Hände der SS zu legen, verbietet sich aus naheliegenden Bedenken«.[55] Eine solche eindeutige

Ablehnung wollte selbst der OB Ost nicht vortragen, weshalb er als Kompromiß den Bau von Hindernissen entlang geeigneter kleinerer Grenzabschnitte anbot, »wobei die Heranziehung von Arbeitskräften (jüdische Zwangsarbeit) im Auge behalten werde«.[56] Die Heeresführung wollte jedoch davon nichts wissen. Ihr war es lieber, wenn sie sich nicht um die Juden kümmern mußte, sollte doch die SS selber eine eigenständige Bauorganisation nach dem Vorbild der »Organisation Todt« schaffen.[57] Blaskowitz resignierte schließlich und schlug sogar vor, gleich den ganzen östlichen Teil des Generalgouvernements der SS zu überlassen. So weit wollte der Generalstabschef des Heeres, der für die Ablösung von Blaskowitz als OB Ost sorgte, allerdings nicht gehen.[58]

Der rasche Sieg im Westen und die sofort anlaufenden Vorbereitungen des OKH, im Osten »Schlagkraft« zu bilden, schufen seit Juni 1940 eine neue Lage.[59] Der Schutz der Ostgrenze des deutschen Machtbereichs sollte nicht mehr defensiv, sondern offensiv ausgerichtet werden. Das bedeutete den Einsatz der Wehrmacht zur Erweiterung des »Lebensraumes im Osten«, die Eroberung neuer strategisch und ökonomisch wertvoller Räume im europäischen Teil der UdSSR. Das Problem eines »Ostwalles« und seiner Stützung durch Militärsiedlungen und Übungsplätze nahm damit völlig neue Dimensionen an.

Am polnischen Ostwall wurde dennoch zunächst weitergebaut. Die SS begann zwar mit dem Bau eines Panzergrabens an der Südostgrenze zwischen Bug und San – entsprechend dem Auftrag des OKH; die Masse der deportierten jüdischen Bevölkerung aber lenkte Himmler nun direkt zur Vernichtung in die Gettos und Lager. Anfang 1941 war der sogenannte Judenwall erst auf einer Länge von 13 km fertig, militärisch wertlos, da nicht besetzt und dilettantisch angelegt[60] – ein sinnloses Opfer, dargebracht, um die anfänglichen Auseinandersetzungen zwischen Heeresführung und SS um die Besatzungspolitik in Polen harmonisch ausklingen zu lassen.

Vorrang hatte jetzt der Ausbau der Infrastruktur für den beginnenden Aufmarsch gegen die Sowjetunion. Daneben wurden rd. 10000 Soldaten und Zivilarbeiter für den Weiterbau der Befestigungsanlagen an der Weichsel-Linie eingesetzt.[61] Dies war nicht nur eine Maßnahme zur Tarnung der deutschen Aggressionsabsichten, sondern auch zur militärischen Absicherung der deutschen Herrschaft in Polen. Die Zusammenarbeit mit der SS bewährte sich, als es im Winter 1940/41 darum ging, im Generalgouvernement die geplanten Truppenübungsplätze von Radom und Dembica als Aufmarschräume einzurichten. Der RKF kümmerte sich um die Deportation der polnischen Bevölkerung. »Eindeutschungsfähige« wurden ausgesiebt und als Arbeitskräfte ins Altreich gebracht.[62]

Die Absicht des RKF freilich, bei dieser Gelegenheit auch gleich als
»3. Nahplan« weitere große Evakuierungen in der »Siedlungszone
1. Ordnung«, d. h. im Warthegau, in Danzig-Westpreußen und Oberschlesien, vorzunehmen und die Polen ins Generalgouvernement abzuschieben, schürte alte Interessenkonflikte. Zumindest die militärischen
Wirtschaftsbehörden waren besorgt um die Folgen für die Kontinuität der
landwirtschaftlichen Produktion und die Ernährungslage im übervölker-
ten Generalgouvernement.[63] Dort wurde immerhin eine steigende Zahl
polnischer Arbeiter von der Wehrmacht in Werkstätten und Betrieben
beschäftigt, als Panjewagenfahrer sogar in den Troß des Ostheeres einge-
gliedert.

Aus diesem Konflikt zwischen Siedlungspolitik und militärischen Wirt-
schaftsinteressen entstanden auch in den nächsten Kriegsjahren immer
wieder Reibungen mit der SS. Der mutige Einsatz einzelner örtlicher Befehlshaber gegen die Deportations- und Vernichtungspolitik der SS
konnte aber nur zuweilen bremsend wirken, denn die Wehrmachtführung
in Berlin gab keine Unterstützung.[64] Am Prinzip einvernehmlicher Ar-
beitsteilung, im März 1940 für Polen, im Mai 1941 für Rußland besiegelt,
wollte die militärische Führungsspitze unter keinen Umständen rüt-
teln.

2. Der neue »Ostwall« in Rußland

Der Ostwall in Polen geriet aber schon Ende 1941 wieder ins Blickfeld, als
mit dem Scheitern des deutschen »Blitzkrieges« vor Moskau und der Ge-
genoffensive der Roten Armee für einen Augenblick die Gefahr zu dro-
hen schien, daß die Ostfront zusammenbrach. Der geplante neue Ostwall
an der Linie Astrachan–Archangelsk war eine Schimäre in den Köpfen
militärischer Stäbe und siegestrunkener NS-Führer geblieben. Im Rausch
des Vormarsches im Sommer und Herbst 1941 hatte man sich Gedanken
darüber gemacht, wie dieser riesige Raum nach dem Erreichen der ange-
strebten Operationsgrenze durch Stützpunkte, Garnisonen und Übungsplätze beherrscht, gegen den Ural und Sibirien durch eine östliche Militärgrenze zu sichern war. Konkrete Formen hatten solche Überlegungen
noch nicht angenommen.

In der Wehrmachtführung stellte man sich eine bewegliche Verteidigung
durch Panzerkorps vor, die von Zeit zu Zeit Vernichtungsschläge gegen
eine sich möglicherweise wieder bildende feindliche Wehrkraft im Fernen
Osten führen sollten.[65] Daß dafür auch längerfristig befestigte Garnisonen und Militärsiedlungen eingerichtet werden mußten, stand außer
Frage. Der Ostwall sollte also keine Befestigungslinie im herkömm-

lichen Sinne sein, sondern – so Hitlers Vorstellung – »aus lebenden Menschen bestehen«.[66] Die Siedlungsfrage würde sich demnach in ferner Zukunft für die Wehrmacht in bislang ungeahnten Dimensionen stellen. Vorerst jedoch beschäftigten sich die Generalstäbler noch damit, die überraschend hartnäckig kämpfende Rote Armee – keinesfalls ein »tönerner Koloß« – zu schlagen und nach Osten zurückzudrängen.

Im Führerhauptquartier dagegen phantasierte man über das Phantom eines neuen Ostwalls, als die Wehrmacht vor Moskau bereits wieder den Rückmarsch nach Westen antreten mußte. Hitler erteilte noch im März 1942 den Auftrag an Krupp, ein einfaches Geschütz »für [den] späteren Ostwall« zu entwickeln.[67] Die eilig durchgeführte Bestandsaufnahme des alten polnischen Ostwalls war wenig beruhigend. Der Stellungsbau war schon lange eingestellt worden, die Truppenübungsplätze als Rückhalt der Stellungslinie nur schwach belegt.[68] Der Spuk ging bekanntlich rasch vorüber, die Wehrmacht schien die Ostfront doch stabilisieren und im Sommer 1942 sogar wieder offensiv vorwärtstreiben zu können.

Nach Stalingrad jedoch mußten alle Hoffnungen aufgegeben werden, die »Festung Europa« an einem neuen Ostwall verteidigen zu können, der die lebensnotwendigen Ölquellen im Kaukasus ebenso einschloß wie die wichtigen Erz- und Kohlelager im Donezgebiet und die fruchtbaren ukrainischen Felder. Es war den Deutschen nicht gelungen, die Ostfront zu einem Ostwall umzuwandeln. Die Front bewegte sich vielmehr zurück nach Westen. Wenn Hitler im August 1943 nach dem Scheitern seiner letzten Teiloffensive den »sofortigen Ausbau des Ostwalls« befahl[69], dann war das eine willkürliche militärische Maßnahme, ein Notbehelf, der nichts mehr mit den früheren Vorstellungen zu tun hatte. Es ging nur noch um rasch zu errichtende Verteidigungsstellungen, die von einheimischer Zwangsarbeitern gebaut wurden, eine verwüstete Zone von »verbrannter Erde«.

Alles blieb freilich Stückwerk, militärisch erfolglos, wie die Einrichtung von »festen Plätzen« im Sommer 1944, als die Heeresgruppe Mitte zusammenbrach und die Rote Armee in Richtung Weichsel marschierte. Hastig befahl Hitler nun den Ausbau des alten Ostwalls und ordnete die Verstärkung der Arbeiten durch den Reichsführer SS an.[70] Dieser war bereits dabei, Hunderttausende von volksdeutschen Siedlern, vor allem die Rußlanddeutschen, aber auch einheimische Kollaborateure, die aus dem russischen Raum nach Westen flohen, zur Stützung des Ostwalls auf polnischem Gebiet wieder anzusiedeln.

Zuletzt wurde auch die ostdeutsche Bevölkerung im Reich zum Opfer der alten rassenideologischen Verbindung von Militärstrategie und Volkstumspolitik. Die Zivilbevölkerung wurde nicht rechtzeitig evakuiert, denn sie sollte ja den »Menschenwall« gegen die »Flut aus dem Osten« bilden. Im Strudel des Untergangs zogen am Ende die Trosse der Wehrmacht zusammen mit den Siedlertrecks nach Westen, die neuen Siedler des NS-Krieges und die Nachfahren der preußisch-deutschen Ostsiedlung früherer Jahrhunderte.

3. Die Ansiedlung von Kriegsteilnehmern

In der Gruppe der NS-Siedler bildeten die ehemaligen Wehrmachtangehörigen nur eine verschwindend kleine Minderheit. Das ist in zweierlei Hinsicht bemerkenswert, war doch seit Beginn der Siedlungstätigkeit 1939/40, entsprechend Hitlers ausdrücklicher Weisung, von allen Verantwortlichen immer wieder betont worden, daß die Soldaten der Wehrmacht nicht nur einen vorrangigen Anspruch auf Ansiedlung im Osten haben, sondern die Speerspitze nationalsozialistischer Rassenpolitik und Ostsiedlung bilden sollten. Obgleich ihr Einsatz erst nach dem »Endsieg« vorgesehen gewesen war, gab es aber schon während des Krieges solche Militärsiedler. Woher kamen sie, und welche Rolle spielte die Wehrmacht in der praktischen Siedlungstätigkeit des »Dritten Reiches«?

Bei der Soldatenansiedlung ging es potentiell um große Zahlen. Bis Frühjahr 1942 waren immerhin fast 10 Millionen Männer in den Dienst der Wehrmacht gestellt.[71] Selbstverständlich kam für einen späteren Einsatz als Siedler nur ein kleinerer Teil dieser Soldaten in Betracht. Wie groß dieser Anteil aber tatsächlich sein würde, konnte niemand voraussagen. Die Heeresführung hatte dennoch gute Gründe, diese Frage schon während des Krieges aufmerksam zu verfolgen und die Regelung einer künftigen Veteranensiedlung rechtzeitig in Angriff zu nehmen. In erster Linie ging es darum, diese Aufgabe nicht der SS zu überlassen. Aber abgesehen vom Kompetenzproblem gab es auch Sachzwänge, die Veranlassung gaben, sich um die Vorbereitung der Militärsiedlung zu kümmern.

Zunächst einmal ist daran zu denken, daß die Wehrmacht sich in einem ungebremsten Prozeß personeller Aufblähung befand. Das Heer allein vergrößerte sich von 3,7 Millionen Mann bei Kriegsbeginn auf 6 Millionen im Frühjahr 1942. Da konnte vorerst kein Soldat für die Siedlung abgezweigt werden. Im Gegenteil, da die landwirtschaftlichen Berufe im Reich das größte Rekrutierungspotential darstellten, mußte die Wehrmacht darauf bedacht sein, den Zug zur Ostsiedlung nicht allzu früh in Gang zu setzen, wollte sie die Befriedigung ihrer personellen Bedürfnisse nicht gefährden. Sie sah sich ohnehin einer wachsenden Konkurrenz der Waffen-SS ausgesetzt. Wenn zwischen den einzelnen Feldzügen eine größere Zahl von Soldaten vorübergehend entlassen werden mußte, sei es zur Stützung der Rüstungsindustrie, oder sei es mit der Entlassung älterer Jahrgänge zur Hebung der Stimmung an der »Heimatfront«, dann hatte die Wehrmacht größtes Interesse daran, sich den Zugriff auf diese kriegserfahrenen Wehrpflichtigen zu erhalten. Sie wurden außerdem dringend an ihren alten Arbeitsplätzen zurückerwartet. Ein regelrechter Siedlungsdrang konnte bei diesen Soldaten vorerst nicht erwartet werden. Es gab vielmehr einen ungebrochenen Drang landwirtschaftlicher Arbeitskräfte in die besser bezahlten und mit sozialen Leistungen ausgestatteten Arbeitsplätze in der Rüstungsindustrie. Auch der Arbeitsplatz »Wehrmacht« war in der Zeit glänzender Blitzfeldzüge und langer Ruhepausen so begehrt, daß viele Rüstungsarbeiter sich freiwillig zum Wehrdienst meldeten.

In den allgemeinen Erwartungen eines baldigen Kriegsendes bereitete die Wehrmacht seit April 1940 bereits eine allgemeine Demobilmachung vor. Im Rahmen der dafür ausgearbeiteten Vorschriften galt die Rückkehr zum alten Arbeitsplatz als Regel für die zu entlassenden Soldaten. Das entsprach sowohl den Bedürfnissen der unter dem allgemeinen Arbeitskräftemangel leidenden Wirtschaft als auch vermutlich der Masse der Wehrpflichtigen, die es in ihre gewohnten Lebensverhältnisse zurückzog. Das galt nach den Erfahrungen bei der Demobilmachung nach dem Ersten Weltkrieg[72] nicht für die Arbeiter in der Landwirtschaft sowie in den industriellen Niedriglohnbereichen, vor allem der Gebrauchs- und Konsumgüterindustrie, also in denjenigen Bereichen, die für eine künftige Ostsiedlung von größter Bedeutung waren.

Da die Oberkommandos bereits an gigantischen Rüstungsplänen für die Nachkriegszeit arbeiteten, lag ihnen zwangsläufig an einer funktionstüchtigen, mit Arbeitskräften reich ausgestatteten Rüstungsindustrie. Darüber hinaus hatte noch niemand eine Vorstellung über die künftige Friedensstärke der Wehrmacht. Eine große Zahl von Garnisonen, Festungen und Stützpunkten in ganz Europa, vom Nordkap bis zur Insel Kreta und – wenn das erstrebte Kolonialreich in Afrika Gestalt annehmen würde – auch in Übersee mußte dann bemannt werden. Dafür kamen nicht die älteren Jahrgänge und Familienväter in Betracht, sondern jene bewährten Frontkämpfer, die Hitler eigentlich zur Ostsiedlung einsetzen wollte. Hinter diesem Problem der Nachkriegsplanung zeichneten sich bereits grundlegende Ziel- und Interessenkonflikte ab, die einer raschen Umsetzung des ideologischen Dogmas vom künftigen »Wehrbauern im Osten« entgegenstehen würden.

Während sich die Wehrmachtführung bei dieser längerfristigen Planung der Militärsiedlungen vorerst sehr reserviert verhielt, war sie bei der Weiterentwicklung der traditionellen Veteranensiedlungen nicht so zurückhaltend. Im Kriege mußte mit einer steigenden Zahl von dienstunfähigen

Soldaten gerechnet werden, die aufgrund ihrer Verwundung oder Krankheit einen Fürsorge-Anspruch geltend machen würden.[73] Nach dem Wehrmacht-Fürsorge-Gesetz von 1938 stand ihnen eine Rente oder eine vorrangige Arbeitsplatzvermittlung bzw. die Garantie ihres alten Arbeitsplatzes zu. Der Frontkämpfer-Vorbehalt bei der Ostsiedlung schuf eine weitere Möglichkeit, der Fürsorgepflicht gegenüber den Kriegsversehrten nachzukommen.

Auch dabei ging es durchaus um beträchtliche Zahlen. Im ersten Kriegsjahr waren es insgesamt 18344, im zweiten Kriegsjahr 43202 und im dritten Jahr 1941/42 bereits 76077.[74] Wie viele von diesen Kriegsversehrten aber bereit und imstande sein würden, eine Siedlerstelle zu übernehmen, war nicht vorhersehbar. Besonders verpflichtet sah sich das für Fürsorgefragen zuständige OKW gegenüber den dienstunfähigen bzw. nach Ablauf ihrer Verpflichtungszeit ausscheidenden Berufssoldaten. Da sie über keine andere Ausbildung verfügten und ein neuer Arbeitsplatz erst gefunden werden mußte, hatten sie einen Anspruch auf Umschulung in den Fachschulen des Heeres. Speziell die Landwirtschaftsschulen boten sich als Übergangsstation für eine Militärsiedlung im Osten an. Bereits bei der Besprechung am 16. Januar 1940 in Lodsch hatte das OKW daher einen Bedarf von 45000 ha Siedlungsland für die ersten zehn Jahre nach Kriegsende angemeldet, und zwar lediglich für ausgeschiedene Berufssoldaten, »bei denen ein Hunger nach Land bestehe, der berechtigterweise befriedigt werden müsse«[75].

Ob es aber tatsächlich möglich sein würde, die traditionelle Hinwendung ehemaliger Berufssoldaten zur öffentlichen Verwaltung auf die schwere Arbeit als »Wehrbauer« umzulenken, stand dahin. Der Gauleiter von Pommern, zugleich Bundesführer des »Reichstreubundes ehemaliger Berufs-Soldaten«, schrieb noch 1942 – aller Siedlungspropaganda zum Trotz –, daß die Tätigkeit des Berufsunteroffiziers in der Regel ihre Fortsetzung in der Beamtenlaufbahn finden werde.[76] Als durch die verstärkten Mobilisierungen nach Stalingrad sogar die Verwaltung ihren Personalbestand erheblich reduzieren mußte, drängte der Reichsminister des Innern darauf, die Maßnahmen zur Unterbringung von Versehrten und sonstigen Kriegsteilnehmern im öffentlichen Dienst zu verstärken.[77] Nachdem allerdings Himmler selbst Innenminister geworden war, konnte dieses Problem des Veteranen-Einsatzes im Sinne der Ostsiedlung als gelöst betrachtet werden.

Das Problem der Militärsiedler war demnach für die Wehrmachtführung nicht sehr drängend, für den RKF hingegen rückte es bald in den Mittelpunkt. Himmler erkannte, daß nach dem Auslaufen der volksdeutschen Umsiedlung aus den neuen sowjetischen Westgebieten kaum noch größere Siedlerzahlen zur Verfügung stehen würden. Er war also interessiert, das Einvernehmen mit der Wehrmacht in der Siedlungsfrage zu festigen und rechtzeitig Weichenstellungen für den späteren Frontkämpfer-Einsatz zu treffen. Die Anerkennung seiner Planungshoheit zumindest für den Bereich der Landwirtschaft durch die Wehrmacht im März 1940 war ein erster wichtiger Schritt gewesen.

Die Ansiedlung ehemaliger Wehrmachtangehöriger im gewerblichen Bereich bzw. ihre Versorgung mit ehemals polnischem Haus- und Grundbesitz war parallel dazu vom OKW mit Görings »Haupttreuhandstelle Ost« (HTO) geregelt worden. Die HTO hatte zusammen mit der Reichsgruppe Handel im Februar 1940 die Handelsaufbau-Ost GmbH gegründet, die sich um die Betreuung und Verwertung von 130 000 polnischen Betrieben kümmerte. Rund 100 000 wurden wegen mangelnder Eignung geschlossen und die verbliebenen 30 000 zu 90 Prozent mit Umsiedlern und Volksdeutschen besetzt. Für Kriegsteilnehmer blieben also ganze 3000 Betriebe übrig – kein eindrucksvolles Beispiel dafür, wie sich die Wehrmacht für die Interessen ihrer Soldaten einsetzte.

Es war klar, daß zunächst die Umsiedler und Volksdeutschen »versorgt« werden mußten. Da die Baltendeutschen nicht so sehr in die kärgliche Landwirtschaft, sondern zum schnellen Geld in Industrie und Gewerbe drängten, war der Ausverkauf entsprechender polnischer Betriebe – trotz Frontkämpfer-Vorbehalt – schnell abgewickelt worden. Um die für Kriegsteilnehmer reservierten Betriebe zu erhalten, wurden im Frühjahr 1941 verschiedene regionale Auffanggesellschaften gegründet, die diese verwalteten, so daß sie jederzeit ausgegliedert werden konnten. Die Zahl der Bewerbungen zur Übernahme solcher Geschäfte stieg bis Anfang 1942 auf mehr als 10 000. Den Bemühungen der Wehrmacht, schon während des Krieges Betriebe an Kriegsversehrte zu übergeben, widersprach jedoch die Reichsgruppe Handel. Sie hielt es für unzweckmäßig, allzu viele Einzelhandelsgeschäfte an diesen Personenkreis abzugeben.[78]

In einem ersten Erlaß zur Vorbereitung der Soldatenansiedlung im Osten nahm das OKW am 18. Oktober 1940 wiederholte Anfragen aus der Truppe zum Anlaß, um unter Berufung auf Hitler und Himmler den Frontkämpfer-Vorbehalt noch einmal zu bestätigen.[79] Dann wurde verkündet, daß zehn Prozent der vorhandenen Gewerbebetriebe bereits vor Kriegsende an entlassene Wehrmachtangehörige verteilt werden sollten. Andere Bewerber, d. h. aktive Soldaten, konnten aber schon jetzt Anträge bei den Wehrmachtfürsorgeoffizieren einreichen. Das OKH legte großen Wert darauf, diese Ankündigung zum »Gegenstand wiederholter Belehrung« der Truppe zu machen.[80]

Über das tatsächliche Interesse der Soldaten an solchen Bewerbungen ist nichts bekannt geworden. Die angeblich große Nachfrage war vielleicht nur ein Vorwand für das OKW, um größere Ansprüche gegenüber anderen Dienststellen geltend machen zu können. Bei den Soldaten war die Stimmung in den ungewissen Monaten nach dem Frankreich-Feldzug immer stärker von der Sorge über die zu erwartende längere Kriegsdauer geprägt. Selbst bei aktiven Unteroffizieren und Offizieren sei überraschenderweise, so wurde gemeldet, »die Neigung zum Dienen nach dem Kriege häufig schwach«[81], ganz anders als bei den eingezogenen Landarbeitern. Ältere Soldaten machten sich zunehmend Sorgen um ihren Zivilberuf. Angehörige freier Berufe fürchteten, daß sie von der daheimgebliebenen Konkurrenz für lange Zeit geschädigt werden könnten. Hier konnten Versprechungen über eine »goldene Zukunft« im Osten vielleicht durchaus eine gewisse Resonanz finden, wenn man die Bedingungen und Voraussetzungen für eine spätere Ansiedlung erheblich verbesserte. Aus ideologischen oder gar idealistischen Gründen allein war wohl kaum jemand bereit, sich auf die ungewisse Zukunftsperspektive eines »Wehrbauern« einzulassen.

Es gab bezeichnende Ausnahmen, die von der Aussicht auf ein Rittergut im Osten derartig angezogen wurden, daß sie mit ihrer Bewerbung nicht bis zum Kriegsende warten wollten, sondern bereit waren, ihren persönlichen »Drang nach Osten« auch außerhalb des Dienstweges zu verwirklichen. Dazu gehörte auch Generalmajor Johann-Joachim Stever, der sich als Kommandeur der 4. Panzerdivision im Frankreich-Feldzug nicht bewährt hatte und zur Führerreserve versetzt worden war. Er suchte ein Gespräch mit Himmler, um ihn »über die Möglichkeit seines Einsatzes bei der volkspolitischen Arbeit im Osten« zu befragen.[82] Das OKH reagierte schnell und gab ihm eine Infanteriedivision. Aber auch dort mußte er bald wieder abgelöst werden, und nach verschiedenen anderen Verwendungen wurde er im April 1944 endgültig verabschiedet. Die frühere Zusage des RKF, ihn in Polen als Landwirt anzusiedeln, war damit nichts mehr wert.

Wenige Tage vor Beginn des Rußland-Feldzuges meldete sich bei Himmler sogar der Erbgroßherzog von Oldenburg. Da er nicht alle seine sechs Söhne mit Grundbesitz ausstatten konnte, gestattete er sich die Anfrage, »ob grundsätzlich die Möglichkeit des Ankaufs größerer Güter im Osten nach Kriegsende für mich gegeben sein wird«. Die Antwort Himmlers, der auf den alten Adel ohnehin nicht gut zu sprechen war, fiel unmißverständlich aus: keine Ausnahme für den Erbgroßherzog. Wenn seine Söhne den Bedingungen – Frontkämpfer, Gesundheit, landwirtschaftliches Können usw. – entsprächen, könnten sie sich nach Kriegsende wieder melden.[83]

Dieses Vorpreschen einzelner Soldaten und Offiziere war eigentlich überflüssig, denn das OKW blieb bemüht, seine Fürsorgepflicht zu erfüllen. Nachdem die Weisung Nr. 21 zur Vorbereitung des Überfalls auf die

UdSSR fertiggestellt worden war, versäumte man es nicht, rasch einen speziellen »Bevollmächtigten der Wehrmacht für Siedlungsfragen« (BW Sied) einzusetzen.[84] Dieser hatte sowohl die Vorbereitung für die Nachkriegszeit als auch die bereits anlaufende Ansiedlung entlassener Soldaten zu übernehmen. Die Wahl Karl v. Bornhaupts für diesen Posten demonstrierte die Kontinuität des Gedankens der Militärsiedlung. Als Sohn einer baltendeutschen Kaufmannsfamilie 1886 geboren, im Kadettenkorps aufgewachsen, war er 1918 als Adjutant des Gouvernements in Warschau mit der Rückführung von rußlanddeutschen und polnischen Siedlern beauftragt. Nach seiner Verabschiedung im Jahre 1920 betätigte er sich als Landesgeschäftsführer der Deutschnationalen Volkspartei (DNVP) für Mecklenburg-Strelitz. Seit seiner Reaktivierung im Jahre 1934 war er als Fürsorge-Offizier in verschiedenen Stellungen tätig, zuletzt als Leiter der Fürsorge-Abteilung beim Wehrkreis XXI (Posen). Von Bornhaupt kannte sich also in dem Geschäft aus und machte sich sofort daran, eigene große Ansiedlungsstäbe, parallel zu den Ansiedlungsstäben der SS, aufzustellen. Die Zeit drängte, schließlich sollte das »Unternehmen Barbarossa« im Spätsommer 1941 beendet sein, der künftige »Lebensraum im Osten« seine endgültige Gestalt angenommen haben. Dann würde eine Million Soldaten entlassen werden und der BW Sied vor riesigen Aufgaben stehen.

Zunächst aber bemühte sich v. Bornhaupt, die Ungeduld der Soldaten zu zügeln. So sorgte er für eine Verbreitung der allgemeinen Anordnungen Himmlers zur landwirtschaftlichen Siedlung in der Wehrmacht, und es gab Kommandostellen, die angesichts der »Bedeutung, die die Siedlungsfrage im deutschen Osten für unser Volkstum (habe)« und wegen des »weitgehende(n) Interesse(s) der Truppe an dieser Frage« die Einheitsführer aufforderten, Himmlers Verfügungen »im Rahmen der geistigen Betreuung« zum Thema dienstlicher Besprechungen zu machen.[85]

In einer weiteren Mitteilung hieß es Anfang April 1941, als der Aufmarsch im Osten in vollem Gange war: »Die vielfach geäußerten Befürchtungen, daß die landwirtschaftlichen Siedlungsobjekte schon heute an Reichsdeutsche vergeben würden und die noch an der Front stehenden Soldaten später leer ausgingen, entbehren jeder Begründung.«[86]

Das »Merkblatt Nr. 1 des OKW über die Verhältnisse in den neuen Ostgebieten« konnte fünf Wochen vor Beginn des Überfalls auf die UdSSR gerade noch rechtzeitig fertiggestellt und verkündet werden.[87] Es wurde zum »Grundgesetz« einer künftigen Militärsiedlung im Osten. In seiner allgemeinen volkstumspolitischen Orientierung entsprach es den Richtlinien Himmlers; dasselbe galt für die Festlegung der Siedlungsgebiete. Auffällig ist das Bemühen, den Soldaten die Zukunftsaussichten im Osten als besonders günstig darzustellen. Daher stehen die angeblichen

Chancen im Handel und Gewerbe, in Industrie und freien Berufen im Vordergrund. Den alten Mythos des »Wehrbauern« sah die Wehrmacht also offenbar als nicht so werbewirksam an wie die SS. Sie setzte statt dessen auf jene Lebens- und Berufschancen, die wohl einer Mehrheit der deutschen Bevölkerung, damit auch den wehrpflichtigen Soldaten, als erstrebenswert galten. Die Richtlinien des BW Sied führten also über die erste Fassung des GPO weit hinaus. Hier dürfte sich der Einfluß der HTO und anderer wirtschaftlicher Institutionen ausgewirkt haben. Als die Dienststelle des RKF nach diesen Ankündigungen die Initiative ergriff und die gewerbliche Ansiedlung ebenfalls an sich ziehen wollte, hielt sich das OKW zurück und überließ es der Reichsgruppe Industrie, den Führungsanspruch des RKF zurückzuweisen.

Wichtiger war es dem BW Sied offenbar, sich selbst stärker in den Verkauf von Betrieben einzuschalten. »Die Einschaltung des OKW ist insbesondere geeignet, einer in Kreisen der Wehrmacht auftretenden Beunruhigung und zutage tretenden Kritik seitens der Dienststellen des OKW entgegenzutreten und die Spitze abbrechen zu können.« Die Haupttreuhandstelle gab schließlich diesem Drängen nach und stimmte der Errichtung einer Verkaufskommission zu, an der auch die Siedlungsreferenten der Wehrmacht beteiligt werden sollten.[88]

Der Sogwirkung der SS konnte und wollte wohl auch das OKW sich nicht völlig entziehen, denn jetzt, nach der Wende vor Moskau, war mit einer Verkündung des vorbereiteten Siedlungsaufrufes an die zur Entlassung anstehenden Soldaten vorerst nicht mehr zu rechnen. Um so mehr interessierte sich der RKF um die Ansiedlung der Versehrten und anderer ehemaliger Kriegsteilnehmer aus den Reihen von SS und Wehrmacht. Bei der praktischen Ansiedlungtätigkeit im Warthegau und in den anderen eingegliederten Ostgebieten entwickelte sich eine derartig reibungslose Zusammenarbeit, daß das OKW schließlich seine eigenen Ansiedlungsstäbe auflösen konnte.[89] Dem BW Sied mit seinen Siedlungsreferenten wurden nur noch untergeordnete Betreuungsaufgaben zugewiesen. Ihren Ansiedlungsschein erhielten die Veteranen vom RKF, ebenso die Besitzurkunden.

Für den Warthegau hatte sich das Verfahren bereits eingespielt[90], im Baltikum jedoch mußte der RKF seinen Führungsanspruch erst noch durchfechten. Mit der geplanten Rücksiedlung von litauendeutschen Familien wollte der SS-Ansiedlungsstab auch gleich den Einsatz der Kriegsversehrten in Litauen in Angriff nehmen. Er hoffte dadurch kriegserprobte Stützpunktleiter zu gewinnen, die einerseits »moralisch und psychologisch für die Umsiedler von hervorragender Bedeutung«[91] sein konnten und andererseits als Wegbereiter für die spätere Soldatenansiedlung eine Werbewirkung ausüben würden. »Selbst wenn es nicht gelingen sollte, sofort absolut selbständige unabhängige Existenzen zu gründen, und es nötig sein würde, erst einmal einen provisorischen Zustand zu schaffen, so kann das m. E. mit in Kauf genommen werden, da ja bei einer späteren endgültigen Regelung niemand daran denken wird, etwa die Kriegsversehrten hier schlechter hinzustellen als in anderen Gegenden Deutschlands«, schrieb der Generalkommissar in Kauen.[92] Man verständigte sich schließlich darauf, die Kriegsversehrten als Angestellte der Landbewirtschaftungsgesellschaft »Ostland«, also im Rahmen der Zivilverwaltung, einzusetzen. Die endgültige Ansiedlung sollte durch den RKF erfolgen, die »menschliche Betreuung« durch die Siedlungsreferenten der Wehrmacht. Bis November 1943 waren insgesamt neun Kriegsversehrte der Wehrmacht und drei der Waffen-SS in Litauen im Einsatz, zwölf weitere Fälle in Bearbeitung[93]. Der krasse Widerspruch zwischen diesen Zahlen und dem bürokratischen Aufwand sollte allerdings nicht über die Ernsthaftigkeit und Entschlossenheit der Siedlungsbemühungen täuschen.

Die Reaktion der Wehrmacht auf den Einsatz eines SS-Kommandos, das die Besiedlung der Krim vorbereiten sollte, war eher zwiespältig. Die örtlichen Kommandostellen des Heeres gewährten der SS jede gewünschte Unterstützung. Die militärischen Wirtschaftsstellen hingegen versuchten, wie auch in den polnischen Gebieten, die Siedlungsaktivitäten im Interesse einer ungestörten Abwicklung der Kriegsproduktion einzudämmen.[94] Die Ende 1941 entwickelten eigenen Siedlungsideen der Wirtschaftsoffiziere waren schon längst in den Schubladen verschwunden.

Einen neuen Schub für die Ansiedlung von Kriegsteilnehmern versprach man sich im Frühjahr 1942 durch eine Ausweitung desjenigen Personenkreises, der ausnahmsweise schon während des Krieges zur Ansiedlung berechtigt sein sollte. Im Einvernehmen mit dem BW Sied und dem RKF ordneten Göring und Funk an, daß eine Übereignung ehemals polnischer Gewerbebetriebe und Hausgrundstücke nur noch an volksdeutsche Umsiedler sowie an Kriegsversehrte des Ersten und Zweiten Weltkrieges, an ehemalige Freikorps- und Spanienkämpfer sowie deren versorgungsberechtigte Hinterbliebene erfolgen sollte.[95] Himmler konnte also seine Ansiedlungsstäbe trotz zunehmender Kritik an diesen keineswegs kriegswichtigen Aktivitäten weiterarbeiten lassen.

Ein weiterer Erfolg war die Verständigung mit dem OKW über ein neues Verfahren für die »Sicherung der Ansiedlungswünsche siedlungswilliger Kriegsteilnehmer in den dem Deutschen Volk wiedergewonnenen Siedlungsräumen«.[96] Obwohl auch hier die Dringlichkeit dieser Frage bezweifelt werden konnte, befaßte sich das OKW mit der Neuformulierung der entsprechenden Regelungen. Die Tendenz zur Übertragung der Verantwortlichkeit auf Himmler war unübersehbar. Vor allem die Durchführung der Ansiedlung sowohl für den landwirtschaftlichen als auch den gewerblichen Bereich fiel nun eindeutig in die Zuständigkeit des RKF. Der BW Sied hatte lediglich die Zuführung und Auswahl von Bewerbern aus der Wehrmacht zu übernehmen. In den hierfür erlassenen Bestimmungen [97] wurde deutlich zum Ausdruck gebracht, daß nach der Entscheidung des »Führers« die »praktische Ansiedlung der Kriegsteilnehmer« nicht Aufgabe der Wehrmacht sei. Das war die entscheidende Weichenstellung für die Militärsiedlung auch nach dem Kriege, das Ende einer eigenverantwortlichen Siedlungsplanung und -tätigkeit der Wehrmacht.

Den Gleichklang von rassenideologischer Siedlung und Fürsorge der Wehrmacht dokumentiert die Anweisung Himmlers, die Vorschriften der Wehrmacht für die Waffen-SS zu übernehmen. [98] Das gilt auch für das Einvernehmen der beteiligten Dienststellen darüber, »aus außenpolitischen Gründen« als Ansiedlungsgebiete nur die bereits dem Reich eingegliederten Gebiete – neben den ehemals polnischen Gebieten auch die annektierten belgischen, französischen und jugoslawischen Territorien – zu nennen. [99] Die bereits darüber hinausgehende Ansiedlung von Veteranen im Generalgouvernement sollte dennoch durchgeführt werden.

Noch einmal wurde durch die Veröffentlichung dieser Bestimmungen der Siedlungsgedanke unter die Soldaten gebracht. Wenige Tage vor dem Untergang der 6. Armee in Stalingrad konnte diese Mitteilung aber kaum noch eine propagandistische Wirkung entfalten. Wie viele siedlungswillige Kriegsteilnehmer die angebotenen Sonderdrucke in den nächsten Monaten angefordert haben, ist nicht bekannt. In der Wehrmachtpropaganda gab man sich alle Mühe, den Soldaten die rechte Gesinnung einzuimpfen. [100] Dazu diente z. B. das Gedicht von Helmut Dietlof Reiche mit dem Titel: »Toter Feind«. Die letzten Strophen lauteten:

»Du mußtest sterben, damit wir leben, und unsere Zukunft ist dein Verderben, denn meine Jungen werden erben, was niemand dir einst gegeben. Dein Tod gibt Land für Deutschlands Söhne und Raum für deutscher Bauern Treck, aufblüht unser Volk zu herrlicher Schöne, unsrer Jugend Trommeln dumpfes Gedröhne geht über die sterbenden Völker hinweg.« [101]

Trotz der unsicheren Kriegslage und schwindenden Aussichten auf einen »Endsieg« regte sich auch in der Wehrmacht noch immer der »Siedlungswille«, der auf vielfältige Weise – z. B. durch die Berufsförderung [102] – stimuliert wurde. Empfänglich dürften zumindest diejenigen Soldaten gewesen sein, denen bereits während ihrer HJ-Zeit und im Landjahr das Ideal des Wehrbauern nahegebracht worden war. Ein Stimmungsbericht über einen Lehrgang für junge Kompanieführer der 3. Panzerarmee vermittelt dazu einen interessanten Einblick. [103] Die Sorge um die berufliche Zukunft bei diesen jungen Männern, die in der Regel gleich nach dem

Notabitur zur Wehrmacht gegangen waren, kam gleich nach dem »Problem Frau«, heißt es dort. Den Befürchtungen, nach Kriegsende keinen beruflichen Einstieg mehr zu finden, sollte durch die Information über die Ostsiedlung entgegengetreten werden. »Ansätze einer werdenden Siedlungsbereitschaft« wurden vor allem bei höheren Offizieren registriert, denen die Aussicht auf ein Rittergut im Osten verständlicherweise angenehmer erscheinen konnte als den einfachen Soldaten, auf die im Falle ihrer Ansiedlung nur die harte Arbeit als Bauer oder Handwerker wartete.

Die Kombination Ritterkreuz gleich Rittergut war zwar noch nicht offiziell verkündet worden, um nicht Neid und Unmut bei den Zukurzgekommenen zu fördern, aber zumindest in Wehrmacht und SS galt das als ausgemachte Sache. Himmler jedoch beharrte hier auf dem politisch-ideologischen Prinzip. Der Nachweis soldatischer Tapferkeit allein war für ihn nicht ausreichend. Die »Seßhaftmachung der Ritterkreuzträger« sollte deshalb bis nach dem Kriege zurückgestellt werden.[104] Gleichwohl konnte wie Himmler auch Hitler selbst nicht der Versuchung widerstehen, besonders treuen und verdienten Gefolgsleuten mit Dotationen ihren Dank zu beweisen. Landgeschenke kamen seit 1942 in Mode und wurden von den Ausgezeichneten gern angenommen. Rittergüter im Osten waren so begehrt, daß die zuständigen Stellen große Mühe hatten, die Wünsche der hochgestellten Persönlichkeiten zu befriedigen. Das galt für die von Himmler befohlene Ansiedlung der Familie des gefallenen SS-Obersturmbannführers Frhr. v. Schalburg, Kommandeur des Freikorps Danmark, für den Fall des greisen Oberstleutnants a. D. Ahlemann, ehemals Reichstagsabgeordneter der NSDAP, der von Hitler eine Ausnahmegenehmigung für den Erwerb eines Gutes im Warthegau erhielt, und für die Zusage eines Rittergutes an den Generaloberst der Waffen-SS Daluege, dessen gierige Forderungen dazu führten, daß sich der Abschluß von Auswahl und Kauf bis Mitte 1944 hinzog.[105]

Generale des Heeres kamen dank Hitlers persönlicher Fürsorge keinesfalls zu kurz, und in ihren Ansprüchen unterschieden sie sich nicht von ihren Kameraden in der SS. Der eigenwillige Panzergeneral Guderian etwa beschäftigte mit seinen Ansprüchen auf ein Gut im Warthegau monatelang die Behörden und brachte sogar den zuständigen Gauleiter gegen sich auf.[106] Gegen eine Vermehrung der Gutsbetriebe hegten die Experten ohnehin erhebliche Bedenken. Der Landesplaner von Danzig-Westpreußen hatte bereits im August 1941 in einer Denkschrift auf die siedlungspolitischen Nachteile aufmerksam gemacht (Dok. 12). Seine Schlußfolgerungen damals: »Anzeichen deuten darauf hin, daß zahlreiche Persönlichkeiten im Osten wieder nach Großgrundbesitz streben. Wenn es angebracht erscheint, verdiente Familien zu dotieren, so kann das in großem Umfange durch Vergabe von Wald geschehen.« Aber Guderian gehörte anscheinend zu denen, die es nach wogenden Weizenfeldern gelüstete. Als man sich im Oktober 1943 verständigt hatte, erschien der Kriegsheld persönlich bei dem Leiter des RKF-Amtes, um den Überlassungsvertrag entgegenzunehmen. Den Kaufpreis von 1,2 Millionen Reichsmark überwies die Reichskanzlei im Frühjahr 1944 an den RKF. Guderian, der mit dieser Dotation von Hitler ursprünglich aufs Abstellgleis geschoben werden sollte, zögerte nicht, als ihn der »Führer« Ende 1944 zurückrief, um ihm als neuer Generalstabchef des Heeres treu bis in den Untergang zu dienen.

Auch der große Stratege der Ostfront, Generalfeldmarschall v. Manstein, wurde mit einer solchen Dotation belohnt und mußte lange um die Durchsetzung seines Siedlungswunsches kämpfen. Der Reichsminister für Ernährung und Landwirtschaft empfahl ihm schließlich im Oktober 1944, »sich mit dem Kauf eines Waldgutes vertraut zu machen und sich mit einem dahin zielenden Wunsch an den Reichsforstmeister zu wenden, da Sie auf dem Wege m. E. leichter und schneller in den Besitz von Grund und Boden kämen«.[107]

Andere Generale bevorzugten deshalb einen Abkürzungsweg: Der Held der Fallschirmtruppe, Generalleutnant Ramcke, nahm etwa die Verleihung des Eichenlaubs zum Ritterkreuz zum Anlaß, um den im Führerhauptquartier anwesenden Reichsführer SS zu bitten, »mich um eine Ansiedlung im Osten schon jetzt bewerben zu dürfen«. Himmler jedoch war nicht immer großzügig. Dem »Kameraden Ramcke« teilte er am 31. Januar 1943, als fern an der Wolga der Generalfeldmarschall Paulus kapitulieren mußte, lediglich mit, er könne ihn und seine fünf Söhne für die Siedlung *nach* dem Kriege gebrauchen. »Sie können überzeugt sein, daß im Frieden, sobald Sie sich der Siedlung widmen können, alles nach Ihren Wünschen gehen wird.« Über die Parteikanzlei kam Ramcke am Ende doch noch zum Zuge. Er hatte sich im Oktober 1944 »eine bisher an den Gutsbesitzer Wentzel-Teutschental, der infolge der Ereignisse des 20. Juli mit seiner Frau, stärkstens belastet, verhaftet ist, verpachtete Domäne ausgesucht« und durfte sie käuflich erwerben.[108]

Während für Soldaten die Ansiedlung und der Verkauf von Grundstükken und Betrieben im Osten während des Krieges – abgesehen von den Versehrten – nur in Ausnahmefällen ermöglicht wurde, konnten Bewerbungen für die Zeit nach dem Kriege jederzeit abgegeben werden. Das OKW forderte immer wieder dazu auf. Nach dem Fall von Stalingrad glaubte man offenbar, hier ein geeignetes Mittel in der Hand zu haben, um die Kriegsmüdigkeit bei Soldaten und Offizieren zu überwinden. In den neuen »Bestimmungen über die Erfassung, Zuführung und Betreuung der siedlungswilligen Kriegsteilnehmer für die wiedergewonnenen

Siedlungsräume«, einer Druckschrift des OKW[109], die noch einmal alle geltenden Bestimmungen und Formulare zusammenfaßte, erklärte Keitel:»Die von den Dienststellen der Wehrmacht durchzuführende Erfassung und Zuführung der Kriegsteilnehmer hat unter dem übergeordneten Gesichtspunkt der Festigung deutschen Volkstums zu erfolgen. Alle Beteiligten haben sich zu vergegenwärtigen, daß das Deutsche Volk vom Führer vor die große historische Aufgabe gestellt ist, die von der Wehrmacht erkämpften neuen Siedlungsräume auch in friedlicher Aufbauarbeit zu gewinnen. Die Kriegsteilnehmer sind vor allem dazu berufen, bei der Erschließung der neuen Siedlungsgebiete mitzuführen und mitzuwirken.«

Das OKW setzte sogar Sonderbestimmungen für die Ritterkreuzträger durch, was Himmler eigentlich hatte vermeiden wollen. Dieses Signal zeigte sofort Wirkung. Es gab einen derartigen Drang»führender Persönlichkeiten« zur Ostsiedlung, daß Hitler förmlich bremsen mußte. Er ordnete im Juli 1943 daher an, den Dienststellen der Wehrmacht, der Partei und des Staates bekanntzugeben, daß er am Prinzip festzuhalten gedenke, Wünsche auf Landerwerb erst nach dem Kriege zu erfüllen.[110]

Himmler zog nach und erklärte in einer internen Mitteilung, daß manche Volksgenossen, denen das Deutsche Reich»aus freien Stücken« einen Bauernhof oder Gewerbebetrieb geschenkt habe, offenbar den Maßstab »voll und ganz verloren hätten«.[111]

Die Dienststelle des RKF verständigte sich mit dem OKW darauf, den Bewerbern, die bereits im Reich einen Bauernhof besaßen oder sich in gesicherter Stellung befanden, klarzumachen, daß die Höfe im Osten »zunächst den versehrten Kameraden zur Verfügung gehalten werden müssen«. Jene Bewerber, die noch nicht über die fachliche Eignung verfügten, sollten durch einen persönlichen Brief damit vertröstet werden, daß sich wegen der eingeschränkten Baumöglichkeit der Ausbau und die Übergabe von Höfen verzögere.[112]

Daß Generale, die den Ernst der militärischen Lage überblickten, noch 1944 den Landerwerb mit solchem Nachdruck betrieben, läßt den Verdacht zu, daß mancher womöglich gar nicht mehr ernsthaft daran dachte, auf ehemals polnischem Gebiet später Landwirtschaft zu betreiben, sondern unbedingt einen Besitznachweis zu erlangen suchte, aus dem auch unter anderen politischen Verhältnissen zumindest Entschädigungsansprüche abgeleitet werden konnten.

Das volle Ausmaß dieser Art von Siedlungsbewerbungen ist heute nicht mehr zu rekonstruieren. Die beschriebenen Einzelfälle vermitteln immerhin einen Eindruck davon, welche immensen Probleme auf die NS-Führung nach einem»Endsieg« zugekommen wären. Wie die prominenten Siedlungsfälle der Wehrmacht zeigen, war ein rassischer oder politischer

Primat bei der Auswahl keineswegs von vornherein ausschlaggebend gegenüber der fachlichen Qualifikation der Bewerber. Trotz »Volksgemeinschafts«-Propaganda des NS-Regimes war aber klar, daß es selbst für die Frontkämpfer, die künftige Siedlerelite, keine absolute Chancengleichheit gab. Dafür sorgte schon die Wehrmachtführung selbst. Bei einer Besprechung mit seinen Siedlungsreferenten am 4. November 1943 erklärte Oberst v. Bornhaupt, daß man bei der Beurteilung der Bewerbungen natürlich nicht am militärischen Dienstgrad und am Besitz von Auszeichnungen vorbeisehen könne.[113] Man müsse davon ausgehen, daß der im Dienstgrad Höhere im allgemeinen stets größere Verdienste vorzuweisen hätte, die bei der Größenordnung des zuzuweisenden Besitzes berücksichtigt werden müßten. Die Referenten sollten deshalb auf Bewerbungen aus dem Kreis höherer Offiziere ganz besonders achten und diese bei ihrer Befürwortung gegenüber dem RKF auch entsprechend nachdrücklich vertreten. Andersgerichtete sozialpolitische Orientierungen waren ja in der Partei und auch in der SS keine Seltenheit, aber zu einem tiefgreifenden Interessenkonflikt mit dem RKF als oberster Instanz für die Siedlungspolitik brauchte es deshalb nicht zu kommen.

Bedenken, die von seiten des RKF bei den Bewerbungen von Soldaten und Veteranen geltend gemacht wurden, wurden in »enger und erfreulicher Zusammenarbeit« geklärt. Probleme gab es beispielsweise mit kriegsversehrten jungen Soldaten, die, obwohl noch nicht einmal volljährig und ohne berufliche Qualifikation, Anträge auf Übernahme größerer Betriebe stellten. Bei älteren Bewerbern wiederum konnten »volkspolitische« Bedenken auftreten, etwa bei ledigen Versehrten des Ersten Weltkrieges, die jetzt in einem Alter von 55 bis 60 Jahren kaum Gewähr dafür boten, daß durch ihre Ansiedlung der »Menschenwall« im Osten erheblich verstärkt wurde.

Vom »Standpunkt der Festigung des deutschen Volkstums« schien es dem RKF auch bedenklich, daß die Kaufbewerber meistens nur eine Volksschulbildung vorzuweisen hatten. Um »bei dem Osteinsatz auch eine gewisse Intelligenzschicht zu gewährleisten«, sollte geprüft werden, »ob in gewissem Umfange Kaufbewerbungen von Akademikern eine gewisse bevorzugte Beachtung zu schenken sei, um eine zielbewußtere Festigung des deutschen Volkstums zu gewährleisten. Daß der einfache Mann sich weniger Gedanken um die Festigung des deutschen Volkstums macht, kann an Hunderten von Fällen exakt nachgewiesen werden«, schrieb die Wirtschaftsabteilung des RKF, nicht nur mit Blick auf die Veteranen. »Alle Lebensläufe der Vorerwähnten sprechen den einzigen Wunsch aus, ihre persönlichen wirtschaftlichen Grundlagen in den Ostgebieten für die Zukunft zu sichern. Auf die Volksgemeinschaft und auf das höhere Ziel der Festigung des deutschen Volkstums wird nur in Ausnahmefällen Bezug genommen.«[114]

Streitfälle gab es natürlich auch im Verhältnis zwischen RKF und BW Sied, so wenn die SS auf ihrer Suche nach »eindeutschungsfähigem Menschenmaterial« die ehemals polnischen Staatsbürger der sogenannten Volksliste 3 auswählte und ihnen als neugekürten deutschen Volksgenossen ihre alten Betriebe zurückgeben wollte, die bislang von den Auffanggesellschaften für Kriegsteilnehmer-Betriebe verwaltet worden waren. Im großen und ganzen aber hatte v. Bornhaupt Grund dazu, das außerordentliche Verständnis des RKF für die Belange der Wehrmacht hervorzuheben, so wie auch die Wehrmacht in »Fragen der Festigung deutschen Volkstums« keine Meinungsverschiedenheiten mit dem RKF hatte. Diese Anerkennung rassenpolitischer Zielsetzungen bedeutete z. B., daß kinderlose Bewerber unter den Soldaten abgelehnt wurden, unverheiratete sich zur Heirat verpflichten mußten, auf die Gefahr hin, daß sie den erworbenen Besitz unter Umständen wieder herauszugeben hatten.

Die Gesamtzahl der in Zusammenarbeit von BW Sied und RKF angesiedelten Kriegsversehrten und gleichgestellten Personen war – absolut gesehen – zwar gering, in Anbetracht der kriegsbedingten Einschränkungen aber doch beachtlich. Es ging insgesamt um 2831 Personen, überwiegend Volksdeutsche, wovon allerdings nur ein Teil, nämlich 1042 Personen, bereits endgültig angesiedelt worden war (Stand 1. Oktober 1943). Bevorzugtes Siedlungsgebiet war der Warthegau mit 1357 Militärsiedlern. Die Aufschlüsselung der Besitzzuweisungen zeigt, daß nur eine Minderheit von ihnen die Absicht hatte bzw. die Fähigkeit besaß, als »Wehrbauer« den »Menschenwall« im Osten zu verstärken. Den 266 landwirtschaftlichen Betrieben standen 1813 gewerbliche Betriebe und 742 Wohngrundstücke gegenüber.[115]

Und die Ansiedlung ging weiter, seit Himmler Anordnungen Anfang 1943 über die bevorzugte Seßhaftmachung von Kriegsversehrten verstärkt im Regierungsbezirk Zichenau erlassen hatte. Dort griff schließlich im März 1944 die Landesbauernschaft Ostpreußen ein, denn in dem annektierten Bezirk wurden noch immer 85 Prozent der Landwirtschaft von Polen betrieben, und das Hineindrängen von Kriegsversehrten in die besten und größten Betriebe führte zwangsläufig zum Widerstand der polnischen Bevölkerung sowie zu Produktionsausfällen.[116] Himmler konnte sich der Forderung nach einer Einschränkung des Bewerberkreises nicht verschließen, und auch der BW Sied ordnete an, daß »im Interesse der Frontsoldaten« Eltern gefallener Soldaten, soweit ihnen keine Hinterbliebenenbezüge zuerkannt worden waren, nicht zur Seßhaftmachung während des Krieges zugelassen werden sollten.

Auf der anderen Seite gab man dem Drängen von Goebbels nach, der gefordert hatte, Opfer des Luftkrieges im Reichsgebiet in den Kreis der bevorzugten Siedlungsbewerber für den Osten aufzunehmen.[117] Ende August 1944 schließlich, als die Fronten im Westen und Osten bereits zusammengebrochen waren, genehmigte Himmler die Ansiedlung von Kriegsversehrten aus den »germanischen Legionen« der Waffen-SS im Kreis Stuhm/Danzig-Westpreußen.[118] Zu diesem Zeitpunkt waren auch die Siedlungsreferenten des OKW noch immer im besetzten Polen am Werk,[119] als sich die Rote Armee bereits der Reichsgrenze näherte und dem Traum vom deutschen Ostimperium ein Ende bereitete. Die Wehrmachtfachschulen für Landwirtschaft boten unverdrossen versehrten Berufsunteroffizieren die »Ausbildung als Bauer zur Seßhaftmachung auf Höfen von 100–500 ha« sowie zum Gutsverwalter an.[120]

Bei soviel Fürsorge müsse doch der Soldat dankbar sein, meinte Himmler in seiner Rede in Grafenwöhr am 25. Juli 1944, kurz nach seiner Ernennung zum Befehlshaber des Ersatzheeres. »Es ist in Aussicht genommen und in manchen Fällen schon durchgeführt, daß besonders verdiente Soldaten mit Grund und Boden in Form von Gütern oder Bauernhöfen bedacht werden, daß sie Dotationen bekommen [...] Sie werden mir im Gedankengang nicht unrecht geben können: Wenn das Reich, wenn der Oberste Kriegsherr so großzügig ist, daß er einer Familie deswegen, weil der eine Mann sich so ausgezeichnet hat, sagt: ich schenke dieser Familie dieses besondere Vermögen, dieses besondere Eigentum, dieses Gut, diesen Hof, dann hat ja nicht nur dieser Soldat etwas davon, der seine Treue gehalten hat, sondern Frau und Kinder und Enkel bis ins fernste Glied.« Den Undankbaren, die trotz Aussicht auf ein Rittergut im Osten nicht weiterkämpfen wollten, drohte Himmler mit gnadenloser Sippenhaft. Die Masse der Offiziere zog es vor, tapfer zu kämpfen, sinnlos, aber »treu« bis zum letzten Tag.

Selbst nach der bedingungslosen Kapitulation der Wehrmacht gab es Bestrebungen, an der alten Tradition der Fürsorge für ehemalige Berufssoldaten durch Siedlung festzuhalten. Die in der britischen Besatzungszone zunächst weiterbestehenden Wehrmachtfürsorgestellen im Wehrkreis X (Hamburg) sahen es u. a. als ihre Aufgabe an, die »Beratung der siedlungswilligen Kriegsteilnehmer« durchzuführen, ebenso die »Vorbereitung der Bewerbung, Ausfüllung der Fragebogen für die Siedlungsreferenten« und die nachgehende Betreuung der im Wehrkreis ansässigen Wehrmachtsiedler. Das »Deutsche Hauptquartier Nord« ordnete schließlich am 20. Dezember 1945 die Auflösung dieser Institution an.[121] Die seit Jahrhunderten bestehende deutsche Tradition, fremdes Land im Osten durch Soldaten erobern und besiedeln zu lassen, hatte ihr Ende gefunden.

4. Vorstufen der Ostsiedlung: Vernichtung – Ausbeutung – Sicherung

Die Rolle der Wehrmacht beschränkte sich während der nationalsozialistischen Ostexpansion keineswegs auf die Funktion des militärischen Instruments für die Eroberung neuer Siedlungsräume in Osteuropa. Durch die Vorbereitung und Durchführung der Militärsiedlung war sie darüber hinaus auch an der Siedlungspolitik unmittelbar beteiligt. Aus ihren Reihen sollten nach Kriegsende die künftigen »Wehrbauern« sowie die Handwerker und Gewerbetreibenden in den Siedlungsgebieten kommen. Die prinzipielle Übereinstimmung der Wehrmachtführung mit der NS-Siedlungsideologie wurde während des Zweiten Weltkrieges zu keinem Zeitpunkt ernsthaft belastet. Konflikte entstanden allein dort, wo die Siedlungsfrage andere militärische Interessen berührte und die Frage nach dem Primat der Ideologie gegenüber kriegsbedingten Erfordernissen aufgeworfen wurde. Bereits im Falle Polens waren solche Konflikte aufgetreten und hatten die Wehrmacht zu Kompromissen genötigt.

Als die Wehrmachtführung 1940/41 den Überfall auf die UdSSR vorbereitete, zeichnete sich eine völlig neue Dimension dieser Problematik ab. Mit der Erweiterung des deutschen Machtbereichs um mehr als 1500 Kilometer nach Osten, mit der Vorverlegung des Ostwalls von der Weichsel an den Ural war der Wehrmacht eine schier unglaubliche Aufgabe gestellt. Wenn in den Befehlen und Appellen an die Soldaten immer wieder die historisch einmalige Größenordnung dieses Feldzuges beschworen wurde, dann klang dabei auch etwas von dem Schaudern durch, das manche Befehlshaber angesichts dieser Dimensionen befallen haben mag. Es war sicher nicht nur Rhetorik, wenn Formeln von der »weltgeschichtlichen Bedeutung« gebraucht wurden, der Vergleich mit dem »Warägerzug vor tausend Jahren«[122] herangezogen wurde. Das implizierte selbstverständlich auch die Vorstellung einer künftigen deutschen Ostsiedlung, die – bezogen auf die annektierten polnischen Gebiete – in den Merkblättern für Wehrmachtangehörige bereits in die Tat umgesetzt wurde. Aber angesichts der Größe des »neuen deutschen Ostraumes« und der sichtbar begrenzten Herrschaftsmittel schienen das im Falle Rußlands weit in der Zukunft liegende Visionen zu sein.

Dennoch war sich die Heeresführung von Anfang an darüber im klaren, daß sie nicht nur eine militärische Entscheidung auf dem Schlachtfeld herbeizuführen hatte. Es ging um die Vernichtung der bestehenden Herrschaftsstrukturen und Widerstandspotentiale im Lande, um die Vernichtung der »lebendigen Kräfte«, wie es hieß, sowie im Rahmen der militärischen Sicherung des eroberten Gebietes um die rücksichtslose Durchsetzung des eigenen Herrschaftsanspruchs. Das lief – wie im Falle Polens – auf die Verdrängung bzw. Vernichtung auch der »entbehrlich«,

»minderwertig« oder »gefährlich« erscheinenden Bevölkerungsteile hinaus, d. h. auf die politische und rassische »Neuordnung« des künftigen Kolonialgebiets. Da man mit Hilfe der russischen Rohstoffe und Nahrungsmittel endlich eine blockadefeste Weltmachtposition zu erlangen hoffte, kam der wirtschaftlichen Ausbeutung und »Neuordnung« eine entscheidend wichtige Bedeutung zu. Völkerrechtliche Bedenken und die anerkannten Regeln einer »ritterlichen Kriegführung« hatten demgegenüber zurückzutreten.[123]

Mit großer Erleichterung nahm die Heeresführung im März 1941 zur Kenntnis, daß Hitler bereit war, einen Teil dieser Aufgaben auf andere Schultern zu verteilen. Vier Säulen sollten das Besatzungsregime bilden: die Wehrmacht als bewaffneter Arm, die SS für die polizeilichen Aufgaben, ein eigens gebildetes Reichsministerium für die besetzten Ostgebiete unter Alfred Rosenberg für die allgemeine Verwaltung sowie Görings Vierjahresplan-Apparat für die Wirtschaft. Vielfältige Absprachen bereits im Vorfeld des Feldzuges hatten nicht etwa eine klare Trennung der Aufgabengebiete gebracht, sondern ihre enge Verzahnung. Das galt nicht nur für die Zusammenarbeit mit der SS bei dem blutigen Teil der Arbeit, sondern mehr noch im wirtschaftlichen Bereich.

Mit dem »Wirtschaftsstab Ost« wurde eine neuartige Formation der Wehrmacht geschaffen, in der Offiziere und Wirtschaftsexperten gemeinsam die Ausbeutung und Kolonialisierung des europäischen Teils der UdSSR vorbereiten und durchführen sollten.[124] Die dafür erarbeiteten Richtlinien stellten zwar die unmittelbar kriegswichtigen Aufgaben in den Vordergrund, befaßten sich aber zugleich auch mit den weiteren Perspektiven der wirtschaftlichen »Neuordnung«. Sie zielten auf die Entindustrialisierung des Landes, auf die Beseitigung der »überflüssigen« Großstadtbevölkerung und der Arbeiterschaft sowie die Konzentration auf wichtige Rohstoff- und Agrargebiete. Das hieß nicht Primat der Wirtschaft gegenüber der Ideologie, sondern Instrumentalisierung der Wirtschaftspolitik für das Programm der Ostsiedlung.

Diese Verbindung von kurzfristigen Kriegsaufgaben und langfristigen Kolonialisierungszielen wurden brüchig, als sich der Feldzug unerwartet in die Länge zog und der Blitzkrieg am Ende scheiterte. Um so mehr mußte der Wehrmachtführung daran gelegen sein, den Vorrang der Kriegsbedürfnisse unter allen Umständen zu wahren. Ausmaß und Methoden der Vernichtung, der Ausbeutung und Sicherung mußten den veränderten Kriegsbedingungen angepaßt, Nachkriegsaufgaben hintangestellt werden. Das bedeutete keineswegs eine Absage an die langfristigen Zielvorstellungen, sondern lediglich ein Abbremsen der Kolonialisierungs- und Siedlungspolitik, soweit sie militärische Bedürfnisse beeinträchtigten. Aber wieweit konnte es der Wehrmacht überhaupt gelingen, sich aus der Verstrickung in den rassenideologischen Vernichtungskrieg wieder zu lösen und sich auf die unmittelbaren Kampfaufgaben zu konzentrieren? Wie im Falle Polens gab es auch beim Krieg gegen die UdSSR keine einheitliche Auffassung in der Wehrmachtführung, wurde keine eigenständige Position in der Auseinandersetzung mit Hitler und den anderen Machtträgern entwickelt.

Wie weit sich die Wehrmacht bereits auf die Vorstellung eines Vernichtungs- und Kolonialisierungskrieges eingelassen hatte, zeigte sich noch einmal deutlich im November 1941, als die Hoffnung auf einen schnellen militärischen Sieg bereits begraben war. Um die Soldaten zu einer letzten Kraftanstrengung zu stimulieren, erließen die Oberbefehlshaber der Ostarmeen dramatische Appelle. Sie lockten zwar nicht mit Siedlungsaussichten, forderten aber doch zu jener »Herrenmenschen«-Haltung auf, die dem geführten Kolonialkrieg entsprach. Es war die Rede von dem »Glauben an eine Zeitenwende, in der dem deutschen Volke kraft der Überlegenheit seiner Rasse und seiner Leistungen die Führung übertragen ist«, und weiter: »Wir sind die Herren dieses Landes, das wir erobert haben.« Die Soldaten sollten Furcht und Schrecken verbreiten, sich mitleidlos gegenüber der unterworfenen und hungernden Zivilbevölkerung verhalten. Plünderungen und Zerstörungen sollten im Interesse einer systematischen Ausbeutung eingestellt werden. Vor allem aber sollten die Soldaten Verständnis zeigen für die Vernichtung der »jüdischen Menschenklasse«. »Ihre Ausrottung ist ein Gebot der Selbsterhaltung.«[125]

Ebenfalls noch in der Erwartung eines greifbaren Sieges wurden in einigen Armee-Hauptquartieren Überlegungen zur Behandlung der Großstadtbevölkerung angestellt. Während man im Falle des belagerten Leningrads eher eine Abschiebung dieser »überflüssigen Esser« versuchen wollte, schlug der zuständige Wirtschaftsoffizier im Falle der Industriestädte des Donez-Gebietes vor, die nicht für Wehrmachtzwecke benötigten Bevölkerungsteile in Konzentrationslagern größten Stils einzusperren. »Es wird hierbei an die Großghettos in Warschau und anderen Städten gedacht.«[126] Die mit Hilfe der Wehrmacht bereits in Gang gesetzte Vernichtung der Juden wurde demnach als Vorbild für die nach Beendigung der Kampfhandlungen im russischen Raum durchzuführende Dezimierung der slawischen Bevölkerung begriffen.

Solche Überlegungen waren keine Ausnahmeerscheinungen bei einzelnen Offizieren und Dienststellen. Sie entsprachen vielmehr den offiziellen Richtlinien und Planungen, nach denen die Wehrmacht diesen Krieg an der Front und im Hinterland führte.[127] Göring, der für die Wirtschaftspolitik im Osten verantwortlich war, bestätigte diese Grundsätze noch einmal am 8. November 1941 in einer Besprechung mit dem militärischen Wirtschaftsstab Ost. Danach sollten zwar für die Dauer des Krieges die Erfordernisse der Kriegswirtschaft Priorität haben, aber auf lange Sicht gesehen »werden die *neubesetzten Ostgebiete unter kolonialen Gesichtspunkten* und mit kolonialen Methoden wirtschaftlich ausgenutzt. Eine Ausnahme gilt nur für die Teile des Ostlandes, die nach dem Auftrag des Führers zur Eindeutschung bestimmt sind«[128], also für das Baltikum.

Bereits wenige Tage später, Anfang Dezember 1941, beschleunigte sich der Umdenkungsprozeß, bei dem die »kolonialen Gesichtspunkte« stärker in den Hintergrund gedrängt wurden. Durch das militärische Scheitern des Feldzuges konnte sich die Wehrmacht jetzt nicht mehr den Nachkriegsaufgaben widmen, sondern mußte um ihr Überleben kämpfen. Die Kommandostellen erkannten, daß man auf die Mithilfe der einheimischen Bevölkerung nicht verzichten konnte und zumindest eine Befriedung des Hinterlandes um jeden Preis erreicht werden mußte. Sie forderten, da es an militärischen Zwangsmitteln fehlte, politische und wirtschaftliche Zugeständnisse.

Unter dem unerbittlichen Zwang der Kriegsverhältnisse drangen jene kritischen Stimmen in der militärischen Führung stärker durch, die sich von der Siegeseuphorie nicht hatten anstecken lassen. Da wies etwa der für die Rüstungsindustrie in der Ukraine zuständige General darauf hin: »Man muß sich darüber klar sein, daß in der Ukraine letzten Endes nur die Ukrainer durch Arbeit Wirtschaftswerte erzeugen können. Wenn wir die Juden totschießen, die Kriegsgefangenen umkommen lassen, die Großstadtbevölkerung zum erheblichen Teile dem Hungertode ausliefern, im kommenden Jahre auch einen Teil der Landbevölkerung durch Hunger verlieren werden, bleibt die Frage unbeantwortet: Wer denn hier eigentlich Wirtschaftswerte produzieren soll. Daß bei dem Engpaß Mensch im Deutschen Reich weder jetzt noch in absehbarer Zukunft Deutsche in erforderlicher Zahl zur Verfügung stehen können, ist unzweifelhaft. Wenn der Ukrainer aber arbeiten soll, muß er physisch erhalten werden, nicht aus einem Sentiment, sondern aus sehr nüchternen wirtschaftlichen Erwägungen.«[129]

Selbst ein Mann wie Generalfeldmarschall v. Reichenau, bisher als der ranghöchste Offizier angesehen, der dem Nationalsozialismus am engsten verbunden war, schrieb jetzt als Oberbefehlshaber der 6. Armee in einer Denkschrift: »Der letzte Bauer hat schließlich begriffen, daß der Deutsche nicht als selbstloser Befreier ins Land kam, sondern neben der Niederringung der bolschewistischen Gefahr sehr reale Ziele verfolgte. Äußerungen und Maßnahmen führenden Beauftragter des Reiches haben zudem den Eindruck aufkommen lassen, daß der Ukraine nur die Bedeutung eines kolonial auszubeutenden Gebietes zukomme, daß keine

Rücksicht auf die Existenz der Bevölkerung genommen werden solle und daß der Hungertod oder die Vernichtung von Millionen von Ukrainern für den deutschen Eroberer keine Rolle spiele [...] Die Tatsache, daß mit einer baldigen Entscheidung im Osten, wie überhaupt des ganzen Krieges, nicht mehr gerechnet werden kann, zwingt zu einer Nachprüfung unserer bisherigen Haltung.«[130]

Hier bildete sich eine Koalition mit jenen Kräften im Ostministerium Rosenbergs und in der Zivilverwaltung, die sich um eine Mitarbeit zumindest jener Bevölkerungsgruppen bemühten, die – im Gegensatz zu den Russen – als rassisch wertvollere Hilfsvölker eingeschätzt wurden und die im Rahmen einer politisch-rassischen Dekompositionspolitik den Vielvölkerstaat UdSSR für die Deutschen beherrschbar machen sollten.[131]

Die größten Erwartungen setzte man in diesem Zusammenhang auf die Ukraine, vor allem auf die Landbevölkerung. Durch die Auflösung der Kolchosen und die Einrichtung von Bauernwirtschaften versprach man sich einen durchschlagenden politischen Erfolg. Dieses vermeintliche Geheimrezept für den Erfolg des Ostkrieges wurde zwar immer wieder diskutiert, aber nur sehr zögerlich ausprobiert. Die von Rosenberg anvisierte und vor allem vom OKH mit Nachdruck unterstützte Landreform blieb bereits in den ersten Ansätzen stecken, denn die uniformierten Landwirtschaftsführer der Wehrmacht bzw. der Zivilverwaltung boykottierten diese Politik.[132]

Sie sahen sich bereits als die künftigen deutschen Gutsbesitzer und waren daran interessiert, daß die einheimische Landbevölkerung keinen eigenen größeren Landbesitztitel erwerben konnte, sondern weiterhin als Arbeitskräfte für die Kollektivwirtschaften zur Verfügung stand. Das Augenmerk der mehr als zehntausend Angehörigen der Landwirtschaftsverwaltung, auch soweit sie innerhalb der Militärverwaltung im Operationsgebiet des Heeres tätig waren, war eindeutig darauf gerichtet, bei allen drängenden Tagesfragen die längerfristige Aufgabe der Ostsiedlung mit einzubeziehen.

Anfang Dezember 1941 unternahm Major Seifert für den Wirtschaftsstab Ost eine Erkundungsreise auf die Halbinsel Krim, um rasch zu realisierende Siedlungsmöglichkeiten aufzuspüren. Dabei ging es einerseits um die Festigung und den Ausbau bereits vorhandener volksdeutscher Siedlungen und andererseits um die Ausarbeitung und Vorbereitung einer systematischen Besiedlung der Krim mit deutschen Siedlern, die nach Hitlers Vorstellungen vor allem aus Südtirol umgesetzt werden sollten. In Seiferts umfangreichen Ermittlungen kam klar zum Ausdruck, daß eine größere Zahl einheimischer Arbeitskräfte vorerst unentbehrlich sein würde, wenn man die Verhältnisse so verändern wollte, »daß deutsche Menschen sich in diesem Raum heimisch fühlen«. Das schloß zugleich die

Forderung mit ein, sämtliche Kriegsgefangenen »zu entfernen«, eine »sofortige Lösung der Judenfrage« und die »Evakuierung der arbeitslosen Industriebevölkerung« aus den Städten.[133]

Nach einer anschließenden Rundreise durch die Ukraine konnte der Major auch einen umfassenden Siedlungsplan für diesen Raum vorlegen. Er schlug ein Dreijahresprogramm und die Aufteilung des Landes in vier unterschiedlich zu behandelnde Zonen vor. Die besten Gebiete sollten sofort in deutsche Hand genommen werden. Dazu müßten in der Zone I die russischen Kollektivbauern verdrängt und rein deutsche Siedlungen geschaffen werden. In der Zone II wären deutsche Grundherrschaften zu bilden mit Gütern über 10000 bis 15000 ha, auf denen ukrainische »Halbbauern« vorerst noch verbleiben dürften. Die Zonen III und IV schließlich blieben auf absehbare Zeit Reservate für die einheimische Landbevölkerung, durchsetzt mit deutschen Stützpunkten und kontrolliert durch eine Aufsichtsverwaltung.[134]

Solche im Wirtschaftsapparat der Wehrmacht entstandenen Planungen versuchte Himmler im Sommer 1942 für sich zu nutzen, indem er die Evakuierung der Krim und den möglichst raschen Beginn der deutschen Besiedlung ankündigte. Das provozierte allerdings einen Schwenk im Wirtschaftsstab Ost, der nun vor den katastrophalen Folgen eines Siedlungsbeginns noch während des Krieges warnte. Der begonnene systematische Wiederaufbau der landwirtschaftlichen Produktion zur Deckung der Wehrmachtbedürfnisse und der Lieferauflagen ins Reich mußte jegliche Störungen durch An- und Umsiedlungen als bedenklich erscheinen lassen. OKW und Zivilverwaltung vertraten also den Standpunkt, »daß ein Entfernen der Russen und Ukrainer zur Zeit aus wirtschaftlichen Gründen für die Halbinsel nicht tragbar ist. Man sollte *nur* die üblen Elemente [sic!] entfernen.« Göring unterstützte diesen Vorstoß, und so mußte Himmler zumindest dieses Siedlungsprojekt verschieben.[135]

Dafür unternahm das OKW auf einem anderen Feld die Initiative. Der Siedlungsbevollmächtigte erhielt Gelegenheit, sich über die polnischen und baltischen Ansiedlungsgebiete hinaus auch in Rußland selbst um Landzuteilungen an Wehrmachtangehörige zu kümmern. Umstände und Ablauf dieser Aktion erhellen das Janusgesicht des Ostkrieges, ein Jahr nach Beginn des Überfalls: einerseits die erzwungene Anpassung der Besatzungspolitik an die veränderte Kriegslage, andererseits das Festhalten an den eigentlichen Kriegs- und Siedlungszielen.

Der Anlaß war die Unruhe unter den einheimischen Kollaborateuren, die bei Wehrmacht und Polizei Dienst taten und vor allem bei der Partisanenbekämpfung unentbehrlich waren. Durch die neue Agrarordnung Rosenbergs war eine Vergrößerung des Hoflandes der einheimischen Landbevölkerung und die allmähliche Umwandlung der Kolchosen in

sogenannte Gemeinwirtschaften angekündigt worden. Die Hilfstruppen
der Wehrmacht fürchteten nun darum, bei der Landzuteilung zu spät zu
kommen. Hitler selbst ordnete daraufhin an, daß ihnen, vor allem, wenn
sie sich im Kampf gegen die Partisanen bewährt hatten, bevorzugt Land
zugeteilt werden sollte. Er wünschte ausdrücklich eine großzügigere Zuteilung und sogar die Zusage einer sofortigen Eigentumsübertragung
nach der Entlassung aus dem Dienst.[136]

Das hätte bedeutet, wesentliche Prinzipien der deutschen Ostsiedlung zugunsten militärischer Zweckmäßigkeit zu durchbrechen. Bei den folgenden Verhandlungen um entsprechende Durchführungsbestimmungen
wurde ein erster Widerspruch von der Landwirtschaftsabteilung des Wirtschaftsstabes Ost erhoben. Dort hielt man die vorgesehene Belohnung
der Partisanenjäger für zu weitgehend und sorgte für eine Einschränkung.[137] Nachdem Einvernehmen auch mit der Zivilverwaltung erzielt
worden war, meldete sich Himmler mit der Forderung, die Zuteilung in
Raten von je ⅕ der endgültigen Fläche vorzunehmen – also Zeit zu gewinnen. Der mit der Federführung beauftragte BW Sied akzeptierte diese
Einschränkungen, auch die Begrenzung auf den sogenannten altsowjetischen Raum, so daß die einheimischen Veteranen künftig nicht mit den
deutschen Militärsiedlern in Nachbarschaft geraten konnten.[138]

Das OKH, auf die Einsatzfreudigkeit der Hilfstruppen am meisten angewiesen, klagte Ende 1942, daß durch diese vielfältigen Restriktionen die
erhoffte Propagandawirkung verpufft sei. Der Belohnte erhielt das Land
nur zur vorläufigen Nutzung, nicht als Eigentum; er war zudem mit einer
Ablieferungspflicht belastet, deren Erlös wegen des allgemeinen Waren-
mangels wertlos war, und er bekam die Schenkungsurkunde nicht einmal
ausgehändigt, solange er im Dienst der Wehrmacht stand. Daneben forderten die Heeresgruppe Nord und der Wehrmachtbefehlshaber Ostland,
im Interesse der Partisanenbekämpfung in ihren Bereichen die Bestimmungen auf die baltische Region auszudehnen. Hier legten die Landwirtschaftsführer sofort ihr Veto ein. Mit Blick auf die deutschen Siedlungsvorhaben in diesem Raum stehe für eine Landzuteilung an Einheimische
keine Fläche zur Verfügung.[139]

Der BW Sied bemühte sich um einen Ausgleich der unterschiedlichen
Standpunkte und schaltete auch den RKF mit ein. Der Vorschlag des
Wehrmachtführungsstabes, die Belohnungen auf Betriebe, städtische
Grundstücke und Häuser auszuweiten und so attraktiver zu machen,
mußte wegen der drängenden Zeit fallengelassen werden. Mehr als einige
geringfügige Verbesserungen, z. B. die Einbeziehung von Weißruthenien
in den Geltungsbereich, kamen aber auf diese Weise nicht zustande.
Selbst dafür freilich behielt sich der RKF seine Zustimmung vor. Das vorgesehene Gespräch zwischen Oberst v. Bornhaupt und Himmler fand

aber anscheinend nicht mehr statt, denn der Gegenstand hatte sich derweil von selbst erledigt. Der große Rückzug im Osten hatte begonnen.[140]
Nun war die Wehrmacht gezwungen, sich selbst mit der Um- und Ansiedlung großer Menschenmassen zu beschäftigen. Dabei ging es nicht mehr um eine langfristig angelegte »Neugestaltung« des eroberten Raumes in Osteuropa, sondern zunächst einmal um die Evakuierung der Volksdeutschen, dann der einheimischen Spezialisten und Kollaborateure mit ihren Familien, schließlich um den Versuch, die gesamte Bevölkerung aus den Frontgebieten abzutransportieren. Auf diese Weise sollte dem Feind eine »verbrannte Erde« hinterlassen und zugleich das noch verbliebene Arbeitskräftepotential voll für die Zwecke der deutschen Kriegführung nutzbar gemacht werden.

In zahlreichen Trecks zogen Hunderttausende, teils freiwillig, überwiegend aber gezwungen, mit ihren Habseligkeiten nach Westen, wo sie in rückwärtigen Gebieten wieder angesiedelt wurden, soweit man sie nicht zum Arbeitseinsatz ins Reich transportierte.[141] Das war zwar keine systematische Siedlungspolitik nach rassenideologischen Gesichtspunkten, aber in der Hemmungslosigkeit und Brutalität, mit der Hunderttausende gezwungen wurden, Haus und Hof zu verlassen, offenbarte sich noch einmal die Mentalität dieses Kolonialkrieges. Die unterworfene Bevölkerung Osteuropas wurde – anders als im übrigen deutschen Machtbereich – als rechtlose Masse betrachtet, als quasi deutsches Eigentum, mit dem man nach Belieben verfahren konnte.

Gegen Kriegsende, als in den aufgelösten Dienststellen der ehemaligen Besatzungsverwaltung die Erfahrungsberichte verfaßt wurden, kamen auch kritische Stimmen gegen diese Politik noch einmal zu Wort. Diese reduzierten sich freilich auf die Suche nach Sündenböcken, die – wie etwa Erich Koch als Reichskommissar für die Ukraine – durch ihr radikales Auftreten alle Chancen verspielt hätten, die Bevölkerung in größerem Maße für die deutsche Sache zu gewinnen; man ignorierte die eigene Verstrickung in die Politik der Vernichtung, Ausbeutung und Ostsiedlung. Der BW Sied, institutionalisierter Siedlungswille der Wehrmachtführung, verschwand in der Versenkung. Für die Militärverwaltung des OKH waren vielmehr die Wirtschaftsdienststellen für das Scheitern der Besatzungspolitik verantwortlich.

In ihrem Abschlußbericht heißt es:»In den besetzten Ostgebieten, insbesondere aber in der Ukraine beherrschte die Wirtschaft die Politik, während im Reich gerade der umgekehrte Grundsatz gilt. Die Bevölkerung hoffte auf eine wirtschaftliche Befreiung. Statt dessen übernahmen zahlreiche Wirtschaftsgesellschaften, insbesondere die Ostgesellschaften, die wirtschaftliche Ausnutzung des Landes. Sie waren ganz nach kaufmännischen Gesichtspunkten ausgerichtet und sahen ihre Aufgabe in einer möglichst restlosen Ausschöpfung der wirtschaftlichen Möglichkeiten. Der Anteil der Zivilbevölkerung an den Lebensgütern wurde auf ein Minimum beschränkt [. . .] Böse Parolen wie ›Die Deutschen wollen in Rußland einige Millionen Menschen verhungern lassen‹ oder ›Rußland solle das Indien Deutschlands werden‹ machten die Runde.« Es wären demnach »Kreise der Wirtschaft« mit ihrem Gewinnstreben für eine kolonialistische Haltung verantwortlich gewesen. Ostkrieg und Siedlung also als Ergebnis »kaufmännischer Gedankengänge«?[142]

II. Die Wirtschaft: Folgt der Handel der Flagge?

1. Wirtschaft und Ostsiedlung

Die in den frühen programmatischen Erklärungen des Nationalsozialismus Anfang der zwanziger Jahre dominierende Industriefeindlichkeit hatte zweifellos einen wichtigen Einfluß auf die Herausbildung des Hitlerschen Lebensraum-Programms ausgeübt. Seine Vorstellungen von einem zukünftigen deutschen Ostimperium wurden von einem agrarromantischen, antimodernistischen Gesellschafts- und Wirtschaftskonzept geprägt, in dem für den bestehenden großindustriellen Komplex kein fest umrissener Platz war. Als idealtypische Leitbilder galten ihm vielmehr der germanische Wehrbauer, der auf seiner Scholle in der Weite Osteuropas das arische Herrenmenschentum gegenüber der angeblich minderwertigen slawischen Urbevölkerung repräsentieren sollte, sowie der tüchtige deutsche Handwerksmeister und Ingenieur. Die Nationalsozialisten ließen zwar anfangs offen, wie sie mit der reichsdeutschen Großindustrie im Falle ihrer Machtübernahme verfahren würden, daß aber der zu erobernde neue »Lebensraum im Osten« eine mittelständisch-agrarische Sozialordnung erhalten sollte, stand für sie außer Frage.

Damit bewegten sie sich teilweise im Dunstkreis damals weitverbreiteter nationalökonomischer Lehren, die als Neo-Merkantilismus bezeichnet wurden.[143] Dies galt vor allem hinsichtlich ihrer Auffassung, daß es die »naturgemäße« Aufgabe Osteuropas sei, Deutschland mit den ihm fehlenden Agrargütern und Rohstoffen zu versorgen, womit die Voraussetzung für einen autarken Wirtschaftskreislauf gegeben wäre. Daraus ergab sich eine negative, ja feindselige Bewertung der bodenständigen Industrialisierungsbestrebungen in den osteuropäischen Staaten, wie sie auch von einigen bürgerlichen Politikern, Wirtschaftlern und Militärs geteilt wurde. Das wirtschaftspolitische Kalkül führender Kreise in der Weimarer Republik schwankte dabei zwischen der zeitweiligen Hoffnung, einerseits für den »Wiederaufstieg« Deutschlands die frühere wirtschaftliche Vormachtstellung in Osteuropa wiedererringen zu können – und zwar durch die Übernahme bzw. die Mithilfe beim Aufbau industrieller Anlagen, nicht zuletzt auch von Rüstungsfabriken in Sowjetrußland –, sowie andererseits einem Konzept, das dem Erhalt und der Stärkung der industriellen Substanz im Reich Priorität einräumte und in dem Osteuropa lediglich als Absatzmarkt für Industrieprodukte und als Lieferant von Rohstoffen von Interesse war.[144]

Die Weltwirtschaftskrise Ende der zwanziger Jahre verstärkte auf der einen Seite die Zweifel am bisherigen Technologietransfer in die osteuropäischen Staaten, insbesondere an der Mithilfe bei der Industrialisierung der Sowjetunion; auf der anderen Seite bekannten sich nun führende Nationalsozialisten eindeutig zum bestehenden industriekapitalistischen System. Außerdem rezipierte die NSDAP die traditionellen wirtschaftsimperialistischen Vorstellungen über eine deutsche Großraumwirtschaft, wie sie von den konservativen Führungseliten bereits im Ersten Weltkrieg entwickelt worden waren und nun neuerlich Zuspruch fanden.[145] Das Ergebnis dieses Annäherungsprozesses war die Begründung eines gemeinsamen Interesses an der langfristigen Ausbreitung des deutschen Machtbereiches nach Osten und Südosten, auch unter Einschluß von Gewaltanwendung. Das Verschmelzen des primär rassenideologisch motivierten Lebensraum-Programms mit dem Konzept einer arbeitsteiligen und nach Deutschland ausgerichteten Großraumwirtschaft in Mittel-Ost-Europa ließ freilich die Frage nach der zukünftigen Rolle und der geographischen Ausdehnung des mitteleuropäischen Industriezentrums gegenüber den agrarischen Ergänzungsräumen Osteuropas weithin offen. Blieben bei der »Eingliederung« der Tschechoslowakei die dort vorhandenen wirtschaftlichen Strukturen, speziell die hochentwickelte Industrie, weitgehend unangetastet – läßt man einmal die Verschiebung der Besitzverhältnisse außer Betracht –, so entfesselte der bald darauf folgende Überfall auf Polen einen hemmungslosen Germanisierungs- und Beutedrang, bei dem sich rassen- und wirtschaftspolitische Antriebe wechselseitig stimulierten.

Die deutsche Großindustrie hatte sich in der Phase der Kriegsvorbereitung als Rüstungslieferant unentbehrlich gemacht und ihre Stellung innerhalb des NS-Systems gefestigt. Hitler und Göring waren ganz auf die Zusammenarbeit mit den Großindustriellen eingestellt, so daß die Verfechter eines »linken«, d. h. industriefeindlichen, sozialrevolutionären Konzepts innerhalb der Partei in den Hintergrund treten mußten. Die überhitzte Rüstungskonjunktur hatte bei der Großindustrie selbst zu einem ständig wachsenden Verlangen nach zusätzlichen Rohstoffen und Arbeitskräften geführt, aber kein nachhaltiges Interesse an der Verlagerung und Dezentralisierung von Betrieben, wie sie an sich auch von den Militärs aus wehrgeographischen Gründen befürwortet wurde, begründet. Eine industrielle Betätigung in den strukturschwachen, vorwiegend agrarischen Gebieten Ostdeutschlands war wenig verlockend. Der sich eher noch verstärkende Sog der industriellen Ballungszentren, der die Landflucht beschleunigte und die Industriearbeiterschaft vergrößerte, galt aber nicht nur den staatlichen Raumordnungsbehörden, sondern auch den Partei-Ideologen als ein mißliebiger Umstand.

Im ganzen gesehen, hatte sich zu Beginn des Zweiten Weltkrieges eine zumindest partielle Übereinstimmung zwischen Militärs, Industriellen, Siedlungsfanatikern und Rassenideologen gebildet. Militärs und Industriellen bot die Ausplünderung der neu eroberten Ostgebiete die Aussicht auf dringend benötigte Rohstoffe, Lebensmittel und Maschinen, um die Kriegsproduktion steigern zu können; die Ostraum-Planer konnten dann auf dem entstehenden Trümmerfeld Osteuropas ihre völkische und ökonomische »Neuordnung« vollziehen.

2. Die »Haupttreuhandstelle Ost«

Auch wenn zunächst die Frage des Abtransports der ökonomischen Beute sowie die Nutzbarmachung der Landwirtschaft und der Rohstofferzeugung in den eroberten Ostgebieten im Vordergrund standen, so hatte doch unter dem Blickwinkel der Ostsiedlung auch das Problem einer künftigen Industriepoltik eine große Bedeutung. Aus nationalsozialistischer Sicht gewährleistete erst die Verbindung »volkspolitischer« Gesichtspunkte mit einer planmäßigen Umgestaltung der ökonomischen Verhältnisse die Dauerhaftigkeit der deutschen Siedlungspolitik.[146]

Hinsichtlich der annektierten Ostgebiete bedeutete dies, daß neben Landwirtschaft, Handel und Handwerk auch die Industrie zu fördern war, um ein in sich ruhendes Wirtschaftsgefüge zu schaffen und durch die Festigung der Grenzprovinzen das Reich insgesamt als Zentrum einer künftigen Großraumwirtschaft gegenüber den weiter östlich gelegenen kolonialen Ergänzungsräumen zu stärken. Es kam also darauf an, in einem ersten Schritt sämtliche polnischen Vermögenswerte und Betriebe in den künftigen Siedlungsgebieten zu enteignen und in deutschen Besitz zu überführen, um dann später im Rahmen einer systematischen Siedlungspolitik neue Betriebe zu schaffen bzw. durch Verlagerung aus dem Altreich anzusiedeln.

Sofort nach Beginn des Überfalls auf Polen hatte Göring innerhalb seiner Vierjahresplan-Administration die »Haupttreuhandstelle Ost« eingerichtet.[147] Sie hatte eine Doppelfunktion zu erfüllen: einmal die beschlagnahmten, enteigneten oder »herrenlosen« Vermögenswerte und Betriebe sicherzustellen, zu verwalten und allmählich in deutsches Eigentum zu überführen; außerdem die zumeist von der Wehrmacht eingesetzten kommissarischen Verwalter in den kriegswichtigen Betrieben zu betreuen. Damit wurde die einheimische Bevölkerung systematisch ihrer wirtschaftlichen Existenz beraubt, begleitet von unzähligen wilden Beschlagnahmeaktionen, insbesondere gegenüber den Juden. Als Treuhänder wurden in den ersten Monaten vor allem volksdeutsche Umsiedler mit der Aussicht auf späteren Erwerb eingesetzt.

Diese Treuhandverwaltung verwaltete die Betriebe ausschließlich im Reichsinteresse, die Gelder aus dem Verkauf der Vermögenswerte flossen in die Reichskasse. Bei ihrer Tätigkeit geriet sie rasch in eine Fülle von Zuständigkeitskämpfen, vor allem mit regionalen politischen Instanzen. Die HTO bemühte sich, »eine gesunde Mischung zwischen staatlicher Wirtschaftslenkung und unternehmerisch wirtschaftlicher Initiative zu finden«.[148] Sie stand schließlich zwischen allen Fronten. Ihr Leiter, Bürgermeister Winkler, hatte in der NS-Hierarchie kein Gewicht und konnte sich deshalb im Konfliktfalle nur mit Hilfe Görings durchsetzen. Göring selbst aber interessierte sich für diesen Teil seines Aufgabenfeldes nur insoweit, als es der Ausweitung seines persönlichen industriellen Imperiums, dem Konzern der »Reichswerke Hermann Göring«, nützlich war.[149]

Ihre Schlüsselrolle bei der Verwertung von Betrieben und Vermögenswerten in den annektierten polnischen Gebieten konnte die HTO nicht ausbauen. Sie entwickelte keine eigenständige Position in der Siedlungspolitik. Als eher traditionell orientierte Behörde stand sie im Konflikt mit zügellosen Parteielementen, aber auch mit jenen Wirtschaftlern, die sich unbehindert von staatlicher Aufsicht bedienen wollten. Eine solche »Wiedereinführung kolonialer Raubmethoden« lehnte die HTO ab.[150]

»Die Ostbewerbung ist keine Angelegenheit für Abenteurer, Glücksritter oder Spekulanten«, so hieß es ausdrücklich in den Richtlinien für den Fragebogen »Ostbewerbung«.[151]

Die HTO hatte von Anfang an die Verwertung von landwirtschaftlichem Besitz dem RKF überlassen müssen, gleichwohl pflegte sie ansonsten eine enge Zusammenarbeit mit der SS. In ihrer Berliner Annahmestelle für Ostbewerbungen wurde ein »Generalreferent für die Festigung deutschen Volkstums« installiert, der den entsprechenden rassenpolitischen Fragebogen zu bearbeiten hatte.[152] Nachdem dieser im Juni 1941 wieder ausgegliedert und zur selbständigen Wirtschaftsabteilung des RKF erweitert worden war, konnte man sich über eine neue Kompetenzverteilung nicht mehr einigen. Der Anspruch, die Bewerber nicht nur politisch, sondern auch fachlich zu beurteilen, wurde von der HTO nicht gebilligt.[153]

Im Generalgouvernement, das noch nicht zur Besiedlung, sondern vorerst zur Ausplünderung freigegeben war, kam die HTO ebenfalls nicht zum Zuge. Hier behielt die deutsche Verwaltung die Enteignung, Treuhandschaft und Verwertung in eigener Regie. Ein möglicher Einsatz kam dagegen im »Ostland« in Anbetracht, jenem Teil des Baltikums, der für eine rasche Besiedlung vorgesehen war. Göring ordnete zwar im November 1941 die Einrichtung einer entsprechenden Treuhandverwaltung an, aber bei der Durchführung stieß die HTO auf unüberwindbare Schwierigkeiten.[154] Der Reichskommissar Ostland war ebenfalls nicht bereit, sich diese Pfründe nehmen zu lassen. In seinen Richtlinien für die treuhänderische Verwaltung in den besetzten Ostgebieten vom 20. Mai 1942 beharrte Göring auf dem Grundsatz, daß sämtliche wirtschaftlichen Werte als »Sondervermögen des Reiches« zu behandeln seien. Der Erlös aus einem späteren Verkauf sollte allein zur Abdeckung der Kriegskosten dienen. Das wirtschaftspolitische Ziel sei es, im Ostland »möglichst bald die eine Höchstleistung verbürgenden europäischen Wirtschaftsformen« wiederherzustellen. Die Treuhandverwaltung solle daher versuchen, »die Unternehmerinitiative zu wecken und einzuschalten«.

Nicht die großen Konzerne, sondern Einzelpersonen sollten dabei gefördert werden. Zeitpunkt, Form und Umfang der Verwertung behielt sich Göring aber vor. »Hierbei wird Rücksicht auf die Frontkämpfer ausschlaggebend sein.« Die Einsetzung der Treuhänder wurde den Reichskommissaren überlassen und lediglich eine enge Zusammenarbeit mit der HTO empfohlen.[155] Das Bemühen, zumindest in den Siedlungsgebieten eine an den Maßstäben der herkömmlichen Reichsverwaltung orientierte Wirtschaftslenkung durchzuführen, hielt den entfesselten Kräften der Ostexpansion nicht lange stand.

Während in den annektierten Siedlungsgebieten bereits jeglicher wirtschaftlicher Besitz der »Fremdvölkischen« rücksichtslos enteignet und in deutsche Hände übertragen wurde, entwickelte man in den Kolonialgebieten des weiteren Ostens verschiedene Übergangsformen. Dabei ging es darum, die eigenständige wirtschaftliche Tätigkeit der Bevölkerung zu kontrollieren, sukzessive zu verringern und umzugestalten. Parallel dazu wurden wirtschaftliche Schlüsselstellungen in deutschen Besitz überführt und ausgebaut. Durch solche Stützpunkte konnte der Prozeß einer Vorbereitung der einheimischen Volkswirtschaft auf eine spätere systematische Besiedlung und Umsiedlung wirkungsvoll gesteuert und beschleunigt werden. Das erforderte eine enge Abstimmung von politisch-administrativen, militärischen, ökonomischen und schließlich auch der bevölkerungspolitischen Maßnahmen.

Siedlung stand erst am Ende des Umwandlungsprozesses, oder mußte zumindest so in die Besatzungspolitik integriert werden, daß sie weder den beabsichtigten Strukturwandel noch die kurzfristigen Ausbeutungsziele störte. Solche Störungen und Interessenkonflikte waren im Generalgouvernement, dem sogenannten Polen-Reservat, an der Tagesordnung und sollten im Falle Rußlands von vorherein vermieden werden.

3. Ostgesellschaften

Für die Vorbereitung der Ostsiedlung in den eroberten Gebieten der Sowjetunion entwickelte das NS-Regime auf dem Wirtschaftssektor neue Formen der Zusammenarbeit zwischen Staat und Privatwirtschaft.[156] Die Errichtung einer zentral gesteuerten Wirtschaftsverwaltung unter Göring schuf besonders günstige Voraussetzungen, um den Primat der Ökonomie im Besatzungsregime zur Geltung zu bringen. Göring selbst war sich bewußt, daß er seine Aufgabe, einerseits den eroberten Raum im kurzfristigen kriegswirtschaftlichen Interesse maximal auszubeuten und andererseits den für die spätere Ostkolonisation erforderlichen Strukturwandel einzuleiten, nur mit Hilfe der großen Konzerne durchführen konnte.[157]

Die vorgefundene Staatswirtschaft der UdSSR ermöglichte es, mit einem Federstrich das Problem der Eigentumsübertragung zu lösen. Sämtliche Wirtschaftswerte wurden kurzerhand zum Eigentum des Reiches erklärt. Betriebe und Anlagen sollten aber nach Kriegsende an »Ostkämpfer« und Siedler verkauft werden. Damit hoffte Hitler, die schwer angeschlagene Reichskasse sanieren und die Kriegskosten tilgen zu können. Es ging dabei, wie man in Bankkreisen formulierte, um den »größten Amortisationsplan der bisherigen Wirtschaftsgeschichte«.[158]

In diesem allgemeinen volkswirtschaftlichen Sinne entsprach Hitlers Raubzug auch den Interessen der reichsdeutschen Wirtschaft. An der Formulierung der Zielsetzungen nationalsozialistischer Wirtschaftspolitik im Osten waren Wirtschaftsvertreter maßgeblich beteiligt. Sie legten entscheidenden Wert darauf, daß möglichst der »persönlichen unternehmerischen Initiative die Bahn freigegeben« wird.[159] Schon die noch ungeklärten Kriegsverhältnisse, aber auch die allgemeinen »Neuordnungs«-Vorstellungen schlossen es aus, »wahl- und ziellos deutsche Unternehmer nach dem Osten zu schicken und jedem einzelnen ohne Auswahl die Möglichkeit zu geben, wenn er wollte, Betriebe zu übernehmen«.[160] Die Frage nach der Rolle von Industrie und Gewerbe im künftigen russischen Kolonialraum sowie die Besitzregelung blieben zunächst weitgehend ungeklärt, aber die Unternehmer hatten selbstverständlich ein Interesse daran, hier die Federführung zu behalten.

Der Vorbehalt Hitlers, bei der künftigen Besitzverteilung die Frontkämpfer zu bevorzugen, machte es notwendig, den Wettlauf um die Reichtümer Rußlands zu bremsen und zu kanalisieren. Es lag wiederum im durchaus wohlverstandenen Interesse der Unternehmer, zunächst einmal die Klärung der politischen, militärischen und ökonomischen Verhältnisse in den eroberten sowjetischen Gebieten abzuwarten, was aber nicht ausschloß, sich in einzelnen, lohnenswert erscheinenden Fällen um die Übernahme von Betrieben rechtzeitig zu kümmern.

Durch die Gründung sogenannter Ostgesellschaften wurde eine Form der Zusammenarbeit mit dem Staatsapparat gefunden, die den Interessen beider Seiten dienlich schien. Die gemeinsam von Reichswirtschaftsministerium, den Industrieverbänden und einzelnen Firmen getragenen Gesellschaften sollten unter staatlicher Regie, aber in privatwirtschaftlicher Form für eine befristete Zeit sämtliche Anlagen einer bestimmten Branche treuhänderisch übernehmen und verwalten.[161] Die Struktur dieser Monopolgesellschaften war je nach Interessenlage der beteiligten Unternehmen und der Bedeutung für die vorrangigen kriegswirtschaftlichen Aufgaben unterschiedlich angelegt.

Zwei wichtige Ausnahmen wurden von Göring durchgesetzt. Das betraf zum einen die gesamte Mineralölwirtschaft, die auf Dauer im Eigentum des Reiches bleiben und sofort nach Kriegsbeginn von der halbstaatlichen Kontinentalen Öl AG übernommen werden sollte. Hier war die Privatwirtschaft mit einem Kapital von 250 Millionen Reichsmark beteiligt. Zum anderen hatte man für die Montanindustrie mit der Berg- und Hüttenwerksgesellschaft Ost G.m.b.H. (BHO) zwar die übliche Gesellschaftsform gewählt, doch mit der Einsetzung von Paul Pleiger, Görings ehrgeizigem Industriemanager, war für alle Beteiligten klar, daß die Reichswerke die BHO praktisch als Tochtergesellschaft und späteres Eigentum ansah. Das führte zu einem tiefgreifenden, nie gelösten Konflikt mit der traditionellen rheinisch-westfälischen Schwerindustrie, die sich selbst Hoffnungen auf eine Aneignung der russischen Anlagen machte und nicht bereit war, für Pleiger Handlangerdienste zu leisten.[162] Diese Rivalität zwischen dem Staatskonzern und den Privatunternehmen behinderte während der gesamten Besatzungszeit die Auswertung und den Wiederaufbau der Montanindustrie im besetzten Teil der UdSSR, obwohl Hitler und Göring mehrfach versichert hatten, daß nach Kriegsende eine umfassende Privatisierung stattfinden sollte.[163] Noch im Abschlußbericht des Wirtschaftsstabes Ost spiegelt sich das Unverständnis und die Hilflosigkeit der Militärs, die seit Anfang 1942 darauf vertraut hatten, daß im Rahmen des sogenannten Iwan-Programms ein forcierter Wiederaufbau der ukrainischen Eisen- und Stahlindustrie zur Stützung der Ostfront durchgeführt wurde.[164] Dieser Interessenkonflikt förderte bei den benachteiligten deutschen Unternehmen die Neigung, nur unausweichliche Investitionen im Osten vorzunehmen, und zwar soweit sie von staatlicher Seite gefordert und vom Reich entsprechend abgesichert wurden. Ältere Besitzansprüche und wichtige Firmeninteressen wurden aber weiter verfolgt und notfalls auch mit Nachdruck geltend gemacht. Flicks Vereinigte Stahlwerke versäumten es nicht, den aus der Zeit vor 1914 stammenden Anspruch auf die bedeutsame Manganerzgrube im kaukasischen Tschiaturi bereits im März 1942 zur Sprache zu bringen, während sich die deutschen Truppen gerade erst in den Ausgangsstellungen für die Sommeroffensive befanden.[165] Hier kam offenbar die Sorge zum Ausdruck, daß im Zuge einer militärischen Besetzung die Anlagen der BHO zufallen würden und damit die Reichswerke das Rennen für sich entscheiden könnten. Ähnliche Motive veranlaßten wohl auch andere private Montankonzerne, unter geschickter Verwendung ideologischer und siedlungspolitischer Argumente eine Ausschlachtung und Verlegung russischer Hüttenwerke ins Reich vorzuschlagen.[166] Eine Ausnahme von dieser industriellen Strategie bildete das relativ hochentwickelte und von Kriegszerstörungen weniger betroffene Baltikum. Hier wurden alte Verbindungen aktiviert und neue geschaffen, gefördert durch das politisch vorgegebene Ziel einer möglichst raschen »Eindeutschung«.[167]

Warum »industrielle Planungen grundsätzlich für absehbare Zeit nicht am Platze sind und daher sich auch Aktivierungen in dieser Richtung zunächst als eindeutig überflüssig erweisen dürften«, wie die Ostverbindungsstelle des IG-Farben-Konzerns in einem Lagebericht Anfang 1942 ausführte,[168] macht der Ukraine-Gesamtplan des Reichsamts für Wirtschaftsausbau deutlich. Das vom Vorstandsvorsitzenden des Konzerns, Carl Krauch, geleitete Amt beschrieb darin ein Zehn-Jahres-Programm zur industriellen und landwirtschaftlichen Erschließung der Ukraine. Erst der umfassende Wiederaufbau des Donez-Kohlereviers, der Eisenhüttenindustrie im Dnjepr-Bogen und des Großkraftwerks Saporoshje würden demnach die Voraussetzungen schaffen können, um kleine und mittlere Industriebetriebe zur Deckung des regionalen Bedarfs in Gang zu setzen.[169]

Die Lösung der Eigentumsfrage blieb der Schlüssel für ein Engagement der Privatwirtschaft im »Kolonialgebiet« des Ostens. Es ging dabei vor allem um die Abdeckung der Risiken eines möglichen Kriegseinsatzes, nicht zuletzt aber auch um eine entscheidende Weichenstellung für die Erschließung des »Lebensraumes im Osten« nach Kriegsende. Da die NS-Führung aber wegen des Frontkämpfer-Vorbehalts in dieser Hinsicht wenig Bewegungsspielraum besaß, konnten nur durch mühsame und zeitraubende Verhandlungen Kompromißlösungen gefunden werden. Der Zielkonflikt war kaum zu lösen.

Der Fiskus mußte daran interessiert sein, die Anlagen möglichst erst nach Kriegsende und in einem besseren Zustand zu verkaufen; »Schleusengewinne« aus den niedrigen Produktionskosten im Osten und dem höheren Verkaufspreis im Reich wollte der Staat nicht den Unternehmern überlassen, sondern zur Deckung der Kriegskosten verwenden; die Partei-Ideologen und Siedlungsstrategen wollten eine Etablierung der großen Konzerne im Osten aus grundsätzlichen Erwägungen verhindern; die Reichskommissare der Zivilverwaltung waren in Übereinstimmung mit

Hitler gegen einen generellen Wiederaufbau der Industrie und wollten sich in jedem Falle eigene Pfründen verschaffen; die Wehrmacht brauchte aber dringend eine frontnahe Rüstungsindustrie, die ihr aber nur die großen Rüstungskonzerne des Reiches aufbauen und betreiben konnten.

Die mit dem Reichsministerium für die besetzten Ostgebiete verwobene Wirtschaftsverwaltung setzte sich mit wachsendem Erfolg dafür ein, die Unternehmerinitiative zu wecken und zu fördern. Ideologische Vorbehalte und kolonialistische Fernziele, wie sie Göring selbst noch Ende 1941 festgeschrieben hatte,[170] mußten notfalls zurückgestellt werden. Die vielfache Kritik an den Ostgesellschaften, begründet in den oft unglaublichen Zuständen, der Korruption und der persönlichen Bereicherung vieler im Osten eingesetzter Fachleute und Unternehmer,[171] hinderte nicht daran, immer größere Zugeständnisse an die Privatwirtschaft zu machen. Bei einer späteren Verwertung der sowjetischen Anlagen, so lautete seit Mitte 1942 die Devise, »werden die wohl erworbenen Rechte der Frontkämpfer an erster Stelle berücksichtigt werden. Danach haben ein moralisches Anrecht auf Berücksichtigung alle diejenigen Firmen und Einzelpersonen, die jetzt selbstlos und erfolgreich am Wiederaufbau der Wirtschaft mitarbeiten.«[172]

Zur »planmäßigen Durchführung des Industrieeinsatzes« wurden auf Anweisung des Reichswirtschaftsministers »Ostausschüsse« bei den Wirtschaftsgruppen gebildet, die geeignete Betriebsführer und Firmen zu ermitteln und deren Einsatz »unter Mobilisierung der im deutschen Unternehmertum vorhandenen aktiven Kräfte« vorzubereiten hatten.[173] Sie übernahmen außerdem den Nachschub von Maschinen, Werkzeugen und Geräten. Auch die Einrichtung sogenannter Patenbetriebe kam der Forderung nach Trennung von staatlicher Lenkung und privater Initiative entgegen. Deutsche Betriebe und Unternehmer sollten jetzt unmittelbar mit gleichartigen Betrieben im Osten in Verbindung gebracht werden und für deren Wiederaufbau Expertentrupps, Ersatzteile und Materialien zur Verfügung stellen.[174] Die dafür notwendigen Erkundungen vor Ort zogen sich aber im wichtigen Donezgebiet so lange hin, daß nach ersten Ansätzen bereits wieder die Räumung vor der anrückenden Roten Armee organisiert werden mußte.

Das Ausmaß des tatsächlichen Engagements der deutschen Wirtschaft im besetzten sowjetischen Gebiet, die Differenzierung nach einzelnen Firmen, Branchen und Regionen, das sind Themen, die noch der systematischen Erforschung harren. Die nachfolgend abgedruckten Dokumente lassen erkennen, daß es einen Konsens in der generellen Zielrichtung gegeben hat. Bei den durch die Entwicklung der Kriegslage und einzelnen Rivalitäten vorgegebenen Konflikten verstand es die Privatwirtschaft, ihre Interessen wirkungsvoll durchzusetzen und den Primat der Ökonomie zu behaupten. Über das System der Ostgesellschaften und seine auf Privatisierung zielende Fortentwicklung errang die deutsche Wirtschaft eine dominierende Position im Besatzungsregime.

Im Bündnis mit der Wehrmacht sowie mit Teilen der Zivil- und Wirtschaftsverwaltung gelang es ihr, sich der Bevormundung durch radikale und antikapitalistische Elemente in Partei- und Staatsapparat zu entziehen. Die Zukunft der deutschen Ostkolonien lag damit weitgehend in der Hand der Privatwirtschaft und ihrer Interessenvertretung. Damit geriet zwangsläufig auch die Siedlungspolitik in ihren Bann. Die Aufweichung des Frontkämpfer-Vorbehalts und das Vordringen der großen Konzerne waren erste Folgen, ebenso die »schonendere« Behandlung der einheimischen Bevölkerung, die als Arbeitskraft für den Wiederaufbau gebraucht wurde.

Arbeit statt Vernichtung, dieses modifizierte Herrschaftsprinzip setzte die Rassenideologie nicht außer Kraft, sondern schränkte die Vernichtung vorübergehend auf den jüdischen Bevölkerungsteil ein. Ob der durch die Kriegsbedürfnisse eingeleitete Wiederaufbau der Industrie eine eigene Dynamik entwickeln konnte, die möglicherweise nach einem »Endsieg« ein Wiederaufleben der ursprünglichen Entindustrialisierungs- und Vernichtungspläne verhindert hätte, bleibt zweifelhaft Das geringe Engagement der deutschen Wirtschaft im Osten, die Orientierung auf das industrielle Zentrum in Mittel- und Westeuropa deuten kaum darauf hin, daß Osteuropa im Bewußtsein der deutschen Wirtschaftselite einen anderen Stellenwert als den eines abhängigen Lieferanten von billigen Rohstoffen und Nahrungsmitteln einnahm. Im ökonomischen Kalkül kam es allein darauf an, dem deutschen Unternehmer das Tor nach Osten zu öffnen und nicht durch staatswirtschaftliche Eingriffe oder ideologische Schranken zu versperren.

4. Die Industrieberatungsstelle für die Ostsiedlung

Aneignung, Verwertung und Wiederaufbau von Betrieben in den eroberten polnischen und sowjetischen Gebieten waren nur Vorstufen für die spätere Ostsiedlung, Auftakt für die eigentliche »Neuordnung« im Sinne der nationalsozialistischen Lebensraum- und Siedlungspolitik. Die Konflikte zwischen vordringlichen kriegswirtschaftlichen Aufgaben und der Scheu der Industrie vor unkalkulierbaren Investitionen waren eingebettet in das Ringen um künftige Siedlungs- und Besitzstrukturen, um die Rolle der Industrie im »Ostraum« und ihren Autonomieanspruch. Während man noch über die Verwertung der bestehenden Industrieanlagen verhandelte, wurde bereits der zweite Schritt einer gewerblichen Ostsiedlung gedanklich mit einbezogen: der Neuansatz von Betrieben, entweder durch Verlegung aus dem Reich oder durch Neugründung.

Hier gab es während des Krieges zwangsläufig kaum praktische Möglichkeiten, am ehesten noch im Bereich von Handel und mittlerem Gewerbe. Dennoch entfesselte man eine fieberhafte Aktivität in den Behörden und Industrieorganisationen, um die Bahnen einer künftigen Industrieansiedlung im Osten vorzubereiten, Kompetenzen abzustecken, Rahmenbedingungen und Ziele festzulegen. Im Kern ging es um die Frage, welche Entwicklungsmöglichkeiten für Handel, Gewerbe und Industrie offenstehen würden, und ob die Möglichkeiten von den Unternehmern selbst wahrgenommen werden konnten oder einem staatlichen Dirigismus unterliegen würden – Fragen also, die mit ihren voraussehbaren Rückwirkungen auf das Reich die Konstitution des NS-Regimes berührten.

Mit dem Beginn der landwirtschaftlichen Siedlungsarbeit in den annektierten polnischen Gebieten entstanden auch Überlegungen zur Industriesiedlung. Die Reichsstelle für Raumordnung (RfR) sah hier eine Möglichkeit, ihre im Reichsgebiet durch den Kriegsausbruch eingeschränkten Wirkungsmöglichkeiten zu erweitern und sich als Planungsbehörde für die Ostgebiete ins Spiel zu bringen. Nach dem ersten Gespräch mit Prof. Meyer im Februar 1940 hatte es den Anschein, daß die Planungsabteilung des RKF sich vor allem mit der Agrarsiedlungsplanung befassen würde, so daß sich die Reichsstelle ermutigt fühlte, die Planung der industriellen Ostsiedlung in die Hand zu nehmen.

In einem Schreiben an den Reichswirtschaftsminister und an den Beauftragten für den Vierjahresplan schlug die RfR vor, neue gewerbliche Großbetriebe in den eingegliederten Reichsgebieten zu schaffen. Wolle man die Bevölkerungsdichte im Sinne eines »Menschenwalles« erhöhen, dann reiche die Schaffung von Bauernhöfen nicht aus; die Frage müsse schon jetzt geklärt werden, weil Planungen für eine Industrieansiedlung zwangsläufig auch die derzeitigen Umsiedlungspläne und die Standortpläne der Wehrmacht beeinflussen würden. Konkret wurde der Bau eines Eisenhütten- und Walzwerkes im Raum von Thorn vorgeschlagen. Göring nahm dieses verlockende Angebot nicht an,[175] denn schon der Weiterbau seiner Reichswerke in Salzgitter war durch den Krieg gefährdet, so daß sich für ein weiteres Großprojekt kaum Chancen abzeichneten.

Ein neuer Ansatzpunkt ergab sich im Frühjahr 1940 durch die erste große Stillegungsaktion des Reichswirtschaftsministers. Hier wollte sich die RfR einschalten, um mit einer großangelegten Industrieplanung endlich beginnen zu können. Stillgelegte Betriebe sollten nach Kriegsende nicht wieder am alten Standort eröffnet, sondern nach Osten verlagert werden. Von der Stillegung waren vor allem Klein- und Mittelbetriebe der Kon-

sum- und Gebrauchsgüterindustrie betroffen, wie sie in den Siedlungsgebieten gebraucht wurden. Aber die betroffenen Betriebe sorgten mit eini-
gem Erfolg dafür, daß die Maßnahmen zur Stärkung der Rüstungsindustrie versandeten, und nach dem raschen Sieg im Westen hofften sie auf
einen baldigen Wiederbeginn. Die Reichswirtschaftskammer wollte jedenfalls nicht an die Idee einer Siedlungsplanung für die Industrie herantreten,»um nicht die Unruhe der Unternehmer zu vergrößern«.[176]
Der allgemeine Wettlauf um den Erwerb von Betrieben und Beteiligungen in den neu eroberten Westgebieten ließ das Interesse am Osten ohnehin versiegen. Das bemerkte auch die HTO, die nach dem Ausklingen
ihrer Verwertungsaktion in den Ostgebieten in der Neuansiedlung von
Industriegebiet eine sinnvolle Zukunftsaufgabe für sich erblickte. Erste
Gespräche mit der Reichsgruppe Industrie über eine »stärkere Einschaltung der wirtschaftlichen Initiative und der industriellen Leistung des altreichsdeutschen Unternehmertums im Aufbau der eingegliederten Ostgebiete«[177] wurden geführt. Ihren Entschluß, einen Ostausschuß der
deutschen Industrie zu bilden, ließ die Geschäftsführung der Reichsgruppe jedoch wieder fallen, als sie sich mit aller Energie darauf stürzte,
im Auftrag des Reichswirtschaftsministers Länderplanungen für den
europäischen »Großwirtschaftsraum« vorzunehmen. Während für
Nord-, West- und Südosteuropa ausführliche »Wunschlisten« und langfristige Planungen von der Industrie aufgestellt wurden, hielt man sich im
Hinblick auf Osteuropa bedeckt.
Nur der Grenzwirtschaftsausschuß der Reichswirtschaftskammer forderte im Herbst 1940 im Namen der ostdeutschen Industrie in einem umfangreichen Katalog »Maßnahmen zur wirtschaftlichen Festigung der
neuen deutschen Ostgebiete«. Darin wurde es als Aufgabe der alten
grenznahen Wirtschaft bezeichnet,»mit allen zu Gebote stehenden Mitteln die Umgestaltung der eingegliederten Ostgebiete in eine gefestigte
deutsche Landschaft zu betreiben, die in kommenden Jahrhunderten allen an sie herantretenden Gefahren trotzen kann. Wenn die deutsche
Besiedlungsaktion auf lange Sicht ihren größtmöglichen Wirkungsgrad
erreichen soll, so ist es zunächst notwendig, jeden freigemachten polnischen Arbeitsplatz durch einen Deutschen zu besetzen. Darüber hinaus
muß schon jetzt der Gesichtspunkt der Schaffung einer gesunden Sozial-
und Wirtschaftsstruktur in die Planungen einbezogen werden. Bei der
derzeitigen Struktur des deutschen Ostens ist dies ohne eine auf lange
Sicht geplante Industrialisierung nicht möglich.«[178]
Nach diesem Bekenntnis zur gemeinsamen Zielsetzung kam die regionale
Wirtschaft zum eigentlichen Kern ihres Anliegens: Hilfsmaßnahmen in
Form von Krediten und Steuererleichterungen sowie eine durchgreifende
Verbesserung der Standortbedingungen, um nicht gegenüber der west-

und süddeutschen Industrie noch weiter in Nachteil zu geraten. Die finanziellen Hilfsmaßnahmen wurden vom Reichsfinanzminister großzügig gewährt. Bei der Planung und Umsetzung dieser und möglicher anderer Hilfsmaßnahmen wollte die Reichsstelle für Raumordnung eine enge Zusammenarbeit mit der HTO sowie den regionalen Gewerbeförderungsstellen organisieren. Auch bei der Vergabe von Betrieben, den notwendigen Forschungsarbeiten zur Standortwahl bzw. speziellen Untersuchungen über die Eignung einzelner Gewerbezweige zur Ansiedlung im Osten sollten die verschiedenen Initiativen gebündelt werden.[179]

Der Leiter der RfR warb in mehreren Vorträgen für die Industrieansiedlung. Die alte Idee des Ansatzes von Großbetrieben mit entsprechend zahlreicher Arbeiterschaft wurde nicht mehr verfolgt. Statt dessen übernahm er das Konzept einer ausgewogenen Mischstruktur im Siedlungsgebiet und den Mittelbetrieb als Zielgröße im gewerblichen Bereich. Besonderen Wert legte er auf den Hinweis, daß eine sorgfältige und langfristige Raumplanung notwendig sein würde, um auch die Rückwirkungen auf das Altreich mit einbeziehen zu können. Es galt die Chance einer industriellen Auflockerung zu nutzen, ohne Schäden durch die Ostwanderung zu verursachen. »Es mag sein«, so führte er aus, »daß unter dem Druck der angespannten Arbeit, die die Industrie heute auf allen Gebieten leisten muß, noch nicht überall die Fragen, die der Erwerb der neuen Ostgebiete auch an die Industrie stellt, geprüft und erwogen werden konnten. Es ist jedoch unbedingt notwendig, daß die industrielle Unternehmerschaft sich sofort auf diese Ziele einstellt und bei jeder Neuplanung und jeder Erweiterung prüft, ob und unter welchen Umständen eine Neugründung im Osten möglich ist [...] Diesem Ruf in den Osten zu folgen, ist die Pflicht des gewerblichen Unternehmers wie des gewerblichen Arbeiters, sofern er sich der Taten würdig erweisen will, mit denen die deutsche Wehrmacht den Osten zurückerobert hat.«[180]

Anfang Dezember 1940 organisierte die RfR eine große Tagung mit den wissenschaftlichen Experten. Bei der Auswertung einschlägiger Untersuchungen und Befragungen kam deutlich zum Ausdruck, daß es bei den westdeutschen Unternehmern wegen der ungünstigen Standortbedingungen praktisch keinerlei Bereitschaft zur Umsiedlung gab, am ehesten noch eine gewisse Neigung zu Filialbildungen bei der mitteldeutschen Industrie. Als ungelöstes Problem zeichnete sich außerdem die mögliche Gefährdung der westlichen Grenzregionen bei einer forcierten Industrieumsiedlung nach Osten ab. Die RfR wollte sich auch aus diesem Grunde um eine enge Zusammenarbeit mit der Reichswirtschaftskammer bemühen, damit die Unternehmer selbst in größtmöglichem Maße beteiligt werden konnten. Als Ziel strebte man die Erarbeitung eines Zehn-Jahres-Programms für die industrielle Ostsiedlung an.[181]

Das Reichswirtschaftsministerium und die hinter ihm stehende Industrie winkten jedoch ab. In einem Erlaß wurden die Unternehmen ausdrücklich davor gewarnt, während des Krieges Betriebsverlegungen zu planen oder vorzunehmen. Größeren Betrieben mit mehr als 500 Arbeitern wurde eine förmliche Genehmigungspflicht auferlegt.[182] Eine spektakuläre Ausnahme zeichnete sich bereits ab: Planung und Bau eines großindustriellen Chemiekomplexes durch den IG-Farben-Konzern in Ostoberschlesien. Die Konzernspitze fand, um das leidige Arbeitskräfteproblem zu lösen, die bereitwillige Unterstützung der SS.[183] Himmler stellte für den Bau die Arbeitssklaven seines KZ Auschwitz zur Verfügung und wurde durch das gute Einvernehmen mit dem wohl mächtigsten Privatkonzern ermutigt, neben der Landwirtschaft auch die Industrie stärker in seine Siedlungsplanung einzubeziehen.

Anfang 1941 lief eine zweite Stillegungswelle des Reichswirtschaftsministeriums zur Unterstützung der Rüstungsproduktion, wirkungsvoller und für die betroffenen Unternehmer schmerzhafter als im Jahr zuvor. Das weckte Interesse an den Ausweichmöglichkeiten im Osten, über die aber keine Behörde verbindliche Auskunft erteilen konnte. Während Handel und Handwerk eigens »Aufbau«-Gesellschaften für den Osten gründeten, gab es für die Industrie keine zentrale Beratungs- und Planungsstelle. Ein Zusammenschluß der Planungsfähigkeit der RfR und des Beratungsapparates der HTO lag nahe, doch die beiden Behörden konnten nicht von sich aus tätig werden. Die Reichswirtschaftskammer hielt aber die Einrichtung einer zentralen Auskunftsstelle für industrielle Interessenten für unzweckmäßig und plädierte für eine dezentrale Lösung, eventuell durch Aufbauabteilungen bei den östlichen Reichsstatthaltern und Oberpräsidenten.[184]

Die RfR suchte daraufhin, mit der Reichsgruppe Industrie direkt zu einer Vereinbarung zu gelangen. Man verständigte sich darauf, umsiedlungswillige Unternehmer an die Reichsgruppe zu verweisen, dort eine fachliche Prüfung des Falles vorzunehmen, die Durchführung der Ansiedlung dann der auf Regionalebene zuständigen Industrieabteilung zu überlassen. Mit einer solchen Regelung erklärte sich auch das Reichswirtschaftsministerium einverstanden, doch wollte man dort das ganze Verfahren nicht völlig in die Hände der industriellen Selbstverwaltung legen. Die Betreuung vor Ort sollte besser durch die bestehenden Gewerbeförderungsämter erfolgen.[185]

Um einer sich anbahnenden Behördenlösung zuvorzukommen, legte die Reichsgruppe Industrie am 20. März 1941 eine eigene umfassende Stellungnahme vor. »Bei allen beteiligten Stellen bestand Einmütigkeit darüber«, so resümierte man die bisherigen Verhandlungen, »daß mit Rücksicht auf die Unmöglichkeit in größerem Maßstabe zu bauen und auf die

nur begrenzt in den Ostgebieten zur Verfügung stehenden Objekte zur Zeit die Industrieverlagerung nicht zum Zuge kommen kann. Trotzdem haben sich alle Stellen dafür ausgesprochen, das Verfahren schon jetzt festzulegen, damit bei Kriegsende oder bei früherer Gelegenheit nicht unerwünschte Methoden sich einbürgern.«[186]
Bei der Ostsiedlung der Industrie sei zu unterscheiden zwischen der Übernahme von Betrieben, die im Osten praktisch abgeschlossen war, weil es mehr Bewerber als geeignete Objekte gab (weshalb man an ähnliche Maßnahmen später auch in Luxemburg, Lothringen und Elsaß denken könne), und der Industrieverlagerung, die allein nach fachlichen Gesichtspunkten vorzunehmen sei. Das ganze Verfahren sollte durch die industrielle Selbstverwaltung geregelt werden, in Zusammenarbeit mit der HTO, der RfR und dem Reichsamt für Wirtschaftsausbau, also jenen Behörden, zu denen die Reichsgruppe Industrie ein besonders enges Verhältnis hatte.
Der RKF sollte lediglich bei der Einholung des Gesundheitsattestes und des politischen Führungszeugnisses eingeschaltet werden.
Das Konzept der Reichsgruppe Industrie lief also darauf hinaus, die Ostsiedlung im gewerblichen Bereich der Wirtschaft selbst zu überlassen und nur nach ökonomischen Gesichtspunkten auszurichten. Damit war nicht nur der Führungsanspruch des RKF herausgefordert, sondern auch dessen Zeitplanung und Grundzüge der Siedlungspolitik. Es stellte sich die Frage, ob man die Ostsiedlung wie bisher von der Seite der Landwirtschaft her aufzog und die industrielle Entwicklung mit vermutlich großem Abstand und autonomer Dynamik allmählich nachfolgen ließ, oder die Planung künftiger Industriestandorte zum Ausgangspunkt nahm und dementsprechend schon jetzt die Bevölkerungsverteilung ausrichtete. Derzeit stand der Planmäßigkeit im Agrarbereich eine völlig diffuse Lage im gewerblichen Sektor gegenüber. Selbst die RfR hatte keinen Überblick, wo Industrien bereits im Bau waren oder für die Nachkriegszeit geplant wurden. Größere Projekte, die sich bereits im Bau befanden, waren die Dynamit A. G. in Bromberg, die Deutschen Waffenwerke und Focke-Wulf in Posen sowie die Kriegsmarinewerft in Gotenhafen.[187]
Der RKF erkannte hier eine Lücke und wollte sie nutzen. Ende April 1941 kündigte er von sich aus eine Neugestaltung des »Ostbewerbungsverfahrens« an. HTO und RfR beschlossen sogleich eine engere Zusammenarbeit bei der Industrieplanung, und am 20. Mai 1941 fand im Reichswirtschaftsministerium eine Besprechung aller bisher beteiligten Stellen über das Verfahren einer künftigen Industrieansiedlung statt. Dabei griff Funks wichtigster Mitarbeiter, der Textilindustrielle Hans Kehrl, auf den Vorschlag zurück, eine zentrale Beratungsstelle im Ministerium einzurichten und die Ansiedlung der Industrien durch die Gewerbeförde-

rungsstellen ausführen zu lassen – also eine Steuerung durch die Wirtschaftsverwaltung. Aufgabe der Zentralstelle für die Ostsiedlung sollte es sein, gemeinsam mit der RfR und dem RKF die Bewerbungen zu sieben und dann an die Gaue weiterzuleiten. Gegen diesen Behördenvorschlag erhob der Vertreter des RKF sofort Widerspruch und verwies darauf, daß der RKF die Industrieberatung für sich beanspruche. Die Entscheidung mußte vertagt werden.[188]

Angesichts der Gefahr, daß sich die SS nun an die Spitze der Industrieansiedlung stellte, konkretisierten die betroffenen Dienststellen sofort ihre eigenen Vorstellungen. In der HTO dachte man – parallel zu der Lösung in Handel und Handwerk – an die Gründung einer Industrieaufbau-Ost GmbH. Mit dieser Gesellschaftsform sollte die Neuplanung des Industrieaufbaus im Osten unter Berücksichtigung der Verhältnisse im Altreich durchgeführt sowie geeignete Bewerber ausgewählt, beraten und betreut werden. In einem Verwaltungsrat wären dann auch die Reichsgruppe Industrie, der Vierjahresplan, das Reichswirtschaftsministerium, der RKF usw. mit zu beteiligen gewesen.[189]

Eine solche quasi privatwirtschaftlich organisierte Industrieansiedlung kam für den RKF nicht in Betracht. Was man sich in der eigens eingerichteten neuen Wirtschaftsabteilung des RKF vorstellte, wurde bei einer Kontaktaufnahme mit dem BW Sied deutlich. Der Vertreter Himmlers führte aus, daß die geplante Industrieberatungsstelle beim RKF die Siedlungsbewerber nicht nur in politischer Hinsicht überprüfen sollte, sondern unter Einschluß des fachlichen Gutachtens ein Gesamturteil zu treffen hätte, um dann dem Bewerber ein Objekt zuzuweisen.»Hierbei ist beabsichtigt, die siedlungswilligen Industriellen einzugliedern in eine großzügig gedachte Industrieplanung und Industrieverlagerung, die allmählich nicht nur großdeutsche, sondern darüber hinaus europäisch kontinentale Gesichtspunkte zu beachten haben wird.« Und Himmlers Beauftragter wurde noch deutlicher: daß sich nämlich »vielleicht in Zukunft aus dieser Industrieberatungsstelle des Reichskommissars ein europäisches Wiederaufbau- und Wirtschaftsministerium entwickeln könnte, dem die Wirtschaftsministerien der übrigen europäischen Staaten untergeordnet sein würden«.[190] Das war der totale Herrschaftsanspruch der SS und in der Sache selbst, der Industrieberatung, eine nach politisch-ideologischen Gesichtspunkten ausgerichtete staatsdirigistische Lösung.

Die überfallartige, öffentliche Ankündigung über die Gründung einer solchen Beratungsstelle des RKF bedeutete nun keineswegs eine Anerkennung durch die bisher beteiligten Stellen oder gar durch die Industrie. Die Vertreter des RKF suchten daher Unterstützung. Der RfR wurde angeboten, Standortvorschläge auszuarbeiten und die Planungsbehörden einzuschalten. Die Prüfung der industriellen Ostbewerber sollte aber in

Händen der SS verbleiben, und zwar nicht nur in der Beratungsstelle selbst, sondern auch auf regionaler Ebene bei der fachlichen Überprüfung; die endgültige Entscheidung über das Projekt könnte schließlich in einem gemeinsamen Ausschuß der Wirtschaftsressorts und -behörden sowie der Reichsgruppe Industrie unter der Federführung des RKF erfolgen. Das war ein Kooperationsangebot, aber mit einem klaren Führungsanspruch der SS.[191]

Eine offene Absage an Himmler traute sich das Reichswirtschaftsministerium nicht zu, das eingeschaltete OKW schon gar nicht. Statt dessen versuchte man bei hinhaltenden Verhandlungen mit dem RKF eine Abwehrfront der Ministerialbürokratie aufzubauen. In einem gemeinsamen Erlaß der Wirtschaftsressorts wurde am 15. Juli 1941 das Genehmigungsverfahren für den Aufbau von Gewerbebetrieben in den Siedlungsgebieten offiziell festgelegt. Als Ansatzpunkt wählte man den Schutz der alten ostdeutschen Provinzen, also Pommern, Brandenburg und Schlesien, gegen »volkstumspolitisch unvertretbare Abwanderungen in die eingegliederten Ostgebiete«. Himmlers Siedlungsaufgabe solle zwar nicht erschwert werden, so hieß es ausdrücklich, aber die Wirtschaftsverwaltung behielt sich unter dem Vorwand »volkstumspolitischer« Gründe die Genehmigung von Abwanderung vor.[192] Der Tätigkeit des RKF war damit in dieser Hinsicht ein erster Riegel vorgeschoben.

Anfang September 1941 sah sich die Wirtschaftsabteilung des RKF daher veranlaßt, die Gründung einer »Industrieansatzberatungsstelle« noch einmal ausführlich zu rechtfertigen. Demnach meldeten sich angeblich seit längerer Zeit »laufend industrielle Unternehmungen und einzelne Persönlichkeiten, die den Erwerb bestehender oder die Errichtung neuer industrieller Betriebe in den eingegliederten Ostgebieten beabsichtigten. Seit mehreren Monaten nehmen diese Meldungen zahlenmäßig einen beträchtlichen Umfang an.« Diese Bewerber beschwerten sich ohne Ausnahme darüber, daß es bislang keine erschöpfende Beratung über die Voraussetzungen für eine Ansiedlung im Osten gebe. Der RKF zählte acht Dienststellen auf, die an der Niederlassung von Unternehmungen im Osten mitwirkten. Die SS war bereit, weitere Zugeständnisse beim Verfahren zu machen. Der vorgesehene gemeinsame Ausschuß, der über die Zulassung letztlich entscheiden sollte, könnte auch die Beschaffung sämtlicher Unterlagen übernehmen. Auch mit einer weitgehenden Dezentralisierung durch Einschaltung der Reichsstatthalter konnte man sich plötzlich anfreunden.[193]

Alles hing von der Stellungnahme der Reichsgruppe Industrie ab, die bereits in Vorbereitung war. Würde sich das industrielle Spitzengremium dem wenn auch modifizierten Führungsanspruch der SS beugen oder seine Zurückhaltung aufgeben und das Prinzip der Selbstverwaltung der

Wirtschaft entschlossen verteidigen? Noch war die Beratungsstelle des RKF trotz Ankündigung nicht eingerichtet worden – dazu brauchte man die Experten der Industrie und ihre Bereitschaft zur Zusammenarbeit –, aber mit der Vorlage seines Organisationsvorschlages hatte der RKF gleichzeitig schon Räume im Gebäude der Reichsgruppe Industrie angemietet.

Am 26. September 1941 legte die Reichsgruppe ihre lange erwartete grundsätzliche Stellungnahme vor. Hier bekannte sie sich zunächst prinzipiell zu den rassen- und siedlungspolitischen Aufgaben, lehnte aber einen Primat gegenüber wirtschaftlichen Erwägungen ganz klar ab. »Die wesentlichen Ziele der Besiedlung«, so hieß es, »erstrecken sich ebenso sehr auf die völkische Eindeutschung der eingegliederten Gebiete und die Bildung eines rassisch einwandfreien Menschenwalles gegen den weiteren Osten, wie auf die Wiedererrichtung und den Ausbau einer leistungsfähigen Wirtschaft. Ein Primat der einen vor der anderen Teilaufgabe kann nicht anerkannt werden, weil es nur stören würde. Das Gesamtziel heißt: Rassisch gesunde Menschen auf wirtschaftlich gesunder Grundlage.«[194]

Vorrang solle vielmehr die Förderung der Industrie im Reichsgebiet einnehmen. Den »Zug nach dem Osten« müsse man daneben wohl vorbereiten, doch dürfe dabei von Anfang an das Prinzip der »Freiwilligkeit« und »Freizügigkeit« nicht beeinträchtigt werden. Die Steuerung der Industrieansiedlung solle dezentral durch die Selbstverwaltungsorgane geleistet werden, koordiniert durch einen noch zu bildenden Industrie-Ost-Ausschuß. In diesem Ausschuß könne dann unter der Federführung der Reichsgruppe neben den Wirtschaftsressorts auch der RKF vertreten sein. Dessen ominöse Industrieansatzberatungsstelle sollte nur in begrenzten Ausnahmefällen tätig werden können.

Nach diesem eindeutigen Votum verzichtete der RKF vorerst auf die Besetzung der Beratungsstelle. Himmlers Leute versuchten, auf einem anderen Wege weiterzukommen. Sie wandten sich an die Reichswirtschaftskammer, wo neben der Industrie auch Handel und Handwerk vertreten waren, mit denen die Zusammenarbeit wesentlich besser funktionierte. Da es tatsächlich keine spektakulären Bewerbungen im industriellen Bereich gab, die man als Präzedenzfälle hätte durchboxen können, beschränkten sich die Vertreter des RKF in den Gesprächen mit den Referenten der Reichswirtschaftskammer darauf, mögliche Planungen für Klein- und Mittelbetriebe von Handwerkern und Händlern, die für den Nahbedarf tätig waren, in den Mittelpunkt zu stellen.

Hier hatte sich die Zahl der »Ostbewerbungen« beim RKF seit dem Beginn des Rußlandfeldzuges nahezu verdreifacht. Im September 1942 lag sie bei ca. 4500.[195] Es sollte deshalb erst einmal ein Überblick über die

Zahl derjenigen Betriebe des Altreichs geschaffen werden, die für eine Umsiedlung nach Osten in Betracht kommen würden. »Es ist erwünscht«, so hieß es, »daß diese Untersuchungen bei Kriegsende bereits vorliegen, damit die von der Wehrmacht Entlassenen ihren Beruf nicht wieder an der alten Stelle aufnehmen und dadurch unter Umständen ungünstige Verhältnisse, die vor Kriegsbeginn bestanden, wieder verwirklichen, sondern gleich im Osten angesetzt werden können.« Das Prinzip der Freiwilligkeit sollte gewahrt bleiben. Man vertraute darauf, die Siedler durch das Angebot besserer Lebens- und Aufstiegsmöglichkeiten gewinnen zu können.[196] Zur Organisation schlug der RKF vor, in der Reichswirtschaftskammer einen Zentralausschuß zur Steuerung der Vorbereitungen zu schaffen.

Die spätere Durchführung der Ostsiedlung wollte der RKF in der Hand behalten und für diesen Zweck regionale Dienststellen einrichten, die sich auch um die Einholung fachlicher Gutachten kümmern würden. Anders als die Reichsgruppe Industrie war der Engere Beirat der Reichswirtschaftskammer zur Mitarbeit nach den Vorschlägen des RKF bereit. Der Einwand, daß es doch einen Führerbefehl zur Einstellung aller Friedensplanungen gebe, wurde mit der Ankündigung erledigt, diese Frage werde durch Himmler persönlich beim »Führer« geklärt werden.[197]

Die deutsche Industrie war damit noch keineswegs für die Ostsiedlung gewonnen. Im Gegenteil, der Verbindungsoffizier des OKW zur Haupttreuhandstelle Ost führte in einem Memorandum im März 1942 aus: »Noch heute betrachten führende deutsche Unternehmer, die in diesem Zusammenhang [d. h. der stärkeren Ausnutzung brachliegender Kapazitäten in den Ostgebieten für die Kriegswirtschaft, der Verf.] Aufgaben in der Entwicklung von Industriebetrieben in den eingegliederten Ostgebieten übernehmen sollen, diese Frage fast ausschließlich unter rein geschäftlichen Gesichtspunkten und der Sicherung vor einem finanziellen Risiko, ohne den größeren Aufgaben der wirtschaftlichen und völkischen Festigung dieses Raumes Verständnis entgegenzubringen.« Er beklagte den fehlenden Einfluß der Reichsgruppe Industrie »in der Ostausrichtung, wie es die Reichsgruppe Handel bereits weitgehend in ihrer Aufbauarbeit im Osten getan hat. Wenn heute sich einzelne industrielle Unternehmer entschließen, in den Osten zu gehen, so tun sie das meist auf Grund ihrer rein persönlichen Initiative, und haben dabei, wie die praktische Erfahrung zeigt, ein schwieriges Gestrüpp an Behördenzuständigkeiten zu durchdringen, bis sie alle Voraussetzungen für ihre Tätigkeit im Osten geklärt haben. Sie können sich jedenfalls nicht auf eine von der deutschen Industrie in ihrer Gesamtheit getragene Ostorientierung und ein daraus zu entwickelndes praktisches Förderungssystem stützen.«[198]

Im April 1942 war es soweit. Greifelt organisierte eine Sitzung in der Reichswirtschaftskammer zur Gründung eines »Ausschusses für die einheitliche Gestaltung der Wirtschaftsplanung in den eingegliederten Ostgebieten«. Dieser gemeinsame Ausschuß von RKF, RfR und Reichswirtschaftskammer sollte die Richtlinien für die Ansatzplanung in den Siedlungsgebieten sowie für die Abgabegebiete im Reich erarbeiten. Der Hauptgeschäftsführer der Reichswirtschaftskammer brachte dabei »die Bereitwilligkeit der gewerblichen Wirtschaft zum Ausdruck, an den großen Aufgaben der Gestaltung und Wirtschaftsplanung in den eingegliederten Ostgebieten mitzuarbeiten«. Er unterstrich die Notwendigkeit, »bei der Gesamtplanung die volkspolitischen Gesichtspunkte in den Vordergrund zu stellen«[199] – anders als die Reichsgruppe Industrie in ihrem früheren Votum, die einen solchen Primat nicht anerkannt hatte. Dagegen wollte sich die Reichswirtschaftskammer sogar in das Bewerbungsverfahren und die Auskunftserteilung für die Soldaten einschalten.

Aber auch die Reichswirtschaftskammer kam nicht weit voran. Ihr Generalreferent für Reichsplanung und Raumordnung bemühte sich in zeitraubenden Gesprächen mit allen interessierten Stellen, zu einer Übereinkunft zu gelangen und den vom RKF angekündigten Ausschuß zu konstituieren.[200] Über die Notwendigkeit und die Grundlinien einer Strukturplanung für die gewerbliche Wirtschaft gab es praktisch keinen Dissens. So erklärte z. B. auch der Staatssekretär im Reichsfinanzministerium in einem Vortrag vor der Arbeitskammer Oberschlesien: »Ohne Industrialisierung des Ostens müßte alle Ostpolitik Stückwerk bleiben«, wobei er nicht an neue Industriezentren dachte, sondern an die Auflockerung bestehender Ballungsgebiete und vorzugsweise an die Neugründung von kleinen und mittleren Betrieben.[201]

Bei der praktischen Umsetzung dieser Politik stieß man jedoch immer wieder an Grenzen. Wenn etwa das Landesgewerbeamt Ostpreußen, beauftragt mit der Industrieansiedlung in den Bezirken Zichenau und Białystok, mit Werbeschreiben an westdeutsche Firmen herantrat, dann reagierten die örtlichen Behörden mit vehementer Ablehnung, da sie eine wirtschaftliche Schwächung ihrer Bezirke unter allen Umständen verhindern wollten.[202] Reine Planungsarbeiten hingegen waren unproblematisch und wurden von allen Seiten gefördert. So konnte das Niederschlesische Institut für Wirtschaftsforschung bereits an Überlegungen feilen, »die schlesische Industrie für den Wirtschaftsaufbau in der Ukraine nutzbar zu machen«, und zwar im Zusammenwirken mit der Gauwirtschaftskammer Schlesien, dem Wirtschaftsstab Ost und dem Reichsministerium für die besetzten Ostgebiete. Parallel dazu arbeitete auch das Reichsamt für Wirtschaftsausbau an einem »Ukraine-Gesamt-Plan«.[203]

Sich in diese Planungen einzuschalten und auf diese Weise den rassenideologischen Primat stärker zur Geltung zu bringen, war dem RKF so lange verwehrt, wie es ihm nicht gelang, die Industrie auf seine Seite zu ziehen. Der scheinbar erfolgreiche Versuch, die unterschiedlichen Interessen in der Wirtschaft für sich nutzen und die Industrie über die Reichswirtschaftskammer doch noch in seine Siedlungspolitik einzubeziehen, konnte nicht über die eigentliche Niederlage hinwegtäuschen. Im Vergleich zum ungezügelten Führungsanspruch vom Juli 1941 hatte man sich den Bedingungen der Privatwirtschaft beugen müssen. Der RKF zog die Konsequenz und löste seine nur formell bestehende Industrieberatungsstelle auf »wegen Mangel an Personal und weil vorläufig mit einer Industrieansetzung im Osten nicht zu rechnen ist«. Die Aufgaben, die sie erfüllen sollte, wurden auf die Reichsgruppe Industrie übertragen.[204]

Die Einrichtung eines allgemeinen Planungsausschusses in der Reichswirtschaftskammer mobilisierte das Reichswirtschaftsministerium. Kehrl verhandelte nun über die Bildung eines eigenen Zentralausschusses für den Industrieansatz in den annektierten Ostgebieten, als Ergänzung auch zu den Ostausschüssen bei den Wirtschaftsgruppen, die derzeit für die besetzten sowjetischen Gebiete gegründet wurden. In dem Zentralausschuß sollte unter Beteiligung der obersten Reichsbehörden, also auch des RKF, die Geschäftsführung in den Händen der Reichsgruppe Industrie liegen. Aufgabe würde es sein, Grundsätze und Richtlinien für die Industrieansiedlung aufzustellen und über die Verlagerung größerer Betriebe mit mehr als 500 Beschäftigten zu entscheiden.[205]

Damit wäre die Tätigkeit der Reichswirtschaftskammer zumindest teilweise wieder unterlaufen worden, eine Doppelgleisigkeit kaum zu verhindern. Diese gegenseitige Blockade versuchte Himmler im August 1942 mit seiner Allgemeinen Anordnung Nr. 16/III zu durchbrechen. Darin legte er selbstherrlich fest, daß der Erwerb und die Neuerrichtung von gewerblichen Unternehmungen in den Siedlungsgebieten des Reiches an die Ausstellung eines persönlichen Ansiedlungsscheines gebunden sei. Diesen Schein würden nur die Beauftragten des RKF ausstellen. Sonstige Genehmigungen und Gutachten sollten dadurch natürlich nicht überflüssig werden. Besondere Bestimmungen über die Industrieansiedlung wurden angekündigt.[206]

Das blieb freilich eine hilflose Geste ohne praktische Folgen. Die Reichsgruppe Industrie behielt in der Ostfrage – gedeckt durch Göring, Funk, Rosenberg und vor allem Speer – alle Fäden in der Hand und ließ sich nicht vor den Karren der SS spannen. Das letzte Wort in diesem gespenstischen Ringen um eine Industrieberatungsstelle hatte der Reichswirtschaftsminister. In einem Rundschreiben vom 12. Dezember 1942 teilte er mit, daß sich mit Ausnahme der Übernahme bestehender Betriebe keine Möglichkeit biete, während des Krieges Unternehmen aus dem Altreich

im Osten anzusiedeln, da für Neubauten keine Baukapazität zur Verfügung stehe. Er nehme daher davon Abstand, den geplanten Zentralausschuß für die industrielle Ostsiedlung zu errichten.[207]
Bald darauf mußten aber dennoch größere Industrieverlagerungen vorgenommen werden. Dabei ging es freilich nicht mehr um eine planmäßige Ostsiedlung der Industrie, sondern die alliierten Bombergeschwader trieben kriegswichtige Betriebe unter die Erde und nach Ostdeutschland, vorerst noch der Luftschutzkeller des Reiches. Das wurden Improvisationen und keine dauerhaften Niederlassungen, auch wenn die RfR und andere Stellen zunächst versuchten, ihre langjährigen Planungen für eine Industrieauflockerung auf diese Weise doch noch einzubringen. Die Dienststelle des RKF wurde nicht mehr gefragt und konnte sich lediglich bemühen, in dem neuen Planungsamt des Rüstungsministeriums einige Mitarbeiter unterzubringen. Das schien den SS-Leuten schon wegen der »starken privatwirtschaftlichen Einstellung« von Hans Kehrl ratsam zu sein, der vom Reichswirtschaftsministerium zu Speer übergewechselt war und dort das mächtige Planungsamt aufbaute.[208]
Nur weil es an Baukapazitäten fehlte, gelang es Himmler doch noch, sich mit seinen Sklavenarbeitern unentbehrlich zu machen. Aber auch hier ließ sich die Industrie das Heft nicht aus der Hand nehmen. Die luftkriegsbedingten Verlagerungen und Untertagebauten wurden weitgehend unter dem Gesichtspunkt der unternehmerischen Überlebensfähigkeit durchgeführt, schon mit Blick auf die bevorstehende Niederlage und zum Schutz der Produktionsmittel.[209] Daher wurde Süddeutschland zum bevorzugten Ausweichort, nicht der Osten. Diese letzte Phase der industriellen Expansion legte dort den Grundstein für eine ungewöhnliche Prosperität in der Nachkriegszeit. Die alten Siedlungsgebiete der Nationalsozialisten im polnischen Raum warten noch heute auf ihre industrielle Erschließung.

5. Die Beteiligung des Auslandes

Das Scheitern der militärischen Blitzkriegspläne und die unerwartet gründlichen Zerstörungen im besetzten Teil der UdSSR machten der Wirtschaftsverwaltung klar, daß – anders als in Polen – die eigenen Kräfte nicht ausreichten, um das eroberte Land für die deutsche Kriegführung auszubeuten und für die spätere Ostsiedlung zu »erschließen«. Mit einem größeren Engagement der deutschen Wirtschaft war nach der Stellungnahme der Reichsgruppe Industrie im September 1942 zumindest während des Krieges nicht zu rechnen. Der Gedanke, andere europäische Länder an dieser »Erschließung« zu beteiligen, drängte sich auch aus anderen Gründen auf.[210]

Zum einen hatten die Nationalsozialisten den Überfall auf die UdSSR propagandistisch als »Kreuzzug gegen den Bolschewismus« aufgezogen und damit um politische Unterstützung im Ausland geworben. Es gab durchaus Zustimmung, aber auch die Forderung, vor allem der Verbündeten, an der Beute im Osten beteiligt zu werden. Neben politisch-ideologischen Gemeinsamkeiten und propagandistischen Schlagworten zählten natürlich auch handfeste wirtschaftliche Interessen. Deutschland war gegenüber dem Ausland hoch verschuldet und konnte für seine Einkäufe kriegswichtiger Rohstoffe und Lebensmittel keine ausreichenden Kompensationen bieten. Eine Beteiligung an der Beute im Osten würde für beide Seiten Entlastungsmöglichkeiten bieten. Allerdings legten die ausländischen Interessenten großen Wert darauf, vor möglichen Investitionen die Eigentumsfrage zu klären. Damit förderten sie gleichgerichtete Bestrebungen in der deutschen Industrie, und so wurde die nachfolgende Diskussion um eine Beteiligung des Auslandes an der »Erschließung des Ostens« Teil der grundsätzlichen Auseinandersetzungen innerhalb des NS-Regimes um die Zukunft der eroberten Gebiete.

Es ging vor allem um die Ausweitung und Festigung des Handlungsspielraumes der Wirtschaft gegenüber dem Vordringen der SS, und zwar im Bündnis mit dem Ostministerium, dem Auswärtigen Amt und Görings Vierjahresplan-Administration. Der angestrebte Primat der Ökonomie richtete sich keineswegs generell gegen die Ideologie der Ostsiedlung, wie sich bei der internen deutschen Diskussion und besonders bei der Auswahl der zu beteiligenden Länder zeigte.

Hitler hatte bereits kurz nach Beginn des Feldzuges davon gesprochen, die nordischen Staaten, die Niederlande und Belgien an der wirtschaftlichen »Neuordnung« im Osten teilhaben zu lassen.[211] Das waren in der Völkerhierarchie der Nationalsozialisten »germanische« Länder, die also schon aus rassischen Gründen eine herausgehobene Rolle im deutschen Machtbereich spielen sollten. Ihre Bevölkerung kam prinzipiell auch für die Besiedlung des »Lebensraumes im Osten« in Betracht, ebenso die Wirtschaft, die mit ihrer zumeist überseeischen und kolonialen Ausrichtung ohnehin nach den deutschen, d. h. kontinentalen Bedürfnissen umgebaut werden sollte.

Bei diesem Prozeß hatte – und noch stärker bei den südosteuropäischen Staaten – die Reichsgruppe Industrie bereits die Federführung übernommen und entsprechende Nachkriegsplanungen vorgelegt.[212] Eine Ausweitung dieser Kooperation auf den »Ostraum« bot sich an. Die Initiative ergriff in diesem Falle Ministerialdirektor Gustav Schlotterer vom Reichswirtschaftsministerium, der seit Juli 1940 die Großraumplanungen mit den Wirtschaftsgruppen koordinierte und bei der Formulierung von Richtlinien für die Wirtschaftspolitik im künftigen russischen Besatzungs-

gebiet seit dem Frühjahr 1941 eine maßgebliche Rolle spielte. Als Verant-
wortlicher für die Gewerbliche Wirtschaft im Wirtschaftsstab Ost und – in
Personalunion – auch im Reichsministerium für die besetzten Ostgebiete
hatte er alle Fäden in der Hand. Am 21. November 1941 leitete er eine
erste gemeinsame Besprechung der Ressorts und des OKW über den
möglichen Ausländereinsatz im Osten.[213]

Interesse an einem solchen Engagement hatte er in Ungarn, Dänemark,
Italien und Schweden eruiert, aber die gerade erst von Göring bekräftigten
Richtlinien für die Wirtschaftspolitik im Osten waren nicht gerade werbewirksam: das Prinzip einer »kolonialen« Ausbeutung mit einseitiger
Förderung von Land- und Rohstoffwirtschaft, die Absenkung des einheimischen Lebensstandards, der uneingeschränkte deutsche Führungsanspruch und das Offenhalten der Eigentumsfrage. An eine größere Beteiligung des Auslandes dachte zwar ohnehin niemand, aber – so schätzte
Schlotterer – der Osten würde nun einmal für längere Zeit eine »Minus-
bilanz« aufweisen, und Deutschland brauche daher ausländisches Kapital
und Fachkräfte. Als Teil der deutschen Ostsiedlung war in diesem Zusammenhang der »Einsatz rasseguter Menschen anzustreben«. Diese Vorbe-
dingung war beileibe keine Konzession an politische Vorgaben, sondern
eine Konsequenz der bisherigen wirtschafts- und siedlungspolitischen Diskussion, entsprechend dem Motto der Reichsgruppe Industrie: »rassisch
gesunde Menschen auf gesunder wirtschaftlicher Grundlage«.

Bei einer solchen Vermischung ideologischer und ökonomischer Ziele
konnte eine Entscheidung über das weitere Vorgehen nur in mühevollen
Absprachen erreicht werden. Ende 1941 war der wirtschaftliche Druck
noch so schwach, daß die politische Komponente in den Vordergrund
rückte. Die Ressorts hatten sich darauf verständigt, mögliche Verhandlungen mit den entsprechenden Ländern lediglich vorzubereiten, damit
nach einer Grundsatzentscheidung des »Führers« die Arbeit sofort aufgenommen werden konnte. Man dachte vor allem an einen Einsatz im Baltikum, wo die Reprivatisierung und Umsiedlung bereits anlief.

Das Ostministerium sah hier hauptsächlich eine politische Aufgabe und
war deshalb bemüht, die ganze Aktion an sich zu ziehen. Rosenberg
selbst verhandelte Anfang 1942 mit dem Führer der holländischen Nationalsozialisten. Weil Mussert davon ausging, daß die Niederländer nach
dem Krieg ihr Kolonialreich in Übersee verlieren würden, schlug er vor,
ihnen eine neue Kolonie, ein eigenes Territorium im Osten zu überlassen,
das sie urbar machen und geschlossen besiedeln konnten. Genau das aber
lag nicht im deutschen Interesse. Rosenberg sprach deshalb davon, daß
»eine größere Siedlung zunächst noch nicht in Frage käme, wohl aber ein
einzelner Arbeitseinsatz auf allen Gebieten«.[214]

Aus wirtschaftlicher Sicht waren Regierungsverhandlungen und ein mög-

lichst kompakter Ansatz ausländischen Kapitals zweifellos erfolgverspre-
chender. Aber hier nutzte Rosenberg die ideologischen Schranken, um
den Kompetenzanspruch des Auswärtigen Amtes und der Vierjahresplan-Administration abzuwehren. In einem Schreiben an Göring berief
er sich darauf, daß der »Führer« ihm bereits die Genehmigung des Aus-
ländereinsatzes erteilt habe, mit Ausnahme Schwedens und der Schweiz,
die aus Sicherheitsgründen vorläufig ausgeschlossen bleiben sollten. Rosenberg beharrte darauf, die »biologische und politische« Seite der Frage
in den Vordergrund zu stellen, und wollte den wirtschaftlichen Aspekten
nur eine instrumentale Bedeutung zumessen. Käme man also z. B. nicht
daran vorbei, auch »nichtgermanische« Staaten zu beteiligen, dann sollten diese Gruppen möglichst dort eingesetzt werden, »wo für eine deutsche *Siedlung* keine Absichten bestehen«.[215] Im Ostministerium setzte
man auf eine enge Kapitalverflechtung, um so die beiden Zielsetzungen
besser verbinden zu können: »Der Ostraum würde mit rassisch guten Ele-
menten des europäischen Auslandes besetzt, das ausländische Kapital in
den Interessenkreis der europäischen deutschen Wirtschaft hineingezo-
gen und von Übersee abgelenkt werden.«[216]
Bedingt durch die angespannte Kriegslage, setzte bereits im Sommer
1942 ein verstärkter Wiederaufbau der Wirtschaft im östlichen Besatzungsgebiet ein. In dem Kompetenzstreit um den Ausländereinsatz ge-
wann die Wirtschaftsverwaltung damit ein Übergewicht. Sie war unter
den gegebenen Umständen weder an ideologischen Rücksichten noch an
langwierigen Regierungsverhandlungen interessiert. Angestrebt wurde
in pragmatischer Weise die »Heranziehung der privaten Wirtschaftsinitia-
tive in der Form des Einsatzes von geeigneten Einzelpersönlichkeiten,
der Verpflanzung von Firmen und Firmengruppen, der Kapitalinvestition
und der Durchführung von Einzelkompensationen«.[217] Das sollte möglichst mit einem Minimum an behördlicher Tätigkeit verbunden sein und
schon gar nicht durch lästige rassische Prüfungen behindert werden. Hitler selbst war an raschen Ergebnissen interessiert und gab deshalb die
Anweisung, den im Osten eingesetzten Unternehmern »nicht das Leben
mit einem Papierkrieg und mit dem berüchtigten Fragebogen-Wahnsinn
sauer« zu machen. »In Berlin solle so wenig wie möglich geregelt werden,
an Ort und Stelle soviel wie möglich.«[218]
Parallel zu dem vom Reichswirtschaftsministerium geplanten Ausschuß
für die deutsche Industrieansiedlung in den annektierten polnischen Gebieten wurde Mitte 1942 ein »Wirtschaftsausschuß Ost« für die besetzten
sowjetischen Gebiete konstituiert. Unter Beteiligung der obersten
Reichsbehörden sollten hier Richtlinien für den Einsatz der ausländischen Wirtschaft im Osten festgelegt werden.[219]
Bei der ersten und einzigen Sitzung des Ausschusses stand – wie zu erwar-

ten – die Eigentumsfrage im Mittelpunkt. Rosenberg selbst übernahm es, sich bei Göring für eine Lockerung der Bestimmungen einzusetzen. Auch ausländische Unternehmer, die sich zur Verlagerung ihrer Anlagen nach Osten entschlossen, sollten die Möglichkeit haben, diese Betriebe als Eigenbetriebe wieder aufzubauen. Grundstücke und vorgefundene Anlagenteile müßten ihnen käuflich überlassen werden, um einen wirksamen Anreiz zu bieten. Ausländer sollten nach seiner Meinung aber nur insoweit eingesetzt werden, als deutsche Unternehmer nicht in genügender Zahl zur Verfügung standen. Göring stimmte den Privatisierungsmaßnahmen grundsätzlich zu, bestand aber darauf, »durch die Einschaltung des Oberkommandos der Wehrmacht die notwendige Berücksichtigung der Interessen der Frontkämpfer sicherzustellen«.[220]

Einzelne Kontakte mit dem Ausland liefen durchaus erfolgversprechend an. In einigen Ländern wurden zumindest spezielle Studienkommissionen gebildet, so etwa in Belgien, wo die großen Unternehmen keine Neigung zeigten, dem deutschen Werben zu folgen. Besonders erwünscht war aus wirtschaftlichen Gründen der Einsatz von französischen Unternehmern und Handwerkern. Bemühungen der Dresdner Bank, durch eine Beteiligung an der Zentraleuropäischen Länderbank in Paris ein »Sammelbecken« zu schaffen, um so die interessierten französischen Wirtschaftskreise zusammenzufassen, wurden im Reichswirtschaftsministerium aus grundsätzlichen Erwägungen abgelehnt.[221] Über eine Verpflanzung von ganzen Betrieben mit ihrem Fachpersonal sowie die Übernahme von Treuhandbetrieben im Osten wurde noch im Frühjahr 1943 intensiv verhandelt.

Die französische Regierung aber war daran interessiert, die von deutscher Seite bevorzugte Anbahnung direkter einzelner Firmenkontakte zu verhindern und statt dessen eine staatliche Betreuungsgesellschaft zu schaffen, um so die Entwicklung unter Kontrolle zu behalten und politisch besser auszunutzen. Nennenswerte praktische Ergebnisse konnten aber nicht mehr erzielt werden.[222]

Nur im Bereich der Landwirtschaft sah die Bilanz besser aus. Aus den Niederlanden wurden 416 Bauern als Siedler in Weißruthenien angeworben, außerdem weitere 129 Gärtner, Fischer und Betriebsführer eingesetzt. Um die Betreuung kümmerte sich die »Niederländische Ost-Compagnie«, die im Raum Wilna ein eigenes Mustergut errichtete. In der Ukraine, wo sich Reichskommissar Erich Koch zunächst gegen den Einsatz sperrte, wurden von Oktober 1942 bis August 1943 365 niederländische Bauern angesiedelt. Muster-Gärtnereibetriebe sollten den ansässigen Volksdeutschen als Vorbild dienen. Fachleute wurden außerdem auf dem Molkereigebiet und in der Baumwollversuchsanstalt Cherson eingesetzt. Eine der modernsten Zuckerfabriken war bereits in die Ukraine verlagert worden, befand sich aber noch im Aufbau, als der Rückzug begann.[223] Die Entwicklung des Krieges ging über solche vereinzelten Ansätze für eine industriell-gewerbliche Siedlung im Osten hinweg. Aus den Planspielen und Experimenten wurde endgültig bloße Propaganda. Seit der Niederlage von Stalingrad bemühten sich sowohl das Auswärtige Amt als auch das Rüstungsministerium intensiv um die Propagierung einer »Europäischen Wirtschafts-Planung«. Von der »Erschließung« des Ostens war dabei nicht mehr die Rede.[224]

6. Der Beauftragte für die Ostwirtschaft

Die ungelösten Zuständigkeitsprobleme bei der Verwaltung des besetzten sowjetischen Gebiets waren Ausdruck differierender Interessen und Konzeptionen. Durch den ungünstigen Kriegsverlauf wurden diese Probleme ständig verschärft, weil die unmittelbaren kriegswichtigen Aufgaben in den Vordergrund gestellt werden mußten. Die Ausnutzung des eroberten Raumes für die Zwecke der Kriegführung machte es erforderlich, die ursprünglichen Vernichtungs- und Kolonialisierungspläne zu modifizieren.[225]

Das führte zwangsläufig zu neuen Diskussionen und Abgrenzungsproblemen innerhalb des Besatzungsregimes. Die Wirtschaft nutzte ihre Schlüsselrolle bei diesem Prozeß, um ihren Einfluß auszubauen und den Primat der Ökonomie gegenüber politisch-ideologischen Schranken durchzusetzen. Im Mittelpunkt ihres Interesses stand die Aufrechterhaltung und Steigerung der Produktionsfähigkeit der Betriebe im Reich. Aus dieser Sicht kam es darauf an, dafür Sorge zu tragen, daß die Wirtschaftspolitik auch im Osten nicht auf die Gleise utopischer Siedlungsziele geriet, sondern das pragmatische Ziel der Ausbeutung verfolgte.

Noch zu Beginn des deutsch-sowjetischen Krieges hatte es – wenn auch unter anderen Prämissen – eine einheitliche Steuerung der Wirtschaftspolitik gegeben. Unter der Ägide Görings wurden im »Wirtschaftsführungsstab Ost« von der Ministerialbürokratie die Direktiven entworfen, vom militärischen Wirtschaftsstab Ost im Besatzungsgebiet umgesetzt. Auf allen Ebenen war die maßgebliche Mitwirkung von Vertretern der Privatwirtschaft gesichert. Nach dem Scheitern des Blitzkrieges zerfiel das besetzte Gebiet in zwei Verwaltungszonen. Die Wirtschaftsverwaltung, eigentlich als Klammer zwischen Zivil- und Militärverwaltung gedacht, uferte immer weiter aus, und die zentrale Führung ging verloren. Die Wirtschaft im besetzten Teil der UdSSR wurde faktisch von den verschiedenen Wirtschaftsressorts in Berlin aus gesteuert. Der Wirtschaftsführungsstab Ost tagte im Dezember 1941 zum letzten Male.[226]

Anfang 1942 verlor Göring seine Funktion als Wirtschaftsdiktator. Albert Speer stand am Beginn seines rasanten Aufstieges als Rüstungsminister des Dritten Reiches. Die Zurücksetzung Görings versuchte zunächst sein alter Rivale Rosenberg zu nutzen, um die Wirtschaftsverwaltung des Ostens. stärker in sein Ministerium zu integrieren und seinen Führungsanspruch in der Ostpolitik zu untermauern. Dies war jedoch wenig erfolgreich. Himmlers SS und Polizei an die Leine zu legen, war von vornherein aussichtslos. Auch die selbstherrlichen Reichskommissare gingen weiterhin ihre eigenen Wege.

Die von Rosenberg eingerichteten Planungsausschüsse Wirtschaftspolitik und Landwirtschaft, in denen alle interessierten und beteiligten Behörden eingebunden werden sollten, hatten ebenfalls nur ein kurzes Leben. Die Leiter der Abteilungen Wirtschaft und Landwirtschaft mit ihrer Zwitterstellung hatten kein Interesse daran, sich stärker nach der politischen Leitung des Ostministeriums auszurichten. Im Planungsausschuß verfuhr man daher nach der üblichen Methode, um lästige Gremien arbeitsunfähig zu machen: zahlreiche Vorträge der einzelnen Referenten, keine größere Diskussion, der Appell, alle nicht unbedingt vordringlichen Vorhaben zurückzustellen – was eigentlich eine Absage an »Planung« bedeutete –, und schließlich die Feststellung: »Der Planungsausschuß beabsichtige daher, auch nicht regelmäßig zusammenzukommen. Man wolle abwarten, bis Entscheidungen auf irgendwelchen Gebieten nötig werden.«[227]

Bestätigt wurde diese Haltung wenige Tage später durch Görings Erlaß vom 13. April 1942, mit dem er Betrieben und Obersten Reichsbehörden »die Weiterführung und Bearbeitung von Aufgaben, die ausschließlich Friedenszwecken dienen«, untersagte.[228] Siedlung war nach dem Willen des »Führers« eine Aufgabe der Nachkriegszeit, und ob diese Siedlung und »Neuordnung« des Ostens schon jetzt geplant und vorbereitet werden mußte, darüber ließ sich mit dem RKF trefflich streiten; die Wirtschaftspolitik in den besetzten sowjetischen Gebieten brauchte sich davon nicht beeinflussen zu lassen. Der ursprünglich nicht beabsichtigte, jetzt aber durch den Krieg erzwungene wirtschaftliche Wiederaufbau konnte als Notbehelf angesehen werden, den man nach Kriegsende jederzeit wieder beseitigen konnte, oder als Einstieg in ein modifiziertes Herrschaftskonzept für den »Ostraum«, als Annäherung an Formen indirekter Herrschaftsausübung und Ausbeutung statt Siedlung und Vernichtung.

Bald nach seiner Ernennung zum Rüstungsminister und den Absprachen mit den industriellen Spitzengremien hatte Speer von Hitler Vollmachten für den Straßenbau und die Wiederingangsetzung der Industrie im Osten verlangt und erhalten. Da eine Zusammenarbeit mit Rosenberg und der Zivilverwaltung außerordentlich schwierig sei, müßte eine »direkte Einschaltung der Industrie mit ihren besten Kräften« erfolgen, erklärte Speer und notierte:»Der Führer hält auch diesen Weg für richtig und sieht meinen Kämpfen mit Rosenberg entgegen.«[229]

Der nächste Schritt: Hitlers Auftrag, in der Ukraine große Munitionsfertigungen aufzuziehen, in vorhandenen Fabriken und mit neuen Maschinen. Speer sicherte sich die Zuständigkeit für diese Fertigung »und der gesamten zugehörigen Industrie [...] unabhängig vom Reichsminister Ost in direktem Verkehr«.[230]

Rosenbergs Bemühungen, die entsprechenden Erlasse einzuschränken, schlugen fehl. Im »Erlaß des Führers über den Einsatz der Technik in den neu besetzten Ostgebieten« vom 9. Juni 1942 erhielt Speer den gesamten Rüstungsausbau, die Bau- und Energiewirtschaft sowie das Wasserstraßenwesen übertragen. Die Durchführung dieser Aufgaben sollte »ausschließlich durch Dienststellen des Reichsministers Speer« erfolgen und – das war ein wichtiger Punkt – auch die Nachkriegsplanung mit einbeziehen.[231]

Speer hatte damit eine unangreifbare Schlüsselposition im Besatzungsregime errungen. Keine Ansiedlung oder Verlagerung von Industriebetrieben, kein Bauvorhaben und keine weitreichende Siedlungsplanung konnte mehr ohne ihn realisiert werden. Speer stand für die Präferenz der Unternehmerwirtschaft und die Konzentration auf kriegswichtige Aufgaben. Die Siedlungs- und Nachkriegspläne waren für ihn ohne Bedeutung, und er verfügte über genügend Einfluß, um solche Aktivitäten, wo sie seine praktische Arbeit störten, einzudämmen. Selbst Versuche Himmlers, wichtige Betriebe in Rußland unter die Kontrolle der SS zu bekommen, konnte er zerschlagen.[232]

Seine Wirkungsmöglichkeiten blieben nicht auf die Industriewirtschaft begrenzt. Mit der Einrichtung der »Zentralen Planung« schuf er sich ein Steuerungsinstrument für die gesamte Kriegswirtschaft, das zwangsläufig auch in das östliche Besatzungsgebiet hineinwirkte. Rosenbergs Bitte um Aufnahme in die Zentrale Planung wurde abgeschlagen.[233] Speer nutzte vielmehr die Gelegenheit, eine Neuorganisation des Wirtschaftsaufbaus und die Verlagerung in die Selbstverantwortung der Wirtschaft in Angriff zu nehmen.

In Zukunft sollte die regionale Steuerung – also der Einfluß der Reichskommissare und ihrer Zivilverwaltung – weitgehend hinter der vertikalen fachlichen Gliederung zurücktreten. Das bedeutete die Schaffung von Ostgesellschaften für alle Gebiete der Gewerblichen Wirtschaft mit dem Ziel, sämtliche Betriebe des jeweiligen Fachgebiets als »Generaltreuhänder des Reiches« zu führen. Mit fortschreitender Privatisierung müßten dann die Ostgesellschaften analog zum Reich umgewandelt werden zu Selbstverwaltungskörperschaften. Auf diesem Weg galt es, die »Initiative des deutschen selbstverantwortlichen Unternehmertums weitgehend durch Vergebung von Untertreuhandschaften (Patenschaften) an physische oder juristische Personen einzuschalten. Gesunde Unternehmer-Initiative ist das wichtigste Aktivum bei der Überwindung der großen Aufbauschwierigkeiten im Osten.«[234]

Sämtliche Ostgesellschaften sollten zu einer Wirtschaftsvereinigung Ost (WVO) mit einer entsprechenden Außenorganisation zusammengeschlossen werden, um so ihre Interessen gegenüber Behördenstellen besser vertreten zu können. Die grundsätzlichen Weisungen für die Arbeit dieser Gesellschaften sollten in der »Planung Ost« erarbeitet werden. Das war der Zusammenschluß von Vierjahresplan, Rüstungsministerium, Wirtschaftsministerium, OKW und Ostministerium. Eine Mitwirkung des RKF war nicht vorgesehen.

Als Vorsitzenden der WVO bzw. als Beauftragten für die Ostwirtschaft hatte sich Speer Paul Pleiger ausgewählt. Das war ein geschickter Schachzug. Pleiger war als erfolgreichster Industriemanager Görings der Unternehmerwirtschaft verbunden, hatte die Rückendeckung des »Reichsmarschalls« und der Vierjahresplan-Administration, sicherte durch die Ämter des Vorsitzenden der Reichsvereinigung Kohle und der BHO die Ausrichtung auf die vordringlichen kriegswirtschaftlichen Aufgaben und war zudem als ausgewiesener Nationalsozialist auch von politischer Seite her unangreifbar. Auf der anderen Seite war er nun gezwungen, zur Erfüllung seiner umfassenden Aufgaben die Unterstützung der traditionellen Schwerindustrie zu suchen, seine langjährige Auseinandersetzung mit den »Ruhrbaronen« also zu beenden.[235]

Um seine Bestallung entwickelte sich dennoch ein monatelanges Ringen mit dem Ostministerium. Dabei konnte Rosenberg darauf verweisen, daß seine Einsprüche nicht in sachlichen Differenzen begründet waren, sondern allein darauf abzielten, den Zuständigkeitsbereich seiner Verwaltung zu verteidigen.[236] Tatsächlich hatte die Diskussion um die künftige Ostpolitik bereits einen breiten Konsens in Führungskreisen geschaffen. Otto Bräutigam, Berufsdiplomat und einer der Protagonisten für einen Kurswechsel im Ostministerium, fand dafür die Formel: »Im Osten wird von Deutschland ein dreifacher Krieg geführt: Ein Krieg zur Vernichtung des Bolschewismus, ein Krieg zur Zertrümmerung des Großrussischen Reiches und endlich ein Krieg zum Erwerb von Kolonialland zu Siedlungszwecken und zur wirtschaftlichen Ausbeutung.«

Die Siedlungsziele, und mit dieser Einschätzung stand er nicht allein, seien bestenfalls weitgesteckte Zukunftsprojektionen der Nachkriegszeit, deren Umsetzung in der augenblicklich prekären Kriegssituation den deutschen Interessen schade. »Die Widerstandskraft der Roten Armee«, so meinte er, »ist zum allergrößten Teil auf das dritte Ziel unseres

Feldzuges zurückzuführen.« Es sei besonders fatal, daß selbst in deutschen Veröffentlichungen unverhüllt auf diese Absichten hingewiesen werde. »Nicht nur für Deutschland wird öffentlich das eroberte Gebiet als Siedlungsraum beansprucht, ja selbst für Deutschlands erbitterte Feinde, die Holländer, Norweger u. a.«[237]

So sah man es auch in der Zentrale des mächtigsten deutschen Privatkonzerns. Dort erarbeitete Richard Riedl, der alte k. u. k. Handelsexperte, für die Reichskanzlei eine umfangreiche Denkschrift zur »russischen Frage«, in der er für eine Rückkehr zu der alten Herrschaftskonzeption plädierte, wie man sie im Ersten Weltkrieg im Osten verfolgt hatte. Durch eine »nationale Zersetzung Rußlands« und eine Zusammenarbeit mit den verschiedenen Völkern sollte die deutsche Vorherrschaft gesichert, der wirtschaftlichen Durchdringung des Landes der Weg bereitet und die erreichte Weltmachtstellung des Reiches abgesichert werden. »Sich mit dem Erreichbaren begnügen, ist hier wie überall die Bürgschaft des Erfolges« – so der Tenor seiner Ausführungen.

Das bedeutete auch eine klare Absage an eine Siedlungspolitik im russischen Raum. Es sei eine auf lange Sicht undurchführbare Aufgabe, ein aussichtsloses Experiment. Man werde froh sein können, die Besiedlung der annektierten polnischen Gebiete in den nächsten zehn Jahren einigermaßen befriedigend zu lösen. »Darüber hinaus eröffnen sich aber auch noch im Protektorat und im Generalgouvernement, beide vor unseren Toren gelegen, Siedlungsaufgaben, die zusammen mit Westpreußen und Warthegau alles aufsaugen dürften, was an Auswanderungslustigen in Deutschland vorhanden und verfügbar sein wird. An eine deutsche Bauernsiedlung größeren Stiles in der Ukraine oder am Kuban ist unter solchen Umständen schwer zu denken.«[238]

Himmler und sein Planungsamt dachten darüber anders, aber die Entwicklung des Krieges machte eine Auseinandersetzung mit dieser Einschätzung der Industrie überflüssig. Der »Beauftragte für die Ostwirtschaft« erhielt am 2. Oktober 1943 endlich seine Bestallung, jedoch vier Wochen später kam sein Abgesandter nach einer Aussprache mit dem militärischen Wirtschaftsstab Ost zu der Einsicht, daß es ratsam sei, vorerst nicht mit dem neuen Amt in Erscheinung zu treten, sondern die weitere Entwicklung abzuwarten.[239] Am Tag zuvor war Kiew von der Roten Armee zurückerobert worden. Diese letzte Mutation der Zusammenarbeit von Wirtschaft und Staat bei der »Erschließung« des Ostens symbolisierte den Sieg der Unternehmerwirtschaft im »Dritten Reich«, den Primat großindustrieller Interessen gegenüber politisch-ideologischen Utopien.

Im ganzen gesehen läßt sich feststellen, daß sich die deutsche Großindustrie in Hitlers Ostimperium weitaus geringer engagierte als im übrigen deutschen Machtbereich. Eine erste Erklärung ergibt sich aus dem Wirtschaftskonzept für die eroberten Gebiete, das industriellen Entwicklungen nur geringen Spielraum ließ und die Ausbeutung und »Ausschlachtung« in den Vordergrund stellte. Dagegen herrschte sowohl hinsichtlich der kurzfristigen kriegswirtschaftlichen Aufgaben als auch bezüglich der damit gleichzeitig in Angriff genommenen, langfristig angelegten rassenpolitischen und ökonomischen »Neuordnung« des Ostens zwischen den Führungsgruppen des NS-Staates eine weitgehende Übereinstimmung.

Der geplante Neuaufbau einer dezentralisierten, mittelständisch und agrarisch orientierten Industrie, der sich als Teil einer deutschen Ostsiedlung einordnete, kam zwar während des Zweiten Weltkrieges über Ansätze kaum hinaus, und selbst der Industriekomplex Auschwitz blieb letztlich ein Torso. Dennoch ist zu beachten, daß diese nach rassenpolitischen und ökonomischen Gesichtspunkten ausgerichtete Industriepolitik durchaus den Interessen der deutschen Großindustrie entsprach, denn sie zielte auf die Schaffung einer sinnvollen Ergänzung des großindustriellen Komplexes in Mitteleuropa, die zusätzliche Absatzchancen sowie eine standortgünstige Aufbereitung der osteuropäischen Rohstoffe bieten konnte. Kurzfristig gesehen ergaben sich daraus zwar keine attraktiven Investitionsmöglichkeiten für die Großunternehmer; aber solange es ihnen gelang, den »Weg nach Osten« für die Privatinitiative offenzuhalten und den reglementierenden Einfluß von Staat und Partei einzudämmen, bestand die Aussicht, das Prinzip eines rein geschäftlichen Kalküls aufrechterhalten zu können.

Es war freilich nicht zu übersehen, daß in der Ostpolitik auch radikale antikapitalistische Parteielemente zum Zuge kamen, die auf eine sozialrevolutionäre Umgestaltung in Deutschland drängten, und in der Ostsiedlung einen ersten Schritt hierzu erblickten. Solange Hitler jedoch wegen des ungünstigen Kriegsverlaufs auf die von den Unternehmern gewährleistete Produktionssteigerung angewiesen war, konnten Auswüchse außerökonomischer Einflußnahme auf die Wirtschaft zumeist mit dem Hinweis auf kriegswirtschaftliche Sachzwänge beschnitten werden. Welche Richtung diese Entwicklung indes in einer fiktiven Nachkriegszeit genommen hätte, wenn der Außendruck auf das Regime weggefallen wäre, läßt sich wohl nur spekulativ abschätzen. Das vergebliche Bemühen der SS-Führung, die Steuerung der Industrieansiedlung in den eingegliederten Ostgebieten an sich zu ziehen, kann als Indiz für die Machtposition der deutschen Großunternehmer angesehen werden.

Dieser Befund wird auch nicht durch die Tatsache widerlegt, daß Himmler immer wieder Einbrüche in den Wirtschaftsbereich gelangen. Dies gilt auch für das Vordringen radikaler Parteielemente in der Schlußphase des Krieges, bei dem es sich eher um letzte Verzweiflungsschritte einer vom

Untergang bedrohten Parteielite gehandelt haben dürfte als um eine vor-
gezeichnete »normale« Entwicklung des NS-Regimes. Diese Deforma-
tion wurde nicht zuletzt auch dadurch begünstigt, daß sich die Großunternehmer schon längst auf die Nachkriegszeit, d. h. auf den Wiederaufbau
nach dem sichtbar unabwendbaren Zusammenbruch des Dritten Reiches, eingestellt hatten und mit ihrer Sorge um den Erhalt der Substanz
ihrer Unternehmen den Durchhalte-Fanatikern in der Partei Ansatzpunkte für eine radikale Gesellschaftskritik boten. Dennoch standen
auch damals die Prinzipien des Privateigentums und der freien, wenn-
gleich staatlich gelenkten Unternehmerwirtschaft nicht ernsthaft zur Dis-
position.[240]

Das Rudel der »schwarzen Wölfe«: Werner Lorenz, Chef des SS-Hauptamtes »Volksdeutsche Mittelstelle«, Reinhard Heydrich, Chef der Sicherheitspolizei und des SD, Heinrich Himmler, Reichsführer SS und Chef der Deutschen Polizei, Karl Wolff, Chef des »Persönlichen Stabes« (von links).

III. Die SS: Der Osten gehört uns

1. Der erste »Generalplan« – Himmlers Einbruch
in die Siedlungspolitik

»Der Osten gehört der SS« – dieser Anspruch Himmlers und seine Bemühungen, die Siedlungspolitik an sich zu ziehen, gaben den Diskussionen und Planungen zur Ostsiedlung während des Zweiten Weltkrieges ihre eigentliche Dynamik. Der Führungsanspruch der SS blieb bis zuletzt umstritten, tiefgreifende Konflikte vor allem mit den Wirtschaftsbehörden bestimmten das Bild. So erfolgreich Himmler beim Aufbau seines militärischen Instruments, der Waffen-SS, beim Ausbau seines Polizei- und Terrorapparates, dem ganzen System der Konzentrations- und Vernichtungslager auch gewesen ist, in der Siedlungspolitik blieb die Umsetzung seiner Ambitionen letztlich Stückwerk, bestenfalls Teilerfolge wurden erzielt wie gegenüber der Wehrmacht bei der Ansiedlung der Kriegsversehrten.

Wie kam die SS überhaupt zur Siedlungspolitik? In der elitären Ideologie des »Schwarzen Ordens« spielten zwar »Blut-und-Boden« eine mystische Rolle, Utopien eines Wehrbauerntums und Himmlers Schwur, die Ostmission der Sachsen des Frühmittelalters fortzusetzen, aber mit eigenen praktischen Siedlungsideen hatte das alles zunächst kaum etwas zu tun. Im Gegenteil, die SS lebte in dieser Hinsicht bis Ende 1938 von den Anleihen beim »Reichsbauernführer« und Reichsminister für Landwirtschaft und Ernährung (REM) Walther Darré, bis dahin zugleich Leiter des Rasse- und Siedlungshauptamtes der SS.[241] Mehr als rassische »Auslese« und ideologische Schulung in den eigenen Reihen wurde nicht betrieben.

Planung und Durchführung der bäuerlichen Siedlung lagen fest in der Hand der Abteilung VIII (Neubildung deutschen Bauerntums und Grundbesitzverteilung) des REM,[242] der Reichsstelle für Umsiedlung unter der Leitung von Ministerialdirektor Joachim Riecke, der später noch eine große Rolle spielen sollte, sowie der halbstaatlichen und regionalen Siedlungsgesellschaften. Bis Kriegsbeginn wurden von diesen Stellen 30000 bäuerliche Siedlungsbewerber ausgewählt; 16000 von ihnen konnten bereits angesiedelt werden.[243]

Siedlung – damit waren auch das Reichsarbeitsministerium, die Wehrmacht, der Vierjahresplan und der Generalbauinspektor für die Stadt Berlin befaßt, die jeweils über eigene Mittel für die Errichtung von Arbeiterwohnstätten und Siedlungen verfügten. Ein regionaler Schwerpunkt, etwa im Sinne der Ostsiedlung, war damit nicht verbunden, weil diese Siedlungen in Verbindung mit Betrieben oder im Rahmen der Großstadtsanierung errichtet wurden. Der Osten des Reiches mit seiner traditionell agrarischen Struktur und zumal die Grenzprovinzen partizipierten daran nicht.[244]

Eine Zusammenfassung dieser Siedlungsansätze sollte die 1935 geschaffene »Reichsstelle für Raumordnung« (RfR) gewährleisten, und zwar gestützt auf die Landesplanungsgemeinschaften. Vom »Gedanken der totalen Raumordnung« ergriffen, so wie er damals in den meisten Industrieländern auftauchte, stürzten sich die Planungstechnokraten auf die Bestandsaufnahme, Beobachtung, Planung und Gestaltung des großdeutschen Raumes. Die Befugnisse der RfR wurden allerdings nicht hinreichend definiert. Mehr als eine Meldepflicht der Fachressorts über ihre Planungsvorhaben war nicht geregelt worden. Aber immerhin konnte die RfR Raumordnungspläne aufstellen, um damit auf die »Gestaltung des deutschen Raumes und auf die Fachplanungen Einfluß zu nehmen.«[245]

Verbindliche Richtlinien für die Auflockerung der Großstädte und der Industrieballungen sowie eine damit verbundene Siedlungsplanung waren aber nicht ohne weiteres durchsetzbar. Größtes Problem der RfR war ihre Zuordnung zum Reichskirchenminister Kerrl, womit sie im Gestrüpp der bürokratischen Machtkämpfe kaum Durchschlagskraft entwickeln konnte.

Auf diesen beiden Säulen – die eine auf schwachem Fundament, die andere scheinbar festgefügt und stabil – ruhten also Raumplanung und Siedlung des »Dritten Reiches«. Das galt bis zum Frühjahr 1939, als sich SS-Gruppenführer Günther Pancke, Nachfolger Darrés als Chef des Rasse- und Siedlungshauptamtes, daranmachte, aus seinem etwas »müden« Schulungsverein[246] eine ausbaufähige Machtposition zu gestalten. Die Gelegenheit bot sich beim Einmarsch der Wehrmacht in Prag, wo es der SS in einem Überraschungscoup gelang, das tschechische Bodenamt unter dem Vorwand zu übernehmen, das dort lagernde Material politisch auszuwerten und eine Entschädigung der sudetendeutschen Bevölkerung vorzubereiten. In Zielsetzung und Methode wurde dieser Zugriff zum Präzedenzfall.

Pancke wollte das notwendige Fachpersonal für diese Arbeit aus der Siedlungsabteilung des REM herausziehen und stieß dabei auf energischen Widerstand. Er reagierte mit dem Vorwurf, daß man im REM dazu tendiere, »die politischen Belange bei der Neubildung deutschen Bauerntums weitgehend unter die ernährungspolitischen« zu stellen.[247] Das war nicht ganz unberechtigt, denn Agrarreformen und Ansiedlungen brachten nun einmal zunächst Störungen in der Produktion mit sich, die das Reich bei der krisenhaften Entwicklung der Versorgungslage möglichst vermeiden wollte.

Es kam zu einer Aussprache zwischen dem SS-Gruppenführer Pancke und dem SS-Obergruppenführer Darré. Dabei machte der Reichsminister dem Amtschef Himmlers klar, daß er überhaupt nicht daran dachte, sich die bäuerliche Siedlung aus der Hand nehmen zu lassen. Zur Sprache kamen auch sachliche Meinungsunterschiede. Darré lehnte das SS-Konzept zur Anlage größerer »Wehrbauernhöfe« in den Grenzgebieten ab. Nur die Ansiedlung von Kleinbauern werde die gewünschte große Kinderzahl erbringen, meinte er. Aufgabe der SS sei es, aus den eigenen Reihen 300 000 »siedlungsfreudige« Familien für diesen Zweck zur Verfügung zu stellen. Diese wolle er dann »im gegebenen Moment in irgendeinem zur Besiedlung freiwerdenden Raum generalstabsmäßig« in Marsch setzen. Die SS-Siedler würden dann »genau wie eine Armee kompanie- und regimenterweise in die ihnen zugeteilten Räume militärähnlich einrücken und sie mit der Waffe in Besitz nehmen, nachdem die Wehrmacht diese Räume erobert hätte. Sie hätten dann dieses Neuland mit der Waffe zu verteidigen und selbst aufzubauen.«[248]

Mit solchen abenteuerlichen Vorstellungen wollte sich Pancke aber nicht abspeisen lassen. Er beharrte auf seiner Meinung, mit der Siedlung zugleich eine »Hebung des Bauerntums« zu erreichen und auf diese Weise eine größere Zahl von mittleren und Großbauern zu schaffen. Pancke verließ die Besprechung »bleich und erschlagen«. Er besorgte sich sogleich eine Spitzelmeldung. Sie besagte, daß der Leiter der Siedlungsabteilung im REM, der SS-Obersturmbannführer und Ministerialdirektor Kummer, davon gesprochen habe, der Chef des Rasse- und Siedlungshauptamtes könne sich mit seinem ganzen Amte »einsargen« lassen.[249] Der Kontakt zwischen den rivalisierenden Siedlungsämtern war damit abgebrochen.

Darré reagierte trotzig: »Über die Zuständigkeiten meines Ministeriums in der Siedlungsfrage zu entscheiden, ist Sache des Führers und Reichskanzlers. Vorläufig gilt in Deutschland noch das vom Führer Adolf Hitler unterzeichnete Reichsgesetz über die Neubildung deutschen Bauerntums vom 14. Juli 1933, welches diese Frage meinem Ministerium zuweist.«[250]

Drei Monate später sah alles anders aus. Sogleich nach Beginn des Überfalls auf Polen rückten zusammen mit den Mordkommandos der SS auch sogenannte Beratungsstellen des Rasse- und Siedlungshauptamtes (RuS) in das eroberte Land ein. Ihnen war die Aufgabe gestellt, gestützt auf die

Einsatzgruppen der Sicherheitspolizei »die Vorbereitungen der Eindeutschung volksfremden landwirtschaftlichen Besitzes in Angriff zu nehmen
und alle Interessen der SS am dann freiwerdenden Boden wahrzuneh-
men. Gleichzeitig sollte für die in Aussicht stehende Beauftragung des
Reichsführers SS zum Reichskommissar für die Besiedlung des Ostens die
Sicherstellung des erforderlichen Landbesitzes erfolgen.«[251]
Es schlug die Stunde der SS, die sich mit ihrer blutigen Arbeit den Dank
des »Führers« verdiente und in die Siedlungspolitik einbrechen konnte.
Angebote des REM zur Zusammenarbeit schlug Himmler selbstbewußt
aus.[252] Am 7. Oktober 1939 hatte er seine Ernennung zum »Reichskommissar für die Festigung deutschen Volkstums« in der Tasche.[253] Die
Bezeichnung und Befugnisse dieses neuen Amtes hatte Hitler allerdings
bewußt unpräzise gelassen. Es war keine eindeutige Zurücksetzung Darrés, auch wenn dieser doch mit seinen warnenden Denkschriften zur Ernährungslage bei Hitler schon längst in Ungnade gefallen war. Eigentlich
ging es um nicht mehr als um eine Vollmacht zur »Ausschaltung« von
Reichsfeinden und zur Umsiedlung der Volksdeutschen im Osten. Die
Formulierung »Gestaltung neuer deutscher Siedlungsgebiete« wurde
aber zu einem Hebel, mit dem die SS in den nächsten Jahren ihren Führungsanspruch in der Siedlungspolitik immer weiter ausbaute.
Nach dem Erlaß war Himmler lediglich befugt, allgemeine Anordnungen
zu treffen, und gehalten, sich der bestehenden Behörden und Einrichtungen zu bedienen. Die Durchführung der bäuerlichen Siedlung blieb in der
Hand des REM. Dabei sollte es nach dem Willen Himmlers aber nicht
bleiben. Pancke erhielt den Auftrag, Durchführungsbestimmungen für
den Führererlaß zu entwerfen und Kartenmaterial über die Verhältnisse
in Polen zu beschaffen.[254]
Himmlers Vorstellungen zur Siedlung und zur Ausfüllung seiner neuen
Funktion waren noch sehr verschwommen und punktuell. Seine »Vorläufige Planungsrichtlinie« vom 11. Oktober 1939 enthielt lediglich die
Idee, in den neuen Dörfern jeweils zur Hälfte Reichsdeutsche eines bestimmten Gaues und Volksdeutsche unter der Führung von zwei bis drei
»SS-Wehrbauern« zusammenzubringen.[255]
Bei einem Vortrag vor SS-Führern in Posen am 24. Oktober 1939 verband
er diesen Grundgedanken mit einem Sammelsurium an bizarren praktischen Details zur Bauweise der Häuser, zur Hygiene usw. Seine Zeitvor-
stellung: »In 50–80 Jahren sollen in diesem großen Siedlungsgebiet im
Osten 20 Millionen deutsche Siedler leben, von denen 10 Millionen Bauern 8–10 Kinder haben.« Und dann: »Wenn kein Land zur Verteilung
mehr da ist, dann muß, wie es sich immer wieder in der Geschichte wiederholt, neues Land durch das Schwert geholt werden.«[256]
Solche Visionen waren mit den bestehenden Verhältnissen nur schwer in

Übereinstimmung zu bringen. Es gab weder Millionen siedlungswilliger Bauern in Deutschland noch Tausende von einsatzbereiten »Wehrbauern«. Nur die Transporte volksdeutscher Umsiedler aus dem Baltikum und Ostpolen rollten bereits heran. Pancke machte sich daran, die zur Ergänzung dieses Siedlerpotentials notwendigen reichsdeutschen Siedler und SS-Wehrbauern zu beschaffen. Der »Siedler-Nachwuchsstelle Ost« der Reichsjugendführung erteilte er den Auftrag, für die geplante Einsiedlung Westpreußens zunächst einmal 1500 junge Bauern und Handwerker als »Dorfmannschaften« zur Verfügung zu stellen. Außerdem bemühte er sich, aus der ebenfalls eingeleiteten Umsiedlung Südtiroler Bauern in die »Ostmark« einen Teil auf die Siedlungsgebiete in Polen umzuleiten.[257]

Die Durchführung der Ansiedlungen wollte Himmler nicht dem REM überlassen. Dazu brauchte er einen eigenen Apparat, den er zunächst innerhalb der SS aufbaute. Die Höheren SS- und Polizeiführer im Osten wurden zu Beauftragten des RKF ernannt und die RuS-Beratungsstellen in die Zivilverwaltung im besetzten Polen eingebaut. Sie okkupierten die Bodenämter in den neuen Reichsgauen. Einen Rückschlag erlitt der Reichsführer SS durch Hitlers Entscheidung, den RKF-Erlaß vom 7. Oktober 1939 nicht auf das Protektorat Böhmen und Mähren auszudehnen.[258] Den Vorposten des tschechischen Bodenamtes konnte er damit vorerst nicht weiter ausbauen. Zwei Jahre später war dieses Hindernis beseitigt.

Auch im Bereich des Höheren SS- und Polizeiführers Schlesien gab es Durchsetzungsprobleme bei der Einschaltung in die Siedlungspolitik, da Gauleiter Josef Wagner für seine »SS-gegnerische Einstellung« bekannt war.[259] Zwei Jahre später war Wagner infolge einer SS-Intrige gestürzt. Die Bahn war frei. Einen strategisch wichtigen Erfolg erzielte Himmler bereits Ende 1939 durch sein Arrangement mit Göring. Die SS stellte sich Görings HTO als Exekutivorgan bei der Beschlagnahme gewerblichen polnischen Besitzes zur Verfügung; im Gegenzug überließ die HTO die Beschlagnahme und Verwaltung landwirtschaftlichen Besitzes dem RKF. Himmler erhielt außerdem den Zugriff auf die Ziegeleien in Polen, die er für seine geplanten Siedlungsbauten dringend brauchte.[260]

Einen entscheidenden Dämpfer bekam Himmler hingegen durch die Anweisung Hitlers, die Ansiedlung und Besitzzuteilung an Reichsdeutsche grundsätzlich erst nach Beendigung des Krieges durchzuführen, um die Frontsoldaten nicht zu benachteiligen.[261] Unter diesen Umständen konnte die ursprüngliche Idee einer gemischten Ansiedlung vorerst nicht realisiert werden. Es kam darauf an, die Ostsiedlung gründlicher und langfristiger vorzubereiten, zugleich aber die Umsiedlungsbefugnisse bezüglich der Volksdeutschen zu nutzen, um Fakten zu schaffen. Das erforderte auch eine Zusammenfassung der verschiedenen SS-Institutionen, denn die Konkurrenz auf dem Siedlungsgebiet ruhte nicht.

Über die Landwirtschaftsverwaltung in den besetzten polnischen Gebieten breiteten sich die Beamten des REM aus. Und was die Ausarbeitung von umfassenden Konzepten für die Ostsiedlung anbelangte, hatte das Rassenpolitische Amt in der Reichsleitung der NSDAP bereits die Nase vorn. Das Amt konnte am 25. November 1939 eine umfangreiche Denkschrift vorlegen, die Himmlers sporadische Ideenproduktion schon äußerlich in den Schatten stellte.

Zur bäuerlichen Besiedlung wurde dort vorgeschlagen, einen etwa 200 km breiten Siedlungsstreifen im polnischen Grenzgebiet zu schaffen. Gedacht war an die Bildung einer Herrenschicht von »Wehrbauern«, gestützt auf polnische Landarbeiter, und eine allmähliche »Aufsiedlung« des Gebiets. Dafür sollten aus dem überseeischen Auslandsdeutschtum 150 000 Bewerber für eine Rücksiedlung in die Ostgebiete gewonnen werden.[262]

Derartige Zielmarkierungen waren für Himmler nicht akzeptabel. Er wollte und mußte schneller und massiver siedeln. Dazu brauchte er in seiner Funktion als RKF dringend eine Stabsstelle, um die Siedlungsambitionen der SS besser planen und durchsetzen zu können. Bisher stand ihm nur der SS-Brigadeführer Ulrich Greifelt als Büroleiter zur Verfügung. Und Greifelt, ehrgeizig wie alle Amtschefs Himmlers, wußte seine Chance zu nutzen. Als erster mußte Pancke mit seinem Amt beiseite geräumt werden. Dessen wichtigster Mitarbeiter, der Chef des Siedlungsamtes im RuS, wurde zum Leiter des Zentralbodenamtes beim RKF ernannt. Himmler befahl Pancke zu sich und teilte ihm seine Entscheidung mit.

Das Rasse- und Siedlungshauptamt mit der Ostsiedlung zu beauftragen, so erklärte er, schaffe von vornherein einen Gegensatz zu allen Ministerien.[263] Der Führererlaß RKF bot dagegen die Möglichkeit, eine spezielle Dienststelle zu schaffen, die sich Anerkennung und Kompetenzen im Wildwuchs der Bürokratie besser erkämpfen konnte. Neben einem Zentralbodenamt sollte sie einzelne Fachabteilungen für Finanzfragen, Menschenverteilung, Wiedergutmachung und Planung umfassen. Greifelt erhielt außerdem die Befugnis, im Auftrage Himmlers »Grundgesetze zur Festigung deutschen Volkstums« zu erlassen und Einzelanweisungen an bestimmte Behörden zu erteilen.[264] Pancke behielt immerhin die »rassische Auslese«, für die sich – nachdem Darrés Entmachtung immer schneller voranschritt – plötzlich auch die Siedlungsabteilung im Reichsnährstand zur Mitarbeit anbot.[265]

Den Vorschlag, Siedlungspläne aufgrund von »Wettbewerben« zu ermitteln und nach Entscheidung zur Durchführung an das REM zu übergeben, lehnte Himmler strikt ab. Das sollte die neue Planungsabteilung des RKF selbst erledigen. Greifelt, so plötzlich vom Büroleiter zum Amtschef avanciert, hatte in dieser Hinsicht aber keine eigenen Vorstellungen. Bei seinem ersten Auftritt am 13. Dezember 1939 im Volksdeutschen Klub Berlin schwadronierte er zwar über die »gewaltigste staatsgelenkte Völkerwanderung aller Zeiten«, die er zu organisieren hatte, aber zur Siedlungspolitik gab er lediglich Himmlers allgemeine Weisungen wieder.[266] Er brauchte einen präsentablen Chefplaner. Bei der Wahl hatte Greifelt eine glückliche Hand.

Es gelang ihm, mit Professor Konrad Meyer einen der prominentesten Agrarwissenschaftler abzuwerben und für eine nebenberufliche Leitung der Planungsstelle des RKF zu gewinnen. Meyer mußte möglichst rasch einen Gesamtplan für die Ostsiedlung ausarbeiten, einen vorzeigbaren und seriösen Plan, der den konkurrierenden Dienststellen als »Grundgesetz« des RKF aufgenötigt werden konnte.

Eile war um so mehr geboten, als vom REM bereits eine Fülle von öffentlichen Verlautbarungen und Publikationen über die Bauernsiedlung im Osten in Umlauf gebracht wurden, die den Eindruck erweckten, daß dort nach wie vor die Siedlungskompetenz liege.[267]

Auch andere Planungsstellen waren äußerst rührig. Dazu gehörte die Deutsche Arbeitsfront (DAF) mit ihrem Reichsheimstättenwerk, die ein Kooperationsabkommen mit der RfR abschloß, um die Planung des Wohnungs- und Siedlungsbaues aufeinander abzustimmen.[268] Daneben entwickelten die Beauftragten des RKF in den Ansiedlungsgebieten bedenkliche Selbständigkeitsbestrebungen. Mit den Generalreferenten für Raumordnung bei den Reichsstatthaltern und den Bodenämtern verfügten sie über eigene hinreichende Planungskapazitäten. Eine »praktisch verwertbare Planungsarbeit«, so begründete der Beauftragte in Posen seinen Standpunkt, könne doch niemals von der Zentrale her erfolgen.[269] Einer möglichen Dezentralisierung der Siedlungsplanung mußte Himmler schon deshalb entgegentreten, weil es über die Prinzipien der »Eindeutschung« bei den Regionalbehörden und selbst den Gauleitern durchaus unterschiedliche Auffassungen gab.[270]

In dieser Situation muß es für ihn alarmierend gewesen sein, daß sich nun auch noch das OKH mit eigenen militärischen Siedlungsideen einmischte. Daher der Auftrag an Meyer, sich in aller Eile einen Überblick über den Umfang der Siedlungsaufgabe zu verschaffen und »hierfür zunächst in großen Umrissen einen Generalplan aufzustellen«.[271] Die Ende Februar 1940 fertiggestellten »Planungsgrundlagen« enthielten deshalb auch nur eine Zusammenfassung bereits vorliegender Planungselemente und ihre Verbindung mit Himmlers Einzelanweisungen. Die Ausführungen zur Besitzstruktur knüpften an die Überlegungen des Rasse- und Siedlungshauptamts an, gingen also von einer differenzierten Ansiedlung von »Wehrbauern« als Führungsschicht, einer breiten Basis von Mittel- und Großbauern sowie – als neuem Element – von einem bodenständigen deutschen Landarbeitertum aus. Damit war das Ziel einer völligen Eindeutschung festgeschrieben.

Was Meyers ersten Entwurf aber besonders attraktiv machte, war die Kombination von Struktur- und Ablaufplanung. Sie suggerierte die Durchführbarkeit eines zeitlich wie umfangmäßig klar umrissenen Siedlungsprogramms, für das praktisch nur noch das Startsignal zu fehlen schien, wenn man nicht die bereits anlaufende Ansiedlung von Volksdeutschen als ersten Schritt betrachtete. Es verfehlte jedenfalls nicht seine Wirkung auf die Wehrmachtführung und brachte Himmler damit allein schon einen wichtigen Erfolg ein. Die Wehrmacht als mächtigste Säule des »Dritten Reiches« erkannte die Richtlinienkompetenz des RKF ohne Einschränkungen an.

Als Himmler die Anweisung erteilte, die Umsiedlung der Volksdeutschen auf die »Siedlungszone 1. Ordnung« zu konzentrieren,[272] d. h. mit der Umsetzung des Generalplans zu beginnen, war der Respekt vor der Wehrmacht bei den Planungsreferenten noch außerordentlich groß. Sie zögerten z. B., die Umsiedlung im Kreise Konin in Angriff zu nehmen, weil es sich hier im Hinblick auf den geplanten Übungsplatz um ein »Interessengebiet der Wehrmacht« handelte. Meyer hingegen hielt diese Zurückhaltung aber – ganz im Sinne seines Herrn – für unnötig und gab die Anweisung: »Unter allen Umständen darf uns diese Umsiedlung aber nicht aus der Hand genommen werden.«[273]

Mit dem Ansatz der volksdeutschen Umsiedler besaß die SS ihre wichtigste Trumpfkarte, soweit es um die praktische Siedlungsarbeit der verschiedenen SS-Dienststellen ging, der Volksdeutschen Mittelstelle, der Einwandererzentrale, den regionalen Arbeitsstäben usw. Wie aber würde es nach Kriegsende aussehen, wenn die große reichsdeutsche Umsiedlung auf der Tagesordnung stand, die Umsiedlung der Frontkämpfer, um die sich die Wehrmacht kümmerte, und die der einsatzbereiten Neubauern Darrés? Ob da der Zugriff auf die regionalen Siedlungsgesellschaften des REM, von Himmler »zur reibungslosen Durchführung meiner auf weite Sicht abgestellten Planungsarbeiten« angeordnet, ausreichte, um den Führungsanspruch des RKF durchzusetzen?

Im Juni 1940 sah alles danach aus, als ob dieser Zeitpunkt kurz bevorstand. Und schon lag von seiten des REM ein eigener »Vorschlag für Grundbesitzverteilung und Betriebsgrößen in den eingegliederten Ostgebieten« auf dem Tisch.[274] Er stellte erneut den bäuerlichen Familienbetrieb in den Mittelpunkt und wollte der SS-Idee größerer Wehrbauernhöfe nur eine Randbedeutung mit dem plausiblen Argument einräumen, daß die Gutsbetriebe eine größere Zahl von Landarbeitern benötigen würden. Deutsche standen hierfür aber kaum zur Verfügung, so daß man sich der Gefahr einer »fremdrassigen Unterwanderung« durch polnische Arbeitskräfte aussetzen würde.

Die wichtigste Legitimation des RKF, die Überwachung einer konsequenten Volkstumspolitik, wurde von den Landwirtschaftsexperten geschickt gegen Meyers Generalplan gewendet: »Die Neuordnung der Besitzverhältnisse und die Dorfverfassung im Ostgebiet dürfen überhaupt nicht von betriebswirtschaftlichen Gesichtspunkten aus erfolgen. Ausschlaggebend kann einzig und allein das dringende Gebot sein, den Osten restlos einzudeutschen, und insbesondere das Land mit kinderreichen, rassisch wertvollen und tüchtigen Familien zu besetzen.« Sich auf diese Weise rassenideologisch überrundet zu sehen, muß für Himmler schmerzlich gewesen sein, hatte er doch eben erst dem »Führer« seine »Gedanken über die Behandlung der Fremdvölkischen im Osten« vorgelegt,[275] mit denen er sich als der konsequenteste Rassenkämpfer zu profilieren versuchte.

Flugs äußerte sich Himmler im »Reichsverwaltungsblatt« mit einer Erfolgsbilanz seiner Umsiedlungsaktion. Zum ersten Male in der deutschen Geschichte, so behauptete er, könne die Ostsiedlung »zentral, kraftvoll und planmäßig angepackt werden«. Er berief sich auf den Führererlaß vom 7. Oktober 1939 mit der Interpretation, daß damit dem RKF die »Gestaltung der neuen deutschen Siedlungsräume« übertragen worden sei. Er kündigte an, er richte seine »große Planungsarbeit und alle seine Maßnahmen weit über seine augenblicklichen praktischen Aufgaben hinaus auf den Einsatz, der nach der siegreichen Beendigung des Krieges unter Beteiligung des ganzen deutschen Volkes im Osten erfolgen wird«.[276]

Um sich die Rückendeckung Hitlers zu verschaffen, legte er noch im Zug auf der Rückfahrt aus dem besiegten Frankreich eine schriftliche Stellungnahme vor und notierte: »Der Führer sagte, daß es Punkt für Punkt richtig wäre.«[277] Er bemühte sich um eine Klärung der Landarbeiter- und Gutshofproblematik, vermischt mit drastischen Äußerungen über die Behandlung der »fremdrassigen Wanderarbeiter« und die »unbeugsame Härte« bei der Bestrafung von »geschlechtlicher Vermischung« – Himmler wußte, wie man den »Führer« für sich einnehmen konnte, und er schickte Greifelt sogleich zu Lammers, dem Chef der Reichskanzlei, um über eine Neuformulierung des Führererlasses zu verhandeln. Als RKF wollte er künftig für die gesamte Planung und Gestaltung deutscher Siedlungsgebiete, auch außerhalb des Ostens, zuständig sein, für die Beschlagnahme von Vermögen, die Behandlung fremder Völker sowie die Auswahl von Siedlern und deren praktische Ansiedlung. Das REM und andere Dienststellen sollten erst nachrangig eingeschaltet werden. Damit konnte sich Himmler jedoch nicht durchsetzen. Lammers empfahl, er solle die neue Version des Führererlasses selbst mit den interessierten Ressorts abstimmen. Darauf verzichtete Himmler schließlich.[278]

Was war mit dem detaillierten Plan für die Ostsiedlung, der nur noch der Unterschrift Hitlers bedurfte und den Reichsführer SS doch noch zum Ziele führen würde? Die »Planungshauptabteilung« von Prof. Meyer mußte erst einmal aufgebaut werden. Landes- und Raumplanung lagen noch immer verstreut bei den zuständigen Behörden. Um hier zu einer engeren Zusammenarbeit zu kommen, lud die RfR am 24. Juni 1940 zu einer Besprechung der »Ostplaner« ein. An den RKF richtete sich der Vorwurf, daß eine »fruchtbare Diskussion von Einzelfragen zwischen den beiden Zentralstellen noch nicht in Gang gekommen sei«.

Die bereits vorliegenden bzw. in Angriff genommenen Regionalplanungen wichen im Detail oft voneinander ab. Die Unterlagen waren äußerst mangelhaft. Einzelne Landesplaner wunderten sich darüber, daß ihre Denkschriften und Planungsgrundlagen zwar von der Dienststelle des RKF gern angenommen wurden, »doch sei die Landesplanung durchaus der gebende Teil«. Der RKF strebte offenkundig danach, die regionalen Planungsbehörden an sich zu binden, konnte aber keine verbindlichen und praktisch unmittelbar anwendbaren Richtlinien geben. Die Siedlungszonen wurden immer wieder geändert. Statt eine »Siedlungsbrücke« im Warthegau zu schaffen, lag angeblich eine Anweisung des Reichsführers SS zur vollständigen »Eindeutschung« innerhalb von sechs Jahren vor. Der Vertreter des RKF bei dieser Sitzung konnte zum Stand der Planungsarbeiten in seiner Dienststelle nicht viel mitteilen. Man mache sich derzeit Gedanken um die Gestaltung der neuen Dörfer und Städte, hieß es. Die für die Aufbauarbeiten notwendigen Kreisraumordnungspläne könne der RKF aber nicht selbst bearbeiten.[279]

So erfolgten die Aus- und Umsiedlungen weiter ohne exakte Planungsgrundlagen, meist improvisiert, mit entsprechenden Rückschlägen und Problemen. Himmler ließ sich dadurch nicht beirren. Vor der Landesgruppe der NSDAP in Madrid prahlte er in einem Vortrag am 22. Oktober 1940 damit, daß die Umsiedlung im Osten aufgrund »neuester Forschungsergebnisse« durchgeführt und »revolutionäre Ergebnisse« bringen werde. »Der Generalplan für diese Neugestaltung eines Raumes von rund 200000 Quadratkilometern ist fertiggestellt und wird schon in der ersten Hälfte des nächsten Jahres in Angriff genommen.«[280]

Auf dem Tisch lagen aber lediglich »Grundsätze und Richtlinien für den ländlichen Aufbau in den neuen Ostgebieten«.[281] Hier wurde ein Rahmen für die Schaffung neuer Dörfer umrissen. Drei Pilotprojekte waren bereits von den Siedlungsgesellschaften begonnen worden. Aus diesen Erfahrungen sollten dann später »weitere Grundsätze für den nach

Kriegsende beginnenden großen Siedlungseinsatz« abgeleitet werden. Himmlers Richtlinien nahmen die Anregungen des REM auf. Tragendes Fundament der künftigen Bodenordnung sollte demnach die bäuerliche Familienwirtschaft sein. In der umstrittenen Frage nach der Größe der Landzuweisung wurde kein allgemein gültiges Schema festgelegt. Aber die Vorstellung der SS von einer »gesunden sozialen Abstufung« sollte dabei Berücksichtigung finden: von deutschen Landarbeitern mit Aufstiegsmöglichkeiten bis zu den »Wehrbauern« auf den Rittergütern, die der »Seßhaftmachung und Schaffung eines bodenständigen Führertums« dienen sollten. Ob es Himmler später tatsächlich gelingen würde, diese »Führerschicht« mit seinen SS-Leuten zu besetzen, war angesichts des Siedlungsdrangs in der Generalität durchaus noch offen.

Solche Teilplanungen in einzelnen Bereichen künftiger Siedlung brachten den Ehrgeiz des RKF nicht wesentlich voran. Aus seiner Sicht waren noch immer zu viele »Köche« bei der Siedlungsplanung beteiligt. Nachdem gerade erst die Planungshoheit gegenüber der Wehrmacht und dem REM erkämpft worden war, zeigte sich ein neuer Konkurrent auf dem Felde. Robert Ley, Organisationsleiter der Partei und Führer der DAF, wurde von Hitler am 15. November 1940 zum »Reichskommissar für den sozialen Wohnungsbau« ernannt. Und die DAF machte sich sofort an die Ausarbeitung von Planungen für neue Wohnsiedlungsgebiete und eines Jahreswohnungsbauprogramms nach dem Kriege.[282] Aus dieser Richtung drohten für Himmlers Ostsiedlung einschneidende Begrenzungen, denn die DAF richtete ihr Interesse zwangsläufig und in erster Linie auf die Schaffung von Arbeiterwohnungen in den Großstädten und Ballungsräumen. Eine Festlegung der Baukapazitäten nach Kriegsende auf diese wohl populäre, aber ideologisch fragwürdige Aufgabe hätte kaum Raum gelassen, um die noch gar nicht klar umrissenen Neubauvorhaben in den östlichen Siedlungsgebieten durchführen zu können.

Die DAF beauftragte außerdem bereits die RfR, die Aufstellung von Wirtschafts- und Raumordnungsplänen in den Gemeinden und Städten des Reichsgebiets voranzutreiben, um danach den Wohnungsbedarf abschätzen zu können.[283] Es war also höchste Zeit für den RKF, wollte er die Ostsiedlung als Hebel für eine weitgesteckte, ja revolutionäre Umgestaltung der gesamten Wirtschafts- und Sozialordnung benutzen, brauchbare und vor allem vorzeigbare Fachpläne, Kartenmaterial und sonstige Unterlagen herbeizuschaffen. Ein wirklicher »Generalplan Ost« mußte schnellstens erarbeitet werden, um den Führungsanspruch Himmlers zu untermauern.

2. Der »Generalplan Ost« von 1941 – Die Machtergreifung des Reichskommissars für die Festigung deutschen Volkstums

Anfang September 1940 hatte die Planungshauptabteilung des RKF der Reichsstelle für Raumordnung den Auftrag erteilt, bis zum nächsten Frühjahr Kreisraumordnungspläne für die östlichen Siedlungsgebiete anzufertigen. Damit begann eine systematische Durcharbeitung der grundlegenden Fragen der Ostsiedlung: Größe und Gestalt der Dörfer und ihrer Bereiche; Verbindung von Land und Stadt; Zusammensetzung und Verteilung der Städte usw. Eine gründliche Vorarbeit war notwendig, um sinnvolle Arbeitsanweisungen und Richtwerte für die Ansiedlungsstäbe herausgeben zu können.

Unter der Führung der RfR wurden diese Arbeiten von den verschiedenen Planungsbehörden und in Zusammenarbeit mit den Fachleuten der Universitäten durchgeführt. Wiederholte Verzögerungen und langwierige Abstimmungen mußten überwunden werden. Die Planungsbehörden waren sichtlich überfordert und drängten bald auf eine Terminverlängerung, während Prof. Meyer für den RKF auf eine Beschleunigung hinzuwirken versuchte. Ende Januar 1941 zeigte sich auf einer Arbeitstagung der Siedlungsbehörden und -gesellschaften in Posen, daß die Vorstellungen und Überlegungen noch weit auseinander lagen.[284] Gauleiter Greiser wollte seinen Warthegau innerhalb von zehn Jahren eindeutschen, wofür er einen deutschen Bevölkerungsanteil von 60 Prozent als ausreichend ansah. Ihm kam es vor allem auf die Einhaltung der landwirtschaftlichen Produktionsziele an. Wollte man den Warthegau zur »Hauptkornkammer« des Reiches machen, dann brauchte man möglichst zahlreiche Großbetriebe mit polnischer Landarbeiterschaft. Das widersprach aber entschieden den Richtlinien des RKF.

Zwei Wochen später forderte Meyer die RfR auf, die Kreisraumordnungsskizzen endlich abzuschließen. Er drohte bereits den Aufbau eines eigenen Planungsapparates beim RKF an.[285] Ende Februar 1941 lagen die überstürzt fertiggestellten Skizzen größtenteils vor. Obwohl sie starke Abweichungen voneinander aufwiesen, genügten dem RKF die Entwürfe. Meyer kam es darauf an, entsprechend der Anweisung Himmlers unverzüglich mit der Ansiedlung und dem Bau von neuen Höfen beginnen zu können. Dafür reichten die einfachsten Entwürfe aus. Die Skizzen gaben ihm außerdem die Möglichkeit, nun beim Reichsinnenministerium darauf zu drängen, eine entsprechende Verwaltungsplanung für die Landkreise in Angriff zu nehmen.[286]

Von größter Bedeutung waren diese Entwürfe und Materialien jedoch im Hinblick auf eine Ausstellung, mit der die Führungsspitzen des Dritten Reiches über die Arbeit des RKF informiert werden sollten. Bei der

Eröffnung erläuterte Greifelt den Stand der Planungsarbeiten und kündigte an, daß der Reichsführer SS demnächst auch Richtlinien für die Städteplanung erlassen werde. Bei der Gestaltung der neuen Siedlungsräume, so umriß er noch einmal den Anspruch des RKF, gelte es, »in der letzten total zu begreifenden Zielsetzung eine *neue deutsche Heimatlandschaft* aufzubauen, in der sich der deutsche Mensch heimisch fühlt und in der er wirklich bodenständig werden kann«.[287]

Es gab nur private Führungen durch die Ausstellung, so etwa für den Stellvertreter des Führers, den Befehlshaber des Ersatzheeres General Fromm und die Staatssekretäre. Himmler selbst führte Ley durch die Räume. Die RfR und die Landesplaner, die für Himmler die eigentliche Arbeit geleistet hatten, waren nicht eingeladen worden. Hier kam das Bemühen des RKF zum Ausdruck, sich diese beiden etablierten Planungsinstitutionen unterzuordnen.[288] Das galt vor allem für die RfR, die als einzige Reichsbehörde einen Überblick über sämtliche Planungen und Vorhaben von Wirtschaft, Wehrmacht und Verwaltung besaß. Sie verfügte außerdem über ein Mitspracherecht bei allen Fragen der Raumplanung im Reich.

Bei einer Aussprache zwischen RfR und RKF beharrte Greifelt darauf, daß der Führererlaß vom 7. Oktober 1939 eine weite Auslegung zulasse, also auch die Tätigkeit der RfR mit umfasse. Das wurde von der RfR aber energisch bestritten. Sie habe Aufgaben zu erfüllen, die über die Zuständigkeiten des RKF hinausgingen.[289] Daß die RfR entschlossen war, ihre Unabhängigkeit zu verteidigen, demonstrierte sie auch bei den Verhandlungen um die Frage der Industrieansiedlung, wo sie die Position des Reichswirtschaftsministeriums gegen den RKF unterstützte.

Gegen solche Widerspenstigkeit hatte die SS ihre eigenen Methoden. Durch eine gezielte Verleumdungskampagne wurde der Leiter der RfR eingeschüchtert und kaltgestellt.[290] Nach der Gleichschaltung der Wehrmachtplanungen für die Ostsiedlung, der Ausdehnung des Siedlungsauftrages auf die neu annektierten Südostgebiete und dem eingeleiteten Zugriff auf die Industrie glaubte sich der RKF offenbar im stürmischen Aufwind. Selbst die DAF hatte sich mit ihren Planungen anzupassen. Das erste Nachkriegsjahr sollte im Hinblick auf den sozialen Wohnungsbau ganz im Zeichen der »Volkstumskämpfe in den Ostgebieten und in den Südostgebieten« stehen.[291]

Der institutionelle Ausbau der Dienststelle des RKF war Teil der Expansion der SS im Vorfeld des Rußlandfeldzuges. Für Himmler ging es schon längst nicht mehr um die annektierten polnischen Gebiete. Mit dem geplanten »Lebensraumkrieg« gegen die UdSSR würde sich dem Herrschaftsanspruch der SS ein ungeheurer Raum öffnen. Den Siedlungsauftrag auf die zu erobernden russischen Gebiete auszudehnen, das konnte der Schlüssel dafür sein, um das künftige Besatzungsregiment in die Hand der SS zu bringen. Die Wirtschaft hatte Hitler bereits Göring und der Wehrmacht übertragen, die Verwaltung aber dem unerfahrenen Rosenberg übergeben. Aus Himmlers Sicht kam es also darauf an, zügiger und zupackender noch als damals in Polen aus der Polizeigewalt heraus die Volkstums- und Siedlungspolitik an sich zu ziehen. »Die Festigung deutschen Volkstums [ist] zentrale Ostaufgabe«, so umriß Greifelt in einem Artikel für das Reichsverwaltungsblatt den Anspruch.[292]

Die Berliner Ausstellung mit den noch unzureichenden Planungsunterlagen für die Besiedlung der polnischen Westgebiete war zweifellos als eine Leistungsschau gedacht und dürfte auf Hitler, sollte er sie gesehen haben, ihren Eindruck nicht verfehlt haben. Himmler ordnete am 24. April 1941, als Rosenberg seine erste Denkschrift zur »Neugestaltung« Rußlands eingereicht hatte, an, die Anfertigung der Unterlagen für die »Siedlungszone I« bis zum 31. Juli abzuschließen.[293] Parallel dazu legte Himmler Entwürfe für eine Ausweitung seiner Befugnisse als RKF auf die neu zu besetzenden Ostgebiete vor, die jedoch von Rosenberg abgelehnt wurden.

Zwei Tage nach Beginn des Überfalls auf die UdSSR befahl der Reichsführer SS seinen Planungschef zu sich. Was er schnellstens von ihm brauchte, war die Skizzierung einer weiteren Siedlungszone auf russischem Boden, auf der Basis der Richtlinien, wie sie für das Siedlungsgebiet in Polen erarbeitet worden waren. Drei Wochen hatte Prof. Meyer Zeit, einen »Generalplan Ost« zu entwerfen, der zunächst »in großen Zügen den Umfang des künftigen durchführbaren Siedlungswerks« absteckte. Himmler lag vor allem an praktischen Zahlenangaben über die verfügbaren Siedlerfamilien, den daraus ableitbaren »Siedlungsanspruch« sowie über die möglichen Siedlungsgebiete und deren Fassungsvermögen.[294]

Am 15. Juli 1941 überreichte Greifelt diese Skizze Meyers. Sie lag damit Himmler rechtzeitig für die große Besprechung beim »Führer« am nächsten Tag vor, wo die Machtverteilung im künftigen russischen Besatzungsgebiet geregelt werden sollte. Aber auch Göring hoffte darauf, gestützt auf Wehrmacht und Wirtschaft, die Hauptverantwortung für den Osten zu erhalten. Bei dieser Konstellation zog es Hitler offenbar vor, bei seiner Entscheidung zur Einsetzung eines Triumvirats zu bleiben. Aus dem bekannten Bormann-Protokoll dieser Sitzung geht deutlich hervor, welche große Bedeutung Hitler der Festlegung von neuen Siedlungsgebieten beimaß. »Die Krim muß von allen Fremden geräumt und deutsch besiedelt werden«, lautete seine wichtigste Forderung. Weitere Reichsgebiete und damit automatisch Siedlungsgebiete sollten Galizien, das Baltikum und die Wolga-Kolonie werden. Der Raum Baku war von Hitler als »Militär-Kolonie« vorgesehen. Der »Führer« ging allerdings nicht so weit, bereits die Kompetenz für diese weitgefaßte Siedlungsaufgabe zu vergeben. Auf die Einwände Rosenbergs gegen die Machtfülle Himmlers wiederholte Hitler beschwichtigend,»Himmler solle ja keine andere Zuständigkeit bekommen, als er sie im Reich habe«.[295] Das blieb vieldeutig.

3. Der erweiterte »Generalplan Ost« – Der Kampf um die Planungshoheit in den besetzten sowjetischen Gebieten

Himmlers Planungschef für die Ostsiedlung, Prof. Konrad Meyer, machte sich im Sommer 1941 an die Vertiefung seiner Skizze zu einem »Generalplan Ost«. In seinem Berliner Universitäts-Institut wurden dazu in Zusammenarbeit mit anderen Experten und den wenigen Mitarbeitern der Planungshauptabteilung weitere grundlegende Fragen einer künftigen Besiedlung des russischen Raumes bearbeitet. Unterdessen organisierte der Reichsführer SS mit seinen anderen Amtschefs die Vernichtungspolitik auf sowjetischem Boden. Damit sollten wesentliche Voraussetzungen für die spätere Siedlungsarbeit geschaffen werden. Wie üblich lief auch schon die praktische Siedlungstätigkeit an, obwohl irgendwelche brauchbaren Planungsunterlagen und Richtlinien noch nicht verfügbar waren.

Sofort nach Beginn des Überfalls hatte Himmler angeordnet, aus den in den Warthegau umgesiedelten Bessarabiendeutschen ein erstes Kontingent von 3000 Siedlern für den Einsatz in Rußland wieder herauszuziehen.[296] Das war der Auftakt, um mit Hilfe der Einsatzgruppen sowie der Volksdeutschen Mittelstelle die Erfassung und Betreuung der Rußlanddeutschen, soweit sie nicht von Stalin bereits in den Fernen Osten verschleppt worden waren,[297] zu übernehmen und so die gleichgerichteten Bestrebungen des Rosenberg-Ministeriums zu unterlaufen. Für die SS handelte es sich darum, dieses einzige greifbare Siedlerpotential in die Hand zu bekommen und den Führungsanspruch des RKF zu untermauern.

Während die Position des RKF im besetzten sowjetischen Gebiet noch ungeklärt war, konnte sie in den annektierten polnischen Gebieten weiter gefestigt werden. Trotz der Absage der Reichsgruppe Industrie im September 1941 wurde die Planung und Gestaltung der künftigen deutschen Städte im Osten, auch unter Berücksichtigung von Handel und Gewerbe, bereits in Richtlinien festgelegt.[298] Bei der nächsten Tagung der Ostplaner in Posen am 24. Oktober 1941 konnte Meyer seine »vollste Zufriedenheit« mit der laufenden Arbeit ausdrücken. Er habe allerdings nicht immer den Eindruck, daß sich die Landesplaner eindeutig als Planungsbeauftragte des RKF fühlten, und drohte mögliche Konsequenzen an.

Hinter dieser Drohung steckte vermutlich auch der Groll über die Planungschefs der Ostprovinzen, denen Meyers weitgreifende russische Ambitionen suspekt erscheinen mußten. Der Landesplaner von Danzig-Westpreußen hatte bereits eine eigene Denkschrift über die Perspektiven der weiteren Ostsiedlung kursieren lassen (Dok. 12). Er hielt es für wichtiger, sich auf die völlige »Eindeutschung« der annektierten polnischen Gebiete zu konzentrieren. Erst die nächste Generation könne daran denken, den Siedlungsraum systematisch nach Osten zu erweitern. In der Zwischenzeit sollte das »fremdvölkische Vorfeld... von wenigen gut durchgebildeten deutschen Städten beherrscht« werden. Das war eine klare Absage an übereilte Siedlungspläne für den russischen Raum. Aber Meyer, der Himmler hinter sich wußte, ließ sich von solchen Bedenken, wie er sie in den nächsten Monaten noch häufiger hören sollte, nicht beirren.

Er ordnete an, die Raumordnungsskizzen für die Landkreise der annektierten Gebiete umgehend fertigzustellen. Abschließend sollten dann Gewerbe- und Verkehrsplanungen durchgeführt werden, um so Raumordnungsskizzen für die Gaue zu erlangen und »endlich zu einem Gesamtplan für den Aufbau des Ostens« zu gelangen.[299] Die Beteiligung der Landesplaner aus den anderen Siedlungsgebieten, Lothringen, der Steiermark und Südkärnten, dokumentierte eindrucksvoll den expandierenden Einflußbereich des RKF.

Das lohnendste Objekt war jedoch die Einbeziehung der sowjetischen Gebiete. Hier versteifte sich freilich der Widerstand des Ostministeriums gegen das Eindringen des RKF. Rosenberg suchte die Unterstützung Görings, der ihm auch beipflichtete, daß Himmlers Kompetenzen nur die polizeiliche Sicherung umfaßten und der Auftrag zur »Festigung deutschen Volkstums« auf das Reichsgebiet beschränkt sei. Die Einheit der Verwaltung sei in Gefahr, klagte Rosenberg. »Die Kompetenzschwierigkeiten, die sich die ganze Zeit über im Wartheland gezeigt hätten zwischen den Dienststellen des Reichsführers SS und der Gauleitung, wären auf dem Rücken der Volksdeutschen ausgetragen worden. Was aber im Reichsgebiet nach und nach noch zu überwinden möglich war, erschiene in den besetzten Ostgebieten, wo die Verwaltung noch nicht einmal etabliert sei, als geradezu katastrophal.«[300]

Göring versprach, sich in diesem Sinne beim »Führer« zu verwenden. Er selbst war durch das handstreichartige Vorgehen der SS betroffen. Himmler war mit einem eigenen Wirtschaftsstab im Baltikum gewesen, um den früheren Besitz der umgesiedelten Baltendeutschen zu erfassen. Auf diese Weise wollte die SS die wichtigsten Wirtschaftsunternehmen im Lande unter ihre Kontrolle bringen. Hitler allerdings billigte durchaus die Ausdehnung des RKF, auch wenn er dazu keinen neuen Erlaß herausgeben wollte. Dazu gestattete er der SS, in Ausnahmefällen landwirtschaftliche und gewerbliche Betriebe für die Versorgung ihrer Einsatzverbände zu übernehmen.[301]

Himmler war eifrig bemüht, seinen Einbruch auszuweiten und das Interesse des »Führers« an den Siedlungsfragen zu fördern. So konnte er Greifelt aus dem Führerhauptquartier mitteilen, daß es der »Wunsch« Hitlers sei, »alle im Ausland verstreuten Volksdeutschen im Reichsgebiet zu vereinen. Es wird dabei an die Wolgadeutschen, an die südamerikanischen Deutschen und auch an die Deutschen in Nordamerika, sowie die in den Kolonien und sonst in Übersee sitzenden Deutschen gedacht.«[302] Auch wenn bei solchen Hinweisen manches Detail durcheinandergeriet, war Hitlers Meinungsäußerung ein wirkungsvoller Hebel, um sich gegenüber den Konkurrenten stärker zur Geltung zu bringen.

Besorgt meldete Rosenbergs Adjutant aus dem Führerhauptquartier, daß in Anbetracht der »außerordentlich scharfen und bestimmten Ausführungen des Führers über die deutsche Siedlung und Germanisierung der besetzten Ostgebiete« das Ostministerium zu einer »Nebensächlichkeit« herabsinken könne. »Seine Aufgabe bestände dann noch darin, die in Reservaten zusammengepferchten Slawen möglichst bald zum Auswandern oder zum Absterben zu bringen. Alle irgendwie positiven Aufgaben, angefangen vom Straßen- und Siedlungsbau, fallen sonst dem Beauftragten für die Förderung des deutschen Volkstums zu.«[303]

Die »negative« Seite von Siedlung und Völkermord wollte Rosenberg gern der SS-Konkurrenz überlassen, um die »positiven Aufgaben« aber war er bereit zu kämpfen. Und er hatte eine starke Stütze in den beiden Wirtschaftsabteilungen, die eng mit dem Vierjahresplan und den Fachministerien verbunden waren. Vor allem der Leiter der Chefgruppe Ernährung und Landwirtschaft im Wirtschaftsstab Ost, Joachim Riecke, bewährte sich bei der Eindämmung der Siedlungsbestrebungen des RKF. Es war eine alte Frontstellung. Riecke hatte schließlich die Reichsstelle für Umsiedlung bis 1939 geleitet und die Ausschaltung des REM in der Siedlungsfrage hautnah miterlebt. Jetzt war er mit der Rückendeckung Görings und der Wehrmacht in der Lage, die Landwirtschaft im russischen Besatzungsgebiet unter seine Kontrolle zu bringen. Seine mehr als zehntausend Landwirtschaftsführer übernahmen die Betriebe und Kolchosen. Sie fühlten sich als die künftigen Gutsbesitzer und leisteten daher, sehr zum Leidwesen von Rosenberg, allen Bestrebungen zur Auflösung der Kolchosen und zur Übergabe des Landbesitzes an einheimische Bauern hartnäckigen Widerstand. In dieser Hinsicht zog die Landwirtschaftsführung durchaus in dieselbe Richtung wie die SS, im Widerspruch zur Politischen Abteilung des Ostministeriums und aller anderen Kräfte, die durch eine Landreform die Bevölkerung im Besatzungsgebiet für die deutsche Sache gewinnen wollten. Was die Kompetenzverteilung anbelangte, so widersetzte sich die Landwirtschaftsführung ebenso entschlossen den Anmaßungen der SS.

Im Oktober 1941 wurde im REM sogar eine neue Abteilung Planung und Raumordnung geschaffen. Sie übernahm die Ausarbeitung von Richtlinien für die »Landbewirtschaftungsgesellschaft Ostland«, die im Rahmen der Landwirtschaftsverwaltung auch die vorgesehene Besiedlung des Baltikums vorbereiten sollte. Dem RKF billigte man lediglich die Herausgabe allgemeiner Weisungen und die Festlegung von Siedlungsräumen zu. Die praktische Ansiedlung wollte man als zuständige Fachbehörde in eigener Zuständigkeit und Verantwortung durchführen.[304] Der alte Siedlungsapparat des REM trat also im besetzten Rußland wieder in Funktion, und Himmler mußte sich beeilen, diesen Platzvorteil wettzumachen.

Hitlers Interesse an der zukünftigen Gestaltung des »Ostraumes«, im Herbst 1941 durch andauernde Siegesillusionen angefacht, veranlaßte auch Rosenberg, durch die Entwicklung konkreter Siedlungspläne seinen Führungsanspruch zu untermauern. Obwohl seine Zivilverwaltung noch ganz am Anfang des Aufbaus stand, wollte er bereits im Bündnis mit Göring einen zentralen Stab für Landesplanung unter seiner Leitung installieren.[305] Dieser Stab und die hierzu von den Ressorts abgeordneten Experten sollten die großen Erschließungs- und Siedlungsprojekte in Angriff nehmen, von denen der »Führer« sich in seiner Phantasie immer wieder anregen ließ.

Eile war geboten, denn Himmler war in dieser Hinsicht außerordentlich umtriebig. Für seine geplanten Polizeistützpunkte wurden bereits detaillierte »Musterraumprogramme« entwickelt, die nicht nur die Ausstattung mit Kegelbahnen miteinbezogen, sondern bei den »Stützpunkten I. Ordnung« auch jeweils 20 Diensträume für die Geschäfte des RKF.[306]

Am 30. Oktober 1941 versammelte Rosenberg die Vertreter der obersten Reichsbehörden und Ressorts, soweit sie an der Regelung der Verhältnisse im Osten beteiligt waren, um ihnen seine Vorstellungen über die »Landesplanung im Ostraum« vorzutragen und den Weg zur Einsetzung eines Planungsausschusses zu bahnen. Er wollte Vorschläge für die »Erschließung« des Ostens ausgearbeitet und diskutiert wissen, die er zu gegebener Zeit dem »Führer« vorlegen würde. Rosenberg skizzierte einen Siedlungsraum für 15–20 Millionen Deutsche, zunächst erschlossen durch befestigte »Militärkolonien«, dann die strategische Anlage von Siedlungsstützpunkten und den Ausbau der Infrastruktur. Insgesamt handele es sich um eine »Arbeit für 100 Jahre. Wir können wohl in den nächsten Jahren einen großen Ansatz machen, die Ergebnisse werden aber erst unsere Kinder und Enkel sehen.«[307]

Der anwesende Vertreter des RKF meldete sich in der anschließenden

Diskussion bemerkenswerterweise nicht zu Wort. Er dürfte erkannt haben, daß Rosenbergs Bemühungen darauf hinausliefen, die Siedlungsfrage auf die Nachkriegszeit und in eine ferne Zukunft zu verschieben. Ein Planungsverbund in derartig lockerer Form und befrachtet mit utopischen Visionen eines Jahrhundertwerks würde nach allen Erfahrungen in absehbarer Zeit wohl kaum konkrete Ergebnisse produzieren.

Etwas Handfestes hingegen war der mehrfach geäußerte Wunsch des »Führers«, bestimmte Gebiete wie das Baltikum und die Krim möglichst rasch mit deutschen Siedlern zu füllen. Das hatte auch Rosenberg bereits veranlaßt, das frühere Eigentum der Rußlanddeutschen erfassen zu lassen und die *Vorbereitung* einer Kolonisierung dieser Gebiete anzuordnen. Der Wettlauf um die Planungshoheit und die Kompetenzen in der Siedlungspolitik war voll entbrannt. Nach der Chefbesprechung bei Rosenberg meldete sich auch die DAF wieder zu Wort. Ihr Arbeitswissenschaftliches Institut konnte bereits Mitte November 1941 das erste umfassende Siedlungsprogramm für den russischen Raum vorlegen.[308] Die Sozialplaner Leys hatten damit eine eindrucksvolle wissenschaftliche Arbeit geschaffen, mit der die vergleichsweise primitiven Materialsammlungen des RKF in den Schatten gestellt wurden.

Die Studie der DAF hatte die wesentlichsten Elemente der bisherigen allgemeinen Siedlungsdiskussion aufgenommen und enthielt einen Vier-Stufen-Plan zur Auffüllung des Ostens mit deutschen Siedlern. Während des Krieges sollten die militärischen Bedürfnisse im Vordergrund stehen, waren also nur gebremste Aktivitäten möglich. Nach dem Krieg müßte dann Rußland ebenso mit Deutschen wirtschaftlich durchdrungen werden, wie es bereits in den annektierten polnischen Gebieten geschehen war. Gleichzeitig wäre dort in der polnischen Zone eine »geschlossene Siedlung« durchzuführen. Anschließend würde es sich darum handeln, »Jahr für Jahr Zone um Zone die Besiedlung geschlossen vom Westen nach dem Osten vorzuschieben«. Innerhalb von hundert Jahren wäre dann das Gebiet bis zum Ural mit Deutschen besiedelt.

Für den RKF wurde es Zeit zum Handeln. Mit Meyers Generalplan Ost war gegenüber solchen Visionen im gegenwärtigen Stadium nicht viel Staat zu machen. Aber die Stärke der SS lag ohnehin in der Exekutive. So bedrängte man das Ostministerium, eine Dependance des RKF in Gestalt einer Abteilung für Volkstums- und Siedlungsfragen einzurichten. Gleichzeitig wurde die Verbindung zur Parteikanzlei ausgebaut.[309] Seit Februar 1941 war Himmler nominell Beauftragter der NSDAP für alle Volkstumsfragen.

Diese Position war ausbaufähig. Es ging um die Einrichtung eines Hauptamtes für Volkstumsfragen in der Reichsleitung, besetzt mit den Vertretern der entsprechenden SS-Dienststellen, d. h. der Volksdeutschen Mittelstelle für alle Maßnahmen zur »Eindeutschung«, des Reichssicherheitshauptamtes für die »Aussonderung allen fremden Volkstums«, des Rasse- und Siedlungshauptamtes für die »rassische Auslese« und schließlich des Stabshauptamtes RKF für die gesamte Siedlungsplanung.[310] Was die SS damit anstrebte, war die Zuständigkeit für die Siedlungspolitik im gesamten Reich, also nicht nur in den Ansiedlungsgebieten.

Mit Erlaß vom 12. März 1942 billigte Hitler diese Machterweiterung des RKF. Zuvor hatte sich Greifelt mit Riecke darüber verständigt, daß der RKF die grundlegenden Richtlinien für die Vorbereitung der bäuerlichen Siedlung im besetzten Teil der UdSSR erlassen würde und die Höheren SS- und Polizeiführer als seine Beauftragten vor Ort verwendete.[311] Das lief auf eine Angleichung der Kompetenzverteilung hinaus, wie sie bereits für die polnischen Gebiete galt.

Der Vormarsch Himmlers schien unaufhaltsam, obwohl sein Entwurf für einen Siedlungsplan noch nicht vorlagefähig war. Es war die Stunde der Exekutive, und das hieß, die Initiative lag beim Reichssicherheitshauptamt (RSHA). Dort wurde das blutige Geschäft der Vernichtung organisiert, und auch dafür brauchte man endlich einen Gesamtplan. Heydrich bereitete einerseits die Wannsee-Konferenz vor, bei der die »Endlösung der Judenfrage« geregelt werden sollte, und andererseits übernahm er den Posten des Reichsprotektors in Böhmen und Mähren, der ihm die Möglichkeit gab, die alten Siedlungsideen der SS für diesen Raum wieder aufzugreifen.

Bei seiner Antrittsrede in Prag am 2. Oktober 1941 hatte er bereits die weitergesteckte Aufgabe der Ostsiedlung umrissen. Das Ziel sei die Etablierung einer deutschen Oberschicht, gestützt auf eine Schicht slawischer »Heloten«. »Das sind die Räume, die man eigentlich behandelt wie die Eindeichung neuen Landes an der Küste, indem man ganz im Osten einen Wehrwall zieht von Wehrbauern, um dieses Land einmal abzuriegeln gegen die Sturmflut Asiens, und das man dann durch Querwälle unterteilt, um allmählich diesen Boden für uns zu gewinnen, indem man weiterhin am Rande des eigentlichen Deutschland, das vom deutschen Blut besiedelt wird, immer langsam einen deutschen Wall vorlegt nach dem anderen, damit man nach dem Osten hinaus durch deutsche Menschen, die deutschen Blutes sind, die deutsche Besiedlung vortragen kann.«[312]

Heydrich bezog den böhmisch-mährischen Raum ein, sprach von einem ersten Wall, der durch die annektierten polnischen Gebiete gebildet werde. Dann müsse der »großpolnische Raum« allmählich besiedelt werden und schließlich die Ukraine. Mit diesen weder originellen noch sonderlich klaren Vorstellungen fand Heydrich offenbar Hitlers Interesse und Zustimmung. Der »Führer« teilte jedenfalls bei seinen Tischgesprächen die Absicht mit, nach Kriegsende »alle rassisch nicht wertvollen Elemente aus dem böhmischen Raum auszusiedeln und nach Osten zu verpflanzen. Der einzelne Tscheche sei fleißig, und wenn man sie verstreut in den besetzten Ostgebieten ansiedle, gäben sie vielleicht ganz gute Aufseher ab.« Er unterstützte Heydrich außerdem mit der bislang verweigerten Ausdehnung der Befugnisse des RKF auf das Protektorat, das damit endgültig dem Siedlungsdrang der SS anheimfiel.[313]

Zugleich entstand im RSHA ein eigener Entwurf für den »Generalplan Ost«. Der Plan selbst ist nicht überliefert, nur in den kritischen Randbemerkungen des neuen Rasse- und Siedlungsreferenten im Ostministerium ist er rekonstruierbar. Dieser Kritiker war übrigens jener Wetzel, der zwei Jahre zuvor das Siedlungsprogramm des Rassenpolitischen Amtes der NSDAP formuliert hatte. Seine Einwände zielten vor allem auf die bevölkerungspolitischen Zahlenspiele des RSHA, die er als zu optimistisch einschätzte. Aus der Sicht des Ostministeriums mußte der Vernichtungsprozeß im Osten langfristiger angelegt werden, schien es günstiger zu sein, die anderen, vorerst kaum entbehrlichen Völker »für sich verbrauchen zu lassen«. Bei einer weiteren Sitzung im Ostministerium zur Siedlungsfrage am 4. Februar 1942 lehnte die SS aber diesen Gedanken einer allmählichen »Verschrottung der rassisch Unerwünschten« ab. Es ging um die »Eindeutschung« zunächst des Baltikums, die Hitler bereits befohlen hatte. Man verständigte sich darauf, »möglichst freiwillig die betreffenden Unerwünschten in den russischen Raum abzuschieben«. Die Ansiedlung von Deutschen sollte in größerem Stile nicht sofort in Angriff genommen werden, »damit keine Unruhe in der Bevölkerung entstehe«.[314]

Aus diesem Entwurf des RSHA leitete Himmler eine Reihe von Richtlinien und Arbeitsaufträgen ab, die er Meyer am 27. Januar 1942 erteilte. Anscheinend erfüllte auch Heydrichs Plan nicht die Erwartungen Himmlers, der eine überschaubare, auf praktische Durchführbarkeit abgestellte Fassung zur Vorlage beim »Führer« brauchte. Außerdem tauchten immer wieder neue Fragen und Details auf, die geklärt werden mußten. So beschäftigte sich Himmler bereits mit einer »Siedlersatzung«, die den vom Staat beschenkten, zukünftigen Siedler einer Heiratspflicht und -genehmigung unterwerfen sollte. Er kümmerte sich auch darum, daß die Aktivitäten in den polnischen Ansiedlungsgebieten nicht erlahmten und ordnete an, sofort mit dem Ausbau der Dörfer zu beginnen sowie die noch immer nicht abgeschlossenen großräumigen Planungsarbeiten zu beschleunigen.[315]

Einen Tag nach seinem Gespräch mit Himmler deutete Meyer in einem Vortrag vor der Kaiser-Wilhelm-Gesellschaft in Berlin an, woran die Siedlungsplanung unverändert krankte. Das oberste Ziel sei die völlige

Eindeutschung, das bedeute aber auch eine »weitgehende gewerbliche Durchdringung«. Es sei also notwendig, »daß einige besonders leistungs- und kapitalstarke, weniger standortgebundene Industrien auch den Weg in den Osten finden. Wir müssen uns darauf besinnen, daß gerade in unserer heutigen Zeit neben dem Bauern und Handwerker als Siedlungspionier auch der wagemutige industrielle Unternehmer als Pionier deutscher Wirtschaftsmacht stehen muß.«[316] Dieser Appell an die Großindustrie fand freilich, wie bereits beschrieben, keinen ausreichenden Widerhall, jedenfalls nicht im Sinne des RKF.

Zweifel und Kritik an solchen Nachkriegsprojekten und Siedlungsutopien waren nach der Kriegswende im Dezember 1941 offenbar stärker verbreitet, als es Himmler recht sein konnte. Bei der Mitgliederversammlung der »Vereinigung für deutsche Siedlung und Wanderung«, 1917 gegründet zur Organisation der Umsiedlung deutscher Bauern aus dem Innern Rußlands in die okkupierten Ostseeprovinzen, sprach Professor Otto Auhagen über die jetzige Ansiedlungspolitik in den polnischen Gebieten. Auhagen, Ende der 20er Jahre Landwirtschaftsattaché an der Deutschen Botschaft in Moskau und einer der besten Kenner der osteuropäischen Verhältnisse, faßte seinen Eindruck vor dieser Versammlung der »Kolonialfreunde« und ehemaliger Kolonialbeamter so zusammen:

»Es ist verständlich, wenn viele bezweifeln, ob dieser große Plan des ländlichen Umbaus des neuen Ostens tatsächlich durchgeführt werden kann, ob für die Hunderttausende solider, behäbiger Gehöfte, ob für die vielen Tausende baulicher und technischer Gemeinschaftsanlagen, für die neuen Straßen und Wege, für die großen und kleinen Wasserbauten und Meliorationen die erforderlichen Arbeitskräfte und besonders die nötigen Baustoffe in absehbarer Zeit beschaffbar sind. Diesen Zweifeln gegenüber ist zunächst an das Wort zu erinnern: magnum voluisse sat est (es ist schon verdienstvoll, Großes erstrebt zu haben). Jedoch ist dies Wort ja auf den *einzelnen* Menschen gemünzt. Wenn sich dagegen ein *Volk*, einheitlich ausgerichtet, einer gigantischen Aufgabe unterzieht, so zeigt gerade unsere jüngste Vergangenheit, daß großes Wollen, das früher als phantastisch gegolten hätte, tatsächlich zum Ziele führen kann.«[317]

4. Von der Planung zur Ausführung – Die Fortschreibung des »Generalplans Ost« und die Durchführung von Siedlungsexperimenten 1942/43

Ende Mai 1942 war es soweit. Konrad Meyer legte eine neue Fassung seines Generalplans vor. Entsprechend Himmlers Wünschen war es ein übersichtliches, exakt kalkuliertes Siedlungsprogramm, das eindrucksvoll Sachkompetenz und Führungsanspruch des RKF zu begründen vermochte.[318] In den eingegliederten Ostgebieten, so hieß es dort, sei die Siedlung nur ein Teilgebiet der allgemeinene Verwaltung geworden. In den »weiteren Siedlungsgebieten« müsse die allgemeine Verwaltung ganz der Siedlungspolitik untergeordnet werden. Daher schlug Meyer die Errichtung von sogenannten Siedlungsmarken vor, die völlig der Hoheitsgewalt des RKF unterstellt sein sollten. Rosenberg und seinem Ostministerium würden dann praktisch nur noch die Reservate der Einheimischen verbleiben, und da langfristig eine völlige Besiedlung geplant war, bedeutete das die uneingeschränkte Herrschaft der SS im Osten. In einem ersten Schritt sollten innerhalb von 25 Jahren drei Siedlungsmarken (Raum Leningrad, Krim und Weißruthenien) sowie 36 Siedlungsstützpunkte »eingedeutscht« werden. Es waren Kosten von mehr als 66 Milliarden Reichsmark zu erwarten sowie ein Bedarf von fast fünf Millionen Menschen.

Himmler gefiel diese Fassung »insgesamt ganz gut«, und er kündigte an, daß er den Generalplan »zu irgendeinem Zeitpunkt auch dem Führer übergeben« werde. Für diesen Zweck allerdings wollte er nun doch besser einen »Gesamt-Siedlungsplan unter Zusammenfassung der früheren Pläne für Danzig-Westpreußen, den Warthegau und Oberschlesien, Südostpreußen und in groben Strichen auch schon für Böhmen und Mähren, sowie miterwähnt Elsaß-Lothringen, Oberkrain und Süd-Steiermark« vorlegen können. Außerdem gingen seine Vorstellungen im Hinblick auf den Osten wieder ein Stück weiter als Meyers Entwurf. Himmler wollte die »totale Eindeutschung« des Generalgouvernements, Estlands und Lettlands mit hinein nehmen, und zwar innerhalb von 20 Jahren, obwohl ihm klar war, daß dieses Ziel nur schwer erreichbar sein würde.[319]

Aber Himmler hatte nun erst einmal eine ausreichende Planungsgrundlage als Legitimation für seinen Führungsanspruch in der Siedlungs- und Volkstumspolitik. Es war ein Konzept mit pseudowissenschaftlichem Anstrich, das in seiner Radikalität und Konsequenz alle anderen Entwürfe in den Schatten stellte und zugleich eine Machbarkeit suggerierte, die alle Kritiker zum Schweigen bringen mußte, und im Konfliktfalle sicher auch den »Führer« überzeugen würde. Was bedeutete da schon der hinhaltende Widerstand im Ostministerium und bei der Großindustrie, das Einvernehmen mit der Wehrmachtführung in der Siedlungsfrage wog allein schon schwerer. Himmler schritt zur Tat und ordnete an, die praktische Siedlungsarbeit weiter nach Osten voranzutreiben, und zwar nach dem bisherigen Verfahren: an einigen Stellen mit seinem SS-Apparat losschlagen, Kompetenzen anderer schlicht ignorieren, Widerspruch und Zögern einschüchtern – kurz: Fakten schaffen, während sich mögliche Widersacher erst noch formieren mußten.

Der erste Schritt war die Inangriffnahme der Besiedlung Litauens. Dazu wurde die Rücksiedlung der ehemaligen Litauendeutschen vorbereitet. Aber auch hier zeigte sich sogleich, daß sich der RKF in engen Grenzen bewegte. Zwar hatte man sich mit der Landwirtschaftsverwaltung darüber verständigt, wie im Warthegau die Ansiedlung selbst durch eine behördliche Siedlungsgesellschaft durchführen zu lassen, der Generalkommissar in Litauen aber schuf sich ein eigenes Siedlungsamt und zeigte sich entschlossen, die Maßnahmen in Zusammenarbeit mit den alten »Baltenbaronen« in eigener Verantwortung zu regeln.[320] Trotz solcher Zuständigkeitsprobleme konnten bis zum Jahresende aber immerhin 17 000 Litauendeutsche wieder geschlossen angesiedelt werden.

In der Untersteiermark und in Oberkrain wurden 13 500 Volksdeutsche aus der Region in einem geschlossenen Siedlungsgebiet zusammengezogen, und im Protektorat sollten zunächst 6000 Umsiedler aus dem Südosten im Rahmen einer geplanten »Deutschtumsbrücke« vom Norden nach dem Süden über Prag angesiedelt werden.[321] Das erfolgreiche Attentat auf Heydrich sorgte hier allerdings für Verwirrung in den eigenen Reihen der SS, denn anders als Heydrich, der die Raumordnungsbehörden im Protektorat mit dem RKF koppeln wollte, betrieb sein Nachfolger, der Polizei-Generaloberst Daluege, ein alter Widersacher Himmlers aus den Anfangstagen der SS, die Zusammenfassung von Raumplanung und technischen Dienststellen unter der Ägide des Speer-Ministeriums.[322]

Auch in Lothringen, wo zunächst einmal 5000 Umsiedler aus der Bukowina angesetzt werden sollten, gab es langwierige Reibereien mit dem örtlichen Gauleiter. Dieser strebte ebenfalls danach, die Siedlungsplanung durch seine eigene Behörde durchführen zu lassen, und zwar nicht als Beauftragter des RKF, sondern als Chef der Zivilverwaltung.[323] Gegen heftige Widerstände lief auch die Aktion im Kreise Zamość (Distrikt Lublin) an. Hier sollte durch Zusammenziehen der Volksdeutschen der erste große Siedlungsstützpunkt im Generalgouvernement geschaffen werden, auf der Strecke zur Krim als Pfeiler einer deutschen »Volkstumsbrücke«, die vom Baltikum bis nach Bessarabien reichen sollte.[324] Die »Aussiedlungen« der polnischen Bevölkerung forderten nicht nur den bewaffneten Widerstand, sondern auch den Widerspruch der deutschen Zivilverwaltung heraus. Sie fürchtete einmal mehr um die Aufrechterhaltung der landwirtschaftlichen Produktion und war zum anderen nicht bereit, ihre Zuständigkeit in der Enteignungsfrage abzugeben. Selbst mit dem Ziel, das gesamte jüdische Vermögen im Generalgouvernement in die Hand zu bekommen und für die Siedlung einzusetzen, konnte der RKF keinen vollen Erfolg erzielen.[325]

Von größter Bedeutung war das Ausgreifen in die besetzten sowjetischen Gebiete. Hier hatte Himmler zumindest im Bereich der Landwirtschaft seinen Einfluß weiter ausbauen können. Darré war von Hitler endgültig kaltgestellt worden. Sein Nachfolger wurde Herbert Backe, der bisherige Staatssekretär im REM, der dort schon seit Kriegsbeginn eigentlicher Lenker der Landwirtschaft gewesen war. Backe war bereit, seinen Aufstieg damit zu bezahlen, daß er Professor Meyer zu seinem Planungsbeauftragten für die Siedlung innerhalb des REM ernannte.[326] Damit war die Landwirtschaftsverwaltung der Steuerung durch den RKF in Siedlungsfragen ausgeliefert.

Für die Klärung der Interessenkonflikte innerhalb der deutschen Besatzungsverwaltung in Rußland war auf diese Weise freilich noch nicht viel gewonnen. Die Landwirtschaftsführer im Osten waren im Sommer 1942 dabei, im Rahmen der Landreform ein eigenes Stützpunkt-System zur Beaufsichtigung der sogenannten Landbaugenossenschaften zu schaffen. Sie verbanden damit die Erwartung, daß diese Stützpunkte später ihr Privateigentum werden würden, also eine Art von Wehrbauernhöfen. An einer Ausdehnung der Reprivatisierung zugunsten der einheimischen Landbevölkerung waren sie deshalb nicht interessiert.[327]

Diese Einstellung kollidierte jedoch mit der Volkstums- und Siedlungspolitik, die für die Volksdeutschen einen Sonderstatus, und zwar durch die Bildung bäuerlicher Einzelwirtschaften, anstrebte. Solange die Volksdeutschen in Streusiedlungen lebten, bestand die Gefahr, daß auch die Ukrainer die Einrichtung von Einzelhöfen forderten. Dann ließe sich aber die Großbetriebsform nicht länger aufrechterhalten. Die großen Betriebe freilich waren unverzichtbar, denn nur sie produzierten Überschüsse für die Versorgung des Reiches und boten sich als Übergangsform für die angestrebte deutsche Gutswirtschaft an.[328]

Aus diesem Dilemma befreite Himmler die Landwirtschaftsverwaltung durch die Inangriffnahme konkreter Siedlungsprojekte, bei denen es um die Zusammenführung der Volksdeutschen in geschlossenen Siedlungen ging. Zum einen sollten etwa 60 000 Wolhyniendeutsche in den strategisch angelegten Stützpunkten Shitomir und Winniza angesiedelt werden, und zum anderen übernahm der RKF aufgrund einer Vereinbarung mit der rumänischen Regierung die Betreuung von 127 000 Volksdeutschen in Transnistrien. Sie sollten nach der Krim umgesiedelt werden.[329]

Das alles sollte nur der »Keim einer Entwicklung« sein, wie in der Zeitung der SS, »Das Schwarze Korps«, angekündigt wurde. Auch die neuen Vereinbarungen mit dem OKW über die künftige Soldatensiedlung im Osten kündigten demnach nur einen weiteren Teilschritt an. So hieß es: »Und wenn wir dereinst nach der Heimkehr unserer Soldaten Hunderttausenden von ihnen und Millionen die ersehnte eigene Existenz, den ersehnten eigenen Boden geben und den ersehnten eigenen Hof bauen helfen, so werden auch sie nur ein Anfang sein, und es wird an ihnen und ihren Frauen, an ihren Kindern und Kindeskindern liegen, den Sieg, den sie auf den Schlachtfeldern erstritten, für immer zu sichern.« Oder mit den Worten Himmlers, unverblümt und brutal: Schon seit der »Kampfzeit«, also den zwanziger Jahren, habe er stets gesagt, »daß man die soziale Frage nur dadurch lösen kann, daß man die anderen totschlägt, damit man ihre Äcker bekommt«.[330]

Den vielfachen Einwendungen von seiten der Landwirtschaftsverwaltung setzte Himmlers Beauftragter für das Ansiedlungsprojekt »Hegewald« massive persönliche Drohungen und einen knapp bemessenen Zeitplan entgegen. Nach Himmlers Anordnung sollte die erste Phase der Umsiedlungen bereits bis zum Jahresende abgeschlossen werden.[331] Ein möglicher Widerstand der Ukrainer gegen die Vertreibung schreckte ihn nicht. Auf Wunsch des OKW hatte Himmler gerade erst die Gesamtverantwortung für die Partisanenbekämpfung übernommen. Das gab ihm Gelegenheit, parallel zur Siedlung auch die systematische Vernichtung zu organisieren und dabei auf die Verbände der Wehrmacht zurückgreifen zu können.

Auch die Bedenken und Widerstände im Ostministerium konnten Himmler nicht zum Verzicht auf seine riskanten Siedlungsexperimente veranlassen. Nach der Ankündigung Rosenbergs im Oktober 1941 kam es erst jetzt zur Konstituierung eines Siedlungsausschusses. Er sollte Richtlinien für die Ostsiedlung erarbeiten und die notwendige Abstimmung zwischen den beteiligten Dienststellen herbeiführen, also eine Aufgabe übernehmen, die auch der RKF für sich beanspruchte. Nach vier fruchtlosen Sitzungen mußten Rosenbergs Vertreter in dem Ausschuß resignierend feststellen, daß der RKF überhaupt nicht daran dachte, in einem solchen Gremium seine Planungen offenzulegen und diskutieren zu lassen. Der Ausschuß sei lediglich als Instrument benutzt worden, um »die vom Reichsführer SS persönlich geplanten siedlungspolitischen Maßnahmen nachträglich zu billigen oder Abänderungsvorschläge zu machen«.[332] Alle Forderungen, die laufenden Umsiedlungen im Raum Shitomir sofort abzuschließen, wurden ignoriert. Statt dessen ordnete Himmler die Vorbereitung der Besiedlung der Krim an.

Der Widerstand der betroffenen einheimischen Bevölkerung verschärfte sich jedoch – ebenso wie in Polen – in einem derartig dramatischen Ausmaß, daß die Kritiker der SS-Siedlungspolitik Auftrieb bekamen. Der für die Politik im Baltikum zuständige Mitarbeiter Rosenbergs, der Ministerialdirektor Peter Kleist, formulierte diese Kritik an den seiner Meinung nach unzeitgemäßen Maßnahmen der SS, der er selbst angehörte, am schärfsten:

»Wir Deutschen brauchen zurzeit keinen Platz für Wiegen sondern für Kriegergräber. Wenn wir nach 100 Jahren einen Überschuß haben, der in Estland, Lettland oder Litauen angesetzt werden muß, d. h. nachdem wir Posen, Litzmannstadt, Prag, Krakau und viele andere zu deutschen Städten gemacht haben, dann dürfte es Zeit genug sein, an die Evakuierung dieser Länder heranzugehen. – Zurzeit ist die Gewinnung des Krieges wichtiger als Utopien, die die Gewinnung des Krieges gefährden.«[333]

Diese Kritik war also, das muß festgehalten werden, keine generelle Absage an die Ostsiedlungsplanungen, sondern sie richtete sich gegen das Vorpreschen des RKF. Rosenberg wagte darüber allerdings keinen offenen Konflikt mit Himmler, denn er wußte, daß der Reichsführer SS die unbedingte Unterstützung Hitlers besaß. So wandte sich der Ostminister in einem Rundschreiben an die Obersten Reichsbehörden und bat darum, »in Aufsätzen und Reden gegenüber den Planungen des Reiches im Osten Zurückhaltung zu üben«. Es solle insbesondere nicht »von neuen deutschen Siedlungen oder gar Großsiedlungen und Landenteignungen gesprochen werden«, weil das – so seine Begründung – von der Feindpropaganda ausgenutzt werde, um die betroffenen Völker zum Widerstand anzustacheln. »Jede Vorsicht hilft deutsches Blut sparen.« Wenn man über Probleme der Siedlung und Germanisierung spreche, dann müsse eindeutig zum Ausdruck kommen, daß damit die eingegliederten Ostgebiete gemeint seien. »Ob und wann eine nähere Kennzeichnung deutscher Planungen erfolgen kann, wird der Führer bestimmen«, beschloß Rosenberg seinen Appell. Goebbels übernahm nach dem Fall von Stalingrad diese Position für seine Propaganda, eine wirkliche Kehrtwendung jedoch war damit in der deutschen Ostpolitik nicht erreicht.[334]

Die Siedlungsplanungen wurden unter größerer Geheimhaltung fortgesetzt. Das umfassendste Konzept konnten wieder einmal die Sozialwissenschaftler der DAF vorlegen. Sie hatten ihre erste Studie vom November 1941 erweitert und vertieft. Im Dezember 1942 präsentierten sie ein detailliertes Gesamtprogramm, das die Ostsiedlung in die Umgestaltung des Reiches nach dem Kriege einordnete. Unterschiede zum Generalplan Ost beschränkten sich im wesentlichen auf technische Details. Immerhin überboten sie die SS mit der Perspektive eines auf zehn Jahre angelegten Sofortprogramms zur »Durchdringung« des Ostens, zur Bildung von

Siedlungsstützpunkten und »Reservaten« für die Einheimischen, mit der weiteren Perspektive, in etwa 100 Jahren den gesamten Raum bis zur Wolga geschlossen mit Deutschen zu besiedeln.[335]

Wenn es darum ging, sich als Garant für die ideologischen Fernziele des Regimes zu profilieren und den Anspruch der SS auf den Osten zu untermauern, dann mußte Himmler etwas Ähnliches vorweisen können, sollte der »Führer« dereinst den Startschuß zur Ostsiedlung geben. Rosenbergs Siedlungsausschuß war in dieser Hinsicht sicher keine ernstzunehmende Konkurrenz, und auch Ley mit seiner DAF konnte sich nicht mit der SS messen. Wer aber wollte ausschließen, daß dem »Führer« die Omnipotenz des »Schwarzen Ordens« eines Tages bedrohlich erschien und er den Auftrag zur Ostsiedlung in andere Hände legen würde? Natürlich wußte auch Himmler, daß die Zeit für einen Beginn des Siedlungsunternehmens noch nicht gekommen war. In diesem Sinne sprach er auch am 23. November 1942, am Tag, als sich der Ring um die 6. Armee in Stalingrad schloß, davon, daß der Osten »heute Kolonie, morgen [sic!] Siedlungsgebiet, übermorgen Reich« sein werde.[336] Aber abwarten bis zum »Endsieg« wollte er nicht.

Neben den praktischen Siedlungsexperimenten im polnischen und sowjetischen Raum, die der SS einen Startvorteil sicherten, legte Himmler großen Wert darauf, auch den Generalplan Ost fortzuschreiben. Nach einem Vortrag erhielt Professor Meyer den Befehl, eine Zusammenstellung von »Faustzahlen« und Karten als Unterlage für einen »Generalsiedlungsplan« vorzulegen. In den »Ostsiedlungsraum« sollten Litauen, Lettland, Estland, Weißruthenien und Ingermanland ebenso wie die Krim und Taurien einbezogen werden.[337] Mit diesen Zahlenspielen endete im Frühjahr 1943 die Arbeit am Generalplan Ost der SS. Auch die angelaufenen Siedlungsvorhaben im besetzten Teil der UdSSR mußten schließlich der veränderten Kriegslage angepaßt werden. Es wurde von nun an nicht mehr nach »vorn«, d. h. in Richtung Osten, gesiedelt, sondern zurück in Richtung Westen.

5. Von der Siedlung zum Massenexodus

Das Interesse Himmlers an den Siedlungsprojekten schien sich trotz schwindender Aussichten auf einen »Endsieg« sogar noch zu verstärken. Kaum hatte man das Projekt Shitomir aufgeben müssen, befahl der Reichsführer SS die Wiederaufnahme des Unternehmens Zamość in Polen. Man mag darin ein Indiz für die Irrationalität der SS-Ideologie und ihres obersten Hüters sehen; es war zweifellos auch ein Ergebnis der Dynamik, mit der die SS expandierte. Ihre Politik der Machtakkumulation

fand in dem beginnenden Niedergang des »Dritten Reiches« günstige Bedingungen.[338] In der Siedlungsfrage räumten andere Kräfte des Regimes
zunehmend das Feld. Zu übersehen ist aber auch nicht die Illusion der NS-
Führung, trotz militärischer Rückschläge eine vorgeschobene Position im
Osten unter allen Umständen halten zu können.

Einen solchen »Ostwall« durch deutsche Wehrbauernsiedlungen zu verstärken, entsprach ganz der bisherigen Linie, ob dieser Wall nun am Ural
oder vorerst »nur« am Dnjepr errichtet wurde. Vielleicht gelang es – und
von solchen Illusionen war selbst Himmler nicht frei –, sich mit Stalin zu
arrangieren und damit Teile des eroberten osteuropäischen Imperiums
behalten zu können.[339] Als letzte Rückzugslinie kam auch eine Verstärkung des »Menschenwalles« an der Weichsel in Betracht. Rassenideologie und Militärstrategie, diese deutsche Symbiose, machte Menschen zu
einer beliebig verschiebbaren Masse. Aus den Siedlungen zur Sicherung
des Hinterlandes, den vorgeschobenen Stützpunkten einer künftigen
Ostbewegung, wurden seit Anfang 1943 immer häufiger Frontbereiche.
Sie mußten schließlich nach Westen evakuiert und dann wieder in rückwärtigen Linien eingebaut werden.

Den Anfang machten die Flüchtlinge aus den verlorenen Gebieten am
Kaukasus. Sie wurden in großer Zahl in das Generalgouvernement umgesiedelt. Dabei handelte es sich zwar nicht um Volksdeutsche, aber aus
nationalsozialistischer Sicht doch größtenteils um rassisch »brauchbare«
Nationalitäten sowie um andere Kollaborateure, auf die die deutsche
Kriegführung nicht verzichten konnte. Die dann im Sonner 1943 in
großem Stile eingeleiteten Evakuierungsbewegungen erfaßten darüber
hinaus auch erhebliche Teile der unter deutscher Herrschaft lebenden
Gesamtbevölkerung. Das Ziel war es, dem Feind »leere« Räume zu hinterlassen. Die Masse der einheimischen Bevölkerung wurde, soweit sie
nicht den rassischen Kriterien der Nationalsozialisten entsprach, von
Wehrmacht und SS nach Westen getrieben, als Sklavenarmee für den Stellungsbau oder den Einsatz im Reich.[340]

Anders die Volksdeutschen, die in großen Trecks erneut umgesiedelt
wurden. Bis Ende September 1943 waren bereits 67000 östlich des
Dnjepr evakuiert worden. Nur ein kleiner Teil wurde direkt in den Warthegau überführt. Die Mehrzahl wurde provisorisch in alten volksdeutschen Siedlungen der Westukraine untergebracht – für den Fall, daß sich
das Kriegsglück wieder wenden sollte. Da ihre Unterbringung – es handelte sich bald um mehrere hunderttausend Menschen – größte Probleme
bereitete und immer wieder der Kriegslage angepaßt werden mußte, zogen die Trecks am Ende doch in den Warthegau. Dort warteten sie in
Zwangslagern der SS auf ihre »Durchschleusung« und spätere »Ansetz-
zung«. Viele von ihnen hatten den Eindruck, »Arbeitssklaven« zu sein.

Siedlungsland stand praktisch nicht mehr zur Verfügung, nachdem die
größeren Betriebe längst an verdiente Reichsdeutsche, an Feldmar-
schälle und SS-Veteranen, verteilt worden waren. So wurden nun polnische Bauern auf sogenannten Zwerghöfen von ihrem Besitz vertrieben
und Volksdeutsche unter Bedingungen angesiedelt, die nichts mehr mit
den früheren Siedlungsgrundsätzen zu tun hatten.[341]

Versuche der SS-Ansiedlungsstäbe, im Rahmen dieser Evakuierungsak-
tion Siedlungsmaßnahmen auf weiter vorgeschobenen Positionen durchzuführen, waren zum Scheitern verurteilt. Noch im Sommer 1943 waren
die Siedlungsvorbereitungen auf der Krim intensiviert worden, für 1944
war an die Ansiedlung der Palästina-Deutschen als Pioniere gedacht.
Die »Generalsiedlungszone« war bereits in 28 kleinere Planungsräume
eingeteilt worden, als die Arbeiten Anfang 1944 überstürzt abgebrochen
werden mußten.[342]

Auch die erneute Ansiedlung der Litauendeutschen ging zunächst unver-
mindert weiter, und zwar nicht an ihren alten Wohnplätzen, sondern entsprechend den Vorgaben des Generalplans Ost. Besiedelt wurde noch
Ende 1943 die vorgesehene Siedlungsbrücke in diesem Raum, allerdings
mußte auf eine dorfweise Ansiedlung aus politischen Gründen verzichtet
werden, aus Rücksicht auf die alteingesessenen litauischen Bauern. Erreicht wurde immerhin eine soziale »Hebung« der Umsiedler. Hatten
diese früher durchschnittlich 5–8 ha Land besessen, so erhielten sie nun
Höfe zwischen 20 und 30 ha, vor allem durch die Beschlagnahme polnischen und jüdischen Vermögens.[343] Gegen den Plan, weitere Polen aus
dem Raum Białystok nach Osten, d. h. in die Ukraine zu vertreiben, legte
das Ostministerium Widerspruch ein. Der »Plan ist gegenwärtig politisch
untragbar«, hieß es in einer Stellungnahme Ende 1943.[344]

Während die Planungsarbeiten beim RKF praktisch zum Erliegen kamen,
erlebten sie im Ostministerium eine neue Blüte. Im Sommer 1944, als die
Rote Armee bereits in die Nähe der Reichsgrenze vorstieß, führte die
arbeitslos gewordene Zivilverwaltung Rosenbergs eine hitzige Diskussion um die Grundzüge einer künftigen deutschen Herrschaft im Osten,
falls es zur »Wiederbesetzung« kommen sollte. Hier zeigten sich die un-
veränderten Interessengegensätze verschiedener Gruppen, die mit der
Frontstellung zur SS nichts zu tun hatten.

Der bisherige »Landesbauernführer« in der Ukraine war entschlossen,
mit der halbherzigen Regelung der Agrarordnung gründlich aufzuräu-
men. Die Hälfte des Landes sollte sofort zur Bildung von 13 000 deutschen Rittergütern genutzt, die einheimischen Bauern in eine Art von
Leibeigenschaft überführt werden. Dagegen wurden nicht nur aus politischen und ökonomischen Erwägungen Einwände von anderen Stellen
geltend gemacht, sondern es wurde auch auf die praktischen Vorausset-

zungen hingewiesen. »Eine relative Entvölkerung des flachen Landes, wie sie bei konsequenter Durchführung der in der Denkschrift vertretenen Gedankengänge notwendig sein würde, wäre nur dann möglich, wenn man entweder die Beseitigung der dadurch freiwerdenden Bevölkerungsteile oder deren Einsatz in der gewerblichen Wirtschaft in Betracht ziehen könnte.«[345] Da der letztere Fall angesichts früherer Wirtschaftsplanungen auszuschließen war, setzte eine solche Ansetzung von deutschen Gutsherren und »Wehrbauern« den Massenmord an der einheimischen Bevölkerung voraus.

Die politische Abteilung des Rosenberg-Ministeriums argumentierte gegen einen solchen Plan nicht nur mit dem Hinweis auf die fatalen propagandistischen Folgen, sondern beharrte auf ihrer Einschätzung, daß für eine radikale Lösung der Siedlungsfrage zumindest während des Krieges und auf absehbare Zeit danach keine Notwendigkeit bestehe.[346] Mit dem Generalplan Ost und seiner Zahlenmechanik wollte Himmler eigentlich das Gegenteil beweisen, aber der Reichsführer SS fand keine Gelegenheit mehr, den »Führer« davon zu überzeugen. Der Plan von Professor Meyer in der letzten Fassung vom Frühjahr 1943 blieb auf Himmlers Schreibtisch ungenutzt liegen. »Ich denke schon an diese Dinge«, hatte Himmler auf die letzte Nachfrage Meyers erklärt.[347]

Und als bereits alles im Osten verloren war, geriet er bei seinen zahlreichen Durchhaltereden immer wieder ins Schwärmen, wenn er über den »Sinn des Krieges« sprach. Ob vor den Führungsspitzen der Partei oder der Wehrmacht, ob vor Generalen oder Mannschaften, das Programm der Ostsiedlung hielt Himmler offenbar noch immer für verlockend, als größten Ansporn zum Weiterkämpfen.

Es gehe um ein »Hinausschieben der deutschen Volkstumsgrenze um mindestens 500 km nach dem Osten, von der Grenze des Jahres 1939 gesehen. Es gilt die Besiedlung dieses Raumes mit deutschen Söhnen und deutschen Familien, mit germanischen Söhnen und germanischen Familien, so daß ein Pflanzgarten germanischen Blutes wird, damit wir weiter ein Bauernvolk bleiben, was wir fast aufgehört haben zu sein, da der Anteil des Bäuerlichen in unserem Volke immer weniger geworden ist. Ich will Ihnen weiter etwas sagen. Das sage ich Ihnen heute, wo der Russe so nahe an unserer Grenze steht: Es kommt darauf an, die Äcker, die wir in diesem Krieg bereits gewonnen hatten und wieder verloren und die wir uns wieder holen werden, was gar kein Problem sein wird, zu gewinnen. Es geht um das Hinausschieben einer Wehrgrenze bis an die Grenze unseres militärischen Interessengebietes, mit einem ständigen Hineinfressen in den Osten, der kein Gespenst für uns sein darf.«[348]

Und Himmler durfte auf Zustimmung hoffen. Dieser alte deutsche Traum von der offenen Grenze im Osten, dem wirtschaftlichen Kolonial- und

Siedlungsraum in Osteuropa, der Bewährungsprobe für Kaufleute, Siedler und Soldaten, er war beständig, trotz aller Niederlagen. Auch nach dem Menetekel von Stalingrad hatte der Generalstab des Heeres noch im Jahre 1943 visionäre Erwartungen. In seiner »Militärwissenschaftlichen Rundschau« verkündete er – im Gleichklang mit Himmler und mit modernisierter »europäischer« Verbrämung – sein Credo:

»Mit der Feststellung, daß heute wieder um die europäische Grenze im Osten gekämpft wird, hatten wir die weitere verbunden, daß diese noch für eine lange Zeit eine offene, also eine Militärgrenze in irgendwelcher Form sein werde [...] Die künftige Sicherung der Ostgrenze Europas wird eine Aufgabe aller in ihm zu einer neuen Ordnung zusammengeschlossenen Nationen sein. Daß die Jungmannschaft eines in sich befriedeten Europas nicht verweichliche, dafür wird der Dienst an jener Grenze sorgen. Wenn es einst für die Söhne des deutschen Adels hieß: ›In Preußen, da ward er zum Ritter‹, so wird in Zukunft Entsprechendes gelten für den Einsatz deutscher und mit ihr verbündeter Jugend in den Ostlandgrenzen des vergrößerten europäischen Raumes. Wir sind Heldensöhne, wir waren Grenzer!«[349]

Dieser Spuk vom Ostimperium, ein blutiger Alptraum für Deutschlands Nachbarn im Osten, schließlich für die Deutschen selbst, wurde 1945 mit Waffengewalt hinweggefegt.

IV. Dokumenten-Teil

Übersicht

[1.] **Aktenvermerk über die Besprechung zwischen SS-Gruppenführer Pancke, dem Chef des Rasse- und Siedlungshauptamtes, und dem Reichsbauernführer Walther Darré am 17. Mai 1939 über die Siedlungsfrage**

Bei der Besprechung mit SS-Obergruppenführer Darré am 17.5.1939 wurden folgende Punkte besonders besprochen:

1. SS-Ogruf. Darré warnte mich vor einer engen Zusammenarbeit mit SS-Brigadeführer Granzow und SS-Standartenführer Saure*, da er beide für charakterlich nicht einwandfrei bezeichnete. Insbesondere ermahnte er mich zu besonderer Vorsicht gegenüber SS-Staf. Saure.

2. SS-Ogruf. Darré beschwerte sich über SS-Oberführer v. Gottberg**, der sich gegenüber dem R. E. M. mehrfach besonders feindlich geäußert hätte. Er habe sich insbesondere auch häufig auf den Reichsführer-SS berufen und gesagt, daß er den Kampf um das Bodenamt Prag im Auftrag des Reichsführers-SS führe. SS-Ogruf. Darré drohte damit, SS-Oberführer v. Gottberg eines Tages mit unvorsichtigen Ausdrücken festzunageln.

3. SS-Ogruf. Darré sagte, daß er allerengste Zusammenarbeit mit dem RuS-Hauptamt wünsche, insbesondere auf dem Gebiet der Neubildung deutschen Bauerntums, und hierzu mir jederzeit zur Verfügung stände. Ich könnte mich in allen Fragen direkt an ihn wenden. Sein persönlicher engster Mitarbeiter und Vertrauter in dieser Frage sei der Ministerialdirektor Dr. Kummer***, der über die Ansichten des Obergruppenführers genau im Bilde sei und mit dem ich gleichfalls allerengstens zusammenarbeiten könne, da er im voraus bestätige, daß Kummer alles in seinem Namen besprechen könne. Ich selbst erklärte, daß bisher eine einwandfreie Zusammenarbeit mit Kummer sehr schwierig gewesen wäre, ich mich aber freuen würde, wenn nunmehr der Widerstand seitens Kummer gegen unsere Auffassungen mindestens rein sachlich ausgetragen würde.

4. Bezüglich der Siedlungsfrage selbst erklärte SS-Ogruf. Darré, daß unsere Auffassung, in den Grenzgebieten Wehrbauernhöfe anzulegen, d. h. Höfe für 3–4 Familien, absolut falsch wäre, da die mittleren und Großbauern für das deutsche Volk gar nicht erwünscht wären, da sie bevölkerungspolitisch sich sehr wenig erfreulich auswirken. Diese Bauern hätten meist nur 2–3 Kinder und stellten überdies auch ein sehr schwierig zu führendes Element des Bauerntums dar. Bevölkerungspolitisch erwünscht und besonders wertvoll wären dagegen die Kleinbauern, die durch ihren Familienbetrieb im eigenen Interesse gezwungen wären, viele Kinder zu haben, da die Kinder hier als billige Arbeitskräfte nötig seien. Unsere Aufgabe, d. h. Aufgabe der SS, SA usw., wäre, dem SS-Ogruf. Darré bereits jetzt durch Werbung innerhalb unserer Formationen, 2 300000 siedlungsfreudige und siedlungsfähige Familien zur Verfügung zu stellen, die er im gegebenen Moment in irgendeinem zur Besiedlung frei werdenden Raum generalstabsplanmäßig in Marsch setzen und ansetzen könnte. Diese Siedler würden damit, genau wie eine Armee Kompanie- und Regimenterweise, in die ihnen zugeteilten Räume militärähnlich einrücken und sie mit der Waffe in Besitz nehmen, nachdem die Wehrmacht diese Räume erobert hätte. Sie hätten dann dieses Neuland mit der Waffe zu verteidigen und selbst aufzubauen. Er erinnerte mich an die Kolonisatoren Amerikas, die ja auch in Gruppen sich ihren Grund und Boden selbst geschaffen und kultiviert hätten. Wir müßten solche Leute für diese Neubesiedlung fremden Bodens heraussuchen und erziehen, die eben mit selbstgezimmerten Blockhäusern und Holz- und Wellblechbaracken zunächst zufrieden seien und sich erst allmählich ihre Höfe aufbauen.

---

* Walter Granzow, Stab Reichsführer SS, Prof. Dr. Wilhelm Saure, Rasse- und Siedlungshauptamt-SS.

** Curt v. Gottberg, Chef des Siedlungsamtes-SS.

*** Dr. K. Kummer, Leiter der Abteilung VIII (Siedlungsabteilung) im Reichsernährungsministerium, Ministerialdirektor und SS-Obersturmbannführer.

Ich erwidere, daß in der heutigen Zeit erstens eine derart große Zahl abenteuerlicher und romantischer Siedler, insbesondere verheirateter, meiner Ansicht nach unmöglich wäre, und zweitens bei einer Besiedlung verhältnismäßig unzivilisierter Gebiete im Osten es nicht so sehr auf die Besitznahme des Landes als auf die kulturelle und zivilisatorische Verbindung dieses Neusiedlungsgebietes mit dem Altreich ankäme. Das heißt, daß auch der Absatz und Güteraustausch gewährleistet sein müsse, denn es gäbe eben in Deutschland nicht eine derart große Not, daß für ihre Familie verantwortungsbewußte Männer und Frauen sich bereit fänden, einem derart fraglichen Unternehmen sich zur Verfügung zu stellen.

Ferner erschien mir für eine Hebung des Bauerntums an sich als dringend notwendig, eine größere Zahl mittlerer und Großbauern zu schaffen, deren Kinder eine erstklassige Ausbildung erhalten können, da meiner Ansicht nach es dringend notwendig wäre, daß auch in die Führerschichten, die heute fast ausschließlich von der Stadt ergänzt werden, bäuerliches Blut hinein käme. Ich sagte, daß eines Tages jeder Minister und jeder Staatssekretär Bauernsohn sein müsse, da erst dann von seiten der Regierenden das notwendige Verständnis für das Bauerntum geschaffen würde.

5. Zuletzt bat ich SS-Ogruf. Darré, mir doch zu sagen, welches seiner Ansicht nach jetzt die Aufgaben des RuS-Hauptamtes bezüglich der Zusammenarbeit mit dem R. E. M. in bäuerlichen Fragen wären, um nach Festlegung dieses Verhältnisses zukünftige Reibungsmöglichkeiten, die aus Zuständigkeitsgründen entstehen könnten, zu verhindern. SS-Ogruf. Darré erwiderte, daß diese Frage nicht so leicht beantwortet werden könne und er sich dies noch gründlich überlegen müsse.

Hiermit wurde diese Unterredung, die in der Privatwohnung von SS-Ogruf. Darré stattgefunden hat, abgebrochen, da der Obergruppenführer durch andere Dienstgeschäfte in Anspruch genommen wurde.

Nach Rückkehr zu meiner Dienststelle fand ich die Meldung des SS-Ustuf. Iversen vor*. Eine weitere Verhandlung fand bis jetzt nicht statt.

Dieser Aktenvermerk wurde nach beiliegendem Zettel nachträglich niedergelegt.

(Unterschrift): Pancke

[2.] Vorläufige Planungsrichtlinie Himmlers über die Struktur der Dörfer und Gaue im östlichen Siedlungsgebiet vom 11. Oktober 1939

Reichskommissar für die Festigung deutschen Volkstums. Tgb.Nr. /1240/4 RF/Pt. mit Verteiler an die Amtsgruppenchefs sowie die Gauleiter von Danzig-Westpreußen und den Warthegau

Struktur der Dörfer und Gaue

Zunächst muß man sich darüber klar werden, welche Volks- und Stammesgrundlage man für den einzelnen Gau nehmen will. Man wird den einen Gau mit Schwaben, den anderen mit Franken, wieder einen anderen mit Westfalen, Niedersachsen, Schleswig-Holsteinern als Stammesgrundlage besiedeln.

Ein Dorf von rund 25 Höfen wird also einen Kern von 10 bis 12 Höfen von Altreichsdeutschen eines bestimmten Stammes haben. Zu diesen werden 10 bis 12 Volksdeutsche hinzukommen, so daß sich die Volksdeutschen mit Hilfe der Altreichsdeutschen in das deutsche Leben wieder einfügen können.

* »Meldung« von SS-Untersturmführer Hans Iversen vom 16.5.1939 (BA, NS 2/138) über angebliche Äußerungen Kummers zum Gespräch Darré–Pancke. I. war dem RuS-Hauptamt ehrenamtlich zugeteilt.

In jedem Dorf werden zwei bis drei SS-Wehrbauern angesiedelt, mit denen man Ortsbauern-
führer-, Gemeindeältesten- und ähnliche Stellen besetzen kann.

(Unterschrift): H. Himmler

**[3.] Darlegungen Himmlers in Posen vor den SS-Führern über die Siedlung
am 24. Oktober 1939**

Darlegungen des Reichsführers-SS bei einem Abend als Gast des Gauleiters SS-Brigadeführer G r e i s e r
am 24. 10. 39 in den Kasinoräumen der ehemaligen Wojwodschaft (jetzt Chef der Zivilverwaltung) vor den
SS-Führern:

Gedanken über Siedlung
Schon vor 3000 Jahren und in der folgenden Zeit wohnten in den östlichen Provinzen, in denen
wir heute stehen, Germanen. Trotz der damaligen schlechten Verkehrsverhältnisse und anderer den jeweiligen Zeiten entsprechenden primitiven Verhältnisse war es damals möglich,
Deutsche anzusiedeln. Diese alten deutschen Siedlungen haben sich mehr oder weniger bis
heute in geschlossenen Orten und Inseln rassisch erhalten, wenn auch z. T. die Sprache verlo-
rengegangen ist.
Was in diesen Zeiten möglich war, muß auch heute wieder vollauf gelingen. Eine Siedlung, wie
sie in den letzten 30 Jahren im 2. Reich und unter der Systemzeit versucht wurde, war eine
Katastrophe. Seit urdenklichen Zeiten waren deutsche Kolonien ein Bollwerk für das Volkstum und brachten ein blühendes Bauerntum hervor. Damals schon wurden die Länder erobert,
wie Italien von den Römern usw. Den Kriegern auf dem Fuße folgten große Bauerntrecks, die
alles mit sich brachten, was zur Siedlung notwendig war: Pferde, Wagen, Rinder, Zugtiere,
Handwerksgerät, Pflüge usw. Das Land wurde entweder durch Vertrag oder durch das Schwert
in Besitz genommen. Das noch ansässige, übriggebliebene Volk wurde zum Arbeiten als
Knechte herangezogen, aber der Deutsche blieb der Herr. Als erstes wurde die Siedlung selbst,
das Holzhaus, errichtet, das Material lieferten die weit ausgedehnten Wälder, die gerodet und
in fruchtbare Äcker verwandelt wurden. Vieh und Saatgut brachten die Bauerntrecks mit, und
so war schon die Grundlage zu einer blühenden Siedlung gelegt, vor allem, wenn in den ersten
Jahren die Ernten gut ausfielen.
Im Laufe der Jahrhunderte haben sich diese ins Neuland vorstoßenden Trecks fast in allen
Weltteilen wiederholt. Die letzte große Wanderung germanischen Blutes war die Ansiedlung
der Buren in Südafrika.
War die Siedlung früher die Angelegenheit eines Volksstammes oder einer großen Sippe, so
war es in den letzten 30–40 Jahren gerade hier eine Siedlung rein kapitalistischer Art. Die
kapitalistischen Gesellschaften und reichen Spekulanten kauften für billiges Geld Land. Auf
diesem Land wurden arme Bauern gesiedelt, und der Grund und Boden wurde ihnen zu teuren
Preisen angerechnet, so daß sie trotz größten Fleißes nicht leben und nicht sterben konnten.
Aus diesen Siedlungen konnte nie ein blühendes Bauerntum hervorkommen, denn das Ein-
kommen langte gerade zum kümmerlichen Leben und zur Zahlung der durch hohe Belastun-
gen eingegangenen Verpflichtungen.
Diese Tatsachen haben mich veranlaßt, mit dieser Methode der Siedlung vollkommen aufzu-
räumen. Vor allem schwebt mir der Gedanke des Wehrbauern vor, und dieser Gedanke wurde
von mir bereits vorbereitet.
Dazu gehört auch das Zwangssparen, das ich in der Schutzstaffel eingeführt habe. Ein SS-
Mann, der sich im Laufe der Jahre RM 2000,– – 3000,– erspart, hat damit den Grundstock zu

einer Siedlung gelegt. Die von mir angelegten Ziegeleien und Steinbrüche sind in Gang gesetzt mit dem Ziel, der Grundstock für die zukünftigen bäuerlichen Siedlungen zu sein.

Die Siedlungen, die mir vorschweben, sollen nicht aus Lehm mit einem Stein dicken Wänden sein, sondern es sollen wieder Häuser gebaut werden wie in früheren Jahren mit zwei und drei Steinen und mit guten Fundamenten.

Das Siedlungsland braucht nicht gekauft zu werden – das Siedlungsland ist hier vorhanden. Die Voraussetzung für eine wehrfähige Bauernschaft an der Ostgrenze als Vorposten gegen das Slawentum ist, daß der Siedler ausreichend Grund und Boden hat, damit der Grundstock gelegt ist zur Entwicklung eines kräftigen, kinderreichen Volkstums. Viele werden sterben, die Arbeit wird rauh und hart sein. Aber immer muß uns bewußt sein, daß nur der Starke am Leben bleibt. Ein fleißiges und hochstehendes Volk hat immer das Recht, über andere zu herrschen. Ihnen gehört das Land.

Ziegeleien werden mit billigem Geld arbeiten, so daß die Ziegeln für den Bau der Siedlungen vorhanden sind. Die übrigen Baumaterialien Kalk und Holz werden aus den vorhandenen Bodenschätzen und aus dem Holzreichtum des Landes genommen. Die billige Arbeitskraft zur Siedlung und zur Bebauung der Äcker muß der polnische Arbeiter hergeben. Das Holz wird in Wäldern bei den Dörfern oder in den Staatsdomänen genommen. Die leitenden Männer in allen Dingen sind immer Deutsche, die Handlanger die Polen.

Bei diesen Siedlungen ist vor allem Wert auf Hygiene zu legen, die bis heute im flachen Land kaum anzutreffen ist. In jedem Siedlungshaus stelle ich mir einen Raum im Keller vor, in dem untergebracht sind die Waschküche, ein Bad und eine Brause für den Bauer, der verschwitzt vom Felde kommt, ein Futterdämpfer usw. Der Futterdämpfer, der täglich zur Vorbereitung des Futters der Schweine gebraucht wird, liefert auch das warme Wasser. Nirgends in den Siedlungen dürfen die Wasserleitung, elektrisches Licht, Rathaus, Gemeinschaftshäuser usw. fehlen. Zu diesen Anlagen muß der Staat die Mittel zur Verfügung stellen. Wie schon oben gesagt, sollen die Siedlungshäuser fest mit gutem Ziegelwerk – nicht Betonhäuser mit kalten Wänden – gebaut werden. Überall muß genügend Raum für gesunde, kinderreiche Familien vorhanden sein.

Die Häuser werden eingerichtet nach Plänen und Zeichnungen, die wir herausgeben. Aller Kitsch und städtischer Unrat, wie sie so viel in der hiesigen Gegend angetroffen werden, muß verschwinden, und unsere Siedler sollen in gesundem, bäuerlichen Milieu leben. Die Bauernhäuser sollen weder luxuriös noch primitiv gestaltet werden. Die Siedlungen müssen besondere Sauberkeit aufweisen, und die Anlagen der Häuser müssen praktisch und sauber sein.

Das lebende Inventar der Siedlungen soll zunächst von den größeren Gütern zur Benutzung abgegeben werden, da sehr große Flächen als Domänen da sein werden.

An der Grenze gegen Osten in einer Breite von 10–20 km dürfen keine Siedlungen entstehen, da im Laufe der Geschichte immer wieder die Möglichkeit eintreten kann, daß diese Grenzgebiete bei kriegerischen Anlässen geräumt werden müssen.

Die Domänen sollen 2–3 Jahre lang die Siedler anlernen. Nach dieser Zeit sollen die Besten angesiedelt werden und ihnen soll das lebende Inventar abgegeben werden. Diese Domänen sollen auch Vermehrungswirtschaften für Saatgetreide, Gartensamen, Beeren, Obst und Baumschulen und für Viehzucht (Pferde, Schweine, Rinder, Hühner) sein. Die modernen landwirtschaftlichen Geräte und Maschinen werden mit Zuschüssen beschafft werden müssen.

Eine hypothekarische Belastung wird auf jeder Siedlung sein müssen. Ich denke mir die Sache nicht als Hypothek im kapitalistischen Sinne, sondern als eine Art Ehestandsdarlehen, das durch Fleiß auch wirklich abgedeckt werden kann. Kinderreiche Bauernfamilien werden am ersten diese Hypothek genau wie bei den derzeitigen Ehestandsdarlehen abgetragen haben.

Ein gewisser Teil der bestehenden Belastung muß natürlich auch erarbeitet werden, sei es durch eine Art Natural-Abgabe oder anders, vor allem aber auch deshalb, da ja die Domänen immer weniger werden und damit die Zuschüsse für Neu-Ansiedler wegfallen müssen. Die Siedler werden nicht alle die gleiche Grundfläche besitzen. Es wird größere Domänen, Großbauern und mittlere Bauern, aber keine Kätner und sogenannte Häusler mehr geben. Wir brauchen ein Herrenbauerntum.

Zum Aufblühen und zur Ergänzung der Siedlungen sind auch Handwerker nötig, die auch fest in den Dörfern gesiedelt werden sollen: ein Schmied, ein Stellmacher, ein Fleischer, ein Gastwirt, wo anders sitzt der Drechsler oder ein anderer Handwerker. Diese Handwerker bekommen auch einige Morgen Land zur Bestellung für ihren eigenen Bedarf und zur Fütterung ihrer Haustiere, z. B. Schweine, Hühner usw. Die Sicherheit und den Lebensunterhalt muß ihnen aber das Handwerk bringen.

Volksdeutsche werden niemals in geschlossenen Dörfern gesiedelt werden (z. B. in Wolhynien). Sie sind so lange von ihrer deutschen Heimat und von jeder deutschen Kultur entfernt gewesen, daß es ihnen wohl schwerfallen wird, einen modernen deutschen Bauernbetrieb mitmachen zu können. Jedes Dorf bekommt einen Stamm altreichdeutscher Siedler, immer aus einem Gebiet geschlossen, seien es Schwaben, Bayern, Franken oder Ostfriesen.

Den Kern bilden 5–20 Höfe altreich Siedler, darum ein Kranz von volksdeutschen Siedlern.

Ich will vor allen Dingen noch einmal über das Wehrbauerntum sprechen. Es soll eine Auslese besonders guter SS-Männer, besonders auch in rassischer Hinsicht, sein. 2–3 Familien besonders wertvoller Siedler sollen die Führung in einer Siedlungsgemeinschaft übernehmen. An ihnen liegt es, die Gemeinschaft besonders zu festigen und zusammenzuschweißen.

Die Ansiedlung ist nur besonders wertvollen Volksgenossen vorbehalten. Auf keinen Fall darf eine wilde Zuwanderung gestattet werden. Es soll eine germanische Siedlung werden. Besonderer Wert ist auf Erbgesundheit und Kinderreichtum zu legen. In 3–5 Jahren bereits soll jede Siedlung eine gewisse Prägung zeigen. Man muß an den blonden Mädeln und Buben sehen, daß sie einer germanischen Siedlung zugehören.

Die Finanzierung der Siedlungen muß natürlich mit Zuschüssen der Regierung erfolgen. Durch Fleiß und Ausdauer muß sich diese Siedlung später selbst tragen und erneuern. In 50–80 Jahren sollen in diesem großen Siedlungsgebiet im Osten 20 Millionen deutsche Siedler leben, von denen 10 Millionen Bauern 8–10 Kinder haben. Das Perpetuum mobile steht dann still. Wenn kein Land zur Verteilung mehr da ist, dann muß, wie es sich immer wieder in der Geschichte wiederholt, neues Land durch das Schwert geholt werden. In dieses Volk muß die härteste Tradition gelegt werden; es müssen Menschen sein, die die Verantwortung in sich fühlen, nur bestes Blut weiterzugeben.

Der ewige Lauf der Geschichte eines Volkes – immer wieder werden Äcker erobert und neu gesiedelt . . .

[4.] Auszug aus der Denkschrift des Rassenpolitischen Amtes der NSDAP über
»Die Frage der Behandlung der Bevölkerung der ehemaligen polnischen Gebiete
nach rassenpolitischen Gesichtspunkten« vom 25. November 1939

Bearbeitet von Dr. E. Wetzel, Amtsgerichtsrat, Leiter der Hauptstelle Beratungsstelle des Rassenpolitischen Amtes und Dr. G. Hecht, wiss. Referent, Leiter der Abteilung für Volksdeutsche und Minderheiten im Rassenpolitischen Amt, S. 27–31.

[. . .]

3) Das Problem der Besiedlung der neuen Ostgebiete
Bei allen Maßnahmen zur Besiedlung der neuen Ostgebiete ist zunächst zu berücksichtigen, daß sich das Deutschtum dieser Provinzen als die natürliche Herrenschicht dem Osten gegenüber empfindet. Die Lebens- und Wohnverhältnisse müssen bei der gleichen Leistungs- und

Berufsstufe deutlich günstiger liegen gegenüber dem entsprechenden binnendeutschen Lebensstandard. Wir müssen unserer Bevölkerung dort einen erheblich größeren Wohnraum und eine breitere Grundlage zum Leben und zur Erhaltung eines Mindestmaßes an Kultur vermitteln.

Deshalb ist es keineswegs notwendig, die in den deutschen Osten ziehende und hier wohnende deutsche Bevölkerung zahlenmäßig mindestens vorläufig so stark zu machen wie die bisherige polnische. Die Deutschen dieser Gebiete müssen sowohl in der Stadt als auch auf dem Land das Gefühl der größeren Weite und der persönlichen Entfaltungsfreiheit erhalten. Dies wird sich voraussichtlich auch in ihrer größeren Kinderfreundlichkeit zeigen.

Das *Deutschtum in den Städten* wird, wenn es sein natürliches Herrentum entwickeln soll, eine besondere Pflege in bezug auf den Wohnraum und die Lebensbreite erhalten müssen.

Die *bäuerliche Besiedlung* und das Ansetzen deutscher ländlicher Handwerker und Kaufleute hat unter diesen gleichen Grundsätzen der erheblichen Wohn- und Lebensbreite zu erfolgen. Je nach Bonität sollen Bauernhöfe nicht unter 60–80 Morgen, möglichst nicht unter 120–150 Morgen groß sein, um dem deutschen Besitzer ein Mindestmaß an bestimmter Kulturhöhe zu ermöglichen.

Die *bäuerliche Besiedlung* und das Ansetzen deutscher Handwerker und Kaufleute soll in den Ostgebieten räumlich nicht gleichzeitig und gleichmäßig erfolgen. Es ist als vordringlich die geschlossene Aufsiedlung in einem etwa 150–200 km breiten Streifen diesseits der Grenze zum polnischen Grenzgebiet hin zu bezeichnen. Dieser vordringlich wichtige Siedlungsstreifen soll ein dicht erschlossenes *Wehrbauerngebiet* sein. Die Höfe aber dieser Zonen dürfen, um ihren Besitzern das politisch wie wirtschaftlich entscheidende Gefühl *deutschen Herrentums* zu geben, eine bestimmte Wirtschaftsgröße je nach Bonität nicht unterschreiten. Die notwendigen Arbeitskräfte sind aus Kreisen der polnischen Landarbeiterschaft zu entnehmen. In diesem geschlossenen und völkisch einwandfrei deutschen Wehrbauernstreifen dürften entsprechend den auf Seite 22 gegebenen Erörterungen zur Behandlung der polnischen Landarbeiter von ihnen größere Zahlen bis auf weiteres tragbar sein, wenn sie keine kulturelle und schulmäßige Förderung und Erziehung erhalten. Ihrer Mentalität nach werden diese Schichten sich bei ihrer hohen geistigen und seelischen Bedürfnislosigkeit unter einem gerechten und ihnen klare und anständige Arbeitsbedingungen gebenden deutschen Wehrbauerntum wohlfühlen und voraussichtlich keinerlei groß-polnische Ideologien mehr erfüllen können. Unter keinen Umständen aber dürfen diese kirchlich primitiv-polnischen Landarbeiter dieser Wehrbauernzonen eingedeutscht werden.

In diesen Wehrbauerngebieten darf der Boden ausschließlich an einwandfrei deutsche Familien vergeben werden. In den übrigen Gebieten der neuen Reichsgaue wird man von Fall zu Fall entscheiden dürfen. Assimilierte Polen, selbst dann, wenn sie zuverlässig deutsch erscheinen, sind grundsätzlich vom Broterwerb ausgeschlossen. Allein ihre Kinder oder Enkel können, wenn sie ihre völkisch-deutsche Zuverlässigkeit oder tragende Mitarbeit in den Formationen beweisen, als Grundbesitzer und als Erbhofbauern zugelassen werden. Für die Bauernzonen muß die Möglichkeit geschaffen werden, überflüssige polnische Landarbeiter, selbst wenn sie sprachlich eingedeutscht und damit assimiliert erscheinen, in das innere Reichsgebiet oder in das polnische Restgebiet abzuschieben, wenn auf Grund ihrer stärkeren Vermehrung ihre Kopfzahl einen nach örtlichen Lebensverhältnissen abzuwägenden politisch oder völkisch tragbaren Grad überschreitet.

Bei größeren gemeinschaftlichen Ansiedlungen ist darauf Rücksicht zu nehmen, daß ein schnelleres Eingewöhnen der *Siedler* dann erfolgt, wenn sie mindestens dorfweise, möglichst gebietsweise, *gleicher Stammesherkunft*, mindestens gleicher Mundart sind. Auf jeden Fall ist ein Durcheinandersiedeln von Angehörigen verschiedener Stämme und Mundarten zu vermeiden. Die bäuerlichen Wirtschaftsformen haben sich nach den örtlichen Bedürfnissen, nicht aber nach der heimatlichen Tradition der Siedler zu richten.

Die Ansiedlung von Bauern und ländlichen Handwerkern usw. durch *konfessionelle Siedlungsgesellschaften*, vor allem römisch-katholische, ist von vornherein ausgeschlossen. Es ist selbstverständlich, daß die Bauernsiedler des genannten Wehrgrenzbezirkes einer besonderen Auslese in politisch-völkischer und erblicher Hinsicht unterliegen.

Es ist nicht notwendig, alles freiwerdende Bauernland sofort an deutsche Siedlungsgesellschaften oder Einzelsiedler zu vergeben. Wir haben *Siedlungsland* für die nächsten Jahrzehnte und für die kommenden Generationen, vor allem für die nachgeborenen Kinder der Erbhofbauern, *freizuhalten*. Diese Maßnahme würde einmal für die Zukunft eine rassisch hochwertige Besiedlung sichern, zum anderen in den Kreisen des deutschen Bauerntums als spürbarer bevölkerungspolitischer Anreiz wirken, der die bekannten, aus dem Erbhofgesetz abgeleiteten Bedenken gegen größere Kinderzahlen zerstört. Deshalb empfiehlt es sich, diesseits der notwendigerweise sofort und geschlossen zu besiedelnden Wehrgrenzzone größere Besitztümer zunächst als staatlich betreute Domänen zu führen. Ebenso soll das Ackerland eines freiwerdenden, ehemals polnischen Dorfes zu größeren Wirtschaftseinheiten zusammengelegt werden, bis in künftigen Jahrzehnten das Bedürfnis der Durchsiedlung auch dieser Gebiete besteht.

Was die Frage der *Herkunft* der Bauern- und Handwerkersiedler sowie der neuen Stadtbewohner anbetrifft, so ist zunächst der zweifellos einsetzende starke *Rückstrom* aus Kreisen der nach 1918 ausgewiesenen und ausgewanderten Deutschen zu beachten. Hierbei sollen frühere Besitzer in weitestem Entgegenkommen ihr altes Besitztum wiedererhalten; wenn dieses als Bauernland zur Erhaltung eines kulturellen Mindeststandards zu klein sein dürfte, ist eine Vergrößerung des Besitzes von vornherein vorzusehen.

Neben den aus dem Reich nach Osten kommenden oder zurückströmenden Schichten ist mit Siedlern zuerst aus den Kreisen der *Baltendeutschen* und der Deutschen aus *Restpolen* und den zu Rußland gekommenen Ostgebieten zu rechnen. Es ist zu erstreben, ausnahmslos sämtliche Deutsche aus dem polnischen Restgebiet und den zu Rußland gekommenen Gebieten in unsere neuen Ostgebiete zurückzuholen.

Die Ansiedlung von Südtirolern in der Ebene empfiehlt sich nicht; sie sind möglichst nach Österreich und in den Sudetengau zu verweisen.

Die Rücksiedlung von Deutschen aus der *Sowjet-Union* würde uns zwar mit Wahrscheinlichkeit mehrere Zehntausende wenn nicht Hunderttausend geeignete Siedler und Landarbeiter erbringen, deren politisch-völkische Zuverlässigkeit aber ungewiß ist. Ein nicht geringer Teil der jüngeren deutschen Schichten des Rußlanddeutschtums ist allein in bolschewistisch-kommunistischer Ideologie aufgewachsen, ihm wird es schwer, wenn nicht unmöglich sein, unsere Gedankengänge zu übernehmen. Gegen die Ansiedlung solcher Rußlanddeutscher würden dann geringere Bedenken bestehen, wenn sie zu 1–2 Familien in sonst einwandfrei deutsch gesinnte Dörfer aufgeteilt würden.

Mit einem Rückstrom von Deutschen aus der *Slowakei, Ungarn* und Jugoslawien darf vorerst nicht gerechnet werden. Von der deutschen Volksgruppe in *Rumänien* kämen vorläufig nur Teile des Deutschtums aus Bessarabien und der Dobrudscha zur Rückwanderung in Frage. Doch sind hier zunächst nicht unerhebliche außenpolitische Fragen zu lösen. Dagegen dürfen gegen die vollständige Rücksiedlung der Deutschen aus Litauen keine Bedenken bestehen.

Was die *Überseedeutschen* und ihre Rücksiedlung anbetrifft, so ist diese Frage schon im Hinblick auf die Transportmöglichkeiten erst nach dem Kriege zu lösen. Im allgemeinen werden nur wenige Überseestaaten mit einem Rückwandern größerer deutscher Volksteile einverstanden sein.

Die *im afrikanischen Erdteil* befindlichen Deutschen sind als Reserve für unsere eigene koloniale Betätigung anzusehen.

Aus *Asien* kommen an nennenswerten deutschen Schichten nur die Palästinadeutschen in Frage, deren vollständige Rückwanderung erstrebt werden muß.

Neben *Australien*, aus dem einige Tausend Deutsche zurückwandern mögen, bleibt hauptsächlich *Amerika* übrig.

Aus Nordamerika wird es sich dabei hauptsächlich um solche Deutsche handeln, die selbst aus Ostdeutschland oder Osteuropa stammen und sich dort noch nicht vollständig eingelebt haben.

Eine größere Rückwanderungsziffer ist aus Kanada zu erwarten. Aus Südamerika liegt bereits die Nachricht vor, daß eine große Anzahl von Rußlanddeutschen aus Argentinien den Wunsch hat, in Neu-Ostdeutschland angesiedelt zu werden. Es handelt sich hier hauptsächlich um Mennoniten, Angehörige einer ev. Sekte, die als gute und wertvolle Siedlergruppe angesetzt werden dürften. Wenn wir den Mennoniten Freiheit ihres konfessionellen Lebens gewähren, dann dürfen sie bei ihrer schon aus konfessionellen Gründen absolut zuverlässigen Einstellung gegen das katholische Polentum den neuen Osten in vorbildlicher Weise mit erschließen helfen. Ihre Kinder oder Enkel werden allmählich aus der konfessionell bedingten besonderen Lebensart der Mennoniten herauswachsen und sich von der übrigen deutschen Bevölkerung nicht mehr unterscheiden. Es ist fraglich, ob die südamerikanischen Staaten eine Rückwanderung solcher wertvoller Siedler gestatten würden. Dies gilt besonders für Brasilien, das sich bereits gegen solche Pläne äußerte. Am leichtesten dürfte zunächst die Rückwanderungserlaubnis von Uruguay und Paraguay zu erwarten sein. Sehr erwünscht und wahrscheinlich möglich ist die Rückführung der Rußlanddeutschen aus der mexikanischen Provinz Chihuhuawo, wo sie in kulturell sehr verkommenen Verhältnissen leben. Eine Rückwanderung von Deutschen aus Chile und Argentinien ist weniger wahrscheinlich, da die Volksgruppen hier klein sind und sich gut eingelebt haben.

Insgesamt dürfen aus Kreisen des Überseedeutschtums 120–150000 ländliche Siedler, Bauern und Bauernhandwerker für die Rücksiedlung in die Ostgebiete in Frage kommen.
Der Erfolg einer jeden Propaganda aber für bäuerliche und handwerkliche Siedlung in den Ostprovinzen wird davon abhängen, ob der Lebensstandard wenigstens gleiche Höhe erlangt wie bei ähnlicher Leistung und Berufsstellung im Altreich, ihn möglichst aber noch fühlbar übertrifft.

[5.] Aktennotiz über die Ausführungen von SS-Brigadeführer Greifelt über »die volksdeutsche Rückwanderung und Umsiedlung« am 13. Dezember 1939 (Abschnitt)

SS-Brigadeführer Greifelt, Dienststelle des Reichskommissars für die Festigung deutschen Volkstums, hat am Mittwoch 13. Dezember 1939 im Volksdeutschen Klub, Berlin, über »die volksdeutsche Rückwanderung und Umsiedlung« gesprochen. Aus seinen Ausführungen, die etwa 5 Minuten dauerten, habe ich mir folgendes notiert:
1. Bei der zur Zeit in Gang befindlichen Umsiedlung handelt es sich um die gewaltigste staatsgelenkte Völkerwanderung aller Zeiten. Er erinnerte an die Worte des Führers, daß ein Recht auf denjenigen Boden bestehe, den ein Volk zu bebauen in der Lage sei und daß ein Volk das Recht habe, den Boden in Einklang zu bringen mit der Bevölkerungszahl.
2. Greifelt erwähnte dann einen Erlaß des Führers vom 7. Oktober, durch den das Reichskommissariat für die Festigung des deutschen Volkstums geschaffen worden sei. Das Reichskommissariat habe für die Rückführung aller Deutschen ins Reich Sorge zu tragen und alle mit der Umsiedlung zusammenhängenden sachlichen Aufgaben zu lösen. Das Reichskommissariat wird sich hierbei der vorhandenen Behörden und Stellen bedienen.
3. Das Ziel der Umsiedlung könne in folgenden Punkten zusammengefaßt werden:
   1. Der neugewonnene Boden müsse mit deutschen Menschen besiedelt werden, nur dann wird er unantastbarer Besitz.
   2. Blühende germanische Provinzen müssen aus dem Land werden, das das deutsche Schwert erobert hat.
   3. Der Siedlungsraum müsse besiedelt werden
      a) in erster Linie mit den Menschen, die in der Zeit der fremden Herrschaft diesen Boden innehatten (also mit den bisherigen Polendeutschen).

b) Mit solchen Menschen, die schon bisher unter fremdem Volkstum gelebt und gearbeitet hätten (also etwa mit den Balten-, Wolhynien- und Galiziendeutschen).

c) Mit Menschen aus dem Altreich, damit eine homogene Volksgemeinschaft geschaffen werde; für diese Besiedlung aus dem Reich kämen in erster Linie die Frontsoldaten in Betracht, diese Besiedlung setze daher auch erst nach Abschluß des Krieges ein.

4. Eine Belassung fremden Volkstums in diesem Raum sei unmöglich; die Gefahr rassischer Vermischung müsse durch Evakuierung des fremden Volkstums ausgeschaltet werden.

5. Die Auswahl der auf diesem Boden einzusetzenden deutschen Menschen müsse nach rassischen und erbbiologischen Gesichtspunkten erfolgen; am Grenzwall gegen den Ansturm fremdvölkischer Expansionen können nur beste Menschen angesiedelt werden.

6. Dieser Raum müsse hinreichend bemessen sein, sowohl für den einzelnen Siedler, als auch im ganzen für das wachsende Volk, kommende Generationen müßten hier Platz finden. Wenn auch dieser Platz zu Ende sei, müsse das Schwert wieder sprechen.

4. Im Anschluß hieran führte Greifelt noch aus, der deutsche Mensch dürfe in der Fremde nicht mehr Kulturdünger sein. Der Wert deutscher Siedlungen in Übersee sei in Friedenszeiten schon gering, im Krieg gleich 0. Die Umsiedlung sei daher noch nicht beendet, sie wird jetzt erst in Angriff genommen werden.

[6.] Bericht über die am 16. und 17. Januar 1940 in Lodsch durchgeführte Besprechung über Planungen der Wehrmacht im neuen Ostraum

Anlage zu Nr. 13/40g.K. AHA/Ag/U (I)

Der Vertreter des OKH (ChHRüst u. BdE)* weist zu Beginn der Verhandlungen auf die vertrauliche Behandlung der zur Besprechung gelangenden Dinge hin.

Er führt aus, daß es notwendig ist, den gewonnenen Ostraum alsbald aufzubauen bezw. neuzugestalten, auch wenn der Kampf mit den Westmächten gleichzeitig weitergeführt werden muß.

Es ist die Absicht, die Besprechungteilnehmer mit den Wünschen der Wehrmacht bekannt zu machen, während es der Wunsch der Wehrmacht ist, die Absichten der Zivilbehörden kennen zu lernen.

Die Vertreter der Wehrmacht interessieren die Raumeinteilung, die Um- und Ansiedlung, die Regelung der Verkehrsfragen u.a.m. Es ist erwünscht, durch schnelle Erschließung des Landes den Ostraum dem deutschen Zentrum näher zu bringen.

Zum Verlauf der Besprechungen wird vorgeschlagen, daß zunächst alle Wehrmachtplanungen vorgetragen werden, daß dann die Vertreter der Zivilbehörden sich zu den allgemeinen Fragen äußern und zum Schluß die Projekte im einzelnen durchberaten werden sollen.

Es wird darauf hingewiesen, daß eine örtliche Erkundung wegen der ungünstigen Jahreszeit ausfallen muß und daß diese erst nach der Schneeschmelze durchgeführt werden kann.

Der Vertreter des OKH (ChHRüst u. BdE) führt dann aus, daß Mitteilungen über die Standortplanungen im vergrößerten W. K. I sowie in den neuen W. K. XX u. XXI naturgemäß noch nicht gemacht werden können. Bei etwa schon jetzt in Angriff genommenen Stadtplanungen möge auf eine spätere Garnisonierung Rücksicht genommen werden.

Neben den in jedem Wehrkreis benötigten etwa 5 Heeresmunitionsanstalten in Größe von je 200 ha muß ein größerer Truppenübungsplatz geschaffen werden. Dieser wird im W. K. XXI durch Erweiterung des Tr.Üb.Pl. Warthelager ohne Schwierigkeiten geschaffen werden. Für

---

* Major Hartwieg, Oberkommando des Heeres (Chef der Heeresrüstung und Befehlshaber des Ersatzheeres), Allgemeines Heeresamt/Amtsgruppe Unterkunft und Truppenübungsplätze.

den W. K. XX muß ein solcher noch in landwirtschaftlich schlechtem Gelände gefunden werden. Größe beider Plätze im Endziel je 20000 ha.

Gesucht werden außerdem noch 2 Sonderplätze:

a) einer in Größe von 5000 ha mit viel Wasserläufen für Pionierübungen.

b) einer in Größe von etwa 70000 ha als Versuchsplatz für das Waffenamt. Dieser soll einen Durchmesser von 30 km haben, nach Möglichkeit eben und von einem Waldgürtel umgeben sein, abgesetzt von größeren menschlichen Siedlungen. Schlechteste Bodenqualität genügt. Allgemeine Lage von Nordwest nach Südost.

Für beide Plätze werden Vorschläge erbeten.

Zum Vortrag gelangt dann die »Ostsicherungszone« mit den dazu in Verbindung stehenden 3 großen »Ausbildungszentren«. (Hierzu ist reiches Kartenmaterial zum Aushang gebracht.)

Die auf der Karte dargestellte Sicherungszone ist in ihrer Linienführung und Ausdehnung vom Führer genehmigt. Sie verläuft in der allgemeinen Linie Narew – Weichsel – San. Beiderseits dieser Wasserlinie eine je 10 km tiefe Schutzzone nach Osten durch mehrere Brückenköpfe erweitert. Natürlich kann die endgültige Begrenzung der Zone erst nach genauer örtlicher Erkundung festgelegt werden.

Der Führer hat ferner befohlen, daß in diese Zone *keine Einsiedlung*, auch kein Zuzug von Volksdeutschen zu erfolgen habe.* Auch von einer Aussiedlung wird zweckmäßigerweise vorläufig abgesehen.

Diese Sicherungszone verlangt die Sicherstellung der Unterbringung starker Truppenkörper mit ausreichenden Ausbildungsmöglichkeiten. Das kann nur in großräumigen Tr.Üb.Pl. geschehen, die hinter dieser Zone angelegt werden sollen.

Der Führer hat hierzu gesagt, daß diese Pläne Stützpunkte und Zentren der deutschen Militär- und Reichsgewalt sein sollen. Auf die eingereichten verschiedenen Vorschläge ist die hier im Auszug wiedergegebene Entscheidung des Führers getroffen worden:

»Hinter der Sicherungszone sind drei große Ausbildungszentren zu schaffen:

a) westlich oder nordwestlich Jaroslaw,

b) in Gegend Radom,

c) nördlich oder nordwestlich Warschau.

   In diesen Ausbildungszentren soll je ein Heeres-, Flieger- u. Luftwaffenübungsplatz möglichst dicht beisammen liegen.

Für die Ausbildung der bewaffneten Teile der SS soll die SS in einem dieser Ausbildungszentren ein eigenes Lager mit eigenem Platzteil zu ihrer ausschließlichen Verfügung erhalten.«**

In Anbetracht der ungünstigen Jahreszeit konnten örtliche Erkundungen für geeignete Plätze nur beschränkt durchgeführt werden. Die Auswahl der Plätze geschah aber nicht nur nach militärischen Gesichtspunkten. Das OKH (ChHRüst u. BdE) hat sich die besten Bodenkarten besorgt, die zu haben waren, und bei der Bestimmung der Plätze die Bonität des Bodens berücksichtigt. Für die Herren von den Zivilbehörden wurde erläutert, nach welchen allgemeinen Gesichtspunkten größere Tr.Üb.Pl. ausgesucht werden müssen.

Für den nördlichsten Heeresplatz in Südostpreußen lag außerdem ein eingehendes Erkundungsergebnis vor, das zur Verlesung gelangte. Danach liegt dieser Platz in wirtschaftlich wertlosem Gelände mit ganz geringer Besiedlung. Der Boden ist schlechtester Klasse.

Größe der Plätze

a) Heeresplätze je 30000 ha,

b) Luftwaffenübungsplätze je 60000 ha,

c) SS-Üb.Pl. (einer) zu 26000 ha.

---

* OKW/WFA/L (Ia) Nr. 3143/39gK, betr. Sicherungszone im Osten und Umsiedlung im Ostraum, vom 10. 1. 1940, BA–MA, RW 19/1628.

** OKW/WFA/L (II) Nr. 2821/39g, betr. Anlage neuer Truppenübungsplätze im Ostraum, vom 21. 12. 1939, ebd.

In Vorbereitung zu dieser Besprechung hatte OKH (ChHRüst u. BdE) bereits mit dem RdL u. ObdL sowie mit der SS Verbindung aufgenommen und festgestellt, daß zunächst nur zwei von der Luftwaffe gewünschte Plätze, und zwar im südlichen und mittleren Abschnitt mit denen des Heeres nicht kollidieren. Außer diesen zwei großen Plätzen wurden 3 kleine Fliegerübungsplätze gefordert von je 800 × 1000 m in der Nähe der Heeresplätze.

Es ist bekannt, daß derartige militärische Anlagen der Umgebung wirtschaftlich einen außerordentlichen Auftrieb geben. (Verlesung einer Liste, aus der der Bedarf von Spezialarbeitern entnommen werden kann.) Die Ansiedlung zahlreicher Arbeiterfamilien ist notwendig.

Von einer Stelle ist die Anfrage gestellt worden, welche Anforderungen an die Volksgruppenzugehörigkeit in der Umgebung der Plätze gestellt werden. Darauf kann nur geantwortet werden, daß es erwünscht ist, möglichst 50 km im Umkreis militärischer Anlagen nur Volksdeutsche – jedenfalls keine Juden und Polen – anzusiedeln. Sowohl die Truppe, wie auch die angesiedelten Volksgenossen sollen das Gefühl haben, sich in einem deutschen Raum zu befinden, also »sich zu Hause« fühlen.

Es ist klar, daß diese großen Ausbildungszentren eine ganz erhebliche Zahl deutscher Siedlerfamilien verlangen, so daß die aus Rußland und den Baltenländern Rückgeführten kaum dazu ausreichen werden. (Hinweis auf die beabsichtigte Umsiedlung von reichsdeutschen Bauern, die keine volle Ackernahrung besitzen. Es sollen etwa 400000 Familien sein.)

Der Vertreter des OKH (ChHRüst u. BdE) regt an, auch solche reichsdeutschen Familien umzusiedeln, die zwar eine genügende Ackernahrung haben, aber auf so kärglichem Boden leben, daß sie sich durchs Leben hungern müssen. So wohnen z. B. im Oder-Warthebogen zahlreiche Bauern, die in guten Jahren nur 5 Ztr. Roggen ernten. Diese Leute sind nicht heimatverbunden und würden auf besserem Boden sicherlich zufriedenere Staatsbürger werden. Der erodierte schlechte Boden sei entweder aufzuforsten oder zu ertragbringenden Domänen zusammenzulegen. Ein Teil könne unter Einschließung der mit vielem Geld aufgebauten Ostbefestigungen in der Nischlitz–Obralinie zu einem Übungsplatz für die Übungen im Kampf um Festungen verwertet werden (durch Angliederung an den vorhandenen Tr.Üb.Pl. Wandern).

Dazu Kartenerläuterung.

Es folgen die Forderungen des Vertreters der Luftwaffe und der SS

Es melden sich dann noch die Vertreter von OKW (W Allg)* und geben
a) ihre Forderungen von 45–50 ha für die Anlage von Ehrenfriedhöfen in Anlehnung an die Ausbildungszentren bekannt. Diese Ehrenfriedhöfe sind ein ausdrücklicher Wunsch des Führers, der nicht will, daß Gefallene in die Heimat überführt werden, um dort mehr oder weniger vergessen zu werden. Den Zivilbehörden wird nahegelegt, dahin wirken zu wollen, daß Überführungsgesuche abgelehnt werden.
b) Die Forderung auf etwa 45000 ha Siedlungsland für ausgeschiedene Soldaten, bei denen ein Hunger nach Land bestehe, der berechtigter Weise befriedigt werden müsse.

Es spricht darauf Ob.Reg.Rat Dr. Schepers und dankt im Namen des Generalgouverneurs dafür, daß durch diese Einladung Gelegenheit zur offenen Aussprache gegeben worden ist. Er schildert die Gliederung des Generalgouvernements und erklärt, daß der Bereich des Generalgouvernements praktisch in 3 Gebiete aufgeteilt sei:
a) *nördlicher Teil*: Lublin–Warschau, landwirtschaftlich bestimmt und abgabesicheres Überschußgebiet,
b) *mittlerer Teil*: Radom mit wirtschaftlichen Möglichkeiten,
c) *südlicher Teil*: Krakau, wertvoll durch Erdöl, Salze und Kohle.

Letztere Beide seien ausgesprochene Zuschußgebiete.

Die vorgetragene Sicherungszone schneide praktisch das Generalgouvernement in 2 Hälften,

---

* Oberstleutnant Friede, Chef der Allgemeinen Abteilung (W Allg) des Allgemeinen Wehrmacht-Amtes (AWA).

wodurch politische und wirtschaftliche Nachteile zu befürchten seien. Alles ostwärts dieser Linie sei Glacis oder nur Vorfeld. Die Ukrainer und der beste Teil der slawischen Rasse werden abgeschnitten und kämen sich verlassen vor. Das käme einer politischen Preisgabe dieses Raumes gleich und leiste der russischen Propaganda Vorschub. Die Ukrainer seien froh, eingedeutscht zu sein, mit den Polen wollen sie nichts zu tun haben. Das Abschieben von Polen in den ukrainischen Raum habe genügt, um 1000 und mehr Ukrainer zu veranlassen, für Rußland zu optieren.

Auch wirtschaftlich müsse beachtet werden, daß die Weichsel als Großwasserstraße sicherlich in ihrer Benutzung beeinträchtigt würde. Ist der Ausbau der Weichsel als Wasserstraße überhaupt möglich? Wie ist die Überbrückung und die Verkehrsregelung von West nach Ost über die Weichsel gedacht?

Im Bereich des Brückenkopfes Anopol befänden sich erstklassige Phosphoritvorkommen, wie wir sie in ihrer Mächtigkeit in Deutschland nicht haben. Auf ihren Abbau kann nicht verzichtet werden.

Dr. Schepers fragt, ob dem Führer diese Dinge vor der Entscheidung zum Vortrag gebracht wären. Sei der Befehl als endgültig anzusehen, würde sich das Generalgouvernement dem selbstverständlich fügen, es müsse dann versucht werden, die Nachteile durch andere Maßnahmen auszugleichen.

Dr. Schepers ersucht, die militärisch begründeten Landanforderungen recht früh und genau anzumelden. Durch die neuerlichen Wünsche der Luftwaffe sei der Landbedarf um weitere 100000 ha angewachsen. Es ergäben sich Unsicherheiten in der politischen Raumordnung und in Siedlungsfragen, wenn die genannte Zahl immer noch nicht als endgültig angesehen werden könnte. Wenn auch über die Plätze noch im einzelnen zu sprechen wäre, so möchte er der Überlegung anheimgeben, an einer Stelle dadurch Land einzusparen, daß ein gemeinsamer Heeres- und Luftwaffenstützpunkt geschaffen würde.

Neu sei dem Generalgouvernement die Forderung, um die militärischen Plätze herum volksdeutsche Siedlungen zu schaffen.

Der Vertreter des OKH (ChHRüst u. BdE) erwidert darauf, daß ihm nicht bekannt sei, ob dem Führer die oben ausgeführten Bedenken mitgeteilt worden seien. Es müsse aber angenommen werden. Er bittet, die vorgetragene Entscheidung des Führers als Grundlage für die heutige Besprechung anzuerkennen. Es sei selbstverständlich, daß der Verkehr über die Weichsel in keiner Weise eingeschränkt würde. Es sei auch anzunehmen, daß die Weichsel nach ihrem Ausbau als Großschiffahrtsstraße bis auf gewisse Übungszeiten dem Wasserverkehr voll zur Verfügung stehe. Über den Ausbau der Sicherheitszone liegen noch keine Entscheidungen vor. In absehbarer Zeit werden auch kaum mehr als leichte Festbefestigungen angedeutet werden. Deshalb werde es auch gar keine Schwierigkeiten machen, die Phosphoritvorkommen beim Brückenkopf Anopol auszuwerten. Lediglich der Bau größerer Industrieanlagen könne nicht zugelassen werden.

Aussprache mit den Vertretern der Zivilbehörden

Über diese Aussprache wurde folgendes Besprechungsergebnis aufgesetzt und von den Hauptbeteiligten sofort unterzeichnet:
»Den anwesenden Herren wurde die vorläufige Sicherungslinie bekannt gegeben und die von Heer und Luftwaffe gewünschten Ausbildungszentren hinter dieser Linie.

Das südliche Ausbildungszentrum soll im allgemeinen zwischen Weichsel und San so erkundet werden, daß gutes land- und forstwirtschaftliches Gelände nicht in Anspruch genommen wird.

Im mittleren Abschnitt wird der vom Heer vorgeschlagene Raum grundsätzlich anerkannt. Für den Luftwaffenübungsplatz soll auf Bitten des Generalgouverneurs ein neuer Platz nördlich der Straße Radom–Opoczno und südlich des Flusses Pilica erkundet werden. Bei der Auswahl sollen bergbauliche Belange berücksichtigt werden.

Im nördlichen Abschnitt muß zu dem vorgeschlagenen Platz ostwärts Mlawa das Einverständnis des Oberpräsidenten in Königsberg abgewartet werden. Ebenso für die vorgetragenen Wünsche der Luftwaffe bezüglich eines 60000 ha großen Platzes südostwärts Willenberg.

Über diese Geländeansprüche hinaus beantragt die Luftwaffe 2 Fliegerübungsplätze in Größe von etwa 2500 ha und zwar in Gegend Mielec und Gegend Radom (Entfernung bis 30 km vom vorhandenen Flugplatz).

Wünsche des Generalgouverneurs:

Die Festlegung der Verteidigungszone soll nicht zu einer politischen und wirtschaftlichen Preisgabe des östlichen Teils des Generalgouvernements führen, weil sich dies in politischer (Ukrainer-Frage) und in wirtschaftlicher Hinsicht (Aufgabe jeglicher Intensivierungsmöglichkeiten auf land- und forstwirtschaftlichem Gebiet) unmittelbar nachteilig auf das Reich auswirken und die Erfüllung der vom Reich gestellten Aufgaben unmöglich machen würde. Ein zukünftiger Ausbau der Weichsel und des San und die im Zuge dieses Ausbaues erfolgende Verstärkung bestehender Industriestandorte (Phosphoritausbeute Anopol und ähnl.) sollen durch die Anlage der Verteidigungszone nicht oder nicht wesentlich eingeschränkt werden. Insbesondere sollen die Weichselübergänge dem zivilen und landwirtschaftlichen Verkehr offen bleiben. Bezüglich der Anlage neuer Verkehrswege oder des Ausbaues vorhandener Verkehrswege (Straßen und Eisenbahn) soll ein gesamtes Wehrmachtsprogramm (Heer + Luftwaffe) ausgearbeitet werden. Für die weitere Zukunft möchte auch die Anlage militärischer Standorte, d. h. kleinerer Garnisonen, ostwärts der Weichsel zur Stärkung der wirtschaftlichen Durchdringung und volkspolitischen Befriedung ins Auge gefaßt werden.«

Zum Abschluß der Besprechungen gibt der Ia/Oberost (Obstlt. Gerlach) noch eine Erläuterung zum Sinne der Sicherungszone. Es sei mehrfach das Wort »Ostwall« gefallen. Das sei nicht richtig. Es handele sich nur um eine Sicherungslinie. Wir behalten ostwärts der Weichsel aktive Truppen. Die Grenze nach Rußland wird abgeriegelt werden. Die Truppe würde in dem unwahrscheinlichen Falle eines Zusammenstoßes mit russischen Einheiten den Auftrag bekommen, die Grenzen zu halten.

Wir haben also *erstens* eine vorgeschobene Verteidigungslinie = Demarkationslinie, *zweitens* die Hauptsicherungslinie Narew–Weichsel–San.

Die Brückenköpfe, die zunächst nur durch einige Drahthindernisse bezeichnet sein werden, sind weniger Verteidigungsanlagen als Aufnahme- und Ausgangsstellungen.

Die Bezeichnung »Sicherungszone« besagt nur, daß hier der Soldat das Vorrecht hat.

Auf Jahre hinaus besteht keine Aussicht, daß neue Straßen und Bahnen gebaut werden. Es handelt sich bei den energisch aufgenommenen Verkehrsbauten in der Hauptsache um die Verbesserung und den Ausbau vorhandener Verkehrslinien.

Dr. Schepers bittet, die Frage ständiger Garnisonen im Gouvernement, besonders auch vorwärts der Sicherungszone in Erwägung zu ziehen, da diese der deutschstämmigen Bevölkerung und den hierher verpflichteten Beamten einen besseren Rückhalt und das Gefühl größerer Sicherheit geben würden.

Major Hartwieg schließt die Besprechung, in dem er allen Teilnehmern für ihr großes Interesse und ihre erfolgreiche Mitarbeit dankt. Das Ergebnis sei durchaus und allseitig befriedigend. Das OKH (ChHRüst u. BdE) wäre für baldigen Vorschlag der beiden Sonderplätze (für Pioniere u. Wa A) dankbar.

[Teilnehmerliste]

[7.] Himmlers erster »Generalplan« vom Februar 1940

Der Reichsführer SS, Reichskommissar für die Festigung deutschen Volkstums, Planungshauptabteilung. Nur für den Dienstgebrauch. Anlage zu der Mitteilung des OKW vom 8.3.1940

Planungsgrundlagen für den Aufbau der Ostgebiete
A. Allgemeine Grundlagen
Das neue dem Reich angeschlossene Ostgebiet hat eine Gesamtfläche von *87600 qkm*. Die Bevölkerung betrug etwa *9 ½ Mill.* Der Anteil der polnischen Bevölkerung war in diesem Gebiet 1939 im Durchschnitt 82 %, der deutsche Anteil ungefähr 11 %.
Es wird im folgenden vorausgesetzt, daß die gesamte jüdische Bevölkerung dieses Gebietes von rund 560000 bereits evakuiert ist bezw. noch im Laufe dieses Winters das Gebiet verläßt. Es ist daher praktisch mit einer Bevölkerung von *9 Mill.* zu rechnen.
In den ehemaligen preußischen Provinzen Posen und Westpreußen nahm die deutsche Bevölkerung bei Ausbruch des Weltkrieges ungefähr 50 % ein, d. h., sie hielt sich mit der polnischen anteilmäßig die Waage.
Das erste, in den nächsten Jahren erreichbare Ziel muß sein, mindestens diesen Status von 1914 wieder herzustellen. Ist dieses Ziel erst einmal erreicht, so verläuft die weitere Eindeutschung stetig wachsend durch die Mitwirkung der aus dem Siedlertum und neuen Gebiet selbst hervorgehenden biologischen und wirtschaftlichen Kräfte. Die Wiederherstellung des Status von 1914 würde bedeuten, daß man zunächst die Zahl der jetzt in diesem Gebiet lebenden 1,1 Mill. Deutschen um 3,4 Mill. auf 4,5 Mill. vermehrt und Zug um Zug 3,4 Mill. Polen abschiebt. In den ehemaligen Provinzen Posen und Westpreußen müssen vor allem diejenigen Polen das Land verlassen, welche nach 1918 aus den östlichen Gebieten hier ansässig geworden sind.
Für die weitere Planung des gesamten Neuaufbaues ist aus allgemein volks- und wirtschaftspolitischen Gründen eine durchschnittliche Bevölkerungsdichte von 100 je qkm, wie sie heute – allerdings bei einer bevölkerungsmäßig übersetzten Landwirtschaft – vorliegt, zugrunde gelegt. Diese Gesamtbevölkerungsdichte liegt etwa 30–40 % höher als die der Nachbarprovinzen Ostpreußen und Pommern und entspricht ungefähr der Bevölkerungsdichte von Bayern.
Die Entwicklung und Erhaltung einer solchen Siedlungsdichte ist nur möglich bei einer sich auf gesunder Bodenordnung aufbauenden Gesamtwirtschaft. Die reinen Agrargebiete des Altreichs, wie z. B. Pommern und Mecklenburg, deren ländliche Zustände bei liberaler Bodenwirtschaft im Gegensatz zu den slawischen Gebieten des Ostens und Südostens vorwiegend aus rassischen Gründen eher zur Landflucht als zur agrarischen Überbevölkerung führten, besitzen Bevölkerungsdichten, die nicht höher als 60 sind. Aus diesem Grunde muß also das Ostgebiet aufgebaut werden als ein *gemischt agrarisch-industrielles* Gebiet mit einer ähnlichen Sozial- und Wirtschaftsstruktur, wie sie beispielsweise die gesündesten Gebiete Bayerns und unsere Nordwestprovinz Hannover besitzen. Die Sozialstruktur dieser Gebiete ist etwa folgende:

	%	Vergleichsweise dazu Reichsdurchschnitt %
Landw. Berufszugehörige	ca. 35	21,0!
Handwerk und Industrie	35	39,0
Handel und Verkehr	15	17,0
Öffentl. Dienste	7	8,0
Sonstige	8	15,0
		100,0

Diese Verhältniszahlen aus gesunden Altreichsgebieten können auch als Richtzahlen für die weitere Planung dienen. Sie werden selbstverständlich je nach den örtlichen, natürlichen und wirtschaftlichen Verhältnissen Verschiebungen nach der einen oder anderen Richtung erfahren, aber im großen und ganzen als Richtzahlen geeignet sein.

Das entscheidende und wichtigste Element bei der Neugestaltung der Ostgebiete stellt das *Bauerntum* dar. Von seiner Arbeit am Boden hängt die Festigung des deutschen Volkstums und die endgültige Gewinnung des durch das Schwert gewonnenen Bodens entscheidend ab. Fortgang und Ausmaß der Eindeutschung der Ostgebiete wird daher ausschließlich davon bestimmt, wieviel geeignete Familien zur Neubildung deutschen Bauerntums in den nächsten Jahren angesetzt werden können. Mit dem Aufbau der neuen Dörfer und dem damit notwendig werdenden Verkehrs- und Wirtschaftsausbau kommen dann erfahrungsgemäß aus den übrigen Berufszweigen von selbst eine Menge Menschen in das Land und füllen so den Raum.

Es ist daher notwendig, sich zuerst einen Überblick über den Umfang der zu bewältigenden Siedlungsaufgabe zu verschaffen, und hierfür zunächst in großen Umrissen einen Generalplan aufzustellen.

B. Ausmaß des ländlichen Siedlungswerkes

Es wird, wie bereits oben gesagt, von der Zielsetzung ausgegangen, daß mindestens 35 % der Gesamtbevölkerung landwirtschaftliche Berufszugehörige sein sollen. Bei einer Gesamtbevölkerung von 9 Mill. würden also insgesamt 3,15 Mill. der Landwirtschaft angehören.

Wenn der Anteil der deutschen Bevölkerung im großen Durchschnitt bis auf 50 % vorerst vermehrt werden soll, dann muß im Hinblick auf die grundlegende Bedeutung, die der Neubildung von Bauerntum für die Festigung des Volkstums und Sicherung des Volksbodens zukommt, der Anteil der deutschen Bevölkerung auf dem Lande mindestens 70 % betragen. *Es sind also vorerst 2,2 Mill. landwirtschaftliche Berufszugehörige deutscher Abstammung notwendig.* Da von der bereits in den Ostgebieten ansässigen deutschen Bevölkerung etwa ⅔, d. h. 740000 zum Landvolk gehören, *fehlen also 1,46 Mill. landwirtschaftliche Berufszugehörige deutscher Abstammung.*

In diesem Gesamtkontingent von 1,46 Mill. bilden naturgemäß die Betriebsinhaber einschließlich Landarbeiter mit Eigenland usw. den wichtigsten Kern. Er kann auf Grund der in Abschnitt D aufgeführten Einzelangaben mit etwa 230−240000 angenommen werden. Unter Berücksichtigung der vorhandenen rund 40000 volksdeutschen Betriebe sind also vorerst *rund 200000 Familien für die Neubildung deutschen Bauerntums nötig.*

Die Größe dieser Siedlungsaufgabe wird am besten klar, wenn man sich vergegenwärtigt, daß Friedrich der Große durch seine Kolonisationsarbeit schätzungsweise 400000 Menschen, d. h. also ungefähr 70−80000 Familien, in das Land zog und ansiedelte, und daß die preußische Ansiedlungskommission in 28jähriger Tätigkeit 28000 Siedlerfamilien ansetzte. Die Siedlungstätigkeit der Nachkriegszeit erreichte in den Jahren 1919−1938 eine Zahl von insgesamt 78000 Stellen.

Um eine planvolle Eindeutschung des Ostgebietes zu gewährleisten nach Maßgabe der vorhandenen Kräfte, ergibt sich also die Notwendigkeit der Heraushebung und Abgrenzung besonderer Siedlungszonen.

C. Die Siedlungszone 1. Ordnung

Für die Abgrenzung *vordringlich* zu besiedelnder Gebiete sind folgende strategische Gesichtspunkte maßgebend:

1. Es muß zunächst an der Grenze des Generalgouvernements entlang ein Wall deutschen Volkstums in Gestalt eines tief gestaffelten Gürtels germanischer Bauernhöfe errichtet werden. Dieser Grenzwall trennt das vorerst im Reichsgebiet verbleibende Polentum vom Hinterland endgültig ab.

2. Es muß vordringlich das Hinterland der größeren Städte mit deutschen Bauern dichter besiedelt werden.

3. Es muß ferner eine breite deutsche Volkstumsbrücke gewissermaßen als Ost-West-Achse entstehen, die den Grenzwall mit dem Altreich verbindet; außerdem ist eine weitere schmalere Brücke zu bauen durch den ehemaligen Korridor über die Kreise Zempelburg, Bromberg, Kulm und Graudenz. Diese Volkstumsbrücken trennen dann die Reste des dazwischen liegenden polnischen Volkstums und schaffen so polnische Inseln.

Bei der Inangriffnahme der Siedlungsarbeit in diesen Zonen bilden die vorhandenen, mehr oder weniger großen deutschen Volkstumsinseln die gegebenen Kristallisationspunkte, von denen der weitere Ausbau des Grenzgürtels und der Ost-Westverbindung im einzelnen auszugehen hat. An der Gouvernementsgrenze entlang sind also die Deutschtumsinseln westlich von Petrikau, das deutsche Sprachgebiet des Lodzer Bezirks, die Niederungen der Weichseldeutschen und weiter nordostwärts die Narew-Deutschen miteinander zu verbinden. Die breitere West-Ost-Verbindung beginnt bei den Deutschtumszentren Birnbaum und Neutomischel und läuft die Warthe entlang über Posen, Schrimm, Wreschen, Konin, Kelo und Lodzer Industriegebiet. Als Siedlungszone 1. Ordnung ist auch das Suwalki-Gebiet zu behandeln.

Die südlich Tschenstochau liegenden Grenzkreise des Regierungsbezirks Kattowitz sind nicht in die vordringliche Zone einbezogen, da es sich hier um ein weniger volkspolitisch exponiertes Gebiet handelt und die Frage der ländlichen Besiedlung im starken Maße von dem zu erwartenden Ausbau der hier vorherrschenden Industrie beeinflußt werden wird.

Der Verlauf der Siedlungszone 1. Ordnung ist aus folgender Skizze zu ersehen.

Das Gesamtgebiet dieser Siedlungszone 1. Ordnung umfaßt rund 44000 qkm mit einer Gesamtbevölkerung von 4,3 Mill., davon 285000 Deutschen.

Unter Hinweis auf die Ausführungen in Abschnitt B über den allgemeinen Bevölkerungsaufbau muß dieses Gebiet künftig im ganzen gesehen mit 2,1 Mill. Deutschen angefüllt werden. Zu den vorhandenen 285000 Deutschen kommen also zusätzlich noch rund 1,8 Mill. Deutsche hinzu.

Die landwirtschaftliche Bevölkerung wird bei einem Anteil der Landwirtschaft von 35% an der Gesamtsozialstruktur und bei einer Eindeutschung von 70% etwas über 1 Million Deutsche betragen. Da in diesem Gebiet schon etwa 180000 Deutsche von der Landwirtschaft leben, fehlen also noch *rund 820000 deutsche ländliche Bevölkerung*. Das entspricht ungefähr 100000 Familien von Neubauern, Landarbeitern und Dorfhandwerkern mit Kleinbesitz.

D. Zur ländlichen Besitz- und Bodenordnung in den Ostgebieten

Die entscheidende Aufgabe für die Festigung deutschen Volkstums ist die Schaffung einer gesunden *Boden- und Besitzordnung*. Diese muß in erster Linie die blutsmäßige Sicherung des Bauerntums und Volksbestandes gewährleisten, aber auch gleichzeitig wirtschaftlichen Erfordernissen Rechnung tragen.

Das Bauerntum, das hier in den Ostgebieten Anfang und Grundlage des gesamten Volksaufbaues ist, muß daher in seiner Gesamthaltung und was die Bewußtheit seiner völkischen Aufgabe anbetrifft, ein »*neues Bauerntum*« in des Wortes tiefster Bedeutung sein. Während sich uns das Bauerntum im Altreich als Folge seines jahrhundertelangen ungleichen Kampfes mit einer ihm fremden und feindlichen Welt vielfach als ein Bauerntum »im Rückzug und im beharrenden Widerstand« darstellt, wird dagegen hier das Bauerntum wirklich »im Angriff« im echt kämpferisch-politischen Sinn stehen, und in die Mitte des Volkstums und des völkischen Aufbruchs gestellt sein.

Der alte Gegensatz von Stadt und Land, der sich im Altreich aus der Absperrung des Bauern im 19. Jahrhundert zwangsläufig mit allen seinen bis in die jüngste Zeit hineinreichenden Folgen (Landflucht usw.) ergab, darf gar nicht erst entstehen. An die Stelle dieses Gegensatzes hat die völkische und volksgemeinschaftliche Verpflichtung zu treten. Die Schaffung einer gesunden Boden- und Besitzordnung ist in ganz entscheidender Weise für die Verwirklichung dieser Forderung die grundlegende Voraussetzung.

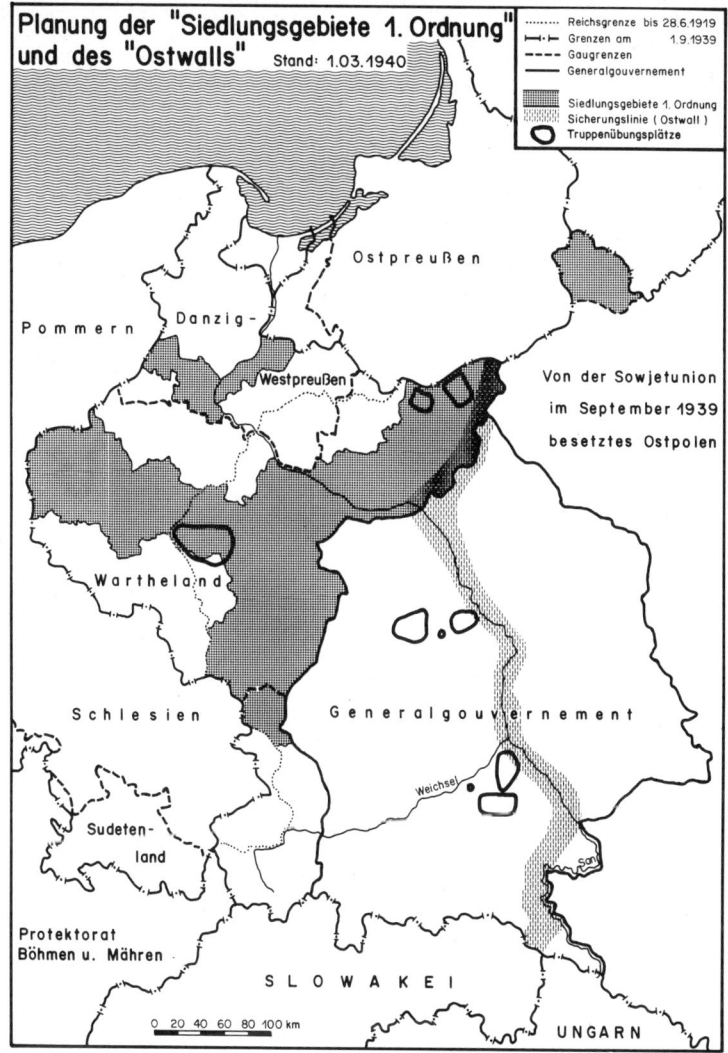

Planung der "Siedlungsgebiete 1. Ordnung" und des "Ostwalls" Stand: 1.03.1940

Reichsgrenze bis 28.6.1919
Grenzen am   1.9.1939
Gaugrenzen
Generalgouvernement

Siedlungsgebiete 1. Ordnung
Sicherungslinie (Ostwall)
Truppenübungsplätze

Ostpreußen

Pommern   Danzig-

Westpreußen

Von der Sowjetunion
im September 1939
besetztes Ostpolen

Wartheland

Schlesien   Generalgouvernement

Weichsel

Sudeten-
land

Protektorat
Böhmen u. Mähren

SLOWAKEI

0 20 40 60 80 100 km

UNGARN

Im Original Karte der Siedlungsgebiete – hier Neuzeichnung und Ergänzung um Planung des Ostwalls nach Anlage zu 63a/WFA/Abt. L(IVa) Nr. 550/40 geh., BA-MA, RW 19/1628/K5.

Die zu schaffende Besitzstruktur muß im einzelnen folgenden Gesichtspunkten Rechnung tragen:

a) Es muß eine breite Grundlage von *lebensfähigen Bauern* mit festem Besitz vorhanden sein und einer Besitzgröße, die nicht nur eine gesicherte Existenz, sondern darüber hinaus volle Teilnahme am wirtschaftlichen und kulturellen Austausch mit den anderen Zweigen der Volkswirtschaft gewährleistet.

b) Geeignete größere Besitzformen für das *volks- und wehrpolitische Führertum*, das in Haltung und Leistung allgemeines Vorbild im Lande und in der engeren Welt des Dorfes sein soll. Sie entsprechen als die künftigen Wehrbauernhöfe im gewissen Sinne den Schulzenhöfen und Rittergütern der mittelalterlichen ostdeutschen Kolonisation. Ausdrücklich vermerkt sei hier, daß dies nicht zur Schaffung einer Oberschicht im Sinne einer Kaste von Großgrundbesitzern mit volksfremder Landarbeiterunterschicht führen darf. Diese Wehrbauernhöfe werden auch bei größerem Umfang auf einer bäuerlichen Betriebsgrundlage aufgebaut sein müssen, die auf mit dem Boden ebenfalls verbundenen Landarbeitern (z. B. Heuerlingen) reichs- und volksdeutscher Abstammung beruht. Der polnische Bevölkerungsteil soll später ausschließlich auf den Domänen und den bis zur Aufsiedlung in Großbetriebsform vorübergehend bewirtschafteten Gütern und Ländereien beschäftigt werden.

c) Die Besitzstruktur muß nicht nur einem *deutschen bodenständigen Landarbeitertum* Raum geben, sondern diesem auch Aufstiegsmöglichkeiten sichern. Das bedeutet die Schaffung einer Reihe von kleineren Stellen, die im gewissen Verhältnis zu den unter b) aufgeführten Großhöfen stehen und den Aufstieg des verheirateten Landarbeiters mit Land zum späteren Neubauern ermöglichen. Es wird vielleicht in der Anfangszeit schwierig sein, deutsche Landarbeiter in entsprechender Zahl zu finden, da einmal im Altreich ein Überfluß an verheirateten Landarbeiterfamilien nicht besteht und zum anderen ein jeder, der den Marsch nach dem Osten antritt, verständlicherweise nach einem Bauernhof strebt. Und doch ist es notwendig, diese Stellen vorzusehen für den Nachwuchs und als Durchgangs- und teilweise auch Dauerberuf für Landarbeiter- und Bauernsöhne. Der Werdegang des künftigen Neubauern soll grundsätzlich über eine mehrjährige Tätigkeit als Knecht und verheirateter Landarbeiter zum späteren Neubauernhof führen.

d) Unlösbar verbunden mit dem Bauern ist das Schicksal des *dörflichen Handwerks*. Auch dieses ist mit dem Dorf um so fester verhaftet, je mehr der Handwerker innerhalb der Dorfgemeinschaft durch Bodenbesitz verankert ist. Daher soll der Handwerker nach Möglichkeit Kleinbauer im Besitz einer erblichen Hof- und Handwerkerstelle sein.

Zu a). Was die Größe einer ausreichenden lebens- und leistungsfähigen Bauernstelle anbetrifft, so lösen wir uns von der formalen Hektarbeziehung und kehren wieder zu dem alten deutschen Begriff der *Hufe* zurück. Die Hufe im altgermanischen Sinne war nicht nur ein formales Maß, sondern der umfangmäßige Ausdruck für eine gesicherte Lebensgrundlage der Bauernfamilie und somit zugleich eine Lebens-, Wirtschafts- und Arbeitseinheit. Je nach den Bedingungen (verschiedene Böden, verschiedene Wirtschaftsverhältnisse) finden wir daher wechselnde Flächengrößen für die Hufe. Der in den letzten Jahrzehnten geläufig gewordene Begriff der »Ackernahrung« kann den Begriff der Hufe nicht ersetzen. Die »Ackernahrung« ist viel zu sehr mit dem Begriff des Existenzminimus verknüpft und damit auch viel zu sehr die Grenze nach unten.

Die Hufe gibt also im großen und ganzen den Umfang einer bäuerlichen Familienwirtschaft wieder, einer Familienwirtschaft, bei der arbeitsorganisatorisch gesehen, das Schwergewicht bei den familieneigenen Kräften liegt. Bei guten natürlichen und wirtschaftlichen Verhältnissen wird die untere Grenze der Hufe um etwa 20 ha, bei mittleren und ungünstigeren Bedingungen bei 25–30 ha liegen. Sind die Böden oder die wirtschaftlichen Verhältnisse so ungünstig, daß der Hufenumfang über 30 ha wesentlich hinausgehen müßte, sind die Voraussetzungen für die Schaffung von Familienwirtschaften nicht mehr gegeben. Solche Gebiete sollen daher besser größeren Betriebsformen vorbehalten sein. Das bedeutet nicht, daß bei guten Böden etwa die größeren Wehrbauernhöfe nicht ausgelegt werden. In jedem Bauerndorf sind neben den bäuerlichen Familienwirtschaften grundsätzlich auch Wehrbauernhöfe auszulegen.

Zu b). Die Großhöfe (Wehrbauernhöfe) sind betriebs- und arbeitsorganisatorisch anders aufgebaut. Sie müssen einen Größenumfang besitzen, der es zuläßt, daß der Betriebsinhaber nicht mehr selbst im Betrieb ständig mitarbeitet und daß Landarbeiterfamilien gehalten werden können. Die unterste Grenze für Höfe dieser Art liegt bei guten und mittleren Böden bei etwa 50–60 ha und wird hinauf bis 200 ha und in Einzelfällen darüber hinausgehen. Die Betriebs- und Wirtschaftseinheit dieser Höfe wird im Gegensatz zur Hufe der bäuerlichen Familienwirtschaft als »Großhufe« bezeichnet.

Die Besitzer dieser Großhufenbetriebe haben neben den volks- und wehrpolitischen Führungsaufgaben vor allem auch die Verpflichtung, vorbildliche Beispielswirte und Pioniere auf landwirtschaftlich-technischem und betriebsorganisatorischem Gebiet zu sein. An die Inhaber dieser Betriebe sind daher die höchsten Anforderungen zu stellen. Neben der selbstverständlichen Grundvoraussetzung, daß sie SS-fähig sind, und hinsichtlich ihrer Familie und Kinderzahl den völkischen Pflichten genügen, müssen sie zugleich aber auch den Nachweis erbracht haben, daß sie befähigte praktische Betriebsführer sind. Dem Recht, einen größeren Hof zu besitzen, müssen auch höhere Pflichten gegenüber stehen.

Zu c). Bei den kleineren Besitzgrößen handelt es sich um die Eigenwirtschaften der Landarbeiter und ländlichen Freiarbeiter mit Eigenland, sowie Handwerker mit nebenberuflicher Landwirtschaft. Man muß sich darüber im klaren sein, daß die meisten dieser Landarbeiterstellen, deren Familie entweder als Deputanten (Heuerlinge) und im Werkvertrag oder als Freiarbeiter zu den Großhöfen im Arbeitsverhältnis stehen, als Durchgangsstellen für spätere Neubauern betrachtet werden müssen. Die Bodenständigkeit dieser Landarbeiter bezieht sich daher weniger auf die jeweilige Stelle selbst, in der der Landarbeiter von seiner Verheiratung an etwa 5–8 Jahre bis zur Übernahme eines Neubauernhofes tätig ist, sondern vielmehr auf das Prinzip der dauernden Bodenbindung überhaupt. Es muß also in jedem Dorf ein gewisser Anteil solcher bodenständigen Landarbeiterstellen vorhanden sein, aus deren Mitte immer wieder die Bewährtesten zum Aufstieg in eine Neubauernstelle ausgewählt werden.

Was das Verhältnis dieser Betriebsgrößen und -formen zueinander angeht, so ist entscheidend, daß dies ganze ländliche Gefüge auf einem vorherrschenden Block von Betrieben mit Hufengröße ruht, die zahlen- und flächenmäßig ungefähr ⅔ bis ¾ des Ganzen ausmachen.

Wir gelangen so zu folgender *Überschlagsrechnung für die im gesamten Ostgebiet zu schaffenden bzw. vorhandenen Betriebe*:

Von der landwirtschaftlichen Nutzfläche von rund 5,9 Mill. ha werden einnehmen:

	Zahl der Betriebe	landw. Nutz- fläche ha
Landarbeiterbetriebe und Kleinstelle	72 000	180 000
Bauernbetriebe in Hufengröße	155 000	3 900 000
Wehrbauernhöfe (Großhufen)	11 700	1 800 000
	238 700	5 880 000

Für die Siedlungszone 1. Ordnung, die etwa die Hälfte des gesamten Raumes ausmacht, ergibt sich daraus unter Berücksichtigung der schon vorhandenen volksdeutschen Betriebe eine Zahl von rund *100000 neu zu schaffenden bezw. vorhandenen Betriebseinheiten.*

E. Zahl und Größe der Gemeinden

Was den Ausbau der Landkreise anbetrifft, so ist eine wichtige Frage des Siedlungswerkes die richtige Zuordnung der Gemeinden zu ihrem natürlichen Marktmittelpunkt, d. h. also zur Kreis- und Kleinstadt. Hand in Hand mit dem Aufbau der Dörfer und Höfe muß daher auch der Ausbau der Landstädte und des städtischen gewerblichen Lebens erfolgen. Die Zahl der heute in dem Ostgebiet vorhandenen Klein- und Mittelstädte ist wohl ausreichend; es ist aber, um der agrarischen Überbevölkerung entgegenzuwirken, notwendig, eine Verstärkung des Bevölkerungsanteils vor allem in den kleineren Kreis- und Landstädten vorzunehmen.

Eine Verstärkung des klein- und mittelstädtischen Bevölkerungsanteils ist vielfach nur möglich bei einer mit dem Aufbau der gewerblichen Wirtschaft notwendig werdenden völligen baulichen Neugestaltung der vorhandenen Städte sowie bei einer richtigen räumlichen und größenmäßigen Zuordnung der Landgemeinden zu ihrem natürlichen Marktmittelpunkt und ihrem kulturellen Zentrum.

Die *Größe der ländlichen Gemeinden* soll nach Möglichkeit 3–400 Einwohner nicht unterschreiten. Die Erfahrung der letzten Jahrzehnte hat gelehrt, daß die öffentlichen Lasten am stärksten die kleinen Gemeinden bedrücken und Gemeinden unter 3–400 Einwohner praktisch nicht in der Lage sind, den in dieser Richtung gestellten Anforderungen zu genügen. Auch aus Gründen der Gestaltung eines mehrklassigen Schulunterrichts ist diese Gemeindegröße erwünscht; das Dorf mit 3–400 Einwohnern ist das normale Schuldorf.

Ein solches Dorf von 3–400 Einwohnern wird sich im Durchschnitt aus etwa 40 Hofstellen und Wirtschaften zusammensetzen und eine Größe der Feldmark von 1000 ha landwirtschaftlicher Nutzfläche besitzen; es sind also im Dorf durchschnittlich vorhanden 2 Großhöfe über 50 ha, 26 bäuerliche Familienwirtschaften in Hufengröße und 12 Landarbeiterstellen und Nebenerwerbsbetriebe.

Unter Zugrundelegung der Tatsache, daß im Reichsdurchschnitt ein normaler Kreis etwa 70 Gemeinden besitzt, würden bei Beibehaltung der jetzt bestehenden Kreisgrößen in den 40 Kreisen der Siedlungszone 1. Ordnung *rund 2800 Gemeinden* zu schaffen sein. Zu der gleichen Zahl gelangt man auch, wenn man von der landwirtschaftlichen Nutzfläche dieses Gebiets und der durchschnittlichen Gemeindeflur von 1000 ha ausgeht.

Die jetzige Gemeindeverfassung, wie wir sie von den Polen übernommen haben, ist für den Verwaltungsaufbau des neuen Gebietes nicht geeignet. Es dürfen Siedlungs- und Verwaltungseinheit nicht von einander getrennt sein. Die jetzigen Großgemeinden des ehemaligen polnischen Gebiets lassen jeden gemeinschaftlichen Zusammenhalt vermissen. Bei der Besiedlung der Ostgebiete muß, sowohl was die verwaltungsmäßige Seite wie die äußere und innere Gestaltung anbetrifft, in stärkerem Maße als es in den letzten Jahrzehnten deutscher Siedlungsarbeit geschehen ist, auf die *Wahrung des Dorfzusammenhanges* und Gestaltung des Dorfes selbst entscheidendes Gewicht gelegt werden. Alles was den Gemeinschaftssinn und die Gemeinschaft fördert, verdient höchste Beachtung. Was die bauliche Seite angeht, so können wir durchaus an die Erfahrungen der preußischen Ansiedlungskommission, die sich schließlich für die Form des planvoll aufgelockerten Haufendorfes bzw. des Reihendorfes mit einem Dorfkern entschied, anknüpfen.

Eine in diesem Zusammenhang wichtige Frage ist die des *Gemeindebesitzes*. Gemeindebesitz fördert und stärkt den Zusammenhalt und Gemeinschaftssinn im Dorfe. Für einen solchen Gemeindebesitz kommt in Zukunft wohl nur noch der Wald in Frage; Allmenden in Form von Gemeindeweiden und Grünlandflächen werden im allgemeinen nicht so intensiv bewirtschaftet wie private Nutzungen. Bei Ödländereien, die durch den geschlossenen Einsatz des ganzen Dorfes allmählich kultiviert werden, mag das Gemeindeeigentum allerdings durchaus nützlich sein. Wegen der hohen wirtschaftlichen und erzieherischen Bedeutung, die aber der Waldbesitz für eine Gemeinde hat, soll dort, wo geeignete Wälder vorhanden sind, ein Dorf entsprechenden Gemeindewald erhalten, dessen Pflege und Nutzung unter staatlicher Forstaufsicht steht.

F. Folgerungen und vordringliche Aufgaben

Das im vorhergehenden umfangmäßig gekennzeichnete Siedlungswerk wird sich in zwei Abschnitten vollziehen, von denen der erste innerhalb 3 Jahren nach Kriegsbeendigung, der zweite nach weiteren 2 Jahren zu bewältigen ist. Die folgenden Angaben und Berechnungen gelten für die Siedlungszone 1. Ordnung und den ersten dreijährigen Abschnitt.

Für die Bereitstellung von 100000 geeigneten Neubauern- und Landarbeiterfamilien für die Zone 1. Ordnung werden nach den vorliegenden Schätzungen das Siedlerreservoir des Altreiches, selbst wenn wir die unsicheren Zahlen der Volksdeutschen nicht einmal in die Rechnung einbeziehen, voraussichtlich ausreichen. Dabei wird vorausgesetzt, daß der Aufbau im Osten zugleich eine endgültige Bereinigung der Realteilungsgebiete im Altreich ermöglicht. Es werden dann allein in Württemberg und Baden nach vorläufiger Schätzung etwa 100000 Bauern- und Handwerkerfamilien zur Verfügung stehen. Der Reichsnährstand verfügt zurzeit über ca. 15–20000 Jungbauern mit Neubauernscheinen.

Eine besondere Beachtung müssen die Fragen der Viehhaltung und Viehzucht bei der Besiedlung finden. Die Erhaltung und Mehrung der Fruchtbarkeit der ostdeutschen Böden ist unlösbar mit einer gesunden und starken Viehhaltung verbunden. Die Viehzucht liegt aber in den Ostgebieten sehr darnieder. Nicht allein, daß der Krieg eine starke Dezimierung des vorhandenen Viehbestandes mit sich gebracht hat, auch der Viehbesatz der Betriebe in den ehemals polnischen Gebieten ist, abgesehen von den Pferden, weitaus geringer als im Durchschnitt des Altreichs.

Viehhaltung je 100 ha landw. Nutzfläche					
	Pferde	Rind-vieh	Schweine	Schafe	Ziegen
ehem. Westpolen 1937 (Posen, Pommerellen, Schlesien)	14,2	40,1	45,8	9,7	6,4
Altreich 1935	11,8	65,9	79,4	13,7	8,7

Um daher für die Neubauernhöfe feste Grundlagen einer sicheren Produktion zu schaffen, ist der Aufbau einer entsprechenden Landestierzucht und die Vermehrung des Viehbestandes über den jetzt allgemein herrschenden Besatz hinaus dringendes Erfordernis. Dieser Aufbau der Tierzucht muß sowohl aus den Beständen des Altreichs und durch Aufzucht von Jungvieh aus dem Altreich erfolgen, als auch durch Vermehrung der Aufzucht in den jetzigen volksdeutschen und interimistisch bewirtschafteten ehemals polnischen größeren Betrieben. Das in den nächsten Jahren verfügbare Kontingent, das an Nutzvieh aus dem Altreich in die aufzubauenden Gebiete den Neubauern mitgegeben werden kann, ist für das Jahr 1940 etwa folgendes:

32500 Kühe, 32500 Stück Jungvieh, 4000 Bullen, 100000 tragende Sauen, 2500 Eber, 150000 Schafe, 50000 Ziegen, 200000 Junghennen.

Diese Mengen lassen sich nach 2–3 Jahren noch durchaus steigern.

Der Baustoffbedarf für die Errichtung von 100000 Hofstellen in dem eingangs dargelegten Größenverhältnis wird nach roher Schätzung etwa folgender sein:

13,5 Milliarden Stück Ziegel,
1,78 Millionen Tonnen Kalk,
1,59 Millionen Tonnen Zement,
330 000 Tonnen Teisen
21,8 Millionen Festmeter Rundholz

Die Ziegelproduktion in den Ostgebieten und dem Generalgouvernement wird unter der Voraussetzung einer Ausweitung der jetzigen Produktion um das 3–4fache zur Deckung dieses ländlichen Baubedarfs ausreichen.

Neben der Errichtung von etwa 100 000 Hofstellen wird sich die Bautätigkeit abgesehen von den städtischen Um- und Neubauten auch ebenso vordringlich auf den *Ausbau des Straßennetzes* erstrecken. Bei der derzeitigen Dichte des Straßennetzes und dem schlechten Straßenzustand ist an eine reibungslose Durchführung des ländlichen Siedlungswerkes gar nicht zu denken.

In dem Siedlungsgebiet erster Ordnung beträgt die gesamte Länge der Landstraßen erster Ordnung etwa 5700 und die Landstraßen zweiter Ordnung etwa 2900 km, die Gesamtstraßenlänge demnach 8600 km. Bei einer Gesamtfläche dieses Gebietes von 44 000 qkm ergibt sich hieraus eine Straßendichte von nicht ganz 200 m Straßenlänge je qkm. Unter Berücksichtigung der Tatsache, daß selbst die schlecht erschlossenen angrenzenden Reichsgebiete umfang- und gütemäßig wesentlich bessere Verkehrserschließung zeigen (Ostpreußen 339, Pommern 305, Grenzmark 288, Schlesien 435) – die west- und mitteldeutschen Gebiete sind noch wesentlich besser erschlossen (Sachsen 875, Braunschweig 776, Rheinprovinz 616, Württemberg 709), ist somit die Straßendichte der neuen Reichsgebiete stark verbesserungsbedürftig. *Die Verdichtung des Straßennetzes und Verbesserung des Straßenzustandes ist daher eine der ersten Voraussetzungen für eine Belebung der gesamten Wirtschaft, vor allem aber für die Erschließung des Landes.*

Das erste Ziel muß sein, den Durchschnitt der Straßendichte in dem künftigen Siedlungsgebiet erster Ordnung wenigstens an die Verhältnisse in den angrenzenden Provinzen des Altreichs anzugleichen. Das bedeutet die Erweiterung des Straßennetzes um die Hälfte des bisher vorhandenen, d. h. um rund 4000 km. Für den Bau von *Autobahnen* kommen vor allem die Verbindungen Berlin–Posen–Lodz und Breslau–Posen–Bromberg–Danzig in Frage. Der Ausbau des Straßennetzes muß der Bautätigkeit auf dem Lande grundsätzlich laufend vorangehen.

Um die Länder und Provinzen des Altreiches stärker an die Siedlungsaufgabe im Osten zu binden, und die zentralen staatlichen Stellen weitgehend zu entlasten, ferner um die Siedlung nach landsmannschaftlichen Gesichtspunkten zu fördern, sollen die deutschen Volksstämme einen bestimmten Siedlungsbereich in den neuen Gauen zugewiesen erhalten. Bei der Auswahl dieser Patenschaften müssen natürlich soweit als möglich Eigenart und besondere Gegebenheiten von Stamm und Land besondere Berücksichtigung finden. Auf diese Weise wird auch ein ehrlicher Wettstreit unter den Ländern und Provinzen geschaffen, der der Sache nur förderlich sein kann.

Dringend erforderlich ist die Durchführung einer *Bodenbestandsaufnahme*, die sich sowohl aus der Beschaffung eines hinreichenden Kartenmaterials und der klimatologischen Unterlagen als auch einer Überschlagsbewertung der landwirtschaftlich genutzten Fläche zusammensetzen muß. Die Durchführung einer *Überschlagsbewertung* der landwirtschaftlich genutzten Fläche (Acker- und Grünland) sollte, soweit die polnische Bodenschätzung von 1935 sich als nicht brauchbar erweist, im Grundsatz nach dem Verfahren der Reichsbodenschätzung erfolgen.

[8.] Rede Himmlers vor der Landesgruppe der NSDAP in Madrid über Siedlungsfragen am 22. Oktober 1940

Vertraulich. Abschrift

Reichsführer SS Himmler sprach im deutschen Haus bei einem Empfang der Landesgruppe der NSDAP über moderne Siedlungsprobleme und Fragen des europäischen Ostraumes. Er ging in seinem Vortrag von der Feststellung aus, daß die Reinigung des eigenen Volkstums durch die Nürnberger Judengesetze sowie der Aufbau der Wirtschaft und Wehrmacht, ferner die Vereinigung des gesamten deutschen Volkstums durch die Lösung der österreichischen, böhmisch-mährischen und polnischen Frage den neuartigen Weg dieser Politik kennzeichneten. »Ein gewonnener Krieg«, fuhr Himmler fort, »besteht nicht im Menschengewinn anderen Volkstums, sondern im gewonnenen Acker. Deutschland hat durch seine militärischen Siege zwar im Osten 8 Millionen fremden Volkstums übernehmen müssen, aber bereits alle Vorbereitungen getroffen, um in klarer Trennung die verschiedenen Völker auseinander zu halten. Alles fremde Volkstum und besonders das Judentum wird künftig im Generalgouvernement angesetzt werden, was bedeutet, daß dorthin etwa 5 bis 6 hunderttausend Menschen umgesiedelt werden, wobei die Juden in einem gesonderten Ghetto untergebracht werden sollen, und zwar alle Juden aus dem ganzen Großdeutschen Reich. Bis jetzt sind aus Bessarabien, der Südbukowina und der Dobrudscha rund 250000 Volksdeutsche entsprechend ihrem früheren Besitz, teilweise sogar unter erheblich besseren Bedingungen, in den neuen Ostprovinzen des Reiches auf eigener Scholle angesetzt worden. Die Umsiedlung erfolgt auf Grund neuester Forschungsergebnisse und wird revolutionäre Ergebnisse erbringen, weil sie nicht nur Volkstumskontingente verpflanzt, sondern auch die Landschaft völlig umgestaltet wird. Windreiches Steppengebiet wird durch die vielgestaltige Aufforstung nutzbar gemacht werden. Durch die Beschlagnahme von Ziegeleien wurden im Generalgouvernement bis jetzt bereits 750 Millionen Ziegel hergestellt und auf Vorrat gelegt, die im nächsten Jahr auf 1,5 Milliarden angestiegen sein werden und sofort nach dem Krieg zum Neubau von mustergültigen Siedlungen, Bauerndörfern und Städten verwendet werden. Der Generalplan für diese Neugestaltung eines Raumes von rund 200000 Quadratkilometern ist fertiggestellt und wird schon in der ersten Hälfte des nächsten Jahres in Angriff genommen. Deutschland wird so das stärkste Land und das deutsche Volk das gesündeste und leistungsfähigste in der Welt werden. Dieser großen inneren Kolonisierung steht das Kolonialproblem gegenüber, das mit anderen Mitteln gelöst werden wird. Die Kolonien, die Deutschland wieder erlangen wird, sind in erster Linie für die Erzeugung wirtschaftlicher Zusatz- und Rohstoffprodukte bestimmt, ohne daß das deutsche Volkstum dort Wurzeln schlagen und so dem Heimatvolkstum verloren gehen wird. Auch hier werden erstmalige Methoden angewandt werden.« Himmler schloß: »Es wird keine ausländische Heimat mehr geben, denn Heimat kann immer nur das ewige Großdeutschland sein. Es wird keine Kolonie mehr geben, die allen möglichen Illusionen Tür und Tor öffnen, sondern nur Wirtschaftsgebiete, die nach einem klaren Plan betreut werden. Das ist der wahre Sinn des Deutschland aufgezwungenen Krieges.«

**[9.] Stellungnahme der Reichsgruppe Industrie zur industriellen Planung
in den eingegliederten Ostgebieten vom 20. März 1941**

a) *Schreiben der Geschäftsführung an die Reichsstelle für Raumordnung*
z. H. Herrn Dr. Puttkamer *. VI.5138/682. Bg/Js. Mit Bearbeitungsvermerken
der Reichsstelle

Sehr geehrter Herr Dr. Puttkamer!
Zunächst möchten wir Ihnen unseren verbindlichen Dank sagen für die Übersendung des Zah-
lenmaterials betreffend den gewerblichen Siedlungsbedarf der eingegliederten Ostgebiete in
den einzelnen Branchen.
Inzwischen haben wir mit den verschiedensten Stellen Verhandlungen gepflogen, um ein
Schema für die Behandlung von Anträgen herauszuarbeiten, die im Rahmen der industriellen
Planung hergestellt werden. Zu Ihrer Unterrichtung überreichen wir Ihnen vereinbarungsge-
mäß 1 Exemplar unserer vorläufig unverbindlichen Ausarbeitung »Industrieplanung–Schema
für die Behandlung von Anträgen«.
Wie Sie hieraus ersehen wollen, sind in jedem Falle die Anträge zunächst an diejenige Industrieabteilung zu richten, die für den Sitz des Antragstellers zuständig ist. Die Industrieabteilung hat daraufhin folgende Schritte zu unternehmen:
1.) Einholung des politischen Gutachtens von den Parteistellen.
2.) Einholung des Gesundheitsattestes vom Gesundheitsamt der SS.
    Die Schritte zu 1.) und 2.) sind nur dann zu unternehmen, wenn es sich um Bewerber für
    die eingegliederten Ostgebiete handelt. Diese Maßnahme ist mit der Haupttreuhandstelle
    Ost und dem dortigen Generalreferenten des Reichskommissars für die Festigung deut-
    schen Volkstums abgesprochen. Damit die Apparatur nicht zwecklos in Gang gesetzt wird,
    soll die Haupttreuhandstelle Ost bezw., soweit der Bezirk schon feststeht, die Treuhand-
    stelle der Industrieabteilung kurz mitteilen, ob für die Bewerber überhaupt noch entspre-
    chende Objekte vorhanden sind.
3.) Herbeiführung der Entscheidung darüber, ob im Falle einer Industrieverlagerung der be-
    treffende Betrieb von dem Bezirk der Industrieabteilung abgegeben werden kann und soll.
    Hierzu ist von der Industrieabteilung mit den zuständigen Stellen wie Gauwirtschaftsbera-
    ter, Landesplanungsgemeinschaft usw. Fühlung zu nehmen.
4.) Einholung des fachlichen Gutachtens betreffend den Unternehmer und das Unternehmen
    von der zuständigen Wirtschaftsgruppe.
Im übrigen bitten wir aus dem anliegenden Schema zu ersehen, daß im Rahmen der Industrieplanung 3 verschiedene Arten von Anträgen zu berücksichtigen sind:
a) Die Übernahme vorhandener Betriebe in den eingegliederten Ostgebieten,
b) Industrieverlagerung im sonstigen Deutschen Reichsgebiet,
c) Produktionsausbau.
Welche gesetzlichen Bestimmungen und Anordnungen hierbei im einzelnen beachtet und welche Fälle noch geklärt werden müssen, ist aus Seite 4 und 5 zu ersehen.
Mit großem Interesse nahmen wir davon Kenntnis, daß Sie im Sinne der zwischen Herrn Ministerialdirektor Jarmer und Herrn Dr. Guth geführten Unterredung mit den zuständigen Herren des Reichswirtschaftsministeriums bereits verhandelt haben**. Wie Sie wissen, sind wir
außerordentlich daran interessiert, die Industrieabteilungen in das gesamte Verfahren grundsätzlich eingeschaltet zu sehen. Infolgedessen wären wir Ihnen außerordentlich verbunden,
wenn Sie uns von dem Ergebnis Ihrer mit dem Reichswirtschaftsministerium gepflogenen

---

* Referent in der Reichsstelle für Raumordnung.
** Ministerialdirektor Jarmer, Leiter der Reichsstelle für Raumordnung, Dr. Karl Guth, Hauptgeschäftsfüh-
    rer der Reichsgruppe Industrie.

Verhandlung ehestens unterrichten würden. Sollten sich Schwierigkeiten ergeben, so stehen wir jederzeit zu mündlicher Rücksprache zur Verfügung. Lediglich der Ordnung halber möchten wir Sie noch darauf hinweisen, daß die bisher vorgenommene Industrieverlagerung, wie etwa die vom Westen nach Mitteldeutschland, fast ausschließlich aus wehrwirtschaftlichen Sicherheitsgründen vorgenommen worden ist. Da derartige Gesichtspunkte sich nicht einheitlich und schematisch erfassen lassen dürften, haben wir diese Art der Industrieverlagerung aus dem anliegenden Schema ausgelassen.

Heil Hitler!
REICHSGRUPPE INDUSTRIE
Die Geschäftsführung:
i. A.

(Unterschrift): Bergengrün *

b) *Anlage: Industrieplanung – Schema für die Behandlung von Anträgen vom 4. 3. 41*
    BG / Tr. 682 A

I.

Den ersten Anstoß zur praktischen Durchführung einer industriellen Planung hat die gewerbliche Ansiedlung der eingegliederten Ostgebiete. Das hierbei entwickelte Verfahren der Behandlung von Anträgen kann nicht ohne weiteres auf die Industrieverlagerung übertragen und muß sinngemäß erweitert werden. Nach Rücksprachen mit den verschiedenen in Frage kommenden Stellen können die Behandlung und der Lauf der Anträge etwa in folgender Weise festgelegt werden:
Bei allen beteiligten Stellen bestand Einmütigkeit darüber, daß mit Rücksicht auf die Unmöglichkeit in größerem Maßstabe zu bauen und auf die nur begrenzt in den Ostgebieten zur Verfügung stehenden Objekte zurzeit die Industrieverlagerung nicht zum Zuge kommen kann. Trotzdem haben sich fast alle Stellen dafür ausgesprochen, das Verfahren schon jetzt festzulegen, damit bei Kriegsende oder bei früherer Gelegenheit nicht unerwünschte Methoden sich einbürgern.

II.

Bei der Durchführung der Industrieplanung kann es sich um folgende Fälle handeln:
1.) *Übernahme von vorhandenen Betrieben in den eingegliederten Ostgebieten.*
    Diese ist so gut wie abgeschlossen, da fast in allen Ostgebieten mehr Bewerber als Objekte vorhanden sind. Ähnliche Maßnahmen können später auch in Luxemburg, Lothringen und Elsaß durchgeführt werden, wobei es zurzeit gleichgültig ist, ob später ein Pendant zur Haupttreuhandstelle Ost geschaffen wird in diesen Gebieten.
2.) *Errichtung und Ausbau von Industriebetrieben.*
    Hierbei kann es sich handeln um:
    a) *reine Industrieverlagerung,*
       bei der in erster Linie regionale Gesichtspunkte und Fragen des Verkehrs, einheitlicher Preise, des Standortes, Struktur des jeweiligen Gebietes usw. mitsprechen.
    b) *die Produktionserweiterung auf einem ganzen Fachgebiet.*
       Hierbei sind in erster Linie die fachlichen Gesichtspunkte, mithin also die Stellungnahme der Wirtschaftsgruppen zu berücksichtigen. Für einzelne Fachgebiete sind be-

* Dr. Bergengrün, Referent für Allgemeine Fragen der Rohstoffwirtschaft, Industrieausbau und -planung, Industrie und Landwirtschaft, in der Abt. VI der Geschäftsführung der Reichsgruppe Industrie. Vermerk über die Besprechung am 17. 2. 1941, BA, R 113/72.

sondere Anordnungen zur Sicherung des Ausbaues der Produktion maßgebend (z. B. Eisen- und Stahlbewirtschaftung, Holzverarbeitende Industrie usw.). In diesen Fällen ist auch das Reichsamt für Wirtschaftsausbau einzuschalten, soweit die Zuständigkeit hierfür gegeben ist.

Im einzelnen sind folgende Bestimmungen zu beachten:

Zu A: Die gewerbliche Ansiedlung in den eingegliederten Ostgebieten bedarf grundsätzlich der Genehmigung des zuständigen Reichsstatthalters bzw. Oberpräsidenten.

Zu B: Betrifft die Industrieverlagerung Unternehmen, die von besonderer kriegswirtschaftlicher Wichtigkeit sind oder eine Gefolgschaft von mehr als 500 Mitgliedern haben, so ist die Genehmigung des Reichswirtschaftsministers erforderlich.

Zu C: Handelt es sich um die Errichtung und Erweiterung von Betrieben und gleichzeitig um den Ausbau der gesamten Produktion auf einem Fachgebiet, so sind zu berücksichtigen:

    a) die auf den einzelnen Fachgebieten erlassenen Anordnungen zur Sicherung des Ausbaues (Eisen- und Stahlbewirtschaftung, Holzverarbeitende Industrie)

    b) die Zuständigkeit des Reichsamtes für Wirtschaftsausbau.

Zu klären sind folgende Fragen:

1.) Nach Vergebung der in den eingegliederten Ostgebieten bereits vorhandenen Objekte wird die Haupttreuhandstelle Ost voraussichtlich später dazu übergehen, auch Grundstücke (städtische) zum Zwecke der Errichtung von Industriebetrieben zu verkaufen. Inwieweit sind hierbei die unter c, a und b aufgeführten Bestimmungen zu berücksichtigen?

2.) Wird ein Betrieb aus dem sonstigen deutschen Reichsgebiet in die eingegliederten Ostgebiete verlagert und hierbei in den eingegliederten Ostgebieten ein Betrieb neu aufgebaut, so ist die Frage, ob auch die Bestimmungen zu C zu beachten sind.

3.) Das Zusammenarbeiten von Haupttreuhandstelle Ost, Reichsstelle für Raumordnung und Reichsamt für Wirtschaftsausbau muß gewährleistet sein.

4.) Der Reichskommissar für die Festigung deutschen Volkstums muß angeben, bei welchen politischen Stellen die persönliche Begutachtung des Antragstellers eingeholt werden soll. (Politisches Führungszeugnis, Gesundheitsattest.)

(Paraphe): Bergengrün

[10.] Merkblatt Nr. 1 über die Ansiedlung von Wehrmachtangehörigen in den neu eingegliederten Ostgebieten vom 16. Mai 1941

Heeres-Verordnungsblatt vom 16. 6. 1941, Teil C, S. 340ff.

508. Ansiedlung von Wehrmachtangehörigen in den neu eingegliederten Ostgebieten.
– Zu H. V. Bl. 1940 Teil C Nr. 1123.* – Um allen Angehörigen der Wehrmacht die Möglichkeit zu geben, sich einen Überblick über die derzeitigen Verhältnisse und die Planungsmaßnahmen in den neu eingegliederten Ostgebieten zu verschaffen, und den Siedlungswilligen zu zeigen, was sie während des Krieges schon an Vorarbeiten für spätere Bewerbungen tun können, wird das nachstehende Merkblatt Nr. 1 veröffentlicht.

* Erlaß des OKW vom 18. 10. 1940 über die Ansiedlung von Wehrmachtangehörigen in den eingegliederten Ostgebieten, Heeres-Verordnungsblatt vom 5. 11. 1940, Teil C, mit der Ankündigung von Siedlungsbedingungen; z. T. abgedr. in Müller, Interessenpolitik, S. 115.

Während des Krieges können nur Kriegsteilnehmer, die als Versehrte oder aus anderen Gründen zur Entlassung gekommen sind, oder deren Entlassungsverfahren eingeleitet ist, durch die Wehrmachtfürsorgeoffiziere Bewerbungen um Einweisung in gewerbliche Betriebe und Wohngrundstücke in den eingegliederten Ostgebieten einreichen. Alle übrigen Kriegsteilnehmer müssen voraussichtlich bis zur Beendigung des Krieges mit der Stellung von Bewerbungsanträgen warten.

Die Bedingungen für die Seßhaftmachung im Ostraum wird der Reichsführer SS als Reichskommissar für die Festigung deutschen Volkstums zu gegebener Zeit bekanntgeben. Das Oberkommando der Wehrmacht wird dann die Wehrmachtangehörigen aufrufen, sich für die Siedlung im Osten zu melden.

Zwischen dem Oberkommando der Wehrmacht und dem Reichsführer SS, Reichskommissar für die Festigung deutschen Volkstums, besteht Einvernehmen darüber, daß bei der Ansetzung in den neuen Ostgebieten Kriegsteilnehmer allen anderen Bewerbern bei gleicher Eignung vorangehen.

O. K. W., 16. 5. 41
1 k 20
722 / 41
AWA / BW Sied.

Merkblatt Nr. 1
Die Verhältnisse in den neuen Ostgebieten.

A. Allgemeines.

Die Besiedlung der eingegliederten Ostgebiete erfordert zielbewußte, sachlich befähigte und charakterlich einwandfreie Menschen, die im Kampf für das deutsche Volkstum Vorbild sein müssen. Der neue Osten bietet kein Feld für Spekulanten. Wer sich in den neuen Gebieten eine zukunftsreiche Lebensgrundlage schaffen will, muß Pioniergeist mitbringen!

Besiedelt werden die eingegliederten Ostgebiete:

   die Reichsgaue Wartheland und Danzig-Westpreußen,

   die Regierungsbezirke Kattowitz (Oberschles.) und Zichenau (Ostpr.)

   sowie der Kreis Suwalken (Ostpr.)

Die wirtschaftlichen Aussichten sind günstig. Die mittleren und kleineren Städte erwarten die größte Zuwanderung von Kriegsteilnehmern. Die größeren Städte, wie z. B. Danzig, Posen, Litzmannstadt und Hohensalza, haben geringere Aufnahmemöglichkeiten.

Eine straffe Planung wird eine Übersetzung in den einzelnen Berufszweigen verhindern und somit eine gesunde Entwicklung gewährleisten. Günstige Ankaufsbedingungen, Kreditbewilligungen und erhebliche Steuervergünstigungen werden zur Erleichterung der Lebensbedingungen beitragen.

Ein großzügiger Neuaufbau der Ostgebiete ist im Werden. Schon jetzt wird mit der Instandsetzung von Höfen und Betrieben aller Art begonnen. Von ihnen wird ein großer Teil zum Erwerb durch Kriegsteilnehmer bereitgestellt und bis dahin treuhänderisch verwaltet.

Zur Zeit entsprechen die Wohnungsverhältnisse überwiegend nicht den berechtigten Ansprüchen eines Deutschen. Dies bedingt, daß mancher seinen Beruf zunächst ausüben muß, ohne seine Familie sogleich mitbringen zu können. Mit Durchführung des vom Führer befohlenen Wohnungsbaues werden auch im Ostraum schnell bessere und gesündere Wohnungsverhältnisse geschaffen sein.

B. Einzelnes.

I. Landwirtschaft

Die Neuschaffung eines gesunden und starken Bauerntums bildet die Grundlage des gesamten Aufbauwerkes im Osten. Nach der allgemeinen Anordnung des Reichsführers SS, Reichskommissar für die Festigung deutschen Volkstums, vom 26. 11. 1940* wird die bäuerliche Familienwirtschaft in Größe von 20 bis 40 ha (Hufe) die tragende Schicht der zukünftigen ländlichen Bodenordnung im Osten sein.

Neben den bäuerlichen Familienbetrieben werden Bauernhöfe in Größe von 40 bis 125 ha (Großhufen) in gesunder Mischung geschaffen.

Die bäuerlichen Betriebe von 20 bis 125 ha sollen voraussichtlich nach der Fläche etwa drei Viertel und nach der Zahl etwa zwei Drittel innerhalb der Betriebsgrößen einnehmen.

Neben den Bauernhöfen werden vor allem zahlreiche gut ausgestattete Landarbeitereigenheime und Deputatstellen geschaffen werden.

Soweit es die Boden- und Absatzverhältnisse gestatten, werden auch kleinere Stellen, wie z. B. spezialisierte Obst- und Baumschulenbetriebe u. dgl., in vertretbarer Zahl errichtet werden.

Schließlich sind auch größere Betriebe vorgesehen. Ihre Zahl wird jedoch beschränkt sein.

Unlösbar verbunden mit dem Bauerntum ist das ländliche Handwerk und Gewerbe. Deshalb sollen beim Aufbau der neuen Dörfer gleichzeitig die notwendigen Handwerker- und Gewerbestellen mit angemessener Landzulage innerhalb des Dorfes geschaffen werden.

Voraussetzung für eine Seßhaftmachung als Bauer oder Landwirt ist die Erlangung des Neubauernscheins. Alle Wehrmachtangehörigen, die sich in den neu zu gründenden Dorfgemeinschaften als Bauern oder Landwirte seßhaft machen wollen, beantragen alsbald die Ausstellung eines Neubauernscheins. Eine Seßhaftmachung ist auch ohne Nachweis von Eigenmitteln möglich.

Wehrmachtangehörige, die bereits einen Neubauernschein haben, müssen der Landesbauernschaft, die den Neubauernschein erteilt hat, ihre jetzige militärische Anschrift (Feldpostnummer) einmalig mitteilen.

Für die Ausstellung von Neubauernscheinen sind die heimatlichen Landesbauernschaften unter folgenden Anschriften zuständig:
[...]

II. Handel und Gewerbe

a) Arbeiter und Angestellte.

Der Bedarf an gelernten Arbeitern und Angestellten ist fast unbegrenzt. Vorarbeiter werden in jedem Zweig der Industrie dringend gesucht. Aufstiegsmöglichkeiten sind für alle gegeben.

b) Handwerker.

Handwerksmeister, aber auch Gesellen mit mehrjähriger Gesellenzeit, die als Meister nach einer Prüfung angesetzt werden, können einen selbständigen Handwerksbetrieb übernehmen.

Während zur Zeit im Altreich auf 1000 Einwohner durchschnittlich 23 Handwerksbetriebe entfallen, ist im Ostraum eine durchschnittliche Handwerksdichte von ungefähr 10 Handwerksbetrieben auf 1000 Einwohner vorgesehen. Gesucht werden Handwerker aller Art, zur Zeit insbesondere

Bäcker, Fleischer, Friseure, Schneider, Maler, Maurer, Sattler, Tapezierer, Schuhmacher, Tischler und Zimmerleute.

---

* Allgemeine Anordnung Nr. 7/II des RKF vom 26. 11. 1940 über Grundsätze und Richtlinien für den ländlichen Aufbau in den neuen Ostgebieten, abgedr. in: Anordnungen und Beiträge zum ländlichen Siedlungsaufbau in den eingegliederten Ostgebieten und in der Untersteiermark. Berlin 1942, S. 5 ff.

Das Wohnungsbauvorhaben und die geplante landwirtschaftliche Besiedlung wird den Zuzug von zahlreichen weiteren Handwerkern, wie

Glaser, Dachdecker, Elektroinstallateure, Klempner, Schmiede, Stellmacher, Töpfer usw.,

herbeiführen.

c) Einzelhandel.

Während das Handwerk in den neu erworbenen Gebieten fast ganz in polnischen Händen lag, hatte sich der volksdeutsche Einzelhandel mit einer größeren Zahl von Betrieben gehalten. Auch unter den aus anderen Ländern umgesiedelten Volksdeutschen waren viele Einzelhandelskaufleute, die ihre bisherigen Betriebe gegen solche in den Ostgebieten vertauschten. Diese Umstände verringern die Ansatzmöglichkeiten im Einzelhandel gegenüber denen im Handwerk erheblich.

Da die Bedarfsversorgung dem Verbraucherpublikum nachfolgt, wird sich die mit Kriegsteilnehmern zu besetzende Anzahl von Handelsgeschäften erhöhen, wenn die Besiedlung des Ostraums in vollem Gange ist. Die erhöhten Lebensbedürfnisse des deutschen Volkes werden ein schnelleres Aufblühen des Handels herbeiführen, als es bisher dort möglich war.

d) Gaststätten- und Beherbergungsgewerbe.

Im Gaststätten- und Beherbergungsgewerbe liegen die Ansetzungsmöglichkeiten für Kriegsteilnehmer günstiger als im Einzelhandel; auch wird die Zukunftsentwicklung des Ostens den Kriegsteilnehmern die Neugründung weiterer Gaststätten- und Beherbergungsbetriebe ermöglichen.

e) Industrie.

Der Industrieaufbau in den eingegliederten Ostgebieten wird erst zur vollen Entwicklung nach Beendigung des Krieges kommen können, wenn an Stelle der primitiven und nicht kaufkräftigen polnischen Bevölkerung eine bedarfskräftige deutsche Bevölkerung angesetzt wird. Verschiedene Industriezweige, vornehmlich die Verbrauchsgüterindustrien (z. B. Nahrungs- und Genußmittelbetriebe, Textil- und Lederbetriebe, auch mittlere und kleinere Betriebe der metall- und eisenverarbeitenden Industrie, kleinere Betriebe der Verkehrswirtschaft usw.) werden, soweit die alten Anlagen ausbaufähig sind, nach dem Kriege neu in Gang gesetzt werden. Dazu wird sich die Möglichkeit der Neuerrichtung von Betrieben ergeben. Die Planungsarbeiten hierfür sind bereits in Angriff genommen worden.

f) Freie Berufe und kulturelle Einrichtungen.

Für freie Berufe und kulturelle Einrichtungen sind nach dem Kriege gute Entfaltungsmöglichkeiten gegeben. Der Neuaufbau der Wirtschaft im Ostraum wird gleichzeitig das Aufblühen deutschen Kulturlebens herbeiführen.

III. Erwerb von Hausgrundstücken.

Hausgrundstücke und gemischt genutzte Grundstücke stehen in großer Anzahl zum Verkauf an Kriegsteilnehmer zur Verfügung. Voraussetzung für den Erwerb ist jedoch, daß der Kriegsteilnehmer in den eingegliederten Ostgebieten seinen ständigen Wohnsitz und seine Berufsausübung hat. Der Erwerb von Hausgrundstücken zum Zwecke der reinen Geldanlage ist ausgeschlossen.

Die Freimachung des Wohnraums wird im Zuge der Eindeutschung erfolgen können.

C. Schlußbemerkung.

Die neuen Ostgebiete sind nach opferreichem Kampfe zum Reich zurückgeführt. Es gilt nun, diesen alten deutschen Volksboden auf immer zu erhalten. Das Land ist wieder ertragreicher zu machen, der Handel und das Gewerbe zum Blühen zu bringen und dieses weite fruchtbare Gebiet in den Zustand zu versetzen, der deutschem Geiste und deutscher Kultur entspricht.

Die in den eingegliederten Ostgebieten ansässigen Volksdeutschen wetteifern mit den aus den Oststaaten zurückgewanderten Volksdeutschen an der Erreichung dieses Zieles. Die kurze Zeitspanne von einem Jahr hat schon die ersten Anzeichen deutscher Aufbauarbeit gezeitigt.

Viel ist geschaffen, aber die Aufgaben wachsen und rufen nach Zuwanderung deutscher Männer, insbesondere deutscher Soldaten des Heeres, der Kriegsmarine, der Luftwaffe und der Waffen-SS.

Zusätze des O. K. H.:

Um einen Überblick über den Siedlungswillen der Angehörigen des Heeres zu bekommen, sind von den Truppenteilen Fragebogen nach nachstehendem Muster anzufertigen und ausgefüllt von dem Ersatzheer und, soweit es die Kampflage zuläßt, vom Feldheer zum 1. 8., andernfalls von letzterem spätestens zum 1. 10. einzureichen an O. K. H. AHA/Ag EH/H (VI-Siedl.), und zwar gesammelt

von den Wehrkreiskommandos von allen ihnen unterstellten Truppen und Dienststellen des Ersatzheeres,

von den Divisionen des Feldheeres von den nach der Kriegsgliederung zu ihnen gehörenden Truppen,

von den Generalkommandos von den den Generalkommandos unmittelbar unterstellten Einheiten und Verbänden,

von den A. O. K.s von den den A. O. K.s unmittelbar unterstellten Einheiten und Verbänden,

von den Heeresgruppen von den den Heeresgruppen unmittelbar unterstellten Einheiten und Verbänden,

von den Militärbefehlshabern von den den Militärbefehlshabern unmittelbar unterstellten Einheiten und Verbänden.

Es wird besonders darauf hingewiesen, daß der Fragebogen lediglich statistischen Zwecken dient und mit seiner Eingabe eine Bewerbung nicht verbunden ist.

Aufruf zur Bewerbung für die Siedlung im Osten erfolgt zu gegebener Zeit durch das O. K. W.*

Zu Merkblatt Nr. 1 »Die Verhältnisse in den neuen Ostgebieten«:

Alle ländlichen Bewerber, Bauern, Landwirte, Landarbeiter, ländliche Handwerker und ländliche Gewerbetreibende, die den Neubauernschein bei ihrer Heimatlandesbauernschaft beantragen, erhalten von dort Formblätter zugesandt, um den Nachweis ihrer Eignung zu führen. Diese hängt sehr wesentlich von der Erbtüchtigkeit der Familie ab, da die Ansiedlung auf dem flachen Lande nicht nur eine Versorgung von Einzelmenschen, sondern eine Neuverwurzelung von Einzelgeschlechtern als erweiterter Blutsquell des deutschen Volkes ist. Mit der ländlichen Besiedlung steht und fällt die Eindeutschung jedes Gebietes.

O. K. H. (Ch H Rüst u. BdE), 4. 6. 41

$\dfrac{63\ a\ 10}{12835/41}$ AHA/Ag (EH/H (VI-Siedl.)

---

* Dieser Aufruf war für die Zeit nach Kriegsende geplant.

[11.] Schriftwechsel zwischen dem Erbgroßherzog von Oldenburg und Himmler über den Ankauf größerer Güter nach Kriegsende vom 2. und 11. Juni 1941

a) Schreiben des Erbgroßherzogs von Oldenburg an den Reichsführer SS und Chef der Deutschen Polizei, Herrn Heinrich Himmler, Berlin, vom 2. Juni 1941 (mit Eingangsvermerk und Stenogramm der Antwort)

Sehr geehrter Herr Himmler!
Ich habe für meinen ererbten holsteinischen Familienbesitz drei Erbhofzulassungsanträge gestellt; zwei Anträge sind bereits genehmigt worden, während die Entscheidung über den dritten Antrag noch aussteht.
Da ich insgesamt 6 Söhne habe, würde ich gern noch weiteren Grundbesitz für die jüngeren Söhne erwerben. Ich wäre Ihnen sehr dankbar, wenn Sie mich kurz wissen lassen würden, ob grundsätzlich die Möglichkeit des Ankaufs größerer Güter im Osten nach Kriegsende für mich gegeben sein wird.
Ich bin eben für ein paar Tage zu Hause und fahre morgen zu meinem Truppenteil zurück*. Meine Feldpostnummer ist 31317.
Da ich in der nächsten Zeit wohl schwer zu erreichen sein werde, würde ich dankbar sein, wenn die Antwort an meine Frau nach Lensahn in Holstein adressiert werden könnte.
Mit herzlichem Gruß und Heil Hitler

Ihr Nikolaus
Erbgroßherzog v. Oldenburg

b) Schreiben Himmlers an den Erbgroßherzog von Oldenburg vom 11. Juni 1941 Tgb. Nr. 1/18/153/41, RF/V.

Sehr geehrter Erbgroßherzog von Oldenburg!
Zu Ihrer Anfrage vom 2. 6. 1941 teile ich Ihnen mit, daß grundsätzlich die Möglichkeit des Ankaufes von Gütern bzw. von Erbhöfen für Ihre Söhne im Osten besteht, und zwar unter der Voraussetzung, daß sie den Bedingungen bezüglich Frontkämpfereigenschaft, Gesundheit, landwirtschaftlichen Könnens, usw. entsprechen**.

Heil Hitler!
Ihr HH

---

* Der Erbgroßherzog war Hauptmann der Reserve.
** Diese Möglichkeit wurde den Angehörigen des Hochadels aber von den Nationalsozialisten immer stärker verwehrt. Seit April 1941 durften keine Prinzen mehr in die Wehrmacht eingestellt werden, und nach Hitlers »Fürstenerlaß« vom 19. 5. 1943 wurden Angehörige ehemals regierender Häuser aus der Wehrmacht entfernt, seit Oktober 1942 durften sie bereits nicht mehr in Frontverwendungen eingesetzt werden; s. Absolon, Wehrgesetz, S. 350.

[12.] Denkschrift des Landesplaners von Danzig-Westpreußen, Prof. Liedecke, über die raumpolitische Sicherung des Reiches gegen Osten (unter besonderer Berücksichtigung des Nordostens) vom 23. August 1941

Mit handschriftlichen Randbemerkungen, aus den persönlichen Akten des württembergischen Staatssekretärs Waldmann.

I.

In den nachfolgenden Ausführungen wird das deutsche Reich als Kernraum Europas betrachtet, dem die übrigen europäischen Völker des Westens, Nordens und Südens zugeordnet sind. Deshalb ist die Sicherung des Reiches gleichbedeutend mit der Sicherung Europas.

Nach Westen und Norden kann das Reich nach dem Fall Englands durch den Atlantik als gesichert gelten, im Süden durch das Mittelmeer und das Schwarze Meer. Völlig offen dagegen ist die Grenze des Reichs nach Osten. Sie schwimmt sowohl in geographischer wie in volklicher Beziehung. Hinter einem hunderte Kilometer breiten Grenzland steht die Masse Asiens mit ihrer Unberechenbarkeit.

Die Völker, die Europa im Mittelalter und bis ins 18. Jahrhundert gefährdet haben, nahmen ihren Anlauf zwar aus den Ebenen Ungarns, den Gebieten nördlich Schwarzem und Kaspischem Meer oder aus Vorderasien, also aus Räumen, die in Kurzem vom Reich beherrscht werden und somit keine Ausgangsbasen für feindselige Aktionen darstellen. Es darf aber nicht vergessen werden, daß bereits im 13. Jahrhundert die großen Chane aus der Mongolei bis ins Herz Europas vorstießen. Gleichgültig, ob man den Rückzug der Mongolen nach der Schlacht bei Liegnitz als Zufall ansieht oder geopolitisch bedingte Ausdehnungsgrenze für ein asiatisches Steppenvolk, sicher ist, daß ein Volk aus dem chinesisch-japanischen Raum bereits im Mittelalter Europa an den Rand des Untergangs bringen konnte. Wieviel mehr ist heute möglich mit den neuen Mitteln des Verkehrs.

Das Reich ist auf die Dauer im Osten am meisten anfällig.

II. (Die politischen Grenzen)

1) Der Raum zwischen Ural und dem seitherigen deutschen Reichsgebiet schwankt seit Jahrhunderten zwischen Asien und Europa. Das Zarentum trieb einmal asiatische, dann wieder europäische Politik. So betrachtete Peter der Große Rußland als einen europäischen Staat, ebenso Katharina die Große. Auch der Kampf der Kosaken gegen die östlicheren Steppenvölker war zugleich unbewußt ein Kampf zur Sicherung Europas. Andere Zaren, wie Paul I., dichteten Rußland gegen Europa ab und ihr Reich war somit Teil oder Vorfeld Asiens. Die Sowjetherrschaft ist die jüngste Phase einer asiatischen, gegen Europa gerichteten Politik.

2) Der Gesamtraum Asiens ist vom Reich aus nicht zu beherrschen. Dazu fehlt es an Volk, jedenfalls dann, wenn der Kern des Reichs ein volklich reines, in allen sozialen Gliederungen deutsches Gebiet bleiben soll. Dieser durch und durch deutsche und auch durch Unterwanderung nicht gefährdete deutsche Kernraum ist Voraussetzung für eine dauerhafte Herrschaft. Auch sind der möglichen Ausdehnung der Deutschen nach dem Osten Grenzen gesetzt, die sicherlich dort liegen, wo Steppe und ausgeprägtes Kontinentalklima beginnt, oder die Kürze der nördlichen Vegetationsperiode eine wesentlich schlechtere Lebenshaltung verursacht, als in den Kerngebieten des Reichs.

Die Aufgabe ist also, das Reich und damit Europa möglichst klar von Asien abzusetzen und es *gegen* Asien abzudichten.

3) Es gibt eine Anzahl von Beispielen für die Abdichtung von Reichen gegen ihre Umwelt. In der Regel handelt es sich um Abdichtungen hochkultivierter Reiche gegen unbestimmt und unberechenbar drängende Völkermassen.

Die bekanntesten Abdichtungen durch Befestigungsanlagen sind der römische Limes gegen die germanischen Stämme und die chinesische Mauer gegen mongolische Stämme.

Jedoch gibt es auch Beispiele für gleichsam lebendige, tiefgestaffelte Abwehrlandschaften, die nicht nur aus militärischen Anlagen bestehen, sondern zugleich ganze Völkerschaften wehrhaft und abwehrbereit organisieren. Beispiel hierfür sind die Kosaken zum Schutz Rußlands gegen mongolische Stämme und die österreichische Militärgrenze, die sich gegen die Türken wandte.

Neuzeitliche Abdichtungen werden sich zwar der historischen Beispiele erinnern müssen, ihre Form ist jedoch bestimmt

a) durch neuzeitliche Waffenwirkung,

b) durch die technische Überwindung der Entfernungen, die auch erhöhte Möglichkeiten zu Massentransporten gegeben hat.

Zu a): Durch die Luftwaffe ist die Tiefe des schlagartig erreichbaren Kampfraumes in gewaltigem Ausmaß gestiegen. Wichtige Anlagen sind selbst in einer Feindentfernung von 300–500 km nicht mehr mit Sicherheit zu schützen. Aber auch das Tempo der Heere hat sich durch die Motorisierung um ein Vielfaches beschleunigt, nicht allein durch das Tempo der Panzerwaffe an sich, sondern ebenso durch die Verbesserung des Nachschubwesens. Dadurch ist zugleich eine gewisse Unabhängigkeit von den beim Gegner vorgefundenen Vorräten eingetreten.

Die Folge dieser Tatsachen ist, daß jede künftige Abdichtung nicht aus linienartigen Befestigungswerken bestehen kann, wie der Limes oder die chinesische Mauer, sondern nur aus einer über hunderte Kilometer tief gestaffelten Abwehrlandschaft. In einer Grenzzone von mindestens 300 km Tiefe dürfen sich lebenswichtige Betriebe überhaupt nicht befinden. In einer weiteren Zone müssen sie mengenmäßig so zahlreich angelegt werden, daß auch beim Ausfall einiger von ihnen die lebenswichtigen Funktionen erhalten bleiben.

Als das beste Hindernis gegen plötzliche und unvorhergesehene Einfälle wie überhaupt gegen die Bewegungsmöglichkeiten motorisierter Heere hat sich See und Wald erwiesen. Es gibt deshalb keinen günstigeren Schutz als die Anlage breiter Seen und möglichst tiefer Waldgebiete, die in der Tiefe möglichst wenig durch große Straßen, vielleicht bloß durch Kanäle zur Bewirtschaftung erschlossen werden. Auch eine stark durch Wallhecken (Gardinen) gegliederte Bauernlandschaft kann eine erhebliche Abwehrwirkung haben, besonders wenn sie bewußt auf Abwehr eingerichtet wird. *Durch Steppe, Latifundien und ungegliederten Großgrundbesitz wird jedoch der Bewegung motorisierter Heere Vorschub geleistet.* Sie sind deshalb in einer Abwehrlandschaft unbrauchbar.

Zu b): Andererseits sind durch die motorisierten Verkehrsmittel auch schwach oder nicht besiedelte Grenzlandschaften zur Überwachung und Verteidigung rasch zu erreichen, wodurch die Formen gewisser früherer Abwehrlandschaften hinfällig werden. Damit ist insbesondere die österreichische Militärgrenze gemeint, die mit einer bäuerlich-militärischen Bevölkerung besiedelt wurde, die dauernd die Grenzkämpfe zu bewältigen hatte. Heute würde eine solche Grenzbevölkerung durch die motorisierten Heere sofort überrannt. *Die dichtbesiedelte Grenze ist deshalb keine Notwendigkeit mehr für die Verteidigung.* (Diese Ausführungen werden stets im Hinblick auf die Ostgrenze gemacht, wo die Besiedlungsform und Bevölkerungsdichte noch im Bereich des Beliebens steht; ganz anders lagen die Dinge etwa am Westwall, wo ein bereits dicht besiedeltes und industriell wichtiges Gebiet geschützt werden mußte, also völlig andere Verhältnisse vorlagen als im Osten.)

III. (Der deutsche Volksboden)

Aus Gründen der Verteidigung wie aus solchen der gesamteuropäischen Wirtschaft (Gewinnung von Holz, Getreide und Baumwolle) ist es zweckmäßig, die Grenze gegen Asien möglichst weit nach Osten zu verschieben. Wie bereits erwähnt, ist die Möglichkeit dazu beschränkt durch die Größe und biologische Kraft unseres Volkes. Es ist davon auszugehen, daß das Reich von innen heraus nur als gesichert gelten kann, wenn ein *möglichst großer geschlossener deutscher Volksboden* erhalten bleibt, d. h. ein Gebiet, wo alle sozialen Glieder rein deutsch sind und eine Unterwanderung (Gefahr der fremdvölkischen Arbeitskräfte) nicht möglich ist. Der Volksboden setzt insbesondere auch Bauerntum voraus und *der Volksboden reicht immer nur soweit das Bauernland reicht.* Damit sind dem deutschen Volksboden auch seine Grenzen gesetzt.

Es besteht in diesem Zusammenhang Anlaß, auf die Frage des Großgrundbesitzes einzugehen.

a) Die Herkunft des Großgrundbesitzes stammt nicht aus der Blütezeit der deutschen Kolonisation. Sie war stets auf Bauerntum gerichtet. Er entstand vielmehr auf dem zerfallenden Bauerntum, das Kriege und Pest zermürbt hatten. Die allmähliche Umwandlung von Grundherrschaft zum Grundbesitz, die Belehnung und Dotierung der Söldnerführer mit Land, schließlich das Bauernlegen bis ins 19. Jahrhundert haben die Großgüter erst geschaffen.

b) Die historische Leistung des Großgrundbesitzes besteht darin, daß er dem Staat Offiziere und Beamte zur Verfügung gestellt hat. Er hat auch landeskulturell seine Verdienste. Aber in allgemeiner kultureller Beziehung war der Schaden durch die Unterdrückung des Bauerntums und damit die Zerstörung der bäuerlichen Landschaft größer als sein Nutzen. In neuerer Zeit hat er die kulturelle Einwirkung auf das Land fast ganz eingebüßt und bestenfalls stellen die Parke und Häuser der Güter Kulturoasen im Sinne rückwärts gerichteter Betrachtung dar.

c) *Der Großgrundbesitz kann in der Gegenwart nur gerechtfertigt werden, wo landwirtschaftlich besondere Aufgaben vorliegen*, die nicht anders als im Großbetrieb gelöst werden können. Offiziere und Beamte werden jedoch heute aus allen Ständen des Volkes gestellt, ebenso wie alle Stände Kulturträger sind, wobei sich außerdem ein gesundes Bauerntum als ein viel stärkerer Kulturträger als der Großgrundbesitz erwiesen hat.

d) *Volkspolitisch ist der Großgrundbesitz im höchsten Maße gefährlich*, weil er gezwungen ist und in Zukunft noch mehr gezwungen sein wird, fremdvölkische Arbeitskräfte hereinzunehmen, wobei sich auf die Dauer eine Unterwanderung nicht vermeiden läßt.
Die Landarbeiterfrage ist besonders nach dem jetzigen Krieg mit deutschen Menschen unlösbar. Selbst dann, wenn gewisse Reformen durchgeführt würden. Der Landarbeiter ist und bleibt dem Sklaven am nächsten: Er hat unbegrenzte Arbeitszeit ohne irgendwann als freier Mensch über sich und seine Arbeit verfügen zu können. Unbegrenzte Arbeitszeit hat auch der Bauer, dafür hat er aber Besitz und er verfügt über ihn und sich selbständig. Auch dem Arbeiter fehlt während seiner Arbeit die Freiheit, dafür kann er nach der Arbeitszeit über sich verfügen. Der Umstand, daß der Landarbeiter auf dem Großgrundbesitz zwangsläufig Sklave ist, schließt aus, daß Deutsche Landarbeiter sind. Eine neue Art von Landarbeiter mag sich herausbilden, als Traktorenführer und Maschinenmeister, also eine Art Handwerker. Er wird im Bauerndorf ein geachteter Mann sein können, aber er kann im Gutsbetrieb nicht den Landarbeitersklaven ersetzen.

e) Nachteilig ist auch die Störung des ländlichen Wirtschaftskreislaufes durch Zwischenlegung von Großgrundbesitz, weil die wirtschaftlichen Beziehungen des Großgrundbesitzes unter Überspringung der näheren Umgebung unmittelbar zu den städtischen Zentralen reichen. Deshalb kümmern in Großgrundbesitzlandschaften regelmäßig die Kleinstädte, die eigentlich die politischen, kulturellen und wirtschaftlichen Mittelpunkte des Landes sein sollten: Die Herrschaften machen dort keine Geschäfte, sondern in der nächsten Großstadt, die Landarbeiter haben aber geringe Kaufkraft, so daß keine Landstadt davon recht leben kann. Folglich können sich keine Geschäfte entwickeln und die wenigen Einkäufe des Landvolkes werden auch in der nächstgelegenen Großstadt getätigt.

Das durch Bauern zu besetzende Gebiet ist durch die Anzahl deutscher Bauern begrenzt. Es wird im Laufe einer Generation voraussichtlich möglich sein, das Reichsgebiet in seiner Abgrenzung von 1940 (ausschließlich Generalgouvernement) mit deutschen Bauern zu besiedeln. Eine weitere Ausdehnung ist wahrscheinlich, da in der Regel durch die gegebenen Ausdehnungsmöglichkeiten eine größere Fruchtbarkeit eintritt. Ein Beispiel dafür ist, daß der Deutsche Ritterorden seine Kolonisten für Ostpreußen aus den Nachkommen der ersten Kolonisten im Kulmer Land vorzugsweise bezogen hat. Über das in unserer Generation noch zu besiedelnde Bauernland hinaus sind also für die künftigen Generationen gewisse Reserven nötig. Es ist aber auf Generationen hin utopisch, die östlichen Räume weit über die Weichsel hinaus deutsch besiedeln zu wollen.

Im Nordosten Europas insbesondere sind der deutschen Besiedlung Grenzen gesetzt durch die klimatischen Bedingungen. Länder, in denen das Getreide nicht mehr auf natürliche Weise reift, sondern gedarrt werden muß, sind offensichtlich benachteiligt. Neuere Pflanzenzüchtungen und Wirtschaftsmethoden mögen Erleichterungen bringen, eine Vegetationsperiode im Nordosten von fünf an Stelle von acht Monaten im Westen des Reichs wird immer nachteilig sein, d. h. einen niedrigeren Lebensstandard verursachen. Auch die Marktordnung mag hierin ausgleichend wirken. Aber in Krisenzeiten – auf die jeder Staat organisiert sein muß –, ist der Nordosten dem Altreich entscheidend benachteiligt.

Der Ausdehnung des deutschen Volksbodens im Nordosten sind also Grenzen gesetzt, die vorläufig an der Memel, in einer späteren Generation möglicherweise an der Düna liegen.

Jenseits des deutschen Volksbodens bedarf es einer grundsätzlich anderen Organisation: der Organisation des deutschen Vorfeldes.

IV. (Das europäische Vorfeld)

Nach dem Gesagten ist es gar nicht erwünscht, daß der hochkultivierte deutsche Volksboden unmittelbar an die asiatischen Grenzen stößt, vielmehr ist es zweckmäßig, wenn zwischen der Grenze bzw. der eigentlichen Abwehrlandschaft und dem hochkultivierten deutschen Volksboden sich ein breites *Vorfeld* befindet, das von zugeordneten Völkern besiedelt und bewirtschaftet wird. *Entscheidend ist, daß dieses Vorfeld ein europäisches Vorfeld ist, also vom Reich her beherrscht wird.*

Auch für aus zugeordneten Staaten gebildete Vorfelder gibt es zahlreiche Beispiele, gerade im Osten. In der Regel wurden die fremdvölkischen Landschaften beherrscht durch ein Netz von Burgen oder ein Netz von Städten. Aber durch die motorisierten Waffen wie auch durch die motorisierten Verkehrsmittel müssen für die Beherrschung von Vorfeldern neue Formen gefunden werden.

Dabei ist davon auszugehen, daß das Land überwiegend fremdvölkisch und bäuerlich besiedelt ist. Eine Einstreuung von deutschen Bauern in dieses Land kommt nicht in Betracht,

a) weil die deutschen Bauern zur Ausweitung des geschlossenen deutschen Volksbodens dringend gebraucht werden,

b) weil das eingestreute Bauerntum in Krisenzeiten der Gefahr der Vernichtung, der Einschmelzung oder der Vermischung ausgesetzt ist.

Das baltische Beispiel hat gezeigt, daß auch der deutsche Großgrundbesitz, der außerhalb des geschlossenen Volksbodens mit fremdvölkischen Bauern und Arbeitskräften wirtschaftet, in Krisenzeiten äußerst anfällig ist, zur Entartung neigt und dadurch Krisen heraufbeschwört. Großgrundbesitz oder Grundherrschaft ist heute für die Beherrschung des Vorfeldes unnötig und zeitweilig sogar gefährlich und scheidet somit als politische Herrschaftsform aus.

Anzeichen deuten darauf hin, daß zahlreiche Persönlichkeiten im Osten wieder nach Großgrundbesitz streben. Wenn es angebracht erscheint, verdiente Familien zu dotieren, so kann das in großem Umfange durch Vergabe von Wald geschehen. Gerade die Waldwirtschaft, die stets auf weite Sicht disponieren muß, scheint für diesen Zweck besonders angemessen. Jedenfalls weit angemessener als der Großgrundbesitz, der gerade in der modernen Wirtschaft eine Fülle von Spezialkenntnissen verlangt, die nicht nebenbei erworben und angewandt werden können. Die Anlage großer Waldgüter bringt keinerlei wirtschaftliche Nachteile für die Waldwirtschaft insgesamt, sie schafft keinerlei volkspolitische zusätzliche Gefährdung durch Unterwanderung wie der landwirtschaftliche Großgrundbesitz, sie gewährt den dotierten Familien einen sicheren Rückhalt und gibt ihnen Gelegenheit zur Jagd. Die dotierten Familien können die meiste Zeit des Jahres in den deutschen Regierungsstädten wohnen und dort ihre Führungseigenschaften betätigen und am kulturellen Leben teilnehmen.

Auch die Einstreuung eines dichten Netzes von kleinen Städten oder von zahlreichen Garnisonen ist nicht mehr am Platze. Vielmehr genügt es im Zeichen der Raumbeherrschung durch Luftwaffe und motorisierte Heere, wenn die Völker von wenigen, aber rein deutschen Städten regiert werden und dem flachen Land weithin die Selbstverwaltung erhalten bleibt. Dadurch werden die Reibungsflächen vermindert, ohne daß in Krisenzeiten die Herrschaft lockerer zu werden braucht. Im Gegenteil, alle Streuung von Bauern, Großgrundbesitz und kleinen Städten im fremdvölkischen Gebiet ist in höchstem Maße krisenanfällig und krisenbildend.

Die Möglichkeiten einer fremdvölkischen Selbstverwaltung sind freilich augenblicklich nur in wenigen Raumabschnitten gegeben, nämlich in erster Linie in Estland, sowie in Livland und Litauen, wo die Sowjetherrschaft nur über ein Jahr gewährt hat und deshalb das nationale und bäuerliche Leben dieser Völker noch nicht völlig zerstört werden konnte. Im übrigen Rußland wird nur ganz allmählich eine Lebensform gebildet werden können, die gleichermaßen dem Wesen der jeweiligen russischen Völker und den deutschen Ansprüchen gerecht wird.

V. (Die deutsche Stadt als Herrschaftsmittel im Osten)
Nachdem deutsches Bauerntum und deutscher Großbesitz als Herrschaftsmittel im Osten ausscheiden müssen, bleibt die deutsche Stadt als wesentlicher Repräsentant deutscher Macht und deutschen Wesens. Allerdings eine Stadt, die sich in ihrer sozialen Gliederung und in ihrem Aufbau grundlegend vom Herkömmlichen unterscheiden muß, wenn sie ihre Aufgaben auf die Dauer erfüllen soll.

Es ist zweckmäßig, sich in diesem Zusammenhang geschichtlicher Beispiele zu erinnern. Städte wie Hermannstadt, Riga und Reval haben als deutsche Mittelpunkte durch Jahrhunderte eine Standfestigkeit erwiesen, die in nichts bäuerlichen Leistungen nachsteht. Erst die jahrhundertelange Schwäche des Reichs hat einen Einbruch in das Deutschtum ermöglicht. Fast regelmäßig geschah der Einbruch durch Unterwanderung, d. h. durch Gebrauch des fremden Volkstums für die niederen Dienste und den nachfolgenden sozialen Aufstieg des fremden Volkes bis zur blutsmäßigen Mischung mit den Deutschen. Diesem Vorgang kam im Baltikum entgegen das ausschließende Standesbewußtsein des baltischen Adels, der sich gegen die Handwerker und Gewerbetreibenden – auch wenn sie deutsch waren – abschloß. So geriet dieser deutsche Bevölkerungsteil früh in eine Vermischung mit dem Fremdvolk. Aus solchen Vermischungen pflegen dann die Renegaten hervorzugehen.

Die künftige deutsche Stadt als Herrschaftsmittel muß in erster Linie durch und durch deutsch sein. Daraus ergeben sich folgende Forderungen für ihre Organisation und Gestaltung:

1. Die rein deutsche Stadt verlangt, daß alle sozialen Schichten deutsch sind, so daß jede blutsmäßige Untermengung ausgeschlossen ist. Soweit diese Städte für ihre niederen Dienste auf fremdvölkische Arbeitskräfte angewiesen sind, müssen diese in eigenen Siedlungen nebenan wohnen und es muß Vorsorge gegen die Vermengung mit den deutschen Städten getroffen sein.

2. Die Städte müssen biologisch fruchtbar sein, d. h. sich auch in längeren Krisenzeiten aus sich selber erhalten können. Dies bedingt eine besondere Stadtform, nämlich eine sehr aufgelockerte, bodenverbundene, gartenreiche, unter bewußter Bevorzugung des Eigenheims und

unter völliger Vermeidung der Mietskaserne. Es kommt also auf die Gestaltung einer biologisch und gärtnerisch gleichermaßen fruchtbaren Stadtlandschaft an.

3. Zur deutschen Stadtlandschaft gehört ein rund um die Stadt liegendes deutsches Bauernland, bestehend mindestens aus einem Kranz bäuerlicher Hauptdorfbereiche (Ortsgruppen), je zusammengesetzt aus rund sechs bäuerlichen Gemeinden mit je 100 Familien und einem Hauptdorf mit je mindestens 200 Familien, entsprechend der Anordnung des Reichsführers SS, Reichskommissar für die Festigung deutschen Volkstums, 7/II.
Dieser Bauernkranz macht die Stadt in Krisenzeiten weitgehend ernährungspolitisch eigenständig. Der bäuerliche Bereich ist zugleich das Vorbild und die Schulungsstätte für das fremdvölkische platte Land. Eine geschlossene Bauernlandschaft ist für diesen Zweck weit geeigneter als Großgrundbesitz, der unter anderen Bedingungen wirtschaftet als der Bauer.

4. Die Stadt muß volkreich sein, so daß sie wirtschaftlich und kulturell tragfähig ist. Sie sollte nicht unter 100000 Einwohner haben. 250000 Einwohner sind ein erwünschtes Maß.

5. Die Stadt ist gleichzeitig Sitz der militärischen Garnisonen, die aus dem Kerngebiet des Reichs beschickt werden und so wesentlich dazu beitragen, daß eine lebendige Beziehung zwischen dem deutschen Volksboden und dem Vorfeld hergestellt und dauernd erneuert wird.

6. Die Stadt nimmt die wirtschaftlich wesentlichen Funktionen des beherrschten Landes auf. Zwar nicht in der Art, daß die natürlichen wirtschaftlichen Funktionen des platten Landes (Handwerk und Kleingewerbe) herausgebrochen werden und dadurch das ländliche Leben geschädigt und somit rückständig wird. Die deutsche Stadt übernimmt vielmehr die Wirtschaftsfunktionen einer Landeshauptstadt: den Handel mit anderen Reichsteilen und Ländern, die Groß- und Mittelbetriebe, wie Landmaschinenbau, Großmühlen, Energieversorgung und dergl.

7. Die Stadt muß hohen repräsentativen Ansprüchen gewachsen sein, so daß sie nicht nur allen Städten des Reichskernes ebenbürtig, sondern zugleich Kulturträger im fremdvölkischen Vorfeld ist. Die Stadt als deutscher Kulturträger ist für die machtpolitische Dauerleistung von gar nicht hoch genug einzuschätzender Bedeutung. Noch heute leben die Esten, Letten und Litauer in einer Vorstellungswelt, die auf die Ordenszeit, also auf die Stauferzeit zurückgeht. Es gibt dort keine andere als diese deutsche Vorstellungswelt. Darin liegt eine bislang unterschätzte Zuordnungsmöglichkeit. In diesem Sinne müssen die deutschen Städte Ausstrahlungspunkte deutscher Kultur sein. Letzten Endes erzielt sich allein aus der Kulturleistung das Recht und die Möglichkeit zu dauernder Herrschaft.

VI. (Lage und Streuung der deutschen Städte im Vorfeld)
Bei der mittelalterlichen Konstellation, wie sie sich im Nordosten vom 13. bis 15. Jahrhundert ausgewirkt hat, wurde das Land beherrscht von einem verhältnismäßig dichten Netz von Städten und Burgen. Der später entstandene Großgrundbesitz war nie eine deutsche politische Herrschaftsform, als vielmehr eine individuelle Herrschaftsform, die zwar deutsche Kulturoasen schaffte, dem Land mancherlei Anregung gab, aber letzten Endes mehr politische Widerstände zuließ und erzeugte, als endgültige Herrschaftsformen schuf.
Die Schaffung deutscher Städte in der geschilderten Form als hauptsächliche Ordnungsmittel des Ostens verlangt eine andersartige Struktur, als die des Mittelalters, nämlich nicht Streuung vieler kleiner Einheiten, sondern Schaffung weniger Städte am entscheidenden Punkt. Von ihnen aus kann das Land beherrscht werden mit den Mitteln der Wirtschaft und der motorisierten Heere. Wenn – wie vorhin dargelegt – die deutschen Städte 100000 bis 250000 Einwohner zur Erfüllung ihrer Aufgaben brauchen, so können das auf Grund der wirtschaftlichen Tragfähigkeit des Landes nur wenige Städte sein. Im Nordosten sind sicher möglich: Riga an der Mündung der Düna, Reval oder eine entsprechende Lage als Hafenstadt Estlands und Übergang nach Finnland. Petersburg erscheint in diesem Zusammenhang als ein ziemlich gewaltsa-

mer Standort, Memel wird stark an Bedeutung gewinnen, während Wilna oder gar Minsk wichtiger ist als Kowno. Selbst eine wichtige Landbrückenlage wie Pleskau ist möglicherweise weniger wichtig als Narwa-Hungerburg.

Damit soll angedeutet werden, daß es nur ganz wenige entscheidende Punkte gibt, die beherrscht werden müssen. An diesen allein müssen die neuen deutschen Städte als Herrschaftsmittel angesetzt werden.

VII. (Zusammenfassung)

Die raumpolitische Sicherung des Reichs gegen Osten geschieht also in drei Zonen:

1) Durch den geschlossenen Volksboden, der immer nur reicht, soweit das Bauernland reicht und innerhalb dem sämtliche sozialen Glieder rein deutsch sind, ohne Unterwanderungsmöglichkeit.

2) Durch das fremdvölkische Vorfeld, das von dem fremdvölkischen Volk selbst verwaltet und von wenigen gut durchgebildeten deutschen Städten beherrscht wird. Im fremdvölkischen Vorfeld müssen zugleich in geeigneter Form Reserven vorhanden sein für die mögliche Ausweitung des deutschen Volksbodens in späteren Generationen.

3) Durch die eigentliche Abwehrzone, wenn irgend möglich bestehend aus einem Wald- und Seengürtel von wenigstens 50 km Tiefe. Eine größere Tiefe ist erwünscht. Die Erschließung erfolgt weniger nach wirtschaftlichen, als nach strategischen Gesichtspunkten.

gez. Liedecke, Landesplaner
Gotenhafen/Adlershorst, den 23. August 1941.

[13.] Begründung der SS für die Bildung einer eigenen Industrieberatungsstelle für die Ostsiedlung vom 9. September 1941

Wirtschaftshauptabteilung III des Reichskommissars für die Festigung deutschen Volkstums. Lu/Pl. Vermerk für die Reichsstelle für Raumordnung

I.) Zur Bildung einer Industrieansatzberatungsstelle haben die folgenden Erscheinungen Veranlassung gegeben:

1) Seit längerer Zeit melden sich beim Reichskommissar laufend industrielle Unternehmungen und einzelne Persönlichkeiten, die den Erwerb bestehender oder die Errichtung neuer industrieller Betriebe in den eingegliederten Ostgebieten beabsichtigen. Seit mehreren Monaten nehmen diese Meldungen zahlenmäßig einen beträchtlichen Umfang an.

Diese Bewerber wenden sich an den RK mit der Bitte um Beratung über die Voraussetzungen, die für ihre Ansiedlung im Osten zu erfüllen sind. Hierbei wird ausnahmslos der Beschwerde darüber Ausdruck gegeben, daß bei keiner Stelle Zahl und Art der Voraussetzungen erschöpfend festzustellen seien. Es ist häufig vorgekommen, daß Bewerber der Meinung gewesen sind, alle für ihn notwendigen Gesichtspunkte berücksichtigt zu haben, ihr Ansatz aber an dem Mangel einer ihnen unbekannten Voraussetzung gescheitert ist. In einer Reihe von Fällen haben diese Erscheinungen zu Verärgerungen und zur Aufgabe der Übersiedlungsabsicht geführt.

2) Unabhängig von diesen zu 1) dargestellten Verhältnissen ist es notwendig, auch für diejenigen Unternehmungen und Persönlichkeiten, die eine industrielle Ansiedlung in den eingegliederten Ostgebieten noch nicht beabsichtigen, bei denen sie aber in

Betracht kommen könnte, eine Stelle zur Verfügung zu stellen, die in der Lage ist, jede erwünschte Auskunft zu geben und dadurch die Neigung zur industriellen Ansiedlung in den eingegliederten Ostgebieten zu stärken oder zu erwecken.

3) Bei der Niederlassung industrieller Unternehmungen in den eingegliederten Ostgebieten hat – abgesehen vom RK – eine größere Anzahl von Behörden und anderen Dienststellen mitzuwirken, u. a.:

Die Haupttreuhandstelle Ost
für die Veräußerung bestehender Betriebe,
Der Vierjahresplan
für die besonderen Aufgaben seines Bereiches,
Die Reichsstelle für Raumordnung
für Standortfragen,
Der Generalinspektor für Wasser und Energie Dr. Todt
für die energiewirtschaftlichen Fragen,
Der Reichwirtschaftsminister
für die Wahrnehmung der wirtschaftspolitischen Gesichtspunkte eines Geschäftsbetriebes,
Der Generalbevollmächtigte für die Regelung der Bauwirtschaft
für die Baubewilligungen usw.,
Der Reichsarbeitsminister
für die Bereitstellung der Arbeitskräfte,
Die Reichsstatthalter bzw. Oberpräsidenten
für die Genehmigung gemäß der Aufbauverordnung vom 31.1.40.

Im Interesse einer geordneten und beschleunigten Durchführung der Bewerbungen ist die Errichtung einer Stelle unerläßlich, die den Bewerbern bei der Vielzahl der beteiligten Behörden und anderen Dienststellen anleitend und wegweisend zur Seite steht.

4) Diese Stelle muß beim RK errichtet werden, da ihm nach dem Erlaß des Führers vom 7.10.39 die Gestaltung neuer Siedlungsgebiete durch Umsiedlung und ihre Festigung als Aufgabe übertragen worden ist. Ihr soll die neue Stelle durch Beschleunigung und Ordnung bei der Durchführung aller Bewerbungen dienen und damit zum Aufbau einer Industrie, als eines wesentlichen Bestandteiles der neuen Gebiete, beitragen.

II) Die Aufgabe der Industrieansatzberatungsstelle wird bestehen:
1) In der Beratung in allen einschlägigen Fragen.
Die Beratung erfolgt auf Grund eines Fragebogens, der einerseits allen mitwirkenden Behörden und Dienststellen die von ihnen benötigten Unterlagen vermittelt, andererseits so kurz und unkompliziert wie möglich ist.
Die Lage des einzelnen Falles wird darüber entscheiden, ob eine mündliche Beratung erforderlich ist oder nicht.
Zur Vervollständigung ihrer Unterlagen wird der Beratungsstelle von den befaßten Behörden und Dienststellen über ihre Stellungnahme Mitteilung gemacht.
2) In der Vermittlung der Fühlungnahme zwischen den Bewerbern und den zuständigen Behörden und Dienststellen in allen denjenigen Fällen, in denen sich eine Vermittlung im Interesse der Vereinfachung und der Beschleunigung des Verfahrens empfiehlt.
3) In der Entscheidung über alle diejenigen Fragen, für die der Reichskommissar für die Festigung deutschen Volkstums allein zuständig ist.

III) Zur Entscheidung über die Bewerbungen auf Zulassung industrieller Unternehmungen in den eingegliederten Ostgebieten ist die Bildung eines in Besprechungen zwischen dem Reichswirtschaftsministerium, der Reichsstelle für Raumordnung und dem RK erörterten Ausschusses in Aussicht genommen.

In Referentenbesprechungen zwischen dem Reichswirtschaftsministerium und dem RK ist als zweckmäßig bezeichnet worden, angesichts dieses Ausschusses die Aufgaben der Industrieansatzberatungsstelle in folgenden Richtlinien zu erweitern.

1) Die Beschaffung sämtlicher für die Entscheidung des Ausschusses erforderlichen Unterlagen.

Diese Beschaffung durch die Beratungsstelle empfiehlt sich zur Vermeidung von Doppelarbeit und im Interesse der Beschleunigung, da sie durch ihre beratende Tätigkeit bereits einen erheblichen Teil der erforderlichen Unterlagen beschafft hat.

2) Die Einberufung des Ausschusses zu Spruchsitzungen.

Aus der Kenntnis der Unterlagen ergibt sich der Überblick über die Zahl der entscheidungsreifen Bewerbungen und damit die Notwendigkeit einer Einberufung zur Ausschußsitzung.

3) Die Abgabe von Bewerbungen an die Reichsstatthalter, bzw. Oberpräsidenten zur Entscheidung in eigener Zuständigkeit.

Diese Abgabe ist erforderlich im Interesse einer weitgehenden Dezentralisierung und zur Entlastung des Ausschusses.

4) Diejenigen Bewerber, die sich nicht an den RK gewandt haben, werden von den angegangenen Berliner Zentralstellen an diesen verwiesen.

Dieses in Referentenbesprechungen vom Reichswirtschaftsministerium ausdrücklich angeregte Verfahren entspricht der der vorliegenden Gesamtregelung innewohnenden Tendenz zur Zentralisierung aller Vorarbeiten.

gez.: Ludwig

[14.] Abschließende Stellungnahme der Reichsgruppe Industrie zur Organisation der gewerblichen Ostsiedlung vom 26. September 1941

Vertraulich

I. Allgemeine Überlegungen:

Die Notwendigkeit und Dringlichkeit der allgemeinen also auch der gewerblichen Besiedlung der eingegliederten Ostgebiete können bei den an der Besiedlung beteiligten Stellen als bekannt vorausgesetzt werden.

Die wesentlichen Ziele der Besiedlung erstrecken sich ebenso sehr auf die völkische Eindeutschung der eingegliederten Gebiete und die Bildung eines rassisch einwandfreien Menschenwalles gegen den weiteren Osten, wie auf die Wiedererrichtung und den Ausbau einer leistungsfähigen Wirtschaft. Ein Primat der einen vor der anderen Teilaufgabe kann nicht anerkannt werden, weil es nur stören würde. Das Gesamtziel heißt: Rassisch gesunde Menschen auf wirtschaftlich gesunder Grundlage.

Die Besiedlung der eingegliederten Ostgebiete ist zwar eine sehr vordringliche Aufgabe und verlangt daher eine besondere Förderung. Diese Aufgabe ist aber nur eine Teilaufgabe der großdeutschen Planung. Gesund ist die Wirtschaft im Osten nur dann, wenn sie auf die gesamtdeutsche Wirtschaft abgestellt ist und wenn die gesamtdeutsche Wirtschaft blüht. Mit Rücksicht auf diese Gesamtaufgaben sollte das Verfahren – im Prinzip wenigstens – für das deutsche Reichsgebiet möglichst einheitlich sein.

Trotz aller notwendigen Prüfungen von menschlichen, politischen und wirtschaftlichen Belangen ist nicht aus dem Auge zu lassen, daß der Zug nach dem Osten gefördert und verfahrensmäßig nicht gehemmt wird. Es ist daher notwendig, Prüfungen und Fragestellungen auf das allernotwendigste Maß zu beschränken, um den Charakter der Freiwilligkeit und Freizügigkeit – schon im Vergleich zu allen anderen deutschen Gebieten – im Grundsatz zu wahren.

Endlich soll das Verfahren keine umstürzenden Neuerungen mit sich bringen, sondern sich nach Möglichkeit organisch an das Vorhandene anschließen.

Auf weite Sicht sind zwei Phasen der gewerblichen Besiedlung der eingegliederten Ostgebiete zu unterscheiden:

Die erste Phase der Besiedlung besteht darin, bereits vorhandene Objekte durch die Haupt-treuhandstelle Ost und deren Treuhandstellen an Interessenten, die für würdig befunden werden, zu veräußern. In dieser Phase befinden wir uns zur Zeit. Es ist damit zu rechnen, daß – abgesehen von den für die Kriegsteilnehmer zurückgestellten Fällen – die vorhandenen Objekte in Kürze vergeben sind.

Die größere Aufgabe wird wahrscheinlich die zweite Phase der gewerblichen Besiedlung mit sich bringen, nämlich den großzügigen Ausbau und die Errichtung von Betrieben. Voraussetzung hierfür ist in erster Linie das Aufleben der z. Z. stark eingeengten Bautätigkeit.

Mit Rücksicht auf das große Interesse, das die Kriegsteilnehmer selbst sowie das Oberkommando der Wehrmacht für die Teilnahme an der gewerblichen Besiedlung der eingegliederten Ostgebiete zeigen, ist das Verfahren umgehend so weit vorzubereiten, daß dem Rückstrom der Kriegsteilnehmer in die zivilen Berufe und damit auch in die Ostgebiete begegnet werden kann.

Im Rahmen der gewerblichen Besiedlung können folgende Fälle – in reiner Form oder kombiniert – auftreten:

1) Übernahme von vorhandenen Betrieben in den eingegliederten Ostgebieten.
2) Reine Industrieverlagerung.
3) Produktionserweiterung auf einem ganzen Fachgebiet, sei es als Betriebsausbau oder als Betriebserrichtung.

Zu jedem der drei Fälle sind die grundsätzlichen Bestimmungen zu beachten.

II. Grundzüge des künftigen Verfahrens:
a) *Zentral – Dezentral:*
   Legt man die allgemeinen Überlegungen zu I auf die Aufgaben und bisher bekannt gewordenen Wünsche der beteiligten Stellen sowie der Industrie selbst an, so ergeben sich folgende Grundzüge der künftigen Organisation:
   Alle Beteiligten sind sich sowohl darüber einig, daß die gewerbliche Besiedlung im wesentlichen dezentral, d. h. in den Gauen selbst durchgeführt wird und werden muß. Dies entspricht auch der gesetzlichen Bestimmung, wonach die Ansiedlung in den eingegliederten Ostgebieten der Genehmigung des Reichsstatthalters bzw. Oberpräsidenten bedarf. Praktisch ist der Hauptteil der bisher geleisteten Besiedlung auch der bezirklichen Arbeit und Kleinarbeit zu verdanken.
   Demnach bleiben der zentralen Bearbeitung nur grundsätzliche Fragen sowie Entscheidungen in fraglichen und besonders wichtigen Fällen vorbehalten.
b) *Bezirkliche Organe der Besiedlung:*
   1. In den Abgabebezirken:
   Das Verfahren beginnt damit, daß ein Antrag auf Übernahme, Erweiterung oder Errichtung eines Betriebes in den eingegliederten Ostgebieten gestellt wird. Als Antragsformular wird das von der Reichsgruppe Industrie ausgearbeitete Muster empfohlen. Anträge können gerichtet werden an:
   Industrieabteilung der Wirtschaftskammer,
   Reichswirtschaftsministerium,
   Industrieansatz-Beratungsstelle,
   Reichsstatthalter.

Grundsätzlich wünscht die Reichsgruppe Industrie, daß die Vorarbeiten der industriellen Besiedlung durch die Wirtschaftskammern, und zwar durch die hierfür zuständigen Industrieabteilungen, erledigt werden. Die Industrieabteilungen haben den allgemein fachlichen Überblick und sind darauf eingespielt, mit den zentralen Wirtschafts- und Fachgruppen und deren Untergliederungen im Bezirk auf einzelfachlichem Gebiet zusammenzuarbeiten. Auch die Wahl der Industrie- und Handelskammern würden wir für verfehlt halten, weil – ganz abgesehen von dem Vorhandensein mehrerer Kammern in einzelnen Wirtschaftskammerbezirken – die Industrie- und Handelskammern nicht die Vertretung eines einzelnen Wirtschaftszweiges, wie speziell der Industrie, darstellen. Zudem sind die Bereiche der Industrie- und Handelskammern meist zu klein, um die Beurteilung der Abgabewürdigkeit eines Betriebes vorzunehmen.

Die Annahmestelle hat folgende Aufgaben zu erledigen:

a) Beibringung der fachlichen Begutachtung von den Wirtschafts- und Fachgruppen hinsichtlich

der Person des Antragstellers,

der etwa zu verlagernden Betriebe,

der etwa beantragten Ausweitung der fachlichen Produktion.

b) Stellungnahme zu der Abgabewürdigkeit des Betriebes. Hierbei ist mit dem Gauwirtschaftsberater und der Landesplanungsgemeinschaft Fühlung zu halten.

c) Beschaffung des politischen Gutachtens von den Parteistellen.

d) Einholung des Gesundheitsattestes von dem Gesundheitsamt der SS.

Damit die Apparatur nicht zwecklos in Gang gesetzt wird, soll die Haupttreuhandstelle Ost bzw. soweit der Bezirk schon feststeht, die jeweilige Treuhandstelle der Industrieabteilung kurz mitteilen, ob für die Bewerber überhaupt noch entsprechende Objekte vorhanden sind.

Soweit Anträge direkt an die Industrieansatz-Beratungsstelle des Reichskommissars für die Festigung deutschen Volkstums gerichtet werden, können diese Anträge auch direkt von dieser Stelle aus bearbeitet werden. Die Durchbrechung des erstgenannten Grundsatzes durch diese Stelle ist solange belanglos, als es sich nicht um allzu viel Fälle handelt. Zudem muß dem Reichsführer SS bzw. dem Reichskommissar für die Festigung deutschen Volkstums wohl die Möglichkeit zuerkannt werden, etwa Angehörige der SS und der Waffen-SS als Kriegsteilnehmer selber zu beraten (vgl. II C 2. Industrieansatz-Beratungsstelle).

Soweit Anträge direkt an die Reichsstatthalter bzw. Oberpräsidenten der Ostgebiete gerichtet werden, können sie auch von dort aus bearbeitet werden. Hierbei ist jedoch auf die Industrieabteilung des Abgabebezirkes stets zurückzugreifen.

2. In den eingegliederten Ostgebieten (Aufnahmebezirke):

Zunächst ist von dem Bestehenden auszugehen. In den eingegliederten Ostgebieten arbeiten an der gewerblichen Besiedlung:

der Reichsstatthalter, die bei ihm befindliche Dienststelle des Reichskommissars für die Festigung deutschen Volkstums, sowie die Gewerbeförderungsstelle,

die Wirtschaftskammer,

die Industrieabteilung der Wirtschaftskammer u. a. m.

In Ostpreußen, in Danzig-Westpreußen und im Warthegau werden die Ostbewerbungen von den bei den Reichsstatthaltern bzw. Oberpräsidenten gebildeten Gewerbeförderungsstellen bearbeitet, die Antragsteller beraten und die Ansiedlung selbst durchgeführt. In Oberschlesien besteht keine Gewerbeförderungsstelle. Soweit die Gewerbeförderungsstellen Vorarbeiten benötigen, sollen diese von den Industrieabteilungen der dortigen Wirtschaftskammern erledigt werden. In Oberschlesien ist die Mitarbeit der Industrieabteilung wegen Fehlens einer Gewerbeförderungsstelle besonders stark gegeben. Die Reichsgruppe Industrie wünscht die Einschaltung der Industrieabteilungen als speziell industrielle Organe auch in den eingegliederten Ostgebieten aus denselben Gründen wie in den Abgabebezirken.

Vielfach haben sich die Industrieabteilungen, die für den Sitz des Antragstellers zuständig sind, betreuend für den Antragsteller bei den Industrieabteilungen der eingegliederten Ostgebiete bemüht. An diesem gegenseitigen Handinhandarbeiten von Industrieabteilung zu Industrieabteilung sollte auch in Zukunft festgehalten werden.

Im übrigen muß die Entwicklung in der Weise gefördert werden, daß nicht nebeneinander oder gar gegeneinander gearbeitet wird, sondern daß alle beteiligten Stellen sich zur Erreichung des Gesamtziels an einem runden Tisch zusammenfinden. Hierzu kann als geeignete und bereits vorhandene Institution die Landesplanungsgemeinschaft angesetzt werden. In der Landesplanungsgemeinschaft sitzen bekanntlich die Wirtschaftskammer, damit auch die Industrieabteilung, die Handwerkskammer und alle sonstigen gewerblichen Institutionen. Es wäre nur wünschenswert, wenn die Landesplanungsgemeinschaften durch die vorliegenden Aufgaben mit Leben erfüllt werden.

c) *Zentrale Organe:*

1. *Industrie-Ost-Ausschuß:*

Der industriellen Besiedlung fehlt z. Z. eine die wesentlichen Kompetenzen zusammenfassende Zentrale. Infolgedessen bilden

Der Reichswirtschaftsminister,

der Reichsführer SS, Reichskommissar für die Festigung deutschen Volkstums,

der Beauftragte für den Vierjahresplan,

die Reichsstelle für Raumordnung

ein interministerielles Gremium, genannt »Industrie-Ostausschuß«.

Ihm gehört ferner als Fachmann auf diesem Gebiet Herr Dipl.-Ing. Fromm an.

Die Geschäftsführung des Industrie-Ost-Ausschusses liegt bei der Reichsgruppe Industrie (Ab. VI)*

Die Aufgaben des Industrie-Ost-Ausschusses sind folgende:

a) *Verfahrensregelung:*

Mit Rücksicht auf die sonstige Reichsplanung und das Bedürfnis, ein Verfahren zu ermitteln, das im wesentlichen auf alle Reichsgebiete angelegt werden kann, ist es notwendig, ein einheitliches Verfahren auszuarbeiten. Eine ähnliche Aufgabe wie in den eingegliederten Ostgebieten kann jederzeit auch in den noch einzugliedernden Westgebieten Luxemburg, Lothringens und des Elsasses in Angriff genommen werden. Hinzu kommen die planmäßigen Industrieverlagerungen innerhalb des sonstigen deutschen Reichsgebietes. Die Einheitlichkeit des Verfahrens wird durch die Kompetenz des Reichskommissars für die Festigung deutschen Volkstums insofern nur unwesentlich berührt, da der Reichskommissar die Durchführung der Einzelbesiedlung den vorhandenen Organen überlassen will.

b) *Entscheidungen über Beschwerden, die gegen Gutachten industrieller Organe eingelegt werden:*

Darüber hinaus muß notfalls auch ein Ausgleich gegenüber regionalen und fachlichen Sonderinteressen geschaffen werden (Westen, Osten, Altreich, Ostgebiete). Der Ordnung halber sei hinzugefügt: Beschwerden gegen Maßnahmen der Gewerbeförderungsstelle bzw. Reichsstatthalter sind im Dienstaufsichtsverfahren vorzubringen und nicht vom Industrie-Ost-Ausschuß zu behandeln **.

c) *Entscheidungen über unklare und wichtige Fälle:*

Unklarheiten ergeben sich in fachlicher und in bezirklicher Hinsicht. Hierher gehören ins-

---

* Die Abt. VI der Reichsgruppe Industrie unter der Leitung von Dr. Skrodzki war verantwortlich für das Arbeitsgebiet Wehrwirtschaft, Rohrstoffbewirtschaftung und Industrieausbau.

** Hier wird die Absicht erkennbar, Streitfälle nicht zu politischen Grundsatzfragen ausarten zu lassen und damit die Eingriffsmöglichkeiten von staatlichen und parteilichen Stellen zu beschränken. Kein unzufriedener Bewerber hätte sich somit z. B. an den Reichsführer SS mit der Bitte um Unterstützung wenden können.

besondere die Entscheidungen darüber, in welchem Gau der Bewerber angesiedelt werden soll. Diese Frage ist besonders in großen und wichtigen Fällen bedeutsam. Die Definition des wichtigen Falles ist schwierig. Sie wird sich sowohl auf die Zahl der Gefolgschaftsmitglieder wie auf die Höhe des wahrscheinlichen Umsatzes und auf den Errichtungs- bzw. Kaufpreis stützen müssen. Auch fachliche und sonstige Gesichtspunkte können hierbei von Wichtigkeit sein. Die anläßlich der Einführung der Genehmigungspflicht von Industrieverlagerungen durch das Reichswirtschaftsministerium[*] in einem Erlaß angeführte Zahl von 500 Gefolgschaftsmitgliedern kann in diesem Sinne kaum ein Maßstab sein.

Insoweit stellt der Industrie-Ost-Ausschuß auch die bezirkliche Zusammenfassung der eingegliederten Ostgebiete dar.

In gegebenen Fällen wird der Industrie-Ost-Ausschuß auch das Oberkommando der Wehrmacht sowie die Haupttreuhandstelle Ost zur Behandlung der diese Stellen berührenden Fragen heranziehen. Grundsatzfragen der Preis- und Steuerpolitik, der Kredithilfe, Bauwirtschaft usw. sind nicht Sache des Industrie-Ost-Ausschusses. Dagegen ergibt sich die Möglichkeit, daß Anregungen über die Reichsgruppe Industrie bei den zuständigen Stellen zum Vortrag gebracht werden. Für die Erörterung solcher Fragen bzw. die Vorbereitung entsprechender Anträge und Vorschläge stehen der Grenzwirtschaftsausschuß der Reichswirtschaftskammer und ein im Bedarfsfall zu errichtender Sonderausschuß für industrielle Besiedlung bei der Reichsgruppe Industrie zur Verfügung. Dadurch, daß der Geschäftsführer des Industrie-Ost-Ausschusses Mitglied des Grenzwirtschaftsausschusses bei der Reichswirtschaftskammer ist und er die Grundsatzfragen der gewerblichen Besiedlung der eingegliederten Ostgebiete federführend in der Reichsgruppe Industrie bearbeitet, ist die erforderliche Verbindung geschaffen[**].

2. *Industrieansatz-Beratungsstelle:*

Man muß von der Tatsache ausgehen, daß der Reichskommissar für die Festigung deutschen Volkstums die Industrieansatz-Beratungsstelle bereits gegründet hat und größten Wert darauf legt, Anträge, die direkt dorthin gerichtet werden, bis zu einem gewissen Grade selber zu erledigen. Die Industrieansatz-Beratungsstelle wird ab 1. Oktober 1941 in den Räumen der Reichsgruppe Industrie untergebracht. Ihre Aufgaben sind etwa folgendermaßen zu umreißen:

aa) Bearbeitung der dorthin direkt gerichteten Anträge, soweit es sich um eine Beratung handelt.

bb) Glatte Fälle werden – wie von den Industrieabteilungen der Abgabebezirke – nach erfolgter Beratung an die Gewerbeförderungsstelle bzw. den Reichsstatthalter oder Oberpräsidenten in den Ostgauen abgegeben.

cc) Großfälle, schwierige und wichtige Fälle werden – ebenfalls wie von den Industrieabteilungen der Abgabebezirke – nach erfolgter Anfangsberatung an den Industrie-Ost-Ausschuß abgegeben.

Voraussetzung für die Beratung von Direktanträgen duch die Industrieansatz-Beratungsstelle im Rahmen der Gesamtarbeit ist jedoch, daß die Zahl der Fälle nicht zu hoch ist. Weitere Voraussetzung ist, daß der Reichskommissar für die Festigung deutschen Volkstums vorher Ausmaß und begriffliche Begrenzung dieser Fälle genau bekanntgibt[***]. In

---

   [*] Vgl. Verordnung zur Sicherung des geordneten Aufbaus der Wirtschaft der eingegliederten Ostgebiete v. 31. Januar 1940 (RGBl. 1940, T. 1, S. 255–257).

  [**] Allgemeines Bestreben der Reichsgruppe, durch ein System von Personalunionen eine möglichst intensive Verflechtung mit den staatlichen Einrichtungen im Bereich der Wirtschaftspolitik zu erreichen und auf diese Weise die industriellen Interessen wirkungsvoll durchsetzen zu können; vgl. dazu die Ausführungen auf der Sitzung des Außenhandelsausschusses der Reichsgruppe, nach der Aktennotiz des Geschäftsführers der Wirtschaftsgruppe Feinmechanik und Optik v. 8. November 1941, abgedr. in Anatomie des Krieges, Nr. 182.

 [***] Dies ist nicht erfolgt.

diesem Zusammenhang muß endlich noch vorausgesetzt werden, daß der Reichskommissar keine öffentliche Propaganda für die Industrieansatz-Beratungsstelle treibt, um die Zahl der dorthin direkt gerichteten Anträge nicht auszuweiten*.

[15.] Schreiben Heydrichs an Himmler über die Zerstörung der Städte Leningrad und Moskau vom 20. Oktober 1941

Der Chef der Sicherheitspolizei und des SD B. Nr. IV – 49 b/41 geh. Rs.

An den Reichsführer-SS und Chef der Deutschen Polizei, zurzeit Sonderzug Heinrich

Reichsführer!

Ich bitte gehorsamst darauf hinweisen zu dürfen, daß die ergangenen strikten Weisungen hinsichtlich der Städte Petersburg und Moskau dann wieder nicht in die Tat umgesetzt werden können, wenn nicht von vorneherein brutal durchgegriffen wird.

Der Chef der Einsatzgruppe A, SS-Brif. Dr. Stahlecker, berichtet mir z. B., daß eingesetzte Vertrauensleute, die über die Linie wechseln, von Petersburg zurückgekehrt erzählen, daß die Zerstörungen in der Stadt noch durchaus unbedeutend sind.

Das Beispiel der ehemaligen polnischen Hauptstadt hat auch gezeigt, daß selbst intensivster Beschuß nicht diejenigen Zerstörungen hervorrufen kann, die erwartet worden sind.

Meines Erachtens muß in solchen Fällen massenhaft mit Brand- und Sprengbomben gearbeitet werden.

Ich bitte daher gehorsamst, anregen zu dürfen, den Führer nochmals darauf hinzuweisen, daß – wenn nicht absolut eindeutige und strikte Befehle an die Wehrmacht gegeben werden, die beiden genannten Städte kaum ausgelöscht werden können.

Heil Hitler!
(Unterschrift): Heydrich

[16.] Niederschrift über die Chefbesprechung am 30. Oktober 1941 im Reichsministerium für die besetzten Ostgebiete über die Landesplanung im Ostraum

Anlage zu II 1 c 92/41 (g. Rs.) 15 Ausfertigungen

Reichsminister Rosenberg hielt einleitend folgende Ansprache:
Meine Herren!

Ich habe Sie heute hierher gebeten zu einer Vorbesprechung über ein Problem, das uns alle in der Zukunft sehr beschäftigen wird, nämlich die Notwendigkeit einer zentralen Landesplanung im Osten. Ehe ich zu diesem konkreten Fall etwas sagen will, gestatten Sie mir eine geschichtliche, vielleicht sentimentale Einleitung. Das Jahr 375 ist uns allen wohl in Erinnerung als ein Jahr, in dem die Geschichte Europas eine andere Wendung nahm, als es ursprünglich schien. 200 Jahre herrschten zwischen dem Baltenreich und Schwarzen Meer die Goten, dieses Reich ist in wenigen Monaten von den Hunnen hinweggefegt worden. Es gab vermutlich

* Diese Voraussetzung ist vom RKF erfüllt worden.

in diesen Gebieten eine Menge befestigter Stützpunkte und Streusiedlungen. Das, was sich nun *heute* vollzieht, ist die Revision dieses Einmarsches der Hunnen des Jahres 375. Damals zogen die Goten nach Westen, nach Italien, und Theoderich, berufen, Herr des Ostens zu werden, wurde schließlich Gebieter des damaligen Westeuropas. Das Baltische und das Schwarze Meer werden heute verbunden durch die deutsche Wehrmacht, und ich glaube wohl, diese Chance der Weltgeschichte wird nicht mehr außer acht gelassen werden. Ganz gleich, wie in Zukunft die einzelnen Völkerschaften zu behandeln sind, so liegen heute schon drei große Aufgaben vor uns: Die Ausweitung und Sicherung des Reiches, die wirtschaftliche Unabhängigkeit Deutschlands und Europas und die Eindeutschung bestimmter Gebiete und Schaffung eines Siedlungsraumes für 15–20 Millionen Deutsche. Die Sowjetunion stellt nur eine kurze Spanne in der Geschichte von 1000 Jahren dar, und die Aufgabe des Deutschen Reiches ist, nie mehr eine solche Kräftezusammenballung im Osten zuzulassen, wie wir sie heute erlebten. Die Reichskommissariate, die nacheinander entstehen werden, stellen eine vorläufige Aufteilung dieses Raumes dar. Die Erschließung und Verwaltung des Ostraumes hat der Führer zur Pflicht und Aufgabe des Reichsministeriums für die besetzten Ostgebiete gemacht. Daraus ergibt sich, daß es zum Teil *substantielle* Arbeiten zu erledigen hat, aber es gibt auch *kooperative* Arbeiten, die nicht alle in diesem Ministerium geleistet werden können. Zu den substantiellen Aufgaben gehören die organisatorische Gliederung, der personelle Aufbau, die politische Ausrichtung, die Rechtsetzung, die Ausweitung des Geschichtsbildes usw. Kooperativ zu bearbeiten sind die Verkehrsplanung, der Dorf- und Städtebau, die Wirtschaftspolitik usw. In der heutigen Zeit, die in erster Linie dahin ausgerichtet ist, die deutsche *Kriegswirtschaft* zu fördern, wäre jede Planung verfrüht, die eine Störung dieser Kriegswirtschaft zur Folge haben könnte. Außerdem muß jede Planung, die hier begonnen werden kann, in absoluter Vertraulichkeit vor sich gehen, um nicht irgendwelche Beunruhigung hervorzurufen. Die Probleme des Ministeriums Ost müssen also hier beschlossen und erarbeitet werden, *materiell* müssen sie aber z. T. von anderen Stellen übernommen werden. Hierbei handelt es sich um eine *Ökonomie* der Kräfte. Ich betrachte es nicht als meine Aufgabe, verschiedene Gebiete, die materiell schon an anderer Stelle erarbeitet werden, in diesem Ministerium zu zentralisieren und für sie einen großen Apparat aufzubauen. Z. B. denke ich nicht daran, für den Städtebau hier ein großes Architektenbüro zu errichten, sondern ich werde Prof. Speer bitten, uns dabei behilflich zu sein. Es handelt sich also um die Vermeidung einer Doppelarbeit, um die Vermeidung eines doppelten Verbrauchs an Menschen und schließlich um die Vermeidung von Konfliktmöglichkeiten. Ich richte daher an alle hier vertretenen Reichsbehörden die Bitte, in engstem Zusammengehen ihre Hilfe für die Aufgaben des Ostens bereitzustellen.

Ich nenne Ihnen nun einige konkrete Beispiele von Fragen, die hier auftreten. Die gesamte Zivilverwaltung läuft jetzt an. Es sind eine Anzahl ganz konkreter Probleme, die zwar augenblicklich nicht gelöst werden können, die aber schon heute ins Auge gefaßt werden müssen. Sie wissen, als erstes Kommissariat ist das Reichskommissariat Ostland in Tätigkeit getreten. Estland, Lettland, Litauen und Weißruthenien sind hier als Kerngebiete vorgesehen, aber über das ursprüngliche Gebiet hinaus, geht der Plan weiter, diesem Reichskommissariat noch verschiedene andere Gebiete anzuschließen. Das ganze Gebiet zwischen Peipus- und Ilmen-See wird einmal dem Reichskommissariat Ostland angeschlossen werden. In welcher letzten Grenzziehung, das ist augenblicklich noch nicht möglich zu sagen. Verschiedene Vorschläge werden schon heute besprochen, um sie zu gegebener Zeit dem Führer zur Entscheidung vorzulegen. Auf jeden Fall, wie dieser Beschluß des Führers auch aussehen mag, ist dieser Raum neu zu erschließen, um die europäischen Interessen weiter im Osten zu sichern. Dabei tritt die Frage auf: Soll dieser Raum als ein Ansiedlungsraum für unbequeme Elemente angesehen werden, oder soll dieses ganze Gebiet einer deutschen, germanischen Stellung erschlossen werden? Eine Frage, die sehr wohl überlegt werden muß! Denn diese Grenze soll ja einst eine neue Grenze zwischen Deutschtum und Slawentum sein. Am zweckmäßigsten wäre wohl, diese Gebiete mit den kampftüchtigsten Siedlerkräften zu besetzen. Diese Lösung als Ausgangspunkt genommen, entstehen für die Erschließung des Raumes eine Reihe von anderen

Fragen, aus denen sich eine Arbeitsgemeinschaft ergeben muß. Die Feststellung der *Fruchtbarkeit* der Erde ist die Voraussetzung einer solchen Siedlung. Dann entsteht die Frage, welche Form eine solche Siedlung anzunehmen hat. Man kann neben jedem Kolchos ein Herrenhaus errichten und den Weg einer Domänenverwaltung beschreiten. Oder man kann vom Standpunkt der Gründung einer Militärkolonie ausgehen. Das bedeutet einen stark befestigten Platz gegen den ewig unruhigen Osten und die vermutlich auch später als Arbeitskräfte einzusetzenden Russen. Die Durchführung des zweiten Planes erscheint mir persönlich als einem kämpferischen Zeitalter auf die Dauer gesehen richtiger. Die zukünftige Führung der Eisenbahnen und Straßen gehören zu den Aufgaben der Landesplanung. Erst wenn alle diese Dinge reiflich überlegt sind, wird man von einer unmittelbaren größeren Menschensiedlung sprechen können. Sie sehen, meine Herren, daß ein solches Problem alle Kräfte wachrufen muß, um zunächst theoretisch zu planen und mit Hilfe der Kräfte des Reichskommissars Ostland diese Gebiete zielbewußt zu erforschen.

Als zweites Problem sind die Aufgaben in der Ukraine zu nennen. Kiew wird nicht Sitz des Reichskommissars sein, sondern eine andere Stadt oder eine deutsche Residenz, die erst noch gebaut werden muß. Auf jeden Fall müssen Probleme des Verkehrs angeschnitten werden, und zwar eine Verbindung nach der Krim, weil mit diesem Gebiet eine bestimmte politische Absicht verknüpft wird. Taurien wird in der Zukunft mit einer engen deutschen Siedlung zu rechnen haben und diesem Plan ist naturgemäß jetzt schon Rechnung zu tragen. Und an diesen Straßenzügen sollen ebenfalls, wie im Norden, befestigte Plätze entstehen, um die sich dann ein weiterer Kreis von Kolonien zieht. In Taurien wohnen Russen, Turktartaren, Juden und Griechen. Die Krim gehörte früher zum großen Teil deutschen Kolonisten. Die Hälfte des Bodens und Kreises Simferopol gehörte den Deutschen und ist dann von Russen und Juden geraubt worden.

Überall werden sich auch Überlegungen strategischer Grenzsicherungen ergeben, die schon jetzt ins Auge gefaßt werden können. Diese ganzen Planungen sind mit schwerwiegenden wirtschaftlichen Überlegungen verbunden und fordern eine sehr genaue finanzpolitische Vorbereitung. Bei allen diesen Fragen ist eine einheitliche Federführung nötig. Wir können es uns auch gegenüber den von uns betreuten Völkern nicht leisten, daß innerhalb einer Verwaltung noch zwei oder drei andere Verwaltungszentren tätig sind, da diese Völker ein feines Gefühl dafür besitzen, wo ein Bruch durch eine Regierung geht. Daher ist eine Ökonomie der Kräfte nötig, die allen zum Besten gereichen wird. So, glaube ich, daß wir an eine Konzentration der Landesplanung Ost herantreten können, wobei es selbstverständlich ist, daß, bevor eine solche Planung praktisch durchgeführt werden kann, eine Abstimmung mit dem Reichsmarschall hergestellt werden muß, um zu sehen, ob sie die Kriegswirtschaft fördert und nicht schädigend beeinflußt. Ich darf darauf hinweisen, daß Dr. Todt noch einige Ausführungen machen wird. Es handelt sich darum, die Verbindung zwischen dem Schwarzen Meer und Baltischen Meer über Dnjepr und Düna zu erhalten, die Verbindung zwischen Don und Wolga und zwischen Kaspi-See und Schwarzem Meer. Eine weitergehende Planung ist die Verbindung zwischen Dnjepr und Bug.

Neben diesen Planungen werden sich auf Grund der Erfahrungen der Reichskommissare naturgemäß eine Menge anderer Planungen ergeben, um im Osten ewig wachsam zu sein. Die Durchführung dieser ganzen Arbeit ist nur so denkbar, daß alle Reichsbehörden zu einer Zusammenarbeit kommen, daß dann auf Grund dieser geäußerten Gedanken die Reichskommissare *ihre* Pläne vortragen und daß dann mit den einzelnen Stellen Vorschläge ausgearbeitet werden, um diese dem Führer zur Entscheidung vorzulegen.

Somit ergibt sich hier eine große technische Vorbereitung, eine wirtschaftspolitische, eine städtebauliche und eine für Volkstum und Siedlung. Ich möchte Sie nun bitten, dieser ganzen Arbeit Ihre Kräfte zur Verfügung zu stellen, indem jede Stelle einen fachkundigen und bevollmächtigten Vertreter benennt, der dann an den einzelnen Besprechungen teilnimmt. Die Einleitung dieser ganzen Arbeit ist die Einleitung einer Arbeit für 100 Jahre. Wir können wohl in den nächsten Jahren einen großen Ansatz machen, die Ergebnisse werden aber erst unsere Kinder und Enkel sehen.

Reichsminister Todt berichtete, daß er die besetzten Ostgebiete mehrfach bereist habe und daß er über seine Beobachtungen auf seinem Arbeitsgebiet folgendes berichten könne:

1. *Straßen:* Die Straßen der Sowjets nähmen an Güte von Norden nach Süden im allgemeinen ab. Nördlich der Linie Minsk–Smolensk–Moskau seien die großen Straßen in der Regel versteint, während man in der Ukraine kaum versteinte Straßen finde. Auf den Straßen in der Ukraine sei in der jetzigen Jahreszeit vor Eintritt des Frostes ein Fortkommen unmöglich.

Die Wehrmacht habe die besten Straßen in den besetzten Ostgebieten inzwischen erkundet und 12 große Straßenzüge als »Durchgangsstraßen« festgestellt. Er empfehle dringend, sich bei Reisen mit dem Kraftwagen an diese Durchgangsstraßen zu halten, da die Nebenstraßen in der Regel nicht erkundet und wahrscheinlich auch unbenutzbar seien. Diese Durchgangsstraßen knüpften an die großen Reichsstraßen westöstlicher Richtung an und verliefen in der Regel in der gleichen Richtung.

Nach einem nord-südlichen Straßenzuge, etwa in der Linie Petersburg–Krim, werde zurzeit noch geforscht.

Die einzige wirklich gute Straße der Sowjet-Union sei die sogenannte Autobahn Minsk–Smolensk–Moskau, mit einer Fahrbreite von 15 und einer Kronenbreite von 18 m. Bei den Angriffen auf das Moskauer Gebiet habe auf dieser Autobahn eine Tagesbelastung bis zu 50000 t gelegen. Im Vergleich hierzu führe er an, daß die Belastung der Ausfallstraßen aus unseren Großstädten in der Regel nur bis zu höchstens 10000 t täglich betrage. Die Leistungsfähigkeit dieser Straße, die durchaus der unserer Autobahnen entspreche, obwohl sie nur eine Fahrbahn besitze, sei hieraus ersichtlich.

Diese sehr wichtige Straße erreiche man von Berlin am besten über Königsberg–Eydtkuhnen oder über Warschau (600 km)–Brest–Minsk (1100 km), und von dort könne man bequem weiter reisen nach Smolensk (1400 km)–Moskau (1800 km). Die Autobahn Moskau–Minsk solle zunächst bis Baranowitschi verlängert werden.

Im Süden der UdSSR seien große zusammenhängende Straßenzüge nicht vorhanden.

Da der Führer Wert auf eine baldige Verkehrserschließung der Ostgebiete lege, sei die Planung folgender Autobahnen vorgesehen:

a) Fortsetzung der Autobahn Berlin–Danzig–Königsberg–Eydtkuhnen bis Minsk, dort Anschluß an die Autobahn Minsk–Moskau.

b) Schaffung einer Autobahn von Ostpreußen nach Riga, gegebenenfalls bis Reval.

c) Posen–Warschau–Brest–Minsk, diese Bahn wolle er entsprechend der russischen Autobahn in nur einer breiten Fahrbahn ausbauen.

d) Vom Reich in Richtung Krakau–Lemberg – vorbei an Kiew bis zu einem Raum nördlich der Linie Kiew–Poltawa.
Er habe erfahren, daß dieser Raum vom gesundheitlichen Standpunkt aus als Siedlungsraum am besten geeignet sei. Er stelle sich daher vor, daß in diesem Gebiet einmal der Regierungssitz des Reichskommissars entstehen könne. Deshalb lege er auf eine gute Verbindung dorthin Wert. Von der Autobahn, die in diesen Raum führe, könnten weitere Verbindungszweige nach Osten, in Richtung Südosten (Rostow) und in Richtung Süden (Kirowograd–Kriwoyrog–Krim) geführt werden.

e) Es schwebe ihm sodann eine Verbindung dieses südlichen Straßennetzes mit Minsk vor, um so Anschluß an das nördliche Straßennetz zu finden.

Voraussetzung für den Bau dieser Autobahnen sei zunächst eine Versteinung der Nebenstraßen, um die Heranschaffung des Baumaterials zu ermöglichen. Nach deutschen Verhältnissen würde der Bau dieses Straßensystems etwa 30 bis 40 Jahre in Anspruch nehmen. Da er jedoch hoffe, in den Ostgebieten mehr Arbeitskräfte (Kriegsgefangene) zur Verfügung zu haben, nehme er an, daß sich dieses Werk in einer etwas kürzeren Frist herstellen lasse.

2.) *Wasserstraßen:* An Wasserwegen seien folgende Züge geplant, bezw. bereits – wenn auch in unvollkommener Weise – vorhanden:

a) Vom Dnjepr könne man schon jetzt durch den Dnjepr-Bug-Kanal bis Brest gelangen.

Der jetzige Wasserweg reiche jedoch nur für Schiffe bis zu 200 t. Von Brest aus werde zurzeit der Bug in bescheidenem Umfange reguliert. Wenn dies auch für den zu erwartenden Verkehr längst nicht ausreichend sei, so würde doch immerhin auf dieser Wasserstraße schon eine Menge Massengüter transportiert. Geplant sei eine große Wasserstraße in dem Stromsystem von Dnjepr und Bug für Schiffe bis zu 4000 t. Diese Wasserstraße soll weitergeführt werden über die Weichsel zur Ostsee.

b) Eine weitere Wasserverbindung laufe über Dnjepr–Oginsky-Kanal–Memel–Ostsee. Sie sei zurzeit auch nur für kleine Schiffe befahrbar, jedoch noch ausbaufähig.

c) Eine weitere Wasserverbindung zwischen Ostsee und Schwarzem Meer ließe sich herstellen bzw. ließen sich die vorhandenen Verbindungen ausbauen – über Düna–Beresina–Dnjepr. Die vorhandene Wasserstraße sei zurzeit ebenfalls wenig leistungsfähig.

d) Die vierte große Wasserstraße müsse das Kaspische Meer über das Schwarze Meer mit der Donau verbinden.

3. *Energieversorgung:*

Trotz des Wasserreichtums würden die Wasserkräfte in den Ostgebieten nur wenig ausgenutzt. Das einzige große Wasserkraftwerk befinde sich in Saporoshje mit einer Leistung von 2½ Milliarden Kilowatt. Dieses Werk sei von den Bolschewisten derartig zerstört worden, daß mit seiner Inbetriebnahme vor Ablauf von zwei Jahren nicht zu rechnen sei. Zum Vergleich der Leistungsfähigkeit des Werkes in Saporoshje führe er an, daß von den in Deutschland erzeugten 65 Milliarden Kilowatt 15 Milliarden Kilowatt auf Wasserkraftwerke entfielen.

Außer dem Wasserkraftwerk in Saporoshje sollten noch zwei weitere an der Wolga in der Entstehung begriffen sein. Sie seien jedoch noch nicht erkundet. Ein Verbundsystem kenne die Energiewirtschaft in den Ostgebieten wegen der weiten Räume nicht. Die Versorgung der Industriegebiete mit Elektrizität sei bisher auf der Grundlage von Kohle ausreichend sichergestellt worden.

Zusammenfassend wies *Reichsminister Todt* darauf hin, daß die Verkehrserschließung der besetzten Ostgebiete vordringlich sei und die erste Voraussetzung jeder wirtschaftlichen Ausnutzung dieses weiten Raumes in Krieg und Frieden bilde. Die Planung dieses Verkehrsnetzes, das er soeben nur in großen Zügen dargelegt habe, müsse daher möglichst bald gemeinsam mit allen übrigen beteiligten Stellen in Angriff genommen werden.

Reichsminister Rosenberg dankte Reichsminister Todt für seine Ausführungen und bat die anwesenden Herren, nun ihrerseits vom Standpunkt ihrer Ressorts zu den Fragen der Landesplanung Stellung zu nehmen. Insbesondere lege er auf eine Meinungsäußerung des Reichskommissars für den sozialen Wohnungsbau und des Generalbauinspektors für die Reichshauptstadt Berlin Wert.

Reichsorganisationsleiter Dr. Ley wies darauf hin, daß er heute vom Standpunkt seines Aufgabengebietes als Reichskommissar für den sozialen Wohnungsbau noch nicht eingehend Stellung nehmen könne. Die Räume seien derart weit, daß sie, was den Bau von Städten angehe, zuerst noch gründlich erkundet werden müßten. Auch müsse man zunächst noch elementar berechnen, welche Kapazitäten für einen Aufbau im Osten zur Verfügung ständen. Dies sei Aufgabe einer vorausschauenden Planung. Im einzelnen sagte Dr. Ley jegliche Unterstützung durch seinen Stab, das Reichsheimstättenamt usw. zu.

Vizepräsident Fränk teilte mit, daß der Genralbauinspektor Professor Dr. Speer sich zurzeit auf einer Dienstreise in Portugal befinde und daß dieser zu den angeschnittenen Fragen nur persönlich Stellung nehmen könnte. Er werde ihm über die hier behandelten Probleme Vortrag halten.

Staatssekretär Körner erklärte, daß der Herr Reichsmarschall ihn habe wissen lassen, daß eingehende Planungsarbeiten für die besetzten Ostgebiete nach seiner Ansicht zurzeit noch verfrüht seien. Das erste und vordringliche Problem bestände in der Durchführung der Aufgaben der Kriegswirtschaft.

Der Reichsmarschall lege Wert darauf, mit Reichsminister Rosenberg noch einmal die Angelegenheit zu besprechen. Durch die gemachten Ausführungen glaube er, seien die Befürchtungen behoben.

Reichsminister Rosenberg erwiderte, daß selbstverständlich nicht beabsichtigt sei, durch die hier skizzierten Planungsarbeiten irgendwie die kriegswirtschaftlichen Maßnahmen zu stören, im Gegenteil, sie sollten hierdurch nur unterstützt werden. Eine solche Planung müsse man aber rechtzeitig beginnen, wenn man verhindern wolle, daß dort etwas Planloses entstehe. Selbstverständlich werde er dem Herrn Reichsmarschall rechtzeitig Vortrag über seine Absichten halten und baldigst um einen Termin hierfür bitten.

Ministerialdirektor Dr. Jarmer trug vor, daß die Reichsstelle für Raumordnung dem Reichsministerium für die besetzten Ostgebiete schon gewisse Arbeitsvorschläge gemacht habe. Er wolle über das Ergebnis der heutigen Sitzung dem z. Zt. von Berlin abwesenden Leiter der Reichsstelle für Raumordnung, *Reichsminister Kerrl*, zunächst Vortrag halten, der dann zu dem Vorschlag von *Reichsminister Rosenberg*, einen besonderen Planungsausschuß zu bilden, Stellung nehmen werde.

Auf die Frage von *Reichsminister Funk*, ob auch die Planung von Industriewerken in Aussicht genommen sei, antwortete *Reichsminister Rosenberg*, daß das Planungsgremium Planungen aller Art behandeln werde, daß es nach seiner Ansicht zunächst jedoch darauf ankomme, ein erstes Gerippe vorzubereiten, ohne dabei schon jetzt auf Einzelmaßnahmen einzugehen. *Reichsminister Todt* äußerte hierzu, daß es natürlich vom Standpunkt seines Ressorts aus wichtig wäre, schon jetzt zu wissen, wo besondere Industriezentren entstehen würden, da die Verkehrsplanung natürlich rechtzeitig auf derartige Vorhaben Rücksicht nehmen müsse.

Unterstaatssekretär General von Hannecken wies darauf hin, daß der Führer grundsätzlich die Errichtung und den Fortbestand von Verarbeitungsbetrieben in den besetzten Ostgebieten nicht wünsche. Der gesamte Industrieveredelungsprozeß solle sich im Reich vollziehen, während die Ostgebiete grundsätzlich nur das Rohstoffreservoir für die reichsdeutsche Wirtschaft darstellen sollten.

Er mache darauf aufmerksam, daß die Basis des Reiches an Rohstoffen und Verarbeitungsstätten sehr knapp sei und daß dies auch nach dem Kriege mit Rücksicht auf weiter zu erwartende große Aufgaben zunächst so bleiben werde. Wenn in den Ostgebieten gebaut werde, so müßten alle Stoffe und Materialien hierfür in den Ostgebieten selbst hergestellt werden. Die Pläne von *Reichsminister Todt* ließen sich daher nur durchführen, wenn in den Ostgebieten die zur Herstellung von Baumaterialien und Baumaschinen erforderlichen Verarbeitungsbetriebe errichtet bzw. wieder hergestellt würden. Er denke hierbei vor allem an Zementfabriken, Ziegeleien und Maschinenfabriken. Der Umfang dieser Verarbeitungsindustrie hänge davon ab, daß die Pläne des *Reichsministers Todt* alle gleichzeitig in Angriff genommen werden sollten oder erst nach und nach. Er empfehle, diese Erwägungen bei den planerischen Arbeiten rechtzeitig zu berücksichtigen.

Reichsminister Funk machte darauf aufmerksam, daß man, bevor die Ausnutzung des Ostraumes in großem Stile begonnen würde, genau wissen müsse, was an Rohstoffen und Fabriken vorhanden sei. Hierauf erwiderte *Reichsminister Rosenberg*, daß diese Arbeit mit eine des Planungsausschusses sein solle. Im übrigen halte er die Aufnahme von Arbeiten, die in diesem Planungsausschuß als notwendig festgestellt würden, schon bald für erforderlich, um das große und schließlich nicht immer zur Verfügung stehende Kontingent von Kriegsgefangenen richtig auszunützen. *Reichsorganisationsleiter Dr. Ley* teilte hierzu mit, daß der Führer ihm gegenüber kürzlich geäußert habe, daß die besetzten Ostgebiete auch nach Abschluß des Krieges neben einem Rohstoffreservoir auch ein Arbeitskräftereservoir für die Zukunft bleiben müßten. Selbst die großen Bauarbeiten im Reich müßten nach dem Kriege mit Arbeitskräften aus dem Osten geleistet werden. Man brauche deshalb nicht darum besorgt zu sein, daß uns später Arbeitskräfte für die Aufbauaufgaben im Osten nicht mehr genügend zur Verfügung ständen.

Unterstaatssekretär General von Hannecken betonte das Interesse des Reichswirtschaftsministeriums an den Rohstoffvorkommen und Abbaubetrieben im Osten. Er führte hierzu aus, daß die Gruben in den ukrainischen Industriegebieten derartig nachhaltig zerstört seien, daß in der Regel für ihren Aufbau wenigstens ein Jahr benötigt werde. Die Wiederherstellung dieser Abbaubetriebe sei Voraussetzung für die Durchführung der Verkehrspläne. An manchen Rohstoffen sei das Reich in ganz besonderem Maße interessiert, z. B. an Mangan, so daß die verkehrsmäßige Erschließung der hierfür in Frage kommenden Räume besonders vordringlich sei. Die bereits von der Organisation Todt hergestellten Zuwege vom Werk zum nächsten Bahnhof entsprächen noch nicht den großen Anforderungen, die man an die verkehrsmäßige Erschließung stellen müsse. Hier müsse ein stärkerer Ausbau des Verkehrsnetzes einsetzen. *General Thomas* hielt es für notwendig, daß vor umfangreichen Planungsarbeiten zunächst eine Entscheidung des Führers oder des Reichsmarschalls vorliegen müsse, nach welchen Grundsätzen die Wirtschaftsausnutzung des Ostraums vor sich gehen solle.

Ministerialdirektor Harmening erklärte, daß Reichsminister Darré der Ansicht sei, daß man, bevor ein neuer Planungsausschuß ins Leben gerufen werde, sich überlegen solle, ob mit diesen Aufgaben nicht die bereits bestehende Reichsstelle für Raumordnung betraut werden könne.

Reichsminister Rosenberg erwiderte auf diese zuletzt geäußerten Ansichten, daß es nach seiner Ansicht gerade Aufgabe des von ihm in Aussicht genommenen Planungsgremiums sei, für die Entscheidungen des Führers oder des Reichsmarschalls Vorschläge auszuarbeiten. Mit der wirtschaftlichen Planung hänge eng zusammen die Siedlungsplanung. Auf die Besiedlung gewisser Räume mit deutschen Menschen lege der Führer besonderen Wert. Er nenne hier vor allem die Krim noch einmal. Auch wolle der Führer die Erholungsorte der Krim zu Erholungsstätten für das ganze deutsche Volk und sie zur deutschen Riviera machen. Zusammenfassend stelle er daher fest, daß die Arbeiten der Planungen sich auf folgende Gebiete erstrecken müßten:

a) Planung der Verkehrserschließung,
b) Wirtschaftspolitische Planung,
c) Siedlungsplanung.

Er bitte, jedes der heute hier vertretenen Ressorts, ihm je einen sachverständigen bevollmächtigten Vertreter zu benennen, der dann, soweit das betreffende Ressort in seinen Reichsaufgaben berührt werde, im Laufe der nächsten Zeit zu größeren Sitzungen herangezogen werde, die sich mit diesen Fragen beschäftigen sollten. Auf die mit allen beteiligten Stellen abgestimmten Ergebnisse dieser Besprechung würden sich seine Vorschläge, die er dem Führer und dem Reichsmarschall über die spätere Gestaltung des Ostraums machen wolle, stützen.

gez. Dr. Runte

[17.] Vermerk über eine Besprechung des Engeren Beirats der Reichswirtschaftskammer mit Vertretern des Reichskommissars für die Festigung deutschen Volkstums am 19. November 1941

Anlage zu I 16/42

1. Der Aufbau der eingegliederten Ostgebiete verfolgt das Ziel, den Osten mit Deutschen zu besiedeln. Der Abzug von Menschen aus dem Altreich soll aber nicht wahllos erfolgen, sondern soll dazu dienen, übersetzte Altreichsgebiete zu bereinigen und den dort Verblei-

benden bessere Lebens- und Entwicklungsmöglichkeiten zu verschaffen. Neben der Besiedlung der Ostgebiete mit landwirtschaftlichen Berufstätigen ist es vor allen Dingen wichtig, Nahbedarfstätige aus dem Altreich anzusiedeln und in den Ostgebieten anzusetzen. Um einen Überblick über die Zahl der aus dem Altreich zur Umsiedlung zur Verfügung stehenden, im Nahbedarf tätigen Handwerker und Händler zu erhalten, ist es notwendig, Untersuchungen hierüber einzuleiten. Es ist erwünscht, daß diese Untersuchungen bei Kriegsende bereits vorliegen, damit die von der Wehrmacht Entlassenen ihren Beruf nicht wieder an der alten Stelle aufnehmen und dadurch unter Umständen ungünstige Verhältnisse, die vor Kriegsanfang bestanden, wieder verwirklichen, sondern gleich im Osten angesetzt werden können.

Das Siedlungswerk wird nur dann vollen Erfolg haben, wenn es auf freiwilliger Basis vollzogen wird; denn der Aufbau eines widerstandsfähigen Grenzlanddeutschtums im Osten setzt voraus, daß die deutschen Ansiedler sich mit ihrer ganzen Persönlichkeit für ihre Aufgabe einsetzen. Die größte Bereitschaft, sich im Osten anzusiedeln, wird dabei in jenen Gebieten des Altreichs anzutreffen sein, in denen eine *Übersetzung an Nahbedarfstätigen* besteht. In diesen Gebieten muß die Werbung mit besonderem Nachdruck angesetzt werden.

Als Anreiz für die Umsiedlung in den Osten sollen die Nahbedarfstätigen in den neuen Gebieten bessere Lebens- und Aufstiegsmöglichkeiten erhalten wie in der alten Heimat. Ferner wird, neben anderen Maßnahmen, z. B. auch das Wohnungsbauprogramm als wertvolles Steuermittel in den Dienst der Umsiedlung gestellt werden können, dadurch, daß dem Umsiedler im neuen Raum befriedigende Wohnverhältnisse, möglichst ein Eigenheim, zugesichert werden, während die Lösung der Wohnungsfrage in den übersetzten Gebieten hinausgeschoben wird.

2. Das Ermittlungsverfahren wird sich gliedern in
   – *regionale Untersuchungen,* denen die Aufgabe gestellt wird
   a) einen ersten Überblick über das Ansatzverhältnis der Nahbedarfstätigen in den einzelnen Reichsgebieten zu geben und
   b) in Fühlungnahme mit der Organisation der gewerblichen Wirtschaft Richtlinien und Anhaltspunkte zu erarbeiten, nach denen die einzusetzenden Ausschüsse ihre Feststellungen zu treffen haben und
   – *das Feststellungsverfahren,* bei dem
   a) die regionalen Ausschüsse (4b) der gewerblichen Wirtschaft in den einzelnen Altreichsgebieten anhand der ihnen gegebenen Richtlinien über die Lage in ihrem Bezirk berichten;
   b) aufgrund der regionalen Berichte durch den Zentralausschuß (4a) eine Entscheidung darüber gefällt wird, ob der Bezirk bzw. die einzelnen Gewerbezweige im Bezirk als »Abgabebereich«, »ausgeglichener Bereich« oder »Bedarfsbereich« anzusehen sind. Erwünscht ist hierbei eine Abstufung der Beurteilung je nach dem Grad der Abgabefähigkeit bzw. der Dringlichkeit des Bedarfes.

3. Den Auftrag über Durchführung der regionalen Untersuchungen hat der Reichskommissar f. d. F. d. V. der Reichsarbeitsgemeinschaft für Raumforschung übertragen. Ihre Aufgabe ist in Zusammenarbeit mit der O.G.W.*
   a) aufgrund der statistischen und sonstigen Unterlagen die Übersetzung bzw. den Bedarf in den einzelnen Altreichsgebieten kreisweise festzustellen;
   b) aufzuzeigen, in welchen Gebieten eine Bereinigung der Nahbedarfstätigen am dringlichsten ist und einen Vorschlag auszuarbeiten, in welcher Reihenfolge die gebietsmäßigen Untersuchungen durch die nach 4b einzusetzenden Regionalausschüsse der Reichswirtschaftskammer vorgenommen werden sollen;
   c) in Fühlungnahme mit dem Zentralausschuß Richtlinien zu erarbeiten, nach denen die

* Organisation der Gewerblichen Wirtschaft

regionalen Ausschüsse tätig sein können und deren Arbeitsergebnis zusammenfassend auszuwerten.

4. Zur Durchführung der regionalen Untersuchungen in den einzelnen Altreichsgebieten beabsichtigt der Reichskommissar, an die Reichswirtschaftskammer heranzutreten. Es wird angeregt,

a) daß die Reichswirtschaftskammer bei sich einen Ausschuß der zuständigen zentralen Wirtschaftsorganisationen bildet, dem angehören:

Reichsstand des deutschen Handwerks,

Reichsgruppe Handel,

Reichsgruppe Industrie.

Dieser Zentralausschuß soll die in den einzelnen Gebieten zu bildenden regionalen Ausschüsse mit Weisungen über die Art der Untersuchungen versehen, sowie die Gesichtspunkte geben, nach denen die Untersuchungen durchgeführt werden sollen. Ferner soll er die Arbeiten der Ausschüsse überwachen, das Ergebnis zusammenfassen und gegebenenfalls die unter 2b vorgesehene Entscheidung treffen.

b) Zum Zwecke der örtlichen Untersuchungen ist es erwünscht, daß jede Wirtschaftskammer die Bildung eines Hauptausschusses sowie von Unterausschüssen für die einzelnen Kreise aus den jeweils beteiligten Wirtschaftskreisen veranlaßt.

5. Im Zuge der vom Reichskommissar durchzuführenden Maßnahmen des Ostaufbaues ist vorgesehen, in den einzelnen Kreisen Dienststellen einzurichten, deren Aufgabe es ist, die Aufklärung, Beratung und Erfassung der für den Osteinsatz infrage kommenden Volksgenossen zu übernehmen. In Verbindung mit diesen Dienststellen werden Einrichtungen geschaffen werden, die unter maßgeblicher Heranziehung der jeweils infrage kommenden Gliederungen der Organisation der gewerblichen Wirtschaft die Eignung der einzelnen Bewerber prüfen.

[18.] Vorschlag des OKW-Verbindungsoffiziers beim Armeeoberkommando 17 zur Einrichtung von Konzentrationslagern für die Bewohner sowjetischer Industriestädte vom 2. November 1941

Nr. 572/41 g. Verteiler innerhalb des AOK 17 sowie des OKW

Gedanken über die Evakuierung der Bevölkerung aus den Industriestädten im Donez-Gebiet im Interesse der Sicherheit und Ernährung der deutschen Wehrmacht.

In den Richtlinien für die Führung der Wirtschaft des Reichsmarschalls des Großdeutschen Reiches steht unter Abschnitt »Arbeitseinsatz I,1«, daß eine Abwanderung Arbeitsloser aus den Industriestädten zunächst nicht verhindert werden solle und könne *.

Nach Besetzung größter Teile russischen Gebietes wurde festgestellt, daß diese Abwanderung zahlenmäßig nicht in's Gewicht fiel, da man sonst auf dem Lande *mehr Arbeitskräfte* vorgefunden hätte.

Nun tritt an die deutsche Heeresführung in *immer dringlicherer Form* das Problem der Ernährung der in den Industriestädten zusammengeballten Bevölkerungsmassen heran.

Es könnte *drei* Möglichkeiten geben, um dieses *entscheidend wichtige Problem* einer Lösung zuzuführen.

I. Evakuierung der Massen auf das flache Land.

* Wirtschafts-Führungsstab Ost, Richtlinien für die Führung der Wirtschaft in den neubesetzten Ostgebieten (Grüne Mappe), Teil I, Juni 1941, BA-MA, RW 31/128 D; abgedr. in Fall Barbarossa, Nr. 112.

II. Hermetische Absperrung der dicht besiedelten Industriezentren, so daß eine Abwanderung auf's Land unmöglich wird.

III. Evakuierung der Industriebevölkerung aus gewissen Einzelzentren und Stadtteilen, die für Unterkunft von Truppen geeignet und für wichtige Industrien bedeutungsvoll sind unter Berücksichtigung zu verbleibender Arbeitskräfte mit deren Familien und Einrichtungen *strengstens abgesperrter Stadtteile* für die nicht *ansatzfähige* Bevölkerung in Anlehnung an den Gedanken von *Konzentrationslagern* im größten Stil.

Zu I. Evakuierung der Massen auf das flache Land ist jahreszeitlich *völlig überholt!* Die Ernte jeglicher Feldfrüchte ist teilweise eingebracht und *muß in erster Linie* für die Truppenversorgung im Lande und für evtl. Teilabgaben der Heimat zur Verfügung stehen. Es darf auch nicht das Saatgut für die Bestellung 1942 außer Acht gelassen werden. Der Standpunkt des Arbeitseinsatzes dieser Massen auf dem Lande spielt *jetzt* keine Rolle mehr. Im Frühjahr und Sommer wäre dies in gewissen Grenzen wichtig gewesen. Dazu tritt noch das politische und vor allem Sicherheitsmomenn und vor allem Sicherheitsmoment. Der Mob der Industriestädte vermischt mit zurückgebliebenen Partisanen und Kommissaren würde sich unkontrollierbar über die weiten Landflächen ergießen und sich über die an und für sich jetzt schwierigst zu erfassenden und beaufsichtigten Lebensmittel und Viehvorräte hermachen.

Zu II. Hermetische Absperrung der dicht besiedelten Industriezentren, so daß eine Abwanderung auf's Land unmöglich wird, ist ebenfalls nicht durchführbar. Bietet doch eine hermetische Absperrung des genannten Industriegebietes dann keinerlei Möglichkeiten für Truppenunterbringung, Ingangsetzung und Überwachung der für die Wehrmacht wichtigen Betriebe und Industrien. Denn hierbei wäre der Rest der Betriebe, soweit diese noch bald in Gang gesetzt werden können oder aufzubauen sind, eines Tages völlig der schonungslosen Hand hungernder, plündernder Menschenmassen preisgegeben. Außerdem müßte dann auch der wichtige Teil der Bevölkerung zu Grunde gehen, der von der Wehrmacht als Arbeitskräfte angesetzt worden ist.

Zu III. Evakuierung gewisser noch auszuwählender *Einzelzentren* und *Stadtteile*, welche die wichtigsten Betriebe in sich fassen und sich dabei gleichzeitig für eine Belegung mit Truppen eignen. Hier wären auch die Arbeitermengen mit ihren Familien, soweit diese nicht schon in diesem Bereich wohnen, an- bzw. umzusiedeln, welche für die Betriebe als Arbeitskräfte benötigt werden. Der Rest der Bevölkerung – und es wird dies eine große Masse sein – wäre dann in Stadtteilen und ganzen Straßenzügen bzw. Wohnblocks anzusiedeln und zusammenzufassen. Es wird hierbei an die Großghettos in Warschau und anderen Städten gedacht. Dies wären auch im Vergleich zu I spätere Unruheherde bedeutend weniger zahlreicher Art, also mehr Einzelerscheinungen, die ohne weiteres hermetisch abgeschlossen, in Schach gehalten und von der Truppe gebunden werden können.

Abschließend wäre vielleicht auch daran zu denken, ob es nicht, wenn die Kampfhandlungen zu einem gewissen Stillstand gekommen sind, möglich wäre, die nicht benötigten Bevölkerungsmassen in das sogenannte *Niemandsland* abzuschieben.

gez. Fromberg
Rittmeister.

[19.] Aus dem Bericht über die Erkundung von Siedlungsmöglichkeiten auf der Krim durch die Wehrmacht Anfang Dezember 1941

Fürs Kriegstagebuch (der Chefgruppe Landwirtschaft des Wirtschaftsstabes Ost)

[...]

D. Siedlungsmöglichkeiten

Als Ergebnis der untersuchten klimatischen und Bodenverhältnisse einerseits, sowie der früheren und jetzigen landwirtschaftlichen Betriebsverhältnisse andererseits wird festgestellt: Für eine Besiedlung von Taurien und der Krim mit deutschen Landwirten sind die natürlichen Grundlagen vorhanden. Die Herstellung und Erhaltung produktiver deutscher Betriebe hängt in diesen Gebieten von folgenden Voraussetzungen ab:

1.) Wegeverhältnisse

Erschließung der Haupt-Erzeugungsgebiete durch jederzeit befahrbare Wege. Die Ausarbeitung eines Wegeprojektes hängt naturgemäß sehr davon ab, in welchen Gebieten intensivere Kulturen gefördert werden sollen. Während in den mehr extensiven Gebieten, die in der Hauptsache auf Viehzucht basieren, zunächst nur ein Wegenetz in ganz großen Zügen erstellt werden muß, ist es unbedingt erforderlich, das Wegenetz mehr und mehr zu verengen, je intensivere Kulturen und dadurch bedingt kleinere Betriebsgrößen in der betreffenden Gegend angestrebt werden. Ferner wird es unbedingt nötig sein, die geeigneten Marktorte und kulturellen Mittelpunkte zu schaffen, die selbstverständlich bei jedem Wetter erreicht sein müssen.

2.) Betriebsgrößen und Kulturarten

Je nach Regenmenge, Bodenart und Klima sind die zu erstrebenden Betriebsgrößen und Kulturarten verschieden. Es wird verwiesen auf die anliegende Karte »Wirtschaftszonen«, in der folgende Zonen unterschieden werden:

Die Zone A. Sie umfaßt die Teile des Gesamtgebietes, die zunächst nur ganz intensiv bewirtschaftet werden können. Die Lage dieser Gebiete ist aus der Karte ersichtlich. Es sind die Gebiete im westlichen Taurien einschließlich des nordwestlichen Teiles am Dnjepr, der Westteil der Krim, sowie der Nord- und Nordostteil der Krim, soweit die salzigen Böden vorherrschen. In dieser Zone A muß der Schwerpunkt in der Viehzucht liegen. In der Hauptsache werden dort Schafe gehalten werden müssen, die in dem trockenen Klima bestimmt hervorragend gedeihen. In kleinerem Maßstabe kann dem Klima angepaßtes Rindvieh gehalten werden, auch Pferdezucht ist möglich. Ackerbau werden diese Betriebe nur insoweit betreiben, als es zur Eigenversorgung nötig ist. Bei geeigneter Bodenbearbeitung ist er erfolgversprechend. Die endgültig anzustrebende Betriebsgröße in diesem Gebiet dürfte zwischen 2500 und 3000 ha je Betrieb liegen. Es ist dann für verständnisvolle Viehzüchter Raum vorhanden. Da diese Zone augenblicklich schwach bevölkert ist und auch für eine dichte Bevölkerung Lebensmöglichkeiten nicht bietet, ist gerade hier der Viehzuchtbetrieb mit seiner geringen Anforderung an menschlichen Hilfskräften der geeignete. Die oben bezeichneten Betriebsgrößen müssen nach Beendigung der Besiedlung bestehen bleiben. Sollten anfänglich nicht genügend geeignete Viehzüchter sich für den Aufbau dieser Zone zur Verfügung stellen, so steht dem nichts im Wege, einzelnen tüchtigen Züchtern größere Flächen in Nutzung zu geben, mit der Auflage, später wieder die vorläufig angegliederten Flächen für neue Betriebe zur Verfügung zu stellen. Der Erfolg dieser Maßnahme wird davon abhängen, ob es gelingt, das nötige, für die Steppenverhältnisse geeignete Vieh in diese Zonen hineinzuführen, denn es besteht die Befürchtung, daß bei Beendigung des Krieges von den dort heimischen Rassen nicht mehr viel vorhanden sein wird. Keineswegs dürfen hochwertige Kulturrassen in dieses Gebiet verpflanzt werden, sondern es muß weitgehend auf den vorhandenen Rassen aufgebaut werden. Bei den Schafen hat auch in diesen Gebieten die Karakulzucht bestimmt eine große Zukunft. Als Betriebsführer eignen sich hier unter anderem gewiß auch Landwirte, die früher in Südwestafrika oder Argentinien Betriebe gehabt oder geführt haben.

Die Zone B. umfaßt die Teile des Gesamtgebietes mit den sogenannten Kastanienböden und zwar in Taurien den Süd- und Südostteil, in der Krim den mittleren Nordwesten, Gebiete, die mittelextensiv bewirtschaftet werden können. Hier können neben Schafen Rindvieh und Pferde in größerem Ausmaß gezogen werden. Nebenher kann Getreide, auch zu Verkaufszwecken, angebaut werden. Die Betriebe werden zunächst mehr extensiv und im Laufe der Jahre auf Grund der gesammelten Erfahrungen sowie der nach und nach besser werdenden Bodenbearbeitung zu einem immer größer werdenden Teil zum Getreidebau herangezogen werden.

Der bisher in diesen Gebieten verbreitete Anbau von Baumwolle ist in Siedlungsbetrieben schlecht unterzubringen. Die Unsicherheit der Erträge konnte bisher in keinem der Anbaugebiete und mit keiner der vorhandenen Sorten ausgeschaltet werden. Bis zur erfolgreichen Beendigung ihrer züchterischen Bearbeitung ist der Anbau wegen des damit verbundenen Risikos nur in Staatsbetrieben zu empfehlen.

Der Anbau aller Hackfrüchte wird davon abhängen, ob es gelingt, genügend menschliche Arbeitskräfte in diese Gebiete hineinzuführen. Die hier anzustrebende endgültige Betriebsgröße liegt zwischen 1000 und 2500 ha, wobei sinngemäß dasselbe gilt, was für die Zone A schon gesagt wurde, d. h. zunächst können auch hier größere Betriebe ausgelegt werden mit der Verpflichtung, bei Bedarf die überschüssigen Flächen später für weitere Bewerber zur Verfügung zu stellen.

Die Zone C. In der Zone C, die den Mittelteil der Krim von Nordosten nach Südwesten und den Hauptteil in der Mitte Tauriens umfaßt, wird der Schwerpunkt im Getreide- und Ölfruchtbau und in der Rindviehzucht liegen müssen. Alle Hackfrüchte, mit Ausnahme von Mais und Sonnenblume, dürfen anfangs nur mit Vorsicht angebaut werden.

Zur Zone C gehört auch bedingt das gesamte Gebiet der Halbinsel nördlich Feodosia bis nach Kertsch. Jedoch muß bemerkt werden, daß dieses Gebiet bei der jetzigen Erkundungsfahrt nicht bereist werden konnte, weil sämtliche Wege aus militärischen Gründen gesperrt waren. Sollte genauere Erkundung ergeben, daß Teile dieses Gebietes in die Zone D mit eingerechnet werden können, so ändert sich sinngemäß das für C Gesagte.

Die endgültige Betriebsgröße in der Zone C müßte 500 bis 1500 ha betragen.

Die Zone D. Sie umfaßt den nördlichen Teil von Taurien, den mittleren Teil der Krim, gegebenenfalls auch das Gebiet nördlich Feodosia bis nach Kertsch.

Diese Zone ist als Intensivzone zu betrachten, basierend auf Getreidebau, hochwertiger Viehzucht und Obstbau.

In dieser Zone wird als endgültige Betriebsgröße eine Fläche von 50 bis 500 ha vorgeschlagen, wobei absolut die Möglichkeit besteht, die zunächst aus Menschenmangel größer gehaltenen Betriebe später zu verkleinern.

Die Zone E umfaßt das Gebiet zwischen Simferopol und Sewastopol bis an die Westküste und den gesamten Südabhang des Jailagebirge, soweit er landwirtschaftlich nutzbar ist. In dieser Zone, die als hochintensiv zu bezeichnen wäre, ist der Anbau von Obst und Wein sowie von Tabak absolut sicher. Die bei der Erkundungsfahrt besichtigten Weingärten machten mit geringen Ausnahmen einen durchaus gesunden Eindruck. Die Sorten sind dauernd verbessert worden.

Zur Viehhaltung, besonders von Schafen, können höher gelegene Flächen als Weideland herangezogen werden.

Die Betriebsgröße wird sich in dieser Zone danach richten, ob in der Hauptsache Wein und Tabak oder Obst und Gartenbauerzeugnisse mit Feldgemüsebau die Grundlage für den Betrieb bilden. Betriebe zwischen 2 und 50 ha sind hier durchaus möglich. Auch hier können zunächst größer ausgelegte Betriebe später verkleinert werden.

Die gesamte Zone E dürfte einmal ihrem landschaftlichen Charakter nach, dann aber im besonderen auch auf Grund der Möglichkeiten eines intensiveren Weinbaues an sich durchaus geeignet sein, eine Lebensgrundlage für deutsche Menschen aus Südtirol zu bieten. Voraussetzung ist natürlich, daß es gelingt, den Zusammenhang dieser Gebiete siedlungs- und bevölkerungsmäßig mit den Altreichsgebieten zu erreichen.

3.) Gebäude
Um zufriedene deutsche Menschen in diesen Gebieten heimisch zu machen, wird es nötig sein – wenn auch zunächst in den mehr extensiv zu bewirtschaftenden Teilen im Kolonialstil – Gebäude zu errichten, im besonderen Wohngebäude, die eine ähnliche Lebensführung wie in der Heimat gestatten. Daß dazu erhebliche verlorene Bauzuschüsse nötig sind, dürfte ohne weiteres klar sein, denn es würde eine sehr lange Zeit vergehen, ehe aus den Erträgnissen der Scholle heraus diese Gebäude erstellt werden könnten.

Neben den unbedingt erforderlichen verlorenen Zuschüssen wird vorgeschlagen, die Mittel für erste Einrichtung und das nötige Betriebskapital den Ansiedlern als zinsloses Darlehn, tilgbar durch eine den Bodenerträgnissen angepaßte Rente zur Verfügung zu stellen. Zur ersten Einrichtung hat das anzuschaffende lebende und tote Inventar sowie die Erstellung der ersten Ernte zu gehören.

4. Arbeiterverhältnisse
Nicht ganz leicht dürfte es gelingen, die nötigen Arbeitskräfte zu erlangen. Deutsche Menschen als abhängige Arbeitskräfte scheiden von vornherein aus. Es verbleibt also der Rückgriff auf die dort vorhandenen, jetzt schon als Sowchosenarbeiter Landarbeit betreibenden Menschen. Ferner wird es davon abhängen, ob es gelingt, Freiwilligen aus den übrigen besetzten Ostgebieten den nötigen Anreiz zu geben, sich als Arbeiter dorthin zu verpflichten. Bei der Heranziehung nicht deutscher Arbeitskräfte ist zu berücksichtigen, daß die Arbeitsleistung des einzelnen Menschen in der Regel weit hinter dem deutschen Durchschnitt zurückbleibt.

Zusammenfassung
Zusammenfassend ist zu sagen, daß der gesamte erkundete Raum sich zum Ansetzen deutscher Menschen durchaus eignet.
Die Voraussetzungen dafür sind kurz zusammengefaßt folgende:
1) Erschließung des Raumes nach neuen Gesichtspunkten.
2) Schaffung günstiger Verkehrsverhältnisse, Bau einiger Eisenbahnen und eines guten Straßennetzes.
3) Vorbereitung der siedelnden deutschen Landwirte auf die dortigen Boden- und Klimaverhältnisse.
4) Einhaltung ausreichender Betriebsgrößen wie vorgeschlagen.
5) Errichtung der notwendigsten Gebäude für den Anfang.
6) Schaffung der Grundlage bei totem und lebendem Inventar.
7) Erstellung und Übergabe der ersten Ernte bzw. Bereitstellung genügender flüssiger Betriebsmittel.
8) Bereitstellung der nötigen Arbeitskräfte.
9) Schaffung der notwendigen Beispiels- und Versuchswirtschaften zur Gewinnung zuverlässiger Betriebsgrundlagen.
10) Intensivste Förderung der Sortenzüchtung und sonstiger Mittel zur Erzeugungssteigerung.

11) Beeinflussung des Landschaftscharakters besonders der Intensivzonen dergestalt, daß deutsche Menschen sich in diesem Raum heimisch fühlen.

                                        Gez.: Fritz Donner II   Seifert.*
                                        OKVR.   Major
Berlin, den 10. März 1942.

[20.] Artikel des Vorstandsmitglieds der Dresdner Bank Dr. Karl Rasche »Gesicherter Ostraum – stabile Gesamtwirtschaft« vom 19. Dezember 1941

Der deutsche Volkswirt 16. Jg. (19. 12. 41) Nr. 12/13, S. 392–394.

Gibt es eine Stabilität der Wirtschaft in dem ständigen Wandel, der uns seit dem Jahre 1933 bewegt hat – wird und kann es eine solche Zukunft geben? Bei dem Primat der Politik vor der Wirtschaft wird die Beantwortung dieser Frage im wesentlichen davon abhängen, welches Hauptziel der Politik unserer Generation gesetzt ist, wo der gewaltige Umbruch, der uns, der Europa seit 1933 erfaßt hat, sein vorläufiges Ende finden soll, um dann eine *Weiterentwicklung in ruhigeren Bahnen* zu ermöglichen. Gibt es eine solche Antwort, gibt es ein solches Ziel? Jedes Jahr hat uns neue Aufgaben gestellt – immer größere, weiter gesteckte, mit immer gewaltigeren Zahlen und Ausmaßen – und doch hat uns erst das Jahr 1941 die Richtung auf jenes Hauptziel gebracht, hat wieder aufleben und zur Wirklichkeit werden lassen ein vor jetzt nahezu zwei Jahrzehnten niedergeschriebenes Führerwort: »Nicht West- und nicht Ostorientierung darf das künftige Ziel unserer Außenpolitik sein, sondern *Ostpolitik* im Sinne der Erwerbung der notwendigen Scholle für unser deutsches Volk.« Auf vollen Touren läuft seit Jahren vorbereitend die Wirtschaft im weitesten Sinne, im öffentlichen wie im privaten Sektor. Die größte Aufgabe in der Geschichte unseres Volkes, vielleicht der Weltgeschichte, liegt nunmehr vor uns: die *Gestaltung des Ostraumes* – politisch und wirtschaftlich. Kann es bei dieser ungeheuren Bewegung wieder eine Stetigkeit geben für unsere Volkswirtschaft, für Haushalt und Währung und für die Privatwirtschaft? Jahrhunderte hat es gedauert, bis das deutsche Volk – die deutsche Politik den Weg und das Ziel wiedergefunden haben, die im Mittelalter klar erkannt waren und die so lange Zeit bei einem »verdunkelten Geschichtsbewußtsein« aus der Vorstellung von Generationen deutscher Menschen verschwunden waren. Erst die Geschichtsauffassung der letzten Jahre läßt weite Teile unseres Volkes begreifen, welche Leistungen seine Ahnen in diesem schicksalbestimmten Raum vor Jahrhunderten bereits vollbracht haben, und läßt erkennen, welchen Wandel das Jahr 1941 nicht nur der deutschen Politik, sondern auch der deutschen Wirtschaft gebracht hat – ein Umsturz im wahrsten Sinne des Wortes. Wenn wir diesen im Sturm unserer Divisionen gewonnenen Raum nun endgültig sichern wollen, so heißt es *umdenken*, und zwar ohne Zeitverlust unter vollster Ausnutzung aller bisherigen Erfahrungen. Aus der Enge geht es in eine noch ungewohnte Weite, und aus der Rohstoffknappheit soll ein von Natur gegebener Rohstoffreichtum gefördert, erfaßt und bewegt werden – und das mitten in einem totalen Kriege. Der Völkerbund hat für das Jahr 1935 eine Zusammenstellung aller der Rohstoffe veranlaßt, die *Kontinental*europa ohne UdSSR einzuführen genötigt war. Es zeigt sich, daß sich diese Liste bis auf wenige Kolonialprodukte zum Verschwinden bringen ließe. Es erscheint nicht uninteressant, daß die schließlich verbleibenden Produkte Reis, Jute,

---

* Oberkriegsverwaltungsrat Fritz Donner, Gruppenleiter, und Major Ernst Seifert, stellv. Abteilungsleiter, in der Chefgruppe Landwirtschaft des Wirtschaftsstabes Ost. Die Erkundungsreise beider wurde in der Zeit vom 3. bis 10. Dezember 1941 durchgeführt.

Zinn wären, also solche Waren, die auch die »westliche Hemisphäre« aus Ostasien einführen muß. Es gilt, der künftigen Entwicklung in der Phantasie vorauszueilen, sie vorauszuahnen und möglichst vorauszudenken.

Unser erster Gedanke bei einer solchen Riesenaufgabe der Zukunft gilt – wie immer – den *Menschen*, die sie erfüllen sollen. Stehen sie uns zur Verfügung in ausreichender Zahl und Eignung? Man darf die Bedeutung dieser beiden Fragen nicht unterschätzen. Die Großräumigkeit und die Fülle der Herkulesarbeiten, die der Lösung in diesem mehr oder weniger im Kriege und »schon im Frieden zerstörten« Gebiete harren, kann schon nachdenklich stimmen. Es dürfte sich aber bereits gezeigt haben, daß trotz der chinesischen Mauer zwischen der ehemaligen Sowjet-Union und dem Abendland uns doch noch eine Menge landes- und sprachenkundiger Menschen zur Verfügung stehen. Die Umsiedlung der Ostdeutschen in den Jahren 1939 und 1940 stellt sich nun vor aller Welt als eine Segen und auch Nutzen bringende Tat heraus. Es kommt jetzt auf den *richtigen Einsatz* an, der der Großräumigkeit mit einer entsprechenden Großzügigkeit ohne engherzigen Bürokratismus begegnet. Alles deutet darauf hin, daß sobald als möglich der *persönlichen unternehmerischen Initiative die Bahn frei*gegeben werden soll – zunächst in den früheren Randstaaten, später auch in den übrigen Gebieten.

Eine Frage ist kürzlich von einem finnisch-schwedischen Volkswirtschaftler aufgeworfen worden: ob nicht die Gefahr bestehe, daß unsere deutschen Menschen und Führer im Osten »verrussen«. Wer die Geschichte der Deutschen im Osten kennt bis zu den letzten Jahren, der weiß, daß eine solche Gefahr nicht besteht – nicht einmal denkbar ist. In diesen Wochen ist von Professor Wittram auf einem Traditionsabend der Baltikumkämpfer von 1919 an das Wort eines damaligen Freikorps-Führers mit Recht erinnert worden, das die Kämpfer trotz der damaligen roten Hochflut als »geistig unbestechlich« bezeichnete – man sollte hinzufügend sagen: *»Geistig und seelisch unbestechlich«*, und man würde damit die damaligen, heutigen und künftigen Ostkämpfer umfassend kennzeichnen. Es darf außerdem daran erinnert werden, daß die früheren Deutschen im weiten Ostraum nur sehr selten die unmittelbar wirkende Macht des Reiches hinter sich hatten, daß sie vielmehr genötigt waren, eine fremde Staaatsbürgerschaft anzunehmen und daß sie trotz allem ihr Deutschtum jahrhundertelang nicht nur gehalten haben, sondern bei geringer Zahl dem gesamten Leben in den von ihnen bewohnten Gegenden den Stempel deutschen Wesens bis zum heutigen Tage aufdrückten. Jetzt aber betritt unsere neue Ostmannschaft diesen Raum als »Reichsbürger«. Es erscheint notwendig, diesen historischen Vorgang auch in seinen wirtschaftlichen Auswirkungen sich klarzumachen.

Hinter dieser Mannschaft steht dieses Mal das Dritte Reich als *»europäische Ordnungsmacht«*, und weiter dahinter die *Wirtschaftsmacht des gesamten Kontinents*. Eine Reihe von Ländern hat bereits ihr Interesse an der wirtschaftlichen Mitgestaltung dieses Raumes angemeldet. – Es ist ferner zu bedenken, daß es sich im Osten nicht um die Neubesiedlung eines bisher unbewohnten Raumes handelt. Es sind für Landwirtschaft und Industrie – insbesondere auch für die Schlüsselindustrien – genügend Arbeitskräfte in allen Gebieten vorhanden. 150 Jahre hat der Kontinent Europa seinen Volksüberschuß und nicht die schlechtesten Elemente an den großen Schmelztiegel Amerika abgegeben, von 1820 bis 1921 insgesamt allein an Nordamerika 34 Millionen. Sie werden von nun an dem Neuaufbau Europas erhalten in einer anderen Wirtschaftsform als der bolschewistischen, was – insbesondere in den Randstaaten und der Ukraine – von nicht zu unterschätzender Bedeutung ist. Jetzt wird es darauf ankommen, alle diese Kräfte bestmöglich anzusetzen. Das gilt vom Einsatz der Menschen und auch vom Einsatz des Kapitals im weitesten Sinne des Wortes. Im vergangenen Jahr ist viel geschrieben worden über den *Kapitalexport der Zukunft*. Es ist darauf hingewiesen worden, daß nicht damit zu rechnen sei, daß deutsches Kapital wieder in exotischen Ländern eingesetzt werden würde. Wenn überhaupt noch ein Zweifel bestanden haben sollte, so ist durch die Entwicklung des Jahres 1941 hinreichend klargestellt, daß der Einsatz nur in den Ländern erfolgen sollte und wird, die in unmittelbaren Beziehungen zu uns – und jetzt auch zum übrigen Kontinent – stehen und damit den höchsten Effekt und die schnellste Rückwirkung versprechen. Es ist in solchem Zusammenhang weiter die Frage aufgeworfen und erörtert worden, ob eine *Verlagerung unseres wirt-*

schaftlichen Schwerpunktes von Westen nach Osten erfolgen würde. Das ist – teilweise in etwas zu engem Sinne – bejaht worden. Hierfür bietet (mit allen Vorbehalten eines Vergleiches unter so verschiedenen Begleitumständen) die Wirtschaftsgeschichte der Hansa einen gewissen Anhaltspunkt. Als die deutschen Hanseaten im 13. und 14. Jahrhundert aus dem Westen Deutschlands den großen kühnen Sprung nach Osten unternahmen mit dem Mut zur Weite und in wenigen Jahrzehnten einen Städtekranz rund um die Ostsee gründeten bis nach Naugard – das uns erst in diesen Monaten wieder vertraut wurde –, da gewannen gerade die westlichen Mutterstädte erst recht an Reichtum und an wirtschaftlicher und sogar politischer Bedeutung – daheim, in Brügge und im Stahlhof von London, den Handelszentren Westeuropas. So wird man auch jetzt mit einer *Befruchtung, Konsolidierung und Stabilisierung ungewöhnlichen Ausmaßes* rechnen können. In der Weltgeschichte ist kaum ein Vorgang ähnlichen Umfanges, ähnlicher Auswirkungen zu finden. Man könnte vielleicht an die Zeit Alexanders denken, als das auch im Verhältnis viel kleinere Makedonien es unternahm, das unförmige Perserreich nicht nur militärisch, sondern politisch und – was oft übersehen wird – auch wirtschaftlich zu durchdringen. Es ist sicher reizvoll, die mannigfaltigen und grundlegenden Unterschiede zum jetzigen Geschehen einmal auf allen drei Gebieten herauszuarbeiten. Der wesentlichste ist, daß es sich heute nicht um Eroberung, sondern um *Neuordnung*, um die Gestaltung einer seelenlos gewordenen Volks- und Landmasse handelt, die mit ungehobenen Naturschätzen ungewöhnlichen Ausmaßes verbunden ist. Diese zu ordnen, zu formen und dem gesamten Europa nutzbar zu machen, ist die Aufgabe der jetzt lebenden und der kommenden Generationen. Gegenüber dieser gigantischen Möglichkeit des für Europa neu zu erschließenden Raumes wird alles andere, werden auch die Einzelauswirkungen klein. Zu diesen gehört der geschichtlich nie dagewesene *Zuwachs an volkswirtschaftlichen Aktiven*, der es erlauben würde – man verzeihe den allzu modernen Begriff der heutigen Tagessorgen – eine »Kapitalberichtigung« der gesamten deutschen, ja europäischen Volkswirtschaft vorzunehmen mit allen daraus sich ergebenden Folgerungen. Neben anderen Objekten könnte dieses Ostaktivum bei richtiger Aufschließung mit dazu herangezogen werden, *dem jetzt in Deutschland freigesetzten Geldkapital die entsprechenden Güter zu unterlegen*. Sicherlich wird es dabei erforderlich sein, zunächst einen Teil unseres eigenen Sachkapitals zum Osten auszuführen, d. h. einen Teil unserer eigenen wirtschaftlichen Kraft. Neben uns sind jedoch, wie bereits erwähnt, fast alle anderen europäischen Völker bereit, sich zu beteiligen mit Arbeitskräften und mit Investierungen. Man hat bereits Anträge gestellt, gegebenenfalls Konzessionen zu erwerben, in der Erwartung, möglichst bald Produkte des Ostens als Gegenleistung für die eigene Volks- und Privatwirtschaft zurückzuerhalten und damit den Konsumgütermarkt in der Zukunft zu befruchten – nicht nur in den eigenen Ländern, sondern auch im Ostraum selbst, wo infolge bolschewistischer Wirtschaftsführung manches Konsumgut zum Produktionsgut geworden ist. (Das ist z. B. der Fall, wenn Bekleidungsstücke oder Gebrauchsartikel zum »einzigen« Besitzstück des wirtschaftenden Menschen werden.)
Schon aus diesen Andeutungen dürfte ersichtlich sein, welcher *Zuwachs an Volksvermögen* durch die neue Ostarbeit zu erwarten ist. Es dürfte möglich sein, durch die Mobilisierung der vorgefundenen, geförderten und geschaffenen Werte einen bedeutsamen Beitrag zur Verzinsung und Tilgung aller der Auslagen des Krieges und der nachfolgenden Investierungszeit zu erhalten, was wiederum dazu dienen könnte, *die gesunde Abwicklung unserer Eisernen Spargelder, der Betriebsanlage- und Warenbeschaffungsguthaben* zu sichern. Es bleiben dann noch die Fragen der technischen Ausführung dieses vielleicht *größten Amortisationsplanes der bisherigen Wirtschaftsgeschichte*. Sie können in diesem Rahmen nur gestreift werden. Man kann den Interessenten je nach Charakter, Beruf und Eignung die Ostwerte übertragen gegen *Barzahlung* und damit viel von der zur Zeit unbeschäftigten Kaufkraft binden; man wird *Aktien* schaffen können und diese gegen mehr oder weniger schnelle Tilgung dem privaten Markte zur Verfügung stellen können; auch *Obligationen* könnte man ausgeben für öffentliche und private Unternehmungen und schließlich in größtem Umfang von der *Rente* Gebrauch machen. Sie dürfte sich in allen Gebieten – in den früheren Randstaaten wie in den altsowjetischen Ländern – besonders eignen: für die Landwirtschaft, den Hausbesitz und – erstmalig – auch wohl für die

Überlassung von Industrieunternehmungen. Dabei ist je nach Sinn und Zweck der Vergebung jede Variante für die einzelnen Interessenten: Kriegsteilnehmer, Vierjahresplan – Unternehmer, Neubauern, Landeseinwohner usw. denkbar. Wünschenswert wäre es, wenn im Ostraum selbst und in der ganzen Art und Weise der Aufschließung seiner Werte der unternehmerischen Phantasie in gutem Sinne der Spielraum gelassen würde, der sich mit einer wohlverstandenen Wirtschaftssteuerung verträgt.

Diese *produktionswirtschaftliche »Kapitalberichtigung«* der deutschen Wirtschaft hat schließlich auch Bedeutung vom *fiskalischen* Blickpunkt. Die Aufstockung an volkswirtschaftlichen Aktiven, die der Osten bringen kann, geht durch die Hände des Reiches und damit durch den Reichshaushalt. Rein technisch würde eine erhebliche Arbeit zu leisten sein von den zuständigen Abteilungen der Reichsbehörden, die man gewissermaßen als das Reichsschatzamt betrachten kann. Mit der Überlassung an private Interessenten wäre also nicht nur der Vorteil verknüpft, daß überschüssige Kaufkraft eingefangen wird, sondern zugleich würde sich *das Reich eine teils einmalige, teils laufende Einnahmequelle* schaffen.

Denken wir in diesem Zusammenhang zuerst an die deutsche Wirtschaft, so denken wir doch nicht an sie allein. Eine stabile Gesamtwirtschaft, gesteuert von zielsicherer Politik, kann und wird darüber hinaus auch zu einer *neuen Blüte europäischen Lebens* gelangen; im Sinne eines heute wieder öfter zitierten, lange Zeit nicht voll erfaßten Schiller-Wortes, daß ein jedes Volk seinen Tag in der Geschichte habe, der Tag des deutschen aber die Ernte der ganzen Zeit sei.

[21.] Bemerkungen von Major Seifert vom Wirtschaftsstab Ost über seine Ukrainereise mit Vorschlägen zur Siedlungsplanung vom 27. Dezember 1941 (Auszug)

WiStabOst, Chefgruppe La.

[...]

III. *Siedlungs- und Landarbeiterpolitik*
Bei der hohen Gleichmäßigkeit der Böden in der Ukraine und ihren weiten Räumen werden die ertragreichsten Wirtschaften von der Nähe der Absatzmärkte bestimmt.
Es ist daher wichtig, von vornherein den ersten deutschen Siedlern die besten Zonen offen zu halten.
Beginnt man, nach dem Plan der Landbaugenossenschaften einem gewissen Prozentsatz von Kollektivbauern Landstreifen zum Halbeigentum zuzuteilen, so muß diese Zuteilungszone mit Rücksicht auf die künftige Siedlung von den Absatzzentren aus gesehen, genügend weit hinausgeschoben werden, um nicht entweder den deutschen Siedlern die besten Flächen zu entziehen, oder zu späteren Rückwärtsbefehlen der ukr. Bevölkerung gegenüber gezwungen zu werden.
Für die ersten 2–3 Millionen ha im Raum unmittelbar um die Absatzmärkte und Verkehrszentren, der für die ersten 10000 deutschen Siedler die besten Wirtschaften und die sicherste Grundlage zum Durchhalten und Wohlhabendwerden abgibt, muß daher eine andere Lösung gefunden werden.
Vor allem gilt dies für die Städte des Westens, die bei einem schrittweisen Eindringen des Deutschtums der Siedlung am nächsten liegen. Entsprechend könnte man in den Westgebieten ca. 15–20% der landwirtschaftlichen Fläche zur Zone I schlagen und über 10–15% in den mittleren Gebieten auf 8–10% im Osten heruntergehen, wobei im Westen die Zone IV entsprechend verkleinert und zusammengedrückt würde.
Findet man dann für die Räume an den Hauptverkehrswegen entlang (Zone II und III) die richtige Lösung für Anhäufung deutscher Siedlungsbetriebe, so ist eine so intensive Durchset-

zung und vorherrschende Stellung des deutschen Landwirtes gesichert, daß mit einer fortschreitend sicheren Zusammendrängung der ukr. Bauern im Kern der Extensivzonen gerechnet werden kann.

Für diese Lösung wird eine sehr scharfe Fassung der Paragraphen über die deutsche Landrücknahme in den Zonen II und III für alle die Fälle notwendig sein, in denen der ukr. Bauer eine geringe oder zurückgehende Arbeitsleistung zeigt.

Für die Zone I scheinen mir folgende Möglichkeiten für die Abfindung der ukr. Kollektivbauern vorzuliegen:

1. Aussiedlung als kleine Vollbauern auf mäßige Sowchosen und schwachbevölkerte Kolchosen der Zone IV.
2. Aussiedlung als Halbbauern in die nicht genügend besetzten Kolchosen der Zone II.
3. Ansetzen als Landarbeiter auf den deutschen Regiebetrieben der Zone I mit etwas mehr eigenem Land als in den Kolchosen und mit größerer eigener Viehhaltung.

Hierzu z. B. Aufrufe an die Bauern mit zeitlich abgegrenzten Meldeterminen zu 1 bis 3.

In die dabei freiwerdenden Kolchosbauernhäuser der Zone I wären freiwillige Landarbeiter aus der Stadtbevölkerung einzuweisen.

IV. Zoneneinteilung

Zone I (10–20% der ldw. Nutzfläche von Westen nach Osten zu weniger).

Stadtkreiszone.

Deutsche Güterdirektoren.

Möglichst volle Treibstoff- und Geräteausstattung; erster Anspruch auf Saatgutzufuhr Frühjahr 1942.

Anfänglich intensiver Getreide- und Ölfruchtbau; Hackfruchtbau im Rahmen des Möglichen für Stadtbevölkerung.

Endproduktion.

Gemüse, Obst, Wein, Tabak, Getreide und Vieh.

Ausnutzung vorhandener Bewässerungsbetriebe.

Regie: Landbewirtschaftungsgesellschaft.

Verdrängung der russischen Kollektivbauern.

Endziel:

Erste deutsche Siedlungen, Betriebsgröße je nach Kulturart.

Zone II (3–5% der Kolchosenfläche und bester Anteil der Sowchosen.)

Stadtnahe intensive Landzone.

Stützpunkte, Grundherren.

Landbaugenossenschaften.

Möglichst volle Treibstoff- und Geräteausstattung, nächster Anspruch auf Saatgut Frühjahr 1942.

Sofortige intensive Erzeugung von Getreide, Ölfrüchten, Rüben und Vieh.

Endproduktion dasselbe.

Regie: Landbewirtschaftungsgesellschaft.

Endziel:

Deutsche Grundherren über 10 bis 15 000 ha mit eigenem Großbetrieb und ukrainischen Halbbauerngenossenschaften.

Zone III (10–15% der ldw. Nutzfläche)

Äußerste intensive Landzone.

Aufbau in Stützpunkten ähnlich der Zone II, jedoch zunächst ohne Grundherren und Landbaugenossenschaften. Folgt 1943 oder 1944 der Zone II.

Nächster Anspruch auf gesteigerte Treibstoff- und Geräteausstattung; fraglicher Anspruch auf Saatgutzuteilung Frühjahr 1942.

Erzeugung gleicht der Zone II, jedoch unter geringerer Verwendung deutscher Produktionsmittel. Stärkere Viehhaltung zulässig. Prüfung von Kleinlandwirten (tüchtigen) als Anwärter auf Grundherrenstellen und Stützpunktleiterstellen aus dem bereits vorhandenen Personal. Endziel wie Zone II.

Zone IV (Rest der Kolchosen und Sowchosen)
Verwaltung wie bisher durch russischen Agronomen-Apparat unter Aufsicht des deutschen Rayonlandwirtes.
Zurückgestellte Treibstoff- und Geräteausstattung; kein Anspruch auf Saatgutzuteilung Frühjahr 1942.
Erzeugung wie Zone III unter noch geringerer Verwendung deutscher Produktionsmittel, in den ersten Jahren voraussichtlich ganz ohne solche. Noch stärkere Viehhaltung zulässig, besonders starke Viehhaltung auf Sowchosen. Verwertung der geringeren Sowchosen zur Besiedlung in erster Linie mit den aus der Stadtkreiszone abzuschiebenden Kollektivbauern, ferner mit überschüssiger Stadtbevölkerung. Anzustreben ist in dieser Zone in absehbarer oder späterer Zeit die Schaffung neuer Zentren, zu denen Stichbahnen gelegt werden.

[22.] Vermerk über die Beteiligung des Auslandes an der wirtschaftlichen Erschließung des Ostraumes vom 3. Januar 1942

Abschrift zu V.P. 20005/41g. Anhang zum Schreiben Görings an Rosenberg

Aus verschiedenen europäischen Ländern – so aus Dänemark, Schweden, Holland, Belgien, Ungarn und aus der Schweiz – ist in der letzten Zeit an deutsche Dienststellen der Wunsch auf Beteiligung an der wirtschaftlichen Erschließung der von Deutschland besetzten, ehemals sowjetischen Gebiete herangetragen worden. Teils geht das Bestreben dahin, gegen Lieferung von Industrieerzeugnissen Rohstoffe aus den Ostgebieten zu erhalten, teils besteht aber auch ein Interesse an unmittelbarer aktiver Mitarbeit, etwa durch Einsatz von landwirtschaftlichen und gewerblichen Fachkräften, durch Beteiligung ausländischer Firmen an Straßenbauten, Übernahme von Betrieben, Erwerb von Konzessionen und schließlich auch durch Siedlung.
Die Frage ist in einer seit Ende November abgehaltenen Ressortbesprechung* von Vertretern des Auswärtigen Amts, des Ostministeriums, des Wirtschaftsministeriums, des Ernährungsministeriums, des Oberkommandos der Wehrmacht und des Beauftragten für den Vierjahresplan mit folgendem Ergebnis eingehend erörtert worden:
1. Nicht nur an der Front – durch die fremden Legionen – sondern auch bei der Lösung der wirtschaftlichen Aufgaben im Osten wird die praktische Mitarbeit des europäischen Auslandes grundsätzlich für wünschenswert gehalten. Dieser Wunsch wird in erster Linie durch folgende Überlegungen bestimmt:
   a) Der Menschenbedarf für die wirtschaftliche Erschließung der besetzten Ostgebiete wird von Deutschland allein in absehbarer Zeit noch nicht gedeckt werden können.
   b) Die vorhandenen Einheimischen sind für einen Einsatz in gehobene wirtschaftliche Positionen teils nicht geeignet, teils nicht erwünscht.
   c) Die Investitionsaufgaben in Rußland sind, selbst für die begrenzten Ziele, die wir uns gesteckt haben, so groß, daß Deutschland allein, vor allem während des Krieges, sie nicht erfüllen kann. Das uns nahestehende Europa muß mithelfen.
   d) Wenn wir das Ausland an der wirtschaftlichen Erschließung interessieren, werden in den in Betracht kommenden Ländern viele industrielle zum Einsatz im Osten geeignete und

* Stichwortartiges Ergebnis der Besprechung am 21. 11. 1941, BA-MA, RW 31/282.

erwünschte Güter produziert und freigemacht werden, an die wir sonst nicht herankommen.

e) Die Beteiligung des Auslandes bedeutet ein außenpolitisches Aktivum mit kriegswirtschaftlich erwünschten Folgen: Wenn nämlich die aus den besetzten Ostgebieten mit Hilfe des Einsatzes ausländischer Kräfte und Materialien herausgewirtschafteten höheren Rohstofferträge zu einem Teil den beteiligten Ländern zugutekommen, wird das nicht nur außenpolitisch wertvoll sein, sondern auch zu einer im Interesse der deutschen Kriegswirtschaft liegenden Steigerung der Leistungsfähigkeit dieser Länder beitragen.

2. Die Mitarbeit des Auslandes muß organisiert werden.

a) Am einfachsten wird sie sich in der Weise verwirklichen lassen, daß einzelne Ausländer für den Einsatz in Landwirtschaft und Industrie herangezogen werden. Hier entstehen nur einfache sicherheitspolizeiliche und abwehrpolitische Aufgaben.

b) Wesentlich schwieriger, aber mehr Erfolg versprechend ist der Weg, ausländischen Gruppen und Firmen die Möglichkeit zu geben, auf bestimmten sachlich oder territorial begrenzten Aufgabengebieten Konzessionen zu erwerben, die sie im Rahmen der von der deutschen Führung zu gebenden Richtlinien ausüben können. Für das Frühjahr 1942, in dem die Befriedung und Organisation weitergedeihen wird, sollte diese Form solidarischer Gesamtheranziehung der fremden Volkswirtschaften beschritten werden. Warum sollen z. B. die Belgier nicht die Möglichkeit haben, ihr Nahrungsdefizit selbst im russischen Raum zu decken – soweit das ohne Gefährdung der unmittelbaren Interessen der deutschen Ernährungswirtschaft möglich ist – statt sich von deutschen Bauern oder deutscher Verwaltung ernähren zu lassen? (Daß man die Ergebnisse nicht vom Dnjepr zur Maas in natura transportieren, sondern im Reich austauschen wird, ist eine Frage der Ausgestaltung des Verfahrens.)

c) Siedlung wird, wenn überhaupt, so erst in späterer Zeit in Frage kommen.

3. Für die Mitarbeit kommen drei Gruppen von Ländern in Betracht:

a) selbst besetzende Länder:
   Finnland, Rumänien;

b) von Deutschland besetzte Länder, die sich in einer besonderen wirtschaftlichen Notlage befinden, aber geeignete Kräfte stellen können:
   Norwegen, Holland, Belgien;

c) zur Übernahme wirtschaftlicher Aufgaben in den Ostgebieten geeignete Länder:
   Dänemark, Schweden, Schweiz, Ungarn.

Es ist eine ausschließlich nach politischen Gesichtspunkten zu entscheidende Frage, welche von diesen Ländergruppen und Ländern für die Mitarbeit im Osten herangezogen werden können. Dabei ist davon auszugehen, daß zur Mitarbeit nur Völker geeignet sind, die ihrer Natur nach in der Lage sind, mit der einheimischen Bevölkerung so umzugehen, wie wir es wünschen und daß die Länder ausscheiden müssen, deren Angehörige uns eines Tages als Feinde im Osten gegenübertreten könnten. Mit Rücksicht darauf, daß die zu b) und c) genannten Länder sich schon früher in Rußland betätigt haben, werden gegen keines von ihnen grundsätzliche Bedenken zu erheben sein. Auch italienische Wünsche würden nicht abgelehnt werden können.

4. Für die Betätigung des Auslandes sind folgende Grenzen gezogen:

a) Die wirtschaftspolitische Führung im Ostraum bleibt Deutschland in jedem Fall vorbehalten.

b) Für eine »Aufbau«politik, wie sie für Westeuropa gilt, ist kein Raum.

c) Privateigentum an Grund und Boden oder an Betrieben kann Ausländern oder ausländischen Gesellschaften solange nicht übertragen oder in Aussicht gestellt werden, als die Entscheidung in dieser Frage noch nicht allgemein gefallen ist.

d) Es kann auch grundsätzlich nicht zugelassen werden, daß unter Berufung auf ein früheres Besitzverhältnis eine Einweisung in bestimmte Industriezweige oder Betriebe beansprucht wird.

e) Konzessionen dürfen nur auf Gebieten gewährt werden, auf denen eine Beeinträchtigung deutscher Interessen nicht zu befürchten ist.

f) Ausländische Personen und Firmen dürfen finanz- und steuertechnisch nicht besser gestellt werden, als die deutschen.

5. Andererseits wird gewisse Rücksicht auf die wirtschaftliche Denkweise des Auslandes genommen werden müssen. Die einzelnen Gruppen werden nur investieren, wenn sie auch Gewinnchancen haben, und die fremden Regierungen werden nur mitarbeiten, wenn die Ergebnisse der Arbeit der eigenen Volkswirtschaft zugute kommen. Natürlich kommt eine Versorgung des europäischen Auslandes aus den besetzten Ostgebieten auf Kosten des Reiches nicht in Frage. Vielmehr ist davon auszugehen, daß Deutschland die sowjetischen Gebiete erobert hat und daher auch von den mit Hilfe anderer europäischer Länder herausgewirtschafteten Ernährungsgütern und industriellen Rohstoffen einen bestimmten Anteil für sich beanspruchen muß (Schutzabgabe u. ä.).

6. Die materiellen Richtlinien und Weisungen für die Mitarbeit des Auslandes an der wirtschaftlichen Erschließung der besetzten Ostgebiete sind vom Beauftragten für den Vierjahresplan und dem Ostminister im Benehmen mit den beteiligten Fachministern zu geben.

7. Die Verhandlungen mit den für die Mitarbeit in den besetzten Ostgebieten in Frage kommenden nichtbesetzten Ländern sind vom Auswärtigen Amt im Benehmen mit dem Beauftragten für den Vierjahresplan und dem Ostminister zu führen.

8. Wegen der besonderen politischen und wirtschaftlichen Bedeutung der Angelegenheit ist vor Aufnahme etwaiger Verhandlungen mit den in Betracht kommenden Ländern eine grundsätzliche Entscheidung des Führers herbeizuführen.

[23.] 3. Anordnung der Haupttreuhandstelle Ost über die Verwertung der ehemals polnischen Vermögensobjekte in den eingegliederten Ostgebieten vom 18. Januar 1942

Im Interesse der Kriegsteilnehmer, die infolge ihrer Einberufung zur Wehrmacht ihre privaten Interessen in der Heimat nicht selbst vertreten können, ordne ich für das von der Haupttreuhandstelle Ost in meinem Auftrage in den eingegliederten Ostgebieten beschlagnahmte ehemals polnische Vermögen an:

1. Während des Krieges darf bis auf weiteres die Verwertung von gewerblichen Unternehmen aller Art, insbesondere von Handels-, Handwerks- und Industriebetrieben sowie von städtischen Hausgrundstücken, mit sofortiger Wirkung nur noch an folgende Bewerbergruppen erfolgen:

   a) Versehrte des gegenwärtigen Krieges, versorgungsberechtigte Kriegsdienstbeschädigte des Weltkrieges, versorgungsberechtigte Kämpfer für die nationale Erhebung, sowie versehrte bezw. rentenberechtigte Spanienkämpfer und Freikorpskämpfer.

   b) Versorgungsberechtigte Hinterbliebene der Teilnehmer des jetzigen Krieges, des Weltkrieges, der Spanienkämpfe und der Freikorpskämpfe; ferner versorgungsberechtigte Hinterbliebene der Kämpfer für die nationale Erhebung und der ermordeten Volksdeutschen.

   Die schnelle Ansetzung der Personen zu a und b ist eine besondere Ehrenpflicht.

   c) Besonders bewährte Volks- und Reichsdeutsche (Gruppe I der Bewerber-Rangordnung), die durch Beibringung einer Bescheinigung des Reichskommissars für die Festigung deutschen Volkstums den Nachweis erbringen, daß sie infolge ihrer Zugehörigkeit zum Deutschtum während der Polenzeit erhebliche wirtschaftliche Nachteile erlitten haben.

   d) Umsiedler und vertriebene Auslandsdeutsche (Gruppe II der Bewerber-Rangordnung).

Die Ansiedlung dieser Personengruppe ist eine staatspolitische Notwendigkeit und duldet keinen Aufschub.

In allen anderen Fällen ist eine Verwertung unzulässig, soweit nicht die Voraussetzungen nach Ziff. 2 vorliegen.

2.) Ausgenommen von der Verwertungssperre nach Ziff. 1 sind Betriebe, bezw. Grundstücke, die aus dringenden wehrwirtschaftlichen oder versorgungswirtschaftlichen Gründen bereits während des Krieges verwertet werden müssen.

Im übrigen bleibt die Bewerber-Rangordnung unberührt. Über die Frage, welche Objekte hiernach verwertet werden dürfen, entscheidet auf Antrag der zuständige Reichsstatthalter, bezw. Oberpräsident (Leiter der Treuhandstelle) in den eingegliederten Ostgebieten nach Anhörung einer bei ihm zu errichtenden Prüfungsstelle. Der Prüfungsstelle gehören an 1 Vertreter des Oberkommandos der Wehrmacht, 1 Vertreter des Reichskommissars für die Festigung deutschen Volkstums und 1 Vertreter der Wirtschaftsabteilung des Reichsstatthalters, bezw. Oberpräsidenten als Mitglieder.

3.) Die Anordnungen nach Ziff. 1 und 2 gelten nicht für Objekte mit einem höheren Wert (Verkaufspreis) als RM 100000.*

4.) Kauf- und Überlassungsverträge, die bis zum heutigen Tage den zuständigen Treuhandstellen zur Unterschrift vorgelegt worden sind, fallen nicht unter diese Anordnung.

**[24.] Vermerk der Haupttreuhandstelle Ost über die Treuhandverwaltung
vom 21. April 1942**

Infolge der Besetzung großer Gebiete außerhalb der Reichsgrenze sind nicht nur das feindliche Staatsvermögen sondern auch große Teile feindlichen Privatvermögens in die Verwaltung und Verfügungsbefugnis des Deutschen Reichs übergegangen. Es handelt sich hierbei um Privatvermögen, das als staatsfeindlich angesehen worden ist und deshalb den früheren Eigentümern nicht belassen werden konnte. Hierzu gehört

1.) in allen Fällen das jüdische Vermögen,

2.) in den eingegliederten Ostgebieten das gesamte Privatvermögen von Polen,

3.) im GG das zur Erfüllung gemeinnütziger Aufgaben erforderliche sowie das herrenlose Vermögen,

4.) in Elsaß-Lothringen das Vermögen der geflüchteten oder ausgewiesenen Franzosen,

5.) in der Süd-Steiermark und Süd-Kärnten das Vermögen geflüchteter oder ausgewiesener Serben,

6.) im Ostland das von den Russen nationalisierte Privatvermögen.

In den eingegliederten Ostgebieten wurde hierbei von der richtigen Idee ausgegangen, daß die Vermögenswerte von einer Stelle einheitlich behandelt werden müßten. Zu diesem Zwecke wurde die Haupttreuhandstelle Ost als eine Dienststelle des Vierjahresplans errichtet. Ihr wurde die Aufgabe übertragen, die Vermögenswerte zu erfassen, zu verwalten und zu verwerten. Nach der Errichtung des Generalgouvernements wurde die Zuständigkeit der Haupttreuhandstelle Ost auf dieses Gebiet nicht ausgedehnt. Hieraus ergaben sich sehr bald Schwierigkeiten, so infolge der Durchschneidung der Banken und gewerblichen Betriebe, der verschiedenen Behandlung der Rüstungsbetriebe sowie der Vorkriegsforderungen und Verbindlichkeiten usw. Auch in den später besetzten Gebieten wurde die HTO mit der Behandlung des treuhänderisch zu verwaltenden Vermögens nicht beauftragt. Dies führte dazu, daß bei der Verwaltung und Verwertung des HTO-Vermögens sehr bald Berufungen stattfanden mit dem

---

* Mit der 4. Anordnung vom 9. 11. 1942 wurde bestimmt, daß diese Begrenzung wegfiel und »auch die größeren Objekte dem deutschen Soldaten vorzuhalten« seien.

Hinweis, daß in Elsaß und Lothringen sehr viel freigebiger über das treuhänderisch zu verwaltende Vermögen verfügt werde. Auch in der Süd-Steiermark und in Süd-Kärnten kam es zu keiner systematischen Behandlung des Privatvermögens. In Serbien zeigte sich starke Führerlosigkeit wegen der weiteren Maßnahmen bei der Verwertung des jüdischen Vermögens. Für das Ostland hatte die HTO den Auftrag, auf Grund ihrer besonderen Erfahrungen beim Aufbau der Treuhandverwaltung mitzuwirken. Die HTO hatte dabei das Bestreben, eine einwandfreie Erfassung und Verwaltung sicherzustellen. Der Aufbau der Treuhandverwaltung wurde jedoch durch den Reichskommissar, der dabei die Unterstützung des Ostministeriums fand, verhindert. Neue große Aufgaben stehen der Treuhandverwaltung bei der Neugestaltung des russischen Gebiets außerhalb des Ostlandes bevor.

Bei dieser Sachlage ergibt sich die Frage, ob es bei der bisherigen Zersplitterung des Treuhandwesens weiterhin sein Bewenden behalten soll. Die Zersplitterung hat zur Folge, daß in den einzelnen Gebieten nach ganz verschiedenen Grundsätzen verfahren wird. Während auf der einen Seite sich staatswirtschaftliche Gedankengänge in den Vordergrund drängen, führt auf der anderen Seite die freie Überlassung der eingegliederten Wirtschafts- und Vermögenswerte in das Kräftespiel der einzelnen Unternehmer zur Wiedereinführung kolonialer Raubmethoden. Die HTO hat beide Folgerungen abgelehnt und in den eingegliederten Ostgebieten den Versuch gemacht, eine gesunde Mischung zwischen staatlicher Wirtschaftslenkung und unternehmerisch wirtschaftlicher Initiative zu finden. Sie hat einerseits durch die Treuhandorganisationen die übernommenen Vermögenswerte sichergestellt und verwaltet, um sie allmählich in deutsches Eigentum zu überführen, andererseits hat sie den kommissarischen Verwaltern die Grundlagen für ihre Tätigkeit geschaffen und die Beziehungen zur staatlichen Verwaltung geregelt. Diese Form hat den Vorzug, daß sie den jeweiligen Verhältnissen angepaßt werden kann und keinen Vorgriff gegenüber der endgültigen Gestaltung bedeutet.

Gerade im Hinblick auf die Kriegsteilnehmer ist dies besonders wichtig, damit von diesen später nicht einmal berechtigte Vorwürfe erhoben werden können.

Um die bestehende Zersplitterung zu beseitigen und eine einheitliche Ausrichtung der verschiedenen Treuhandverwaltungen sicherzustellen, erscheint die Errichtung eines besonderen Staatssekretariats für Treuhandangelegenheiten innerhalb des Vierjahresplans zweckmäßig. Aufgabe dieser Dienststelle wäre es, für die einheitliche Erfassung, Verwaltung und Verwertung des feindlichen Staatsvermögens sowie des staatsfeindlichen Privatvermögens in den verschiedenen Gebieten Sorge zu tragen. Bei der Verwaltung hätte sie dahin zu wirken, daß die Privatinitiative geweckt wird und die einzelnen Betriebe im Rahmen des wirtschaftlich Möglichen Ansatzpunkte für die spätere Schaffung eines selbständigen Unternehmertums werden. Hierzu würde auch die Aufstellung der Grundsätze für die Bestellung und die Tätigkeit der kommissarischen Verwalter und Treuhändler sowie für ihre Kontrolle gehören. Hinsichtlich der Verwertung hätte sie den Zeitpunkt, die Voraussetzungen sowie den Kreis der Berechtigten, an die verwertet werden darf, zu bestimmen. Schließlich hätte sich die Dienststelle auch in die Verwaltung und Verwertung der Großobjekte, die von allgemein wirtschaftlicher Bedeutung sind, einzuschalten. Dabei ist nicht daran gedacht, die örtlichen Stellen auszuschalten. Diesen soll vielmehr die Durchführung der Anordnungen obliegen. Zur Überwachung der Tätigkeit der örtlichen Stellen ist die Dienststelle mit einem weitgehenden Kontrollrecht auszustatten.

Die Durchsetzung des vorstehenden Aufgabenkreises setzt die Schaffung einer gesetzlichen Grundlage für das neue Staatssekretariat im Vierjahresplan voraus. In diesem Gesetz muß zum Ausdruck gebracht werden, daß die mit Treuhandangelegenheiten befaßten Stellen, einschließlich der Obersten Reichsbehörden, an die Weisungen des Staatssekretariats gebunden sind. In den grundsätzlichen Treuhandangelegenheiten hat das Staatssekretariat im Rahmen des Vierjahresplans die erforderlichen Verordnungen zu erlassen. Sonstige Anordnungen in Angelegenheiten, die die Treuhandverwaltung berühren (einschließlich der Reprivatisierungsmaßnahmen), dürfen die übrigen Stellen nur mit Zustimmung des Staatssekretariats erlassen.

[25.] Erlaß des Reichswirtschaftsministers über die Handhabung der Aufbau-Verordnung zur Wahrung der Kriegsteilnehmerbelange vom 25. April 1942

Der Herr Reichsmarschall des Großdeutschen Reiches hat im Interesse der Kriegsteilnehmer, die infolge ihrer Einberufung zur Wehrmacht ihre privaten Angelegenheiten in der Heimat nicht selbst vertreten können, durch Anordnung vom 18. Januar 1942 bestimmt, daß die von der Haupttreuhandstelle Ost verwalteten, vormals polnischen und jüdischen gewerblichen Unternehmungen bis zur Rückkehr des Kriegsteilnehmers grundsätzlich nur zugunsten Versehrter des gegenwärtigen und des vorigen Krieges, der Hinterbliebenen der Kriegsopfer besonders bewährter Volksdeutscher sowie der Umsiedler verwertet werden dürfen. In gleicher Weise wie bei der Verwertung vorhandener ehemals polnischer und jüdischer Betriebe soll es den Kriegsteilnehmern bevorzugt ermöglicht werden, sich nach ihrer Entlassung eine Existenz durch Errichtung neuer Unternehmungen oder Betriebe in den eingegliederten Ostgebieten zu schaffen.

Auf Grund des § 3 Abs. 2 der Aufbau-VO. in der Fassung vom 11. Oktober 1941 (RGBl. I S. 638) bestimme ich daher im Einvernehmen mit dem Herrn Reichsminister für Ernährung und Landwirtschaft, dem Herrn Reichsverkehrsminister, dem Herrn Reichsminister für Volksaufklärung und Propaganda, dem Herrn Reichsforstmeister, dem Herrn Reichsminister des Innern, dem Herrn Reichskommissar für die Festigung deutschen Volkstums sowie dem Oberkommando der Wehrmacht: 1.) Genehmigung auf Grund der §§ 1 und 3 der Aufbau-VO. sowie auf Grund der gemäß § 2 a.a.O. von den Reichsstatthaltern und Oberpräsidenten erlassenen Bestimmungen dürfen nur den nachfolgenden Antragstellern erteilt werden:

a) Versehrte des gegenwärtigen Krieges, versorgungsberechtigte Kriegsbeschädigte des Weltkrieges, versorgungsberechtigte Kämpfer für die nationale Erhebung sowie Versehrte bzw. rentenberechtigte Spanienkämpfer und Freikorpskämpfer,

b) versorgungsberechtigte Hinterbliebene der Teilnehmer des jetzigen Krieges, des Weltkrieges, der Spanienkämpfe und der Freikorpskämpfe, ferner versorgungsberechtigte Hinterbliebene der Kämpfer für die nationale Erhebung und der ermordeten Volksdeutschen.

Die Versehrtheit oder Versorgungsberechtigung (Bezug der Frontzulage) zu a sowie die Versorgungsberechtigung zu b ist durch Vorlage des betreffenden Bescheides des Wehrmachtfürsorge- und -versorgungsamtes, des Fürsorge- und Versorgungsamtes-SS oder des Versorgungsamtes nachzuweisen. Eine beschleunigte Ansetzung der unter a und b aufgeführten Personengruppen ist eine besondere Ehrenpflicht.

c) Besonders bewährte Volks- und Reichsdeutsche, die am 31. Dezember 1938 ihren Wohnsitz oder ihre geschäftliche Niederlassung im Gebiete des damaligen polnischen Staates, insbesondere in den eingegliederten Ostgebieten hatten oder noch haben, soweit sie durch Beibringung einer Bescheinigung des Reichskommissars für die Festigung deutschen Volkstums den Nachweis erbringen, daß sie infolge ihrer Zugehörigkeit zum Deutschtum während der Polenzeit erhebliche wirtschaftliche Nachteile erlitten haben,

d) Umsiedler, ferner Reichs- und Volksdeutsche, die im Ausland lebten oder leben und infolge der allgemeinen wirtschaftlichen Entwicklung durch den Krieg ihre Existenz verloren haben und in das Reichsgebiet zurückkehren mußten oder noch zurückkehren werden.

2.) Anderen Antragstellern dürfen Genehmigungen nur erteilt werden, wenn dringende Gründe der Wehrwirtschaft, des Verkehrs und der Wirtschaft, insbesondere der Versorgung des Gebietes mit Waren und gewerblichen Leistungen, die Durchführung der Vorhaben dieser Antragsteller bereits während des Krieges erforderlich machen. Die Reichsstatthalter und Oberpräsidenten haben die Frage, ob diese Voraussetzungen gegeben sind, im Benehmen mit den örtlichen Vertretern des Oberkommandos der Wehrmacht und des Reichskommissars für die Festigung deutschen Volkstums sowie dem Gauwirtschaftsberater oder einem anderen Beauftragten des Gauleiters und, soweit die Genehmigungsbefugnis nicht den Landesbauernschaften oder den Wirschaftsverbänden übertragen ist, bei Betrieben der Ernährungswirtschaft im Benehmen mit dem Landesbauernführer zu entscheiden. Der Beteiligung dieser Stellen bedarf es bei Einzelentscheidungen nicht, wenn die Entscheidungen nach Richtlinien ergehen, die von den Reichsstatthaltern und Oberpräsidenten im Benehmen mit diesen Stellen ausgearbeitet sind.

3.) Soweit die Reichsstatthalter und Oberpräsidenten die Genehmigungsbefugnis auf andere Stellen übertragen haben, ist sicherzustellen, daß die Genehmigungen nur nach Maßgabe dieses Erlasses und im Falle der Ziff. 2 gegebenenfalls nach Richtlinien erteilt werden, die gleichfalls von den Reichsstatthaltern und Oberpräsidenten im Benehmen mit dem örtlichen Vertreter des OKW, dem Gaubeauftragten des Reichskommissars für die Festigung deutschen Volkstums, dem Landesbauernführer sowie dem Gauwirtschaftsberater (Beauftragten des Gauleiters) ausgearbeitet sind.

4.) Vorhaben, deren Genehmigung bereits vor dem 10. April 1942 beantragt worden ist, fallen nicht unter die Vorschriften dieses Erlasses.

5.) Auf landwirtschaftliche Betriebe und Grundstücke findet dieser Erlaß keine Anwendung.

Berlin, den 25. April 1942
Der Reichswirtschaftsminister
In Vertretung
gez. Dr. Landfried

S. 20958/42

[26.] »Generalplan Ost« von SS-Oberführer Prof. Dr. Konrad Meyer vom 28. Mai 1942

Institut für Agrarwesen und Agrarpolitik der Universität Berlin.

An
Reichsführer-SS
Berlin SW 11
Prinz Albrecht Straße 8
durch d. Hand von SS-Gruppenf. Greifelt.

Vorgang: Generalplan Ost – Rechtliche, wirtschaftliche u. räumliche Grundlagen des Ostaufbaus.
Bezug: Vorlage vom 15. 7. 1941 u. Vortrag des Unterzeichneten am 27. 1. 1942.
Anlage: 2.

Reichsführer!
Der von mir vorgelegte Generalplan Ost und die von Reichsführer hierzu gegebenen Richtlinien und Arbeitsaufträge haben zu einer weiteren Untersuchung der Grundfragen des Ostaufbaus geführt. Vor allem war die Aufgabe gestellt, einen Überblick über den *Arbeits- und Geldaufwand* des Aufbaus neuer Siedlungsgebiete zu ermitteln. Bei dieser Arbeit ergab sich, daß es unerläßlich ist, Klarheit über die Grundzüge eines neuen *Siedlungsrechts* zu gewinnen.

Die Arbeitsergebnisse erlaube ich mir, hiermit gehorsamst vorzulegen. Der beiligende Band enthält drei Teile:

A. Forderungen an eine künftige Siedlungsordnung, verbunden mit einem Vorschlag über die Organisation von Siedlungsmarken.

B. Überblick über die Kosten des Aufbaus der eingegliederten Ostgebiete und ihre Aufbringung.

C. Abgrenzung der Siedlungsräume in den besetzten Ostgebieten und Grundzüge des Aufbaus als Fortentwicklung und Ergänzung des Generalplans Ost.

In Anlage 2 sind die wichtigsten Ergebnisse der Denkschrift kurz zusammengefaßt.

Die Grundlagen dieser Vorlage sind in meinem Institut für Agrarwesen und Agrarpolitik erarbeitet worden unter Mitwirkung einiger engster Mitarbeiter in der Planung und im Zentralbodenamt und unter Hinzuziehung von Professor Dr. Boesler – Jena (Finanzwissenschaft).

Heil Hitler!
(Unterschrift): Meyer
SS-Oberführer.

Anlage 2

Kurze Zusammenfassung der Denkschrift
Generalplan Ost
Rechtliche, wirtschaftliche und räumliche Grundlagen des Ostaufbaues.

Teil A
Forderungen an eine künftige Siedlungsordnung.
I. *Ländliche Siedlung:*
In den eingegliederten Ostgebieten lenkt und beaufsichtigt der Reichskommissar für die Festigung deutschen Volkstums die Durchführung des Siedlungsaufbaues.

Die weiteren Siedlungsgebiete werden als Siedlungsmarken für die Aufbaudauer der alleinigen Hoheitsgewalt des Reichsführers-SS als RFK unterstellt.

Verfügungsgewalt über Grund und Boden liegt beim Reich, vertreten durch Reichsführer-SS. Unter seiner Leitung werden Lehenshöfe errichtet.

Die für den Siedlungsaufbau erforderlichen Mittel sollen weitgehend aus der Wertmasse der Siedlungsgebiete selbst aufgebracht werden.

Als Formen der Belehnung sind 3 Stufen vorgesehen: 1. Zeitlehen, 2. Erblehen, 3. Eigentum besonderen Rechts.

Zur Beurteilung der Lehensfähigkeit, Belastungsfähigkeit, Veräußerbarkeit, Vererbbarkeit werden Lehensgerichte geschaffen.

II. *Städtische Siedlung:*
In den Städten gilt wie auf dem Lande das Bodenmonopol des Reiches. Bei angestrebter Verbindung mit dem Boden (Eigenheimbau) hat in der Stadt eine größere Bewegungsfreiheit zu gelten. Das Programm des sozialen Wohnungsbaues muß den Erfordernissen des Ostens in hohen Maße Rechnung tragen.

III. *Schaffung von Siedlungsmarken:*
In den eingegliederten Ostgebieten ist Siedlung durch Übernahme der Altreichsorganisation nur ein Teilgebiet der allgemeinen Verwaltung geworden.

In den weiteren Siedlungsgebieten muß die allgemeine Verwaltung den Notwendigkeiten der Siedlung und Festigung deutschen Volkstums untergeordnet werden. Diese Gebiete sollen deshalb Siedlungsmarken werden.

Die Siedlungsmarken werden für die Dauer des Aufbaues aus ihrem bisherigen staatsrechtlichen Territorialverband ausgegliedert und der Hoheitsgewalt des Reichsführers-SS als

RKF unterstellt. Diese Hoheitsgewalt umfaßt Rechtssetzung, Rechtssprechung und Vollzug. An der Spitze der Siedlungsmark steht der Markhauptmann. Ihm unterstehen im Kreis der Kreishauptmann, im Amt der Amtmann.
Die Arbeitsbereiche der Markenverwaltung sind 1. Siedlungspolitik und Planung, 2. Siedlerauslese und Einsatz, 3. Siedlungsdurchführung, 4. Verwaltung und Finanzierung.
Unter Einsatz von Siedlungsführern erfolgt die Siedlung nach landsmannschaftlichen Gesichtspunkten.

Teil B
Überblick über die Kosten des Aufbaues der eingegliederten Ostgebiete und ihre Aufbringung.
Angestrebt wird weitgehende Finanzierung aus dem Siedlungsgebiet heraus. Trotzdem Mithilfe des Gesamtreiches unerläßlich.
Es wird eine Auflockerung der Gesamtfinanzierung auf leistungsfähige Träger des Reichsgebietes hierbei angestrebt.
Vorgesehener Zeitraum für den Aufbau 5 Fünfjahresabschnitte = 25 Jahre.
I. *Aufbaukosten:*
Kostenaufwand für:

1. Landschaftsaufbau	3,3 Mrd. RM.
2. Verkehr und Versorgung	7,8 Mrd. RM.
3. ländlicher Aufbau	13,5 Mrd. RM.
4. Industrieaufbau	5,2 Mrd. RM.
5. städtischer Aufbau	15,4 Mrd. RM.
6. Vorrichtungen für den Aufbau insgesamt	0,5 Mrd. RM.
	insgesamt 45,7 Mrd. RM.

II. *Finanzierung:*
Finanzierungsmöglichkeiten: ordentliche Reichshaushaltsmittel, außerordentliche Reichshaushaltsmittel, Tributleistung der besiegten Gegner, Sondervermögen des Reichskommissars für die Festigung deutschen Volkstums, Privatkapitalmarkt, Mittel von Körperschaften und Einrichtungen des Altreiches, Kreditschöpfung, Oststeuer.
Verteilung der Aufbaukosten auf einzelne Träger:

Reichshaushalt	34 %
Reichsbahn	3 %
Gemeindevermögen	7 %
Vermögen der Organisation der gewerblichen Wirtschaft	5 %
Sondervermögen RKF	9 %
Privatkapitalmarkt	42 %

III. *Aufbauprogramm*
Der Arbeitseinsatz in seinem zeitlichen Ablauf:
1.–2. Jahrfünft je 450000 benötigte Arbeitskräfte
3.   Jahrfünft je 300000 benötigte Arbeitskräfte
4.   Jahrfünft je 150000 benötigte Arbeitskräfte
5.   Jahrfünft je   90000 benötigte Arbeitskräfte

Zeitplan für den Einsatz der Geldmittel:

in den Vorbereitungsjahren	2,28 Mrd. RM.
im 1. Jahrfünft	14,26 Mrd. RM.
im 2. Jahrfünft	13,67 Mrd. RM.
im 3. Jahrfünft	8,81 Mrd. RM.
im 4. Jahrfünft	4,52 Mrd. RM.
im 5. Jahrfünft	2,17 Mrd. RM.
	45,71 Mrd. RM.

Teil C
Abgrenzung der Siedlungsräume in den besetzten Ostgebieten.
Vorgesehene Siedlungsmarken:
1. Ingermanland (Petersburger Gebiet)
2. Gotengau (Krim und Chersongebiet)
3. Memel- und Narewgebiet (Bezirk Bialystok und Westlitauen)
Außerdem 36 Siedlungsstützpunkte.
Die Eindeutschung ist für einen Zeitraum von 25 Jahren vorgesehen. Hundertsatz der Eindeutschung in den Marken 50 %, in den Stützpunkten 25–30 % der Bevölkerung.
Es ergibt sich ein Bedarf an deutschen Menschen in der
Stadt von   1,67 Mill., auf dem
Land von   1,68 "
zusammen 3,35 Mill.
Es wird mit einer Siedlungsreserve von insgesamt 5,65 Mill. gerechnet.
Aufbaukosten

Siedlungsmarken	12,4 Mrd. RM.
Stützpunkte zus.	8,5 Mrd. RM.
	20,9 Mrd. RM.

Gesamte Siedler- und Kostenbilanz

I.   *Siedlerbilanz*

		erforderlich	*vorhanden*
a) eingegl. Ostgebiete:			
	4 Mill.	Menschen	aus dem Altreich,
		hiervon gehen durch	Umsiedler aus Über-
		vorhandene	see, germanische Sied-
		Umsiedler und	ler aus Europa, weitere
	2,5 Mill.	Eindeutschung ab	Eindeutschungsfähige
		verbleibender Bedarf	aus den besetzten Ost-
	1,5 Mill.	Menschen	gebieten:
b) Marken und Stützpunkte			
(besetzte Ostgebiete)			
		3,35 Mill. Menschen	
Gesamtbedarf		4,85 Mill.	insg. 5,65 Mill. Menschen

Gesamtbedarf	4,85 Mill. Menschen
Überschuß	0,80 Mill. Menschen

II. *Kostenbilanz:*

Bedarf:	
a) eingegl. Ostgebiete	45,7 Mrd. RM.
b) Marken und Stützpunkte	
(besetzte Ostgebiete)	20,9 Mrd. RM.
insgesamt	66,6 Mrd. RM.

[27.] Schreiben von Reichswirtschaftsminister Funk an den Chef der Reichskanzlei Lammers über die Grundsätze der Ostgesellschaften vom 5. Juni 1942

Auszugsweise Abschrift mit Anschreiben vom 11. 7. 1942 zur Verteilung innerhalb des Reichswirtschaftsministeriums.

Im einzelnen hat sich der Wirtschaftsaufbau in den besetzten Ostgebieten nach folgenden *Grundsätzen* vollzogen:

Da das gesamte Wirtschaftsvermögen in der Sowjetunion verstaatlicht war und die Schaffung von Privateigentum in den besetzten Gebieten nach unseren Grundsätzen und Methoden nicht in Frage kam, wurde der Einsatz der Privatwirtschaft und Privatinitiative dadurch erreicht, daß in die von der deutschen Militär- oder Zivilverwaltung übernommenen Betriebe Fachmänner aus der deutschen Wirtschaft als *Treuhänder* (kommissarische Verwalter) eingesetzt wurden. Wo eine breitere Basis erforderlich war, wurden Betriebe im Osten deutschen Einzelfirmen in *Patenschaft* gegeben, d. h. eine leistungsfähige deutsche Firma übernahm es, den im Osten gelegenen Betrieb unter Heranziehung der personellen und materialmäßigen und sonstigen Kräfte ihrer Firma wieder aufzubauen bzw. weiterzuführen.

Auf einigen Wirtschaftsgebieten erwies es sich als notwendig, die Ingangsetzung der Betriebe nicht einzeln sondern geschlossen vorzunehmen und eine Konzentration der deutschen Wirtschaftskräfte für das *betreffende gesamte Fachgebiet* durchzuführen. Zu diesem Zwecke wurden sogenannte *Ostmonopolgesellschaften* gegründet, denen jeweils sämtliche Unternehmungen einer bestimmten Branche zum Wiederaufbau und zur Betreuung zugewiesen wurden. Solche Monopolgesellschaften wurden gegründet für die Gebiete von *Eisen und Kohle, Faserstoffe und Chemie*. Auf dem Gebiet des *Mineralöls* wurde die vom Reiche unter Beteiligung der geamten deutschen Mineralölwirtschaft gegründete und unter klarer Führung des Reiches arbeitende *Kontinentale Öl Aktiengesellschaft* mit Monopolrechten versehen und eingesetzt. Allein bei dieser Gesellschaft, an deren Arbeiten auch das Oberkommando der Wehrmacht und die Kriegsmarine beteiligt sind, hat das private Kapital bisher schon 250 Millionen Reichsmark aufgebracht, obwohl die eigentliche Betätigung der Gesellschaft noch ganz in der Zukunft liegt. Für die Errichtung dieser Ostmonopolgesellschaften galten folgende Gründe:

Auf allen vier Gebieten waren umfangreiche Zerstörungen durch die Sowjets festzustellen. *Die Wiederaufbaukosten gehen hier in die Milliarden* und es werden im Laufe der Zeit riesige Mengen von Maschinen und anderem Material dazu aus Deutschland und anderen europäischen Ländern gebraucht. Da der Wiederaufbau bereits während der Dauer der militärischen Operationen erfolgen mußte und nicht nach privatwirtschaftlichen Grundsätzen sondern nach den militärischen und kriegswirtschaftlichen Erfordernissen zu erfolgen hatte, mußte *eine besondere Organisationsform* gefunden werden, welche die reibungslose Finanzierung der Wiederaufbauvorhaben – ohne Rücksicht auf privatwirtschaftliche Grundsätze – und den planmäßigen Einsatz der in Deutschland knappen Fachmänner und Wiederaufbaumaterialien sicherstellt. Die Eigenart der Ostmonopolgesellschaften besteht in folgendem:

1. Sie sind von vornherein auf der Heranziehung und Auswertung der in der deutschen Privatwirtschaft vorhandenen Wirtschaftskräfte aufgebaut. Allerdings werden diese Kräfte erst dann herangezogen, wenn sie wirklich gebraucht werden und wenn sie zu dem Wiederaufbau bzw. der Fortführung der Betriebe einen Beitrag leisten können.

2. *Sie haben in keinem Fall Privateigentumsrechte erhalten.* Sie sind lediglich Träger des Wiederaufbaus sowie Treuhänder des Reiches, welche die ihnen anvertrauten Betriebe nach kaufmännischen Grundsätzen weiterführen müssen. Auch die von den Monopolgesellschaften herangeholten Privatfirmen haben Eigentumsrechte weder übertragen noch für später versprochen bekommen.

3. Die Monopolgesellschaften sind nur für eine begrenzte Zeitdauer gegründet. Als Schluß-
termin ist der 31. Dezember 1943 bezw. 1944 bestimmt worden. Den Ostmonopolgesellschaften wurde auferlegt, die Geschäfte so zu führen, daß der Übergang zu einer vom
Wettbewerb getragenen Privatwirtschaft möglich ist, sobald die militärischen, politischen
und wirtschaftlichen Voraussetzungen dafür vorliegen. Im einzelnen ist zu den Ostmonopolgesellschaften folgendes zu sagen:
   a) Kohle und Eisen.

      Berg- und Hüttenwerksgesellschaft Ost
      Die Aufgabe dieser Gesellschaft bestand darin, das Manganerzvorkommen in Nikopol
      wieder in Betrieb zu setzen. Die der Gesellschaft aus der deutschen Wirtschaft zur
      Verfügung gestellten Fachkräfte haben in Verbindung mit den militärischen und zivilen
      Dienststellen diese Aufgabe zur vollen Befriedigung gelöst. Nikopol wird heute von der
      Berghütte Ost *treuhänderisch für Rechnung des Reiches* betrieben. Eine Anzahl weite-
      rer Betriebe der Eisen schaffenden und Eisen verarbeitenden Industrie sind von der
      Berghütte Ost in der Ukraine übernommen worden und arbeiten für die Bedürfnisse
      der Truppe. Im Donez-Becken verlangt der Umfang der Zerstörungen und die Notwen-
      digkeit zur raschen Wiederherstellung einer möglichst umfangreichen Kohle-Produk-
      tion den geschlossenen Einsatz der deutschen Kräfte. Hierfür bietet die Berghütte Ost
      den Rahmen. Die Heranziehung der Fachkräfte und Materialien aus der einschlägigen
      deutschen Industrie (Bergbau, Eisen- und Stahlerzeugung) ist nach den letzten Bespre-
      chungen beim Reichsminister für Bewaffnung und Munition sichergestellt.
      Die Berghütte Ost ist Trägerin des Wiederaufbaus und *Treuhänderin für das Reich.*
      Sobald die Verhältnisse es gestatten, ist die Ausgliederung lebensfähiger *Betriebsein-
      heiten* aus dem Gesamtverband der Berghütte Ost und ihre Weiterführung auf privat-
      wirtschaftlicher Basis (ohne Berührung der Privateigentumsfrage) geplant.
   b) *Ostfaser G.m.b.H.*
      Dieser Gesellschaft ist das gesamte Gebiet der Fasererzeugung und Faserverarbeitung
      anvertraut. Zu ihrer Arbeit sind die einschlägigen Wirtschaftszweige Deutschlands her-
      angezogen worden. *Auch sie ist lediglich Trägerin des Wiederaufbaus dieses wichtigen
      Wirtschaftszweiges und Treuhänderin für das Reich.* Eigentumsrechte sind weder ver-
      sprochen noch in Aussicht gestellt worden. Nach Wiederherstellung der Lebensfähig-
      keit der Betriebe ist ihre Übertragung an Einzelunternehmer zur treuhänderischen
      Weiterführung oder in einer anderen Form möglich. Falls die Reichsführung es ver-
      langt, können auch Privateigentumsrechte für Frontkämpfer gegründet werden.
   c) *Chemie.*
      Auf dem Chemiegebiet sind unter Beteiligung der deutschen Industrie sogenannte Be-
      treuungsgesellschaften gebildet worden, welche für bestimmte Sparten die Patenschaft
      an eroberten ehemals sowjetischen Betrieben übernehmen. Auch hier ist dafür gesorgt,
      daß die Fachkräfte der deutschen Wirtschaft und gegebenenfalls Materialhilfe den Be-
      trieben im Osten zur Verfügung stehen, daß andererseits aber Werte, die von deutschen
      Frontsoldaten erobert worden sind, *zur Verwertung nicht durch Einzelne sondern durch
      die Volksgesamtheit reserviert bleiben.*

Ein Sonderfall liegt auf dem Mineralölgebiet vor. Die Kontinentale Oel Aktiengesellschaft,
deren Vorsitz *ich selbst* auf Wunsch des Herrn Reichsmarschalls übernommen habe, hatte
bereits vor Beginn des Ostfeldzuges ihre Tätigkeit aufgenommen. Da im Ölsektor nur große
Konzentrationen die an sie gestellten wichtigen militärischen, politischen und wirtschaftlichen
Aufgaben erfüllen können und da deutsche Ölgesellschaften mit internationaler Bedeutung
nicht existierten, war der Einsatz der Kontinentale Oel Aktiengesellschaft in den besetzten
Ostgebieten die einzige wirtschaftliche Möglichkeit. *Auch heute steht keine Privatfirma zur
Verfügung,* welche die in den Ostgebieten zu lösende umfangreiche Wiederaufbau-Betriebs-
aufgabe erfüllen könnte. Da der Staat diese Aufgaben in jedem Falle übernehmen mußte,
wäre also – wollte man nicht die Form der Beteiligung der gesamten Mineralölindustrie wählen

– die Fortnahme der Menschen und Materialien bei den bestehenden Firmen durch den Staat notwendig gewesen, da Erfahrungen und Einrichtungen für das internationale Ölgeschäft in Deutschland nicht vorhanden waren. Auch die Kontinentale Oel Aktiengesellschaft betätigt sich zunächst nur treuhänderisch; für die Übernahme etwaiger Werte durch die Gesellschaft *ist volle Bezahlung des Wertes an das Reich vorgesehen.*
Die Kontinentale Oel Aktiengesellschaft hat bereits 125 Bohrgeräte für den entscheidenden Einsatz in den zu gewinnenden Ölgebieten bereitgestellt. Wir haben ferner nach sehr schwierigen Verhandlungen die modernste Ölraffinerie Europas von den Franzosen erworben, die von der unteren Seine nach Cherson am Schwarzen Meer transportiert wird. Acht Tanker sind von uns in Auftrag gegeben worden. Außer den bereits investierten 250 Millionen für den sofortigen, schlagartigen deutschen Wirtschaftseinsatz nach Eroberung der russischen Ölgebiete sind von der Privatwirtschaft jetzt noch weitere 90 Millionen in der nächsten Zeit aufzubringen und es werden noch Hunderte von Millionen aufzubringen sein, ehe die ersten Einnahmen auf Grund der der Kontinentale Oel Aktiengesellschaft zugesicherten Konzessionen zu fließen beginnen. Wäre die Privatwirtschaft nicht beteiligt worden und hätte das private Kapital diese Hunderte von Millionen nicht aufgebracht, so hätte der Finanzminister diese Summen hergeben müssen für eine staatliche Organisation, die über keinerlei Erfahrungen und über keine geeigneten Menschen und Materialien verfügt hätte. Durch Konzessionsabgaben und Steuern wird späterhin selbstverständlich dafür gesorgt werden müssen, daß die private Mineralölwirtschaft aus ihrer Beteiligung an der Kontinentale Oel Aktiengesellschaft keine unangemessenen Gewinne erzielt. Das durch Abgaben und Steuern (zu Gunsten der Reichskommissariats-Finanzen) sowie durch Zölle belastete Öl würde dann durch die Kontinentale in Deutschland und nach den Exportländern verkauft und vertrieben werden, wobei durch *die beherrschende Stellung des Reiches* in der Kontinentalen die Ölpolitik im Ganzen nach jeder erwünschten Richtung hin gelenkt werden kann. Für abwegig halte ich den Gedanken, daß die *Reichskommissariate eigene Ölmonopole* errichten und das in ihren Bezirken anfallende Öl sozusagen im Handelsvertragswege an das Reich abgeben. Auf diesem Wege könnte die auch in den Reichskommissariaten nach den Reichsinteressen einheitlich auszurichtende Wirtschaftspolitik nicht gewährleistet werden. Andererseits muß den Reichskommissaren ein Aufsichtsrecht über die für die Kontinentale Oel Aktiengesellschaft arbeitenden Produktions- und Handelsgesellschaften zugestanden werden.
Ohne diese vom Reiche im Zusammenwirken mit der Privatwirtschaft vorgenommenen Planungen, Vorbereitungen und Aufbaumaßnahmen wären die Reichskommissariate überhaupt nicht in der Lage, die Wirtschaft in den besetzten Ostgebieten in Gang zu bringen und entsprechend den Erfordernissen des Reiches produktiv und ertragreich zu gestalten.
Durch die Gründung der Monopolgesellschaften nach den Weisungen der zuständigen Reichsstellen wurde in den betreffenden Fachgebieten eine Zersplitterung der Kräfte der deutschen Privatwirtschaft und planloser Einsatz von Fachkräften und Produktionsmitteln vermieden.
Die Zusammenfassung der Kräfte und des Materialeinsatzes auf dem Boden der Monopolgesellschaften sowie die zentrale Finanzierung nach kriegswirtschaftlichen Gesichtspunkten sichert während der Dauer der Operationen die Erreichung des höchstmöglichen Nutzeffekts.
Ich glaube, daß Ihnen diese Darlegungen beweisen werden, wie abwegig es ist, von »kapitalistischen Tendenzen« und übermäßigen Gewinnen der Privatwirtschaft bei den Monopolgesellschaften zu sprechen und wäre Ihnen besonders dankbar, wenn Sie bei passender Gelegenheit den Führer über diese Angelegenheit unterrichten würden.

[28.] Besprechung über die Ansiedlung von Kriegsversehrten im Gebiet des Generalkommissariats Litauen am 21. Juli 1942

Ansiedlungsstab. Kauen. Abschrift

Niederschrift

über Besprechung betr. Ansiedlung von Kriegsversehrten bzw. endgültig aus dem Wehrdienst Entlassenen im Gebiet des Generalkommissariates Litauen.

Anwesend: Major der Luftwaffe *Linke,* Siedlungsreferent des OKW,
         der persönliche Referent des Generalkommissars,
         SS-Hauptsturmführer v. d. *Ropp*
         der Leiter des Ansiedlungsstabes Kauen,
         SS-Sturmbannführer Dr. *Duckart.*

Die Besprechung schloß an zwei Besuche an, die Major Linke in der oben bezeichneten Frage bereits auf der Dienststelle des Ansiedlungsstabes abgestattet hatte.

Der Leiter des Ansiedlungsstabes legte Herrn Major Linke die Gründe dar, weshalb der Ansiedlungsstab auf eine möglichst schnelle Entscheidung der Frage des Ansatzes von Kriegsversehrten drängen muß. Die Rücksiedlung der litauendeutschen Familien (Frauen und Kinder) beginnt spätestens mit dem 15. 9. 1942. Es ist außerordentlich wichtig, daß um dieselbe Zeit auch die Kriegsversehrten angesetzt werden, damit diese in der Organisation des Deutschtums maßgeblich eingeschaltet werden können.

Auf der anderen Seite ist aber auch das Dasein von Kriegsversehrten moralisch und psychologisch für die Umsiedler von hervorragender Bedeutung, ganz abgesehen von der aktiven Rolle, die diese ehemaligen Soldaten auch bei dem gesellschaftlichen Zusammenleben der Deutschen spielen sollen.

Der Leiter des Ansiedlungsstabes führte dann weiter aus, daß auch noch andere zwingende Gründe vorhanden sind, die eine schnelle Entscheidung in dieser Frage notwendig machen. Der Ansiedlungsstab hat eine Reihe landwirtschaftlicher Grundstücke nicht an Umsiedler zugeteilt, sondern für die Zwecke der Wehrmacht-Siedlung zurückbehalten. Es wirtschaften auf diesen Betrieben zur Zeit völlig unwürdige Elemente, die schleunigst abgelöst werden müssen. Sollte der Termin einer Ansiedlung der Kriegsversehrten noch weiter hinausgeschoben werden, so kann heute bereits mit Bestimmtheit vorausgesagt werden, daß diese Höfe völlig ausgeplündert sein werden. Die Schwierigkeiten, die dann entstehen, wenn man ehemaligen Wehrmachtsangehörigen die Übernahme eines leergeplünderten Hofes zumuten würde, verstehen sich von selbst. –

Der Leiter des Ansiedlungsstabes schloß seine Ausführungen mit der Bitte an Herrn Major *Linke,* auch seinerseits alles zu tun, um eine Entscheidung in dieser Frage möglichst bald herbeizuführen.

Der persönliche Referent des Generalkommissars, SS-Hauptsturmführer v.d. Ropp, schloß sich in sämtlichen Punkten den Ausführungen des Leiters des Ansiedlungsstabes an und gab Kenntnis davon, daß auch der Herr Generalkommissar in Kauen auf eine schnelle Lösung der Frage Wert legt. – Sollte eine generelle Entscheidung noch nicht für alle deutschen Reichsgebiete möglich sein, so müsse der Versuch gemacht werden, für das Gebiet des Generalkommissariates Litauen eine Sonderregelung zu treffen.

Major der Luftwaffe Linke nahm Kenntnis von den Ausführungen und sagte seinerseits zu, daß er versuchen werde, den Wünschen und Anregungen der Kauener Dienststellen beim OKW Gehör zu verschaffen, betonte aber hierbei, daß eine generelle Regelung über die Form der Übertragung der Höfe in das Eigentum und die Modalitäten der Einsetzung vorher erfolgen müsse.

Der persönl. Ref. des Gen.Kommissars, SS-Hauptstuf. v.d. Ropp, u. der Leiter des Ansied-lungsstabes baten Herrn Major Linke dessen ungeachtet, den Weg zu einer Lösung der Frage für das Gebiet des Gen.Kommissariates Litauen zu versuchen.
In der Besprechung wurde ein Entwurf über eine zu erlassende Verordnung ausgearbeitet, der der Niederschrift beiliegt.

[29.] Aktenvermerk für Landesbauernführer Körner* über die Umsiedlung der Volksdeutschen im Generalbezirk Shitomir vom 9. September 1942

III E 2b 139/42g

Wie schon gelegentlich der Aufsichtsratssitzung der LBGU** von SS-Obersturmführer Hiege***, Amtschef beim Reichsführer SS, Reichskommissariat für die Festigung deutschen Volkstums, mitgeteilt wurde, beabsichtigt der Reichsführer SS im Raume um Shitomir etwa 46000 Volksdeutsche umzusiedeln. Gelegentlich einer Durchfahrt durch Shitomir sprach ich darüber mit SS-Standartenführer Henschel, der vom Reichsführer SS beauftragt ist, für den Zweck der Umsiedlung einen Ansiedlungsstab zu gründen. Gemein-sam mit Abteilungsleiter Landwirtschaft, Hauptm. Koenigk in Shitomir und Ltn. Strobell habe ich dann nach meiner Rückkehr nach Shitomir erneut mit den Vertretern der Volksdeutschen Mittelstelle und Staf. Hentschel die Umsiedlungssache durchgesprochen.
Dabei ergab sich folgendes: Der Reichsführer SS will noch in diesem Herbst etwa 6000 Volks-deutsche, die sich auf 1450 Familien verteilen, in das südlich von Shitomir gelegene »Hege-wald« überführen. Er will zu diesem Zweck die am weitesten abseits liegenden volksdeutschen Streusiedlungen von den Volksdeutschen räumen. Es handelt sich zunächst um das Dorf Ba Sar und Malin, nordöstlich und Emiltschino und Owrutsch, nordwestlich von Shitomir. Nach den zuerst herausgegebenen Richtlinien sollen diese Volksdeutschen zu beiden Seiten der Rollbahn zwischen Shitomir und Berditschew angesiedelt werden und zu diesem Zweck die dort wohnenden Ukrainer entfernt werden. Es wären dann rund 16500 Ukrainer, die sich auf 3400 Familien verteilen, umzusiedeln gewesen, um Höfe von zunächst 5 und später 10 ha Größe für die Volksdeutschen zu schaffen. Dieser Plan wurde fallen gelassen und statt dessen hat der Reichsführer SS am 8.9.42 gelegentlich einer Rücksprache mit Staf. Hentschel und Staf. Jungkunz angeordnet, daß der Siedlungsraum südlich Shitomir breiter angelegt werden soll und daß die Landgröße der künftigen Bauernstellen nicht mit 10 – 12 ha, wie erst angege-ben, sondern mit 20 – 30 ha geplant werden soll. Weitere Siedlungsgebiete sollen im Raume von Korosten bis Tschernjachow entstehen, wo auch heute schon größere volksdeutsche Sied-lungen sich befinden und schließlich im Raume von Kalinowka – Machowka zwischen Berdit-schew und Winniza.
Das ist in großen Zügen das Projekt. Ich habe darauf hingewiesen, daß eine so weitgehende Umsiedlung von Ukrainern politisch bestimmt nicht ohne Folgen bleiben kann, wenn sie im Wege einer Polizeiaktion und durch Verdrängung geschieht. Der Reichsführer SS hat deshalb angeordnet, daß keineswegs Partisanenanhänger geschaffen werden dürften und daß in jedem Falle die Ukrainer nicht nur nicht schlechter gestellt werden dürften durch die Umsiedlungs-maßnahmen, sondern besser als bisher. Eine Besserstellung ist aber deshalb nicht möglich, weil einmal bei einer Umsiedlung in die von den Volksdeutschen verlassenen Gehöfte

---

* Hellmut Körner, Kriegsverwaltungs-Vizechef, Leiter der Hauptabteilung Ernährung und Landwirtschaft beim Reichskommissar für die Ukraine.
** Landbewirtschaftungsgesellschaft Ukraine
*** Chef des Hauptamtes IV Landwirtschaft des RKF

nicht genügend Gehöfte vorhanden sind, außerdem aber auch bodenmäßig eine Verschlechterung stattfinden würde. Man kann so nur einen Teil der von den Volksdeutschen verlassenen Gehöfte zur Umsiedlung von Ukrainern verwenden, wenn man für sie einen Ausgleich in der Bodengüte durch Zuteilung größerer Flächen erreichen will. Stellt es sich als unmöglich heraus, die Ukrainer noch in diesem Herbst in Höfe nach dem Süden zu verpflanzen und so den Wunsch des Reichsführers, sie nach Möglichkeit besser zu stellen, zu erfüllen, so bleibt m. E. nur übrig, auf den Siedlungsvorgang bei der Umsiedlung der Volksdeutschen zunächst zu verzichten und nur einen Austausch zwischen ukrainischen und volksdeutschen Siedlungen vorzunehmen, und zwar Hof um Hof. Dann ist vor Winter noch erreicht, daß die Volksdeutschen zusammengezogen sind und besser geschult und betreut werden können. Das aber widerspricht dem wiederholt klar herausgestellten Wunsche des Reichsführers SS, daß die Volksdeutschen zunächst auf 5–6 ha gleich im Zuge der Umsiedlung gesetzt werden sollen und daß soviel Reservatland hinzugetan wird, daß eine Auffüllung von 20–30 ha später möglich ist. Sollte also der Reichsführer SS bei seinem Befehl bleiben, so bleibt m. E. nach kein anderer Weg übrig, als möglichst sofort Maßnahmen zu ergreifen, um die auszusiedelnden Ukrainer zunächst in Gastquartiere nach dem Süden zu überführen. Herr Dr. Sommerkamp wird vorbereitende Maßnahmen in dieser Beziehung veranlassen. Er will davon ausgehen, daß etwa 3000 Familien dem Generalbezirk Nikolajew und 2000 Familien dem Generalbezirk Dnjepropetrowsk angeboten werden sollen, und er wird sich sofort mit SS-Hptstf. Hauptm. Wipper und SS-Stbf. Rademacher in Verbindung setzen, um diese Fragen zu klären. Sollten diese Maßnahmen nicht möglich sein und sollten trotzdem vor Winter die Volksdeutschen zusammengezogen werden, was absolut zu begrüßen wäre aus den verschiedensten Gründen, so bleibt nur übrig, die Ukrainer, die nicht in den von den Volksdeutschen verlassenen Gehöften untergebracht werden können, im Winter anderswo im Raume des Generalbezirks Shitomir unterzubringen, da der Reichsführer SS es für untunlich hält, Ukrainer und Volksdeutsche nebeneinander vorläufig noch sitzen zu lassen.

Zusammengefaßt möchte ich bemerken, daß eine Umsiedlung von Hof zu Hof unter Verzicht auf einen für die Zukunft von vornherein festliegenden Siedlungsplan möglich ist und daß später nach weiterer Klärung die Umsiedlungsmöglichkeiten für die Ukrainer dieser Siedlungsvorgang weiter vorangetrieben werden kann. Besteht der Reichsführer SS, was anzunehmen ist, auf die endgültige Planung der volksdeutschen Siedlung schon gelegentlich der Umsiedlung, so bleiben für die vorher beschriebenen Wege offen. Ob es dann gelingen wird, den Wunsch des Reichsführers SS, die Ukrainer besser zu stellen als bisher, zu mindest aber auf jeden Fall zu vermeiden, daß sie in das Lager der Partisanen überwechseln, erscheint mir zweifelhaft.

Die Organisation dieser Umsiedlungsaktion wurde von mir mit dem Leiter der Abt. E. u. L. des Generalkommissars, Hptm. Koenigk sowie Ltn. Strobell, von der Landbewirtschaftungsgesellschaft Ukraine und SS-Staf. Hentschel und Vertretern der Volksdeutschen Mittelstelle vertraulich besprochen, nachdem die in Rowno besprochenen Wünsche des LBF Körner mir lt. beigefügtem Entwurf schriftlich übermittelt waren. Aufgrund dieser sehr eingehenden Besprechungen dürfte der Reichsführer SS, auf dessen Befehl diese Maßnahme ausgeführt werden soll, der folgenden Regelung zustimmen:

1) Die Durchführung der Umsiedlung übernimmt wie in allen bisherigen Fällen ein Ansiedlungsstab, zu dessen Leiter der Reichsführer SS – im Einvernehmen mit dem Leiter der Abt. E. u. L. des RKU den SS-Staf. Hentschel bestellt.

2) SS-Staf. Hentschel beruft in dessen Ansiedlungsstab den Leiter der Abt. E. u. L. beim Generalkommissar in Shitomir, der seinerseits im Einvernehmen mit dem Leiter des Ansiedlungsstabes einen ständigen Vertreter für sich benennt. Ferner wird ein Vertreter der LBGU in den Ansiedlungsstab berufen. Hält der Leiter des Ansiedlungsstabes es für notwendig, weitere Vertreter des Generalkommissars in den Ansiedlungsstab aufzunehmen, so soll dem nichts entgegenstehen. Werden besondere Gebiets- oder Kreisansiedlungsstäbe aufgestellt, so ist die Zusammenarbeit mit den landwirtschaftlichen Dienststellen und

den Außenstellen der LBGU durch Aufnahme der Leiter dieser Dienststellen in die Gebiets- oder Kreisansiedlungsstäbe sicherzustellen.

3) Die Versorgung der Umsiedler mit den Dingen des persönlichen Bedarfs sowie mit Haus- und Küchengerät übernimmt der Ansiedlungsstab, der zu diesem Zweck Kreisverteilungsstellen einrichtet.

4) Die betriebswirtschaftliche Betreuung der Siedlerstellen sowie die Beschaffung des notwendigen Inventars, des Saatgutes usw. übernimmt einschließlich Finanzierung die LBGU.

Die betriebswirtschaftliche Betreuung erfolgt durch die Leiter der Stützpunkte der LBGU.

Als Leiter dieser Stützpunkte sollen nach Möglichkeit geeignete Landwirtschaftsführer aus den Reihen der SS zur Verfügung gestellt werden. Ebenso obliegt der LBGU die Bewirtschaftung der Reservatflächen in den Umsiedlungsdörfern und die Verantwortung für die Bewirtschaftung der von den Volksdeutschen zurückgelassenen Flächen, soweit sie nicht ukrainischen Umsiedlern in Tausch gegeben worden sind.

Erreicht soll durch diese Regelung werden, daß die landwirtschaftlichen Dienststellen des RKU und die LBGU bei dem Umsiedlungsvorgang verantwortlich eingeschaltet und dadurch laufend von allen beabsichtigten Maßnahmen unterrichtet sind, und daß somit die Gewähr dafür gegeben ist, die Umsiedlung ohne größere Störung der kriegswichtigen landwirtschaftlichen Erzeugung unter Ausnutzung der von den landwirtschaftlichen Dienststellen bisher gesammelten praktischen Erfahrungen zu Ende zu führen.

Der Vorschlag von LBF Körner, den Reichsführer SS zu veranlassen, die LBGU in eigener Verantwortung für die Umsiedlung einzuschalten, erscheint mir bei der gegebenen Sachlage gefährlich und auch undurchführbar, weil ohne gewisse Polizeiaktionen und ohne starke Hilfsstellung der Organisationen des Reichsführers SS diese Umsiedlung zunächst überhaupt nicht durchgeführt werden kann. Es besteht außerdem die Gefahr, daß besonders in Bezug auf den kurzen, für die Beendigung der Umsiedlung gestellten Termin (Noch vor Winteranfang!) es der LBGU nicht gelingt, diesen Befehl fristgemäß auszuführen.»Versagt« aber nach Meinung des Reichsführers SS die Organisation der LBGU in dieser Beziehung, so ist das ein guter Grund für alle die mit dem Reichsführer SS in dieser Angelegenheit arbeitenden Stellen des Reichskommissars für die Festigung des deutschen Volkstums, für die spätere Siedlung die LBGU auszuschalten und einen eigenen Apparat aufzuziehen. Daß solche Strömungen vorhanden sind, ist mir nach meiner Unterhaltung mit SS-Oberführer Prof. Dr. Meyer, den ich in Kiew traf, durchaus klar. Hinzu kommt noch, daß, wenn infolge dieser Aktionen Unruhe in die Bevölkerung hereingetragen wird, was m. A. nach kaum vermieden werden kann, auch bei der Bevölkerung die LBGU der Sündenbock sein wird und daß sie dann für ihre sonstigen Aufgaben auf immer größere Schwierigkeiten in Bezug auf Zusammenarbeit mit den Ukrainern stoßen wird. Aus all diesen Gründen bitte ich LBF Körner, von seiner ursprünglichen Forderung, daß Träger des Umsiedlungsunternehmens die LBGU wird, abzustehen.

Inzwischen wurde mir durch Dr. Sommerkamp bekanntgegeben, daß folgende Richtlinien von der Abt. E. u. L. beim RKU im Entwurf ausgearbeitet worden sind:

Zur *Wiederherstellung deutschen Bauerntums* in der Ukraine werden alle Dörfer, die vorwiegend von volksdeutschen Familien bewohnt werden, durch folgende Maßnahmen in deutsche Bauerndörfer umgewandelt:

1) Jede deutsche Bauernfamilie erhält als selbständige Einzelwirtschaft soviel nutzbare Fläche zugewiesen, wie sie mit verfügbaren Arbeitskräften ordnungsmäßig bewirtschaften kann.

2) Hofstellen dieser Dörfer, die von Nichtdeutschen besetzt sind, werden freigemacht und volksdeutschen Familien aus Streusiedlungen zugewiesen.

3) Soweit die zu den Dörfern gehörige nutzbare Fläche von den Einzelwirtschaften zur Zeit noch nicht bewirtschaftet werden kann, ist sie durch die Landbewirtschaftungsgesellschaft Ukraine mbH treuhänderisch zu verwalten.

4) Die deutschen Einzelwirtschaften sind mit den verfügbaren Produktionsmitteln vorzugsweise auszustatten.

5) Dieser Erlaß ist von der Hauptabteilung III E unter Mitwirkung der beteiligten Abteilungen sofort durchzuführen.

Ich habe versucht, den Reichsführer SS persönlich zu sprechen, da sich aber am selben Tage Gauleiter Koch beim Reichsführer SS angemeldet hatte und der R.F.SS seinen Mitarbeitern gegenüber erklärt hatte, daß er das weitere direkt mit dem Gauleiter besprechen würde, war ein Eingreifen für mich leider nicht gegeben.

1 Anlage

Rowno, den 9. Sept. 1942   (Unterschrift):   Donner OKVR

Anlage zum Aktenvermerk betr. Umsiedlung der Volksdeutschen im Generalbezirk Shitomir von OKVR Donner vom 9. 9. 42

Geheim – Abschrift

Richtlinien für die Umsiedlung von Volksdeutschen in der Ukraine

Bei einer Umsiedlung von Volksdeutschen in der Ukraine sind folgende Punkte zu berücksichten:

1) Es sind zunächst nur die volksdeutschen Enklaven, dh. Dörfer in denen die Volksdeutschen in der Minderheit sind und die volksdeutschen Betriebe auf schlechten Böden in geschlossenen Gebieten anzusiedeln. (Im Generalbezirk Shitomir ca. 15000 Menschen.)

2) Betriebe, wo Volksdeutsche in der Mehrheit sind und die guten Boden haben, sind bis auf weiteres bestehen zu lassen und möglichst schnell in Landbaugenossenschaften zu überführen.

3) Die Ukrainer, die infolge der Volksdeutschen-Ansiedlung ausgesiedelt werden müssen, sind nach der Südukraine umzusiedeln. Für sie sind in den Umsiedlungsbezirken Auffanglager zu errichten. Weiterhin ist im Süden Holz für Gerüste der neu zu errichtenden Häuser zur Verfügung zu stellen.

4) Die Höchstgrenze der Umsiedlungsstelle ist wegen der geringen Leistungsfähigkeit der Volksdeutschen zunächst auf 5 ha festzulegen. Gleichgroße Flächen sind im Ansiedlungsraum als Reserveflächen vorzusehen, die von der LBGU zu bewirtschaften sind. Die Finanzierung erfolgt durch die Hauptabteilung Siedlung der LBGU.

5) Zur ordnungsgemäßen Bewirtschaftung der Reserveflächen sind unter deutscher Leitung ukrainische oder weißrussische Arbeitskräfte anzusetzen.

6) Sowohl Siedlungsstellen als auch Reserveflächen sind Stützpunkten mit deutschen Rentämtern betriebswirtschaftlich zu unterstellen.

7) Die von den umgesiedelten Volksdeutschen aufgegebenen Hofstellen erlöschen, wenn der Arbeitsbesatz auf dem Betriebe, zu dem die Volksdeutschen bisher gehört haben, nicht zu gering wird. U. U. kann auch eine Umwandlung in ein Staatsgut oder Aufforstung erfolgen.

8) Die Übernahme der Siedlungsstellen hat entweder vor der Ernte oder nach der Herbstbestellung zu erfolgen.

9) Die im Siedlungsraum gelegenen Staatsgüter bleiben bestehen und werden zunächst nicht besiedelt.

10) Träger des Umsiedlungsunternehmens wird die LBGU, Hauptabtlg. Siedlung.

4. Sept. 1942

[30.] Erlaß Görings über die Gründung der Wirtschaftseinsatz Ost G.m.b.H.
vom 2. November 1942

Der Reichsmarschall des Großdeutschen Reiches, Beauftragter für den Vierjahresplan, Wirtschaftsführungsstab Ost – V.P. 14975/6.

Abschrift

Die Kriegsentwicklung macht es erforderlich, über die ursprünglich vorgesehene Linie hinaus
die gesamte Wirtschaftskraft der besetzten Ostgebiete noch stärker als bisher in den Dienst der
deutschen Kriegswirtschaft zu stellen. Im Hinblick auf die ständige Vergrößerung der besetzten Räume kann die Wirtschaft der besetzten Ostgebiete ihre kriegswirtschaftlichen Funktionen nur erfüllen, wenn die in der deutschen Wirtschaft vorhandenen kaufmännischen u. technischen Erfahrungen in möglichst großem Umfang planmäßig herangezogen werden. Das
bolschewistische Regime vereinigt die politische Wirtschaftslenkung und die praktische Führung der Betriebe und Handelsunternehmen in der staatlichen Hand. Dies steht im Gegensatz
zur nationalsozialistischen Wirtschaftsauffassung. Die Behörde soll wirtschaftspolitisch führen, die Wirtschaft aber praktisch wirtschaften. Es geht nicht an, daß die in den besetzten
Ostgebieten eingesetzten Wirtschaftsdienststellen selbst Betriebe führen, weil dies nicht ihre
Aufgabe ist und weil ihnen der dazu notwendige kaufmännische Apparat und die nötigen
geschäftlichen Erfahrungen und Verbindungen fehlen. Die einzelnen Wirtschaftsdienststellen
können naturgemäß auch nicht immer den Überblick haben, um die jeweils am besten geeigneten deutschen Firmen heranzuziehen. Bei den kriegswirtschaftlich wichtigsten Wirtschaftszweigen wird diese Aufgabe von den mit meinem Einverständnis eingesetzten Ostgesellschaften wahrgenommen. Bei den übrigen Wirtschaftszweigen fehlt der entsprechende
Aufgabenträger.
Die Reichsgruppen Industrie und Handel haben sich nunmehr erboten, in diesen Wirtschaftszweigen den Unternehmereinsatz nach privatwirtschaftlichen Grundsätzen im Rahmen einer
Gesellschaft zu übernehmen. Nachdem der Reichsminister für die besetzten Ostgebiete und
der Reichswirtschaftsminister dieses Anerbieten zum eigenen Vorschlag gemacht haben, er-
kläre ich mich damit einverstanden, daß die Wirtschaftseinsatz Ost G.m.b.H. die Aufgabe
übernimmt, auf den nicht bereits von den bisher zugelassenen Ostgesellschaften betreuten
Zweigen der gewerblichen Wirtschaft alle verfügbaren deutschen und europäischen Wirtschaftskräfte heranzuziehen und die herangezogenen Firmen und Unternehmen bei der praktischen Arbeit zu unterstützen. Zur Erfüllung dieser Aufgaben kann die Gesellschaft nach
Maßgabe der von den obersten Wirtschaftsdienststellen erlassenen wirtschaftspolitischen Weisungen und im Benehmen mit den örtlichen Wirtschaftsdienststellen
a) Dritte mit der vorläufigen Führung von industriellen Betrieben oder Handelsunternehmen
   beauftragen oder sie selbst führen,
b) alle Maßnahmen durchführen, die zur Wiederingangsetzung, zum Um- und Ausbau und
   zur Neuerrichtung von industriellen Betrieben und Handelsunternehmen erforderlich
   sind,
c) Handelsgeschäfte aller Art treiben und hierbei auch dem zukünftigen Bedarf durch Lager-
   haltung Rechnung tragen.
Die Wirtschaftseinsatz Ost G.m.b.H. darf sich nicht zu einer Konzerngesellschaft entwickeln.
Sie soll führen und hat vornehmlich die Aufgabe, die einzelnen Firmen und Unternehmen
auszuwählen und einzusetzen, sofern sie nicht vorübergehend die gewerblichen Betriebe und
Handelsunternehmen selbst übernimmt. Um den Einsatz der Einzelfirmen und Unternehmen
zu beschleunigen, kann die Gesellschaft mit ihnen vorläufige Einsatzverträge nach Maßgabe
der Richtlinien abschließen, die von den mit der Treuhandverwaltung betrauten zentralen
Dienststellen aufgestellt werden. Die formelle Einweisung in die zu verwaltenden Objekte und

der Abschluß der endgültigen Treuhandverträge ist Sache der mit der Treuhandverwaltung betrauten örtlichen Dienststellen. Hierdurch darf aber die Aufnahme der praktischen Tätigkeit der von der Gesellschaft ausgewählten Firmen und Unternehmer keine Verzögerung erleiden. Die Frage der Wiedererrichtung des Privateigentums in den besetzten Gebieten kann zur Zeit schon mit Rücksicht auf die Kriegsteilnehmer nicht entschieden werden. Die Unternehmen, die sich bereits jetzt für den Wiederaufbau der Wirtschaft im Osten im Interesse der Kriegsführung zur Verfügung stellen, können aber damit rechnen, daß sie später neben den Kriegsteilnehmern bevorzugt berücksichtigt werden.

Ich bitte alle Dienststellen im Reich und den besetzten Ostgebieten, die Wirtschaftseinsatz Ost G.m.b.H. zur Tätigkeit in den besetzten Ostgebieten zuzulassen und ihr jede erforderliche Unterstützung zu gewähren.

gez. Göring

[31.] Rundschreiben Rosenbergs zur Zurückhaltung bei öffentlichen Äußerungen über die Planungen des Reiches im Osten vom 3. Dezember 1942

Der Reichsminister für die besetzten Ostgebiete R/H.743/42g. An alle Obersten Reichsbehörden. Abschrift

Aus gegebenen Anlaß habe ich Vertreter einiger Oberster Reichsbehörden gebeten, in Aufsätzen und Reden gegenüber den Planungen des Reiches im Osten Zurückhaltung zu üben. Jegliche zu weit gehenden Mitteilungen wurden und werden sofort von der Sowjetpropaganda aufgenommen, um eine Stärkung des Widerstandswillens der Bevölkerung und der Roten Armee herbeizuführen. Im Nachstehenden möchte ich die Grenzen umschreiben, in denen über die Arbeit in den besetzten Ostgebieten gesprochen werden kann und einige Beispiele für eine nicht erwünschte Behandlung der Fragen nennen.

Falls sich eine dienstlich notwendige Besprechung unseres Aufbaues im besetzten Osten ergeben sollte, so kann gesagt werden, daß die besetzten Osträume nunmehr von deutschen Arbeitskräften nach der Zerstörung durch die Bolschewisten wieder hergerichtet werden. Die Reichtümer dieses Bodens und die Wiederherstellung der Fabriken werden dazu dienen, Deutschland, den dort lebenden Völkern und ganz Europa die Nahrungs- und Rohstofffreiheit wiederzugeben. Zu diesem Zwecke hat Deutschland seinerseits große Lieferungen an Maschinen, Zuchtvieh usw. getätigt, hat auch riesige Kohlentransporte in den Osten geführt, um den Wiederaufbau überhaupt zu ermöglichen. Wenn einmal diese ganzen Gebiete wieder fruchtbar werden, so ist dies nach der bolschewistischen Zerstörung der deutschen Arbeitskraft zu verdanken. An diesen Ergebnissen werden auch die Völker der Sowjetunion teilhaben und damit Europa nach einer furchtbaren Zeit der bolschewistischen Diktatur wieder eingefügt werden können.

Zu vermeiden sind Wendungen, daß Deutschland im Osten *Kolonien* errichten und eine *Kolonialpolitik* betreiben wolle oder das Land und seine Bewohner als *Ausbeutungsobjekt* betrachte. Diese Ausdrücke werden von der *Sowjetpropaganda* dahin ausgenützt, daß Deutschland die Völker des Ostens auf eine Stufe mit Negern stelle.

Ferner soll nicht von neuen deutschen Siedlungen oder gar Großsiedlungen und Landenteignung gesprochen werden, und theoretische Aufsätze darüber, ob man die Völker oder den Boden germanisieren müsse, sollen durchaus unterbleiben. Gerade der nationalsozialistische Grundsatz, daß der *Boden* zu germanisieren sei, wird dahin ausgewertet, als ob eine riesige Aussiedlung der Völker als Planung des Reiches verkündet werde. Dieses stärkt die sowjetische

Propaganda, weckt aber auch den Widerstandswillen der Völker in den besetzten Ostgebieten selbst. Wenn von deutschen Leistungen der Vergangenheit im Osten gesprochen wird, so ist dagegen nichts einzuwenden, wenn nicht daraus die Folgerung gezogen wird, daß die Verschikkung der alteingesessenen Bevölkerung in der Gegenwart damit verbunden sein müsse.

Wenn die Probleme der Siedlung, Germanisierung usw. für die *eingegliederten* Ostgebiete behandelt werden, so muß auch eindeutig zum Ausdruck kommen, daß es sich eben um *deutsche Reichsgebiete*, namentlich die Gaue Danzig-Westpreußen, Wartheland, Oberschlesien handelt und nicht um die *besetzten* Ostgebiete. Bei allen Behandlungen dieser Ostfragen ist stets zwischen dem Reichsgebiet, dem Generalgouvernement und den besetzten Ostgebieten zu unterscheiden; möglichst unter Nennung der in Frage kommenden Gaue.

Bei Behandlung der verschiedenen Völker erscheint es nicht angängig, in öffentlichen Reden oder Aufsätzen eine auf die Darstellung des Minderwertigen ausgehende Betrachtungsweise zu wählen. Es empfiehlt sich, psychologische Betrachtungen nur mit großer Vorsicht aufzustellen, dabei auch manches Mal die Arbeitswilligkeit der Völker der besetzten Ostgebiete hervorzuheben, die unter deutscher Führung auch das ihrige für den Ernteertrag usw. geleistet haben.

Ich bitte, bei Behandlung aller dieser Probleme evtl. Planungen des Deutschen Reiches im Osten niemals zur Angelegenheit von Reden und Aufsätzen zu machen, sondern stets sich zu vergegenwärtigen, daß jegliche Unvorsichtigkeit geeignet erscheint, die Sowjetunion in ihrem Widerstand zu stärken, indem ihrer Propaganda dadurch die Möglichkeit gegeben wird, auf Reden führender Persönlichkeiten des Reiches hinzuweisen, welche die Knechtung der Völker des Ostens zum Ziele hätten. Jede Vorsicht hilft deutsches Blut sparen.

Ich bitte, die Ihnen nachgeordneten Dienststellen zu verpflichten, diese Haltung zu berücksichtigen. Ob und wann eine nähere Kennzeichnung deutscher Planungen erfolgen kann, wird der Führer bestimmen.

gez. Rosenberg

[32.] Vermerk über eine Besprechung mit Vertretern der Dresdner Bank über die Beteiligung der französischen Wirtschaft am Aufbau der besetzten Ostgebiete am 8. Dezember 1942

III Wi 2. Nürnberger Dok. NI–6210

Nach einer heute stattgefundenen Besprechung mit Dr. Ansbach und Direktor Marty von der Dresdner Bank* ist an dieses Institut die Frage einer Beteiligung der französischen Wirtschaft an der Aufbauwirtschaft der besetzten Ostgebiete herangetragen worden. Offenbar sind in erster Linie solche französischen Industrien interessiert, die bereits vor dem Weltkrieg an russischen Unternehmen beteiligt waren. Es wurde auch der Name Schneider-Creusot genannt.

Die Dresdner Bank hatte bereits folgenden Plan erwogen: Sie wollte die Zentraleuropäische Länderbank in Paris zu einer Art Sammelbecken machen, um die interessierten französischen Wirtschaftskreise zusammenzufassen. Die Zentraleuropäische Länderbank bestand früher in Wien. Sie war jedoch später in französische Hände übergegangen und hatte ihren Sitz nach Paris verlegt.** Dort war sie zunächst eine Art Holdinggesellschaft für die Länderbanken in Wien und Prag, die Kreditbank in Warschau usw. Sie ist aber heute nur noch ein ziemlich ausgehöhlter Mantel. Die geschäftliche Verbindung zur Dresdner Bank war dadurch gegeben,

* Direktor Georg W. Marty und Dr. Ansbach vom Berliner Büro der Dresdner Bank
** Heute ist sie eine Tochtergesellschaft der Banque de Paris les pays bas. [handschriftlich]

daß die Dresdner Bank von ihr mehrere Beteiligungen erwarb. Der Gedanke, nunmehr den Mantel der Zentraleuropäischen Länderbank als Sammelbecken für am Osteinsatz interessierte Firmen zu benutzen und sich zu diesem Zweck daran kapitalmäßig zu beteiligen, ist angeblich von dem Bankenreferat im RWM. abgelehnt worden, weil es unerwünscht erscheint, daß sich deutsche Firmen an französischen Gesellschaften beteiligen. Die Dresdner Bank erwägt deshalb z. Zt., ob etwa die Gründung einer besonderen Gesellschaft – vielleicht ähnlich der NOC – in Betracht komme, wobei sie sich darüber im klaren ist, daß einer solchen Gesellschaft kein Monopolcharakter verliehen werden könnte.

Nach den Mitteilungen, die der Dresdner Bank zugegangen sind, sollen die Franzosen sowohl an einem arbeitsmäßigen als auch an einem kapitalmäßigen Einsatz interessiert sein, das heißt, sie wollen allgemein Fachkräfte zur Verfügung stellen und auch als Unternehmer auftreten. Bei den in Betracht kommenden Unternehmern soll es sich hauptsächlich um Firmen der Berg- und Hüttenwerksindustrie handeln. Was die Frage der Fachkräfte anlangt, so wurde an Einzelheiten erwähnt, daß z. B. sechs hervorragende russische Ingenieure zur Mitarbeit bereit seien und außerdem zahlreiche Ingenieure aus den Kreisen der gefangenen russischen Offiziere namhaft gemacht werden könnten.

Ich habe den Herren von der Dresdner Bank erklärt:

a) ein Einsatz der französischen Industrie und Facharbeiter im Osten sei grundsätzlich erwünscht;

b) in der Mehrzahl der Fälle komme vorerst für die Unternehmer nur ein Einsatz als Treuhänder in Frage, und zwar gegen eine feste Vergütung bei Übernahme des Risikos durch das Reich; in gewissen Fällen könne vielleicht nach Lage der Sache auch ein Pachtvertrag mit Übernahme des Risikos durch die betreffende Firma geschlossen werden.

c) Über die Frage einer Gewinnbeteiligung werde sich im einzelnen Fall reden lassen.

d) Der Erwerb von Eigentum könne grundsätzlich nicht zugesichert werden; man wäre aber geneigt, bei größeren Betriebsverlagerungen das Eigentum für den Fall einer späteren allgemeinen Privatisierung zu versprechen.

Im übrigen habe ich die Herren davon unterrichtet, daß ich mich wegen der bestehenden Pläne der Dresdner Bank mit dem Beauftragten für Sonderfragen * in Verbindung setzen und sie von dem Ergebnis der Erörterungen in Kenntnis setzen würde.

2.) Herrn Ministerialrat Dr. *Ter-Nedden* ** mit der Bitte um Kenntnisnahme.

3.) Herrn Beauftragten für Sonderfragen mit der Bitte um Kenntnisnahme. Zu einer Besprechung stehe ich auf Anruf zur Verfügung.

(Unterschrift):   Becker 8/12.***

[33.] Tätigkeitsbericht des RKF/Stabshauptamtes über die Umsiedlungsmaßnahmen (Stand Ende 1942)

Abschrift der Abschrift

In der Ausführung des Führererlasses vom 7. Oktober 1939 wurden in den vergangenen drei Jahren im wesentlichen folgende Aufgaben gelöst:

I. Zurückführung von Deutschen aus dem Ausland

1. In das Reich und seine neuen Siedlungsräume wurden insgesamt 629 000 Volksdeutsche umgesiedelt und zwar

aus den von den Bolschewisten okkupierten Gebieten   429 000

---

* Walter Malletke
** Dr. Wilhelm Ter-Nedden, Ministerialrat im Reichswirtschaftsministerium, Militärverwaltungsabteilungschef und stellv. Leiter der Chefgruppe Wirtschaft im Wirtschaftsstab Ost.
*** Militärverwaltungsoberrat Willy Becker, Gruppenleiter in der Chefgruppe Wirtschaft.

aus den rumänischen Gebieten	77000
aus den ehemals jugoslawischen Gebieten	34000
aus Südtirol	79000
aus sonstigen Gebieten	10000

2. Die Umsiedlung ist eingeleitet bei weiteren rund 400000 Volksdeutschen
und zwar aus Südtirol 143000
aus den besetzten Ostgebieten (Ukraine, Transnistrien) 250000

3. Danach verbleiben außerhalb des deutschen Hoheitsbereichs in Europa
Volksdeutsche vor allem in Südosteuropa
(Siebenbürgen, Banat) rund 2400000
im Fremdvolk aufgegangene Menschen deutscher Abstammung
(Frankreich, Ungarn, Rumänien u. a.) rund 3000000

4. Im Zuge der Umsiedlungsmaßnahmen wurden
   a) in den Herkunftsländern zurückgelassene Vermögenswerte der Umsiedler von etwa
   4,5 Milliarden Reichsmark erfaßt und geschätzt. Transferiert wurden 221,5 Millionen Reichsmark (u. a. Italien 69,5, Rumänien 62,7, Sowjetrußland 37,5, Baltische
   Staaten 32,4 Millionen Reichsmark),
   b) zur ersten Unterbringung der Umsiedler im Reich rund 1500 Gebäudekomplexe,
   darunter ca. 550 kirchliche Anstalten als Umsiedlerlager in Anspruch genommen,
   c) rund 700000 Gepäckstücke und sonstiges Umsiedlergut befördert, eingelagert und
   im wesentlichen den Umsiedlern wieder zugeführt. Für den Antransport des Um-
   siedlergutes wurden 92 Seeschiffe, 43 Schleppkähne, 14207 Eisenbahnwaggons, sowie Tausende von Lastkraftwagen und Fuhrwerken eingesetzt.

II. *Ausschaltung des schädigenden Einflusses volksfremder Bevölkerungsteile im deutschen
Siedlungsraum*
1. Volkspolitische Überprüfung der Bevölkerung.
   In den neuen Gebieten wurde eine Überprüfung der Bevölkerung durchgeführt. Die
   Bevölkerung wurde – mit regionalen Abweichungen – in folgende Hauptgruppen eingeteilt:
   a) anerkannt deutsche Menschen (deutsche Staatsangehörige),
   b) deutsche Menschen mit Bindungen zum Fremdvolk oder Angehörige von Zwischen-
   schichten, die völkischer Bewährung bedürfen (Staatsangehörige auf Widerruf),
   c) Deutschstämmige oder sonst wertvolle Menschen, die als eindeutschungsfähig anerkannt sind,
   d) fremdes Volkstum (Schutzangehörige des Deutschen Reiches).
      Die Staatsangehörigkeit auf Widerruf wurde an etwa 3 Millionen Menschen verlie-
      hen (u. a. Danzig-Westpreußen 600000 bis 1300000; Oberschlesien 1050000;
      Lothringen 500000; Untersteiermark 400000; Oberkrain 100000).
   Als eindeutschungsfähig wurden 25000 Menschen anerkannt.
2. Die fremdvölkische Bevölkerung wurde Sonderbestimmungen auf nahezu allen Gebieten des Lebens unterstellt:
   Kennzeichnung von Polen und Ostarbeitern im Reich, besondere Lohn- und Steuer-
   tarife,
   Beschränkung von Eheschließung und Geschlechtsverkehr, Aufenthaltsbeschränkun-
   gen
   beschränkte Zuteilung bewirtschafteter Verbrauchsgüter usw.
Der Grundbesitz, die Gewerbebetriebe und das sonstige wesentliche Vermögen der Polen in
den eingegliederten Ostgebieten und anderer reichsfeindlicher Fremdvolksgruppen wurde für
das Reich beschlagnahmt.
365000 Polen aus den eingegliederten Ostgebieten wurden in das Generalgouvernement ausgesiedelt.

17000 deutschfeindliche Slowenen wurden enteignet und nach Restserbien evakuiert.
37000 slowenische und windische Grenzbewohner wurden teils als Eindeutschungsfähige (11000), teils als fremdvölkische Arbeitskräfte ins Altreich verbracht.
295000 Elsässer, Lothringer und Luxemburger wurden nach Frankreich abgeschoben oder an der Rückkehr verhindert, andere in das Altreich oder in östliche Siedlungsgebiete umgesiedelt.

III. *Gestaltung neuer deutscher Siedlungsgebiete, insbesondere durch Seßhaftmachung der Umsiedler*

1. Allgemeine Maßnahmen
   a) Menscheneinsatz
      Von den 629000 Umsiedlern wurden 445000 angesiedelt. Der Rest wurde in Arbeit gebracht; soweit es sich dabei um ländliche Bevölkerung handelt, ist spätere Ansiedlung vorgesehen.
      Mit der Ansiedlung von Kriegsversehrten und Überseedeutschen wurde begonnen. Für die Kriegsteilnehmer sind Betriebe sichergestellt; ihr späterer Einsatz ist vorbereitet.
      Durch Einführung eines Ansiedlungsscheines – auch für die sonstigen Siedlungswilligen – ist die Gewähr gegeben, daß nur erbgesundheitlich, politisch und fachlich geeignete Bewerber zum Ansatz gelangen.
   b) Siedlungsplanung
      Für die neuen Siedlungsgebiete sind allgemeine Richtlinien erlassen über
      den ländlichen Aufbau (Betriebsgrößen, Betriebsgrößenmischung, Dorfgestaltung, Gemeinschaftsanlagen, Bereiche der Dörfer und Hauptdörfer)
      die Gestaltung der Städte (Stadtplanung, Stellung der Städte im Siedlungsaufbau und ihre innere Gliederung)
      die Gestaltung der Landschaft.
      Auf Grund dieser Richtlinien sind für die eingegliederten Ostgebiete die Pläne der Volks- und Raumordnung kreisweise festgestellt worden.
   c) Landbeschaffung
      Das Siedlungsland wurde durch Beschlagnahme fremdvölkischen oder volksfeindlichen Grundbesitzes, durch eine volkspolitisch ausgerichtete Lenkung des Grundstücksverkehrs und durch Ankauf oder Enteignung in Sonderfällen beschafft.
   d) Siedlungsfinanzierung
      Die Ansiedlung soll nicht vom Eigenkapital des Siedlers abhängig sein.
      Der Siedler soll seine Gegenleistung an das Reich in längstens einer Generation (33 Jahre) tilgen.
      Die Gegenleistung richtet sich nicht nach den Gestehungskosten, sondern nach dem nachhaltigen Ertrage.

2. Die einzelnen Siedlungsgebiete
   a) Eingegliederte Ostgebiete
      Für das Deutsche Reich zur Verfügung des Reichskommissars für die Festigung deutschen Volkstums wurden an ländlichem Grundbesitz beschlagnahmt und von den alten Schulden freigestellt   6000000 ha
      Davon wurden für Aufforstung und andere öffentliche Zwecke ausgewiesen   1500000 ha
      Mit Umsiedlern und alteingesessenen Volksdeutschen wurden besetzt   950000 ha
      Von Einrichtungen des Reichsernährungsministers werden vorläufig bewirtschaftet   3500000 ha
      Die zurzeit beschlagnahmte und öffentlich bewirtschaftete Fläche vermindert sich

laufend durch die fortschreitende Klärung der Volkstumsverhältnisse, insbesondere durch nachträgliche Aufnahme in die Deutsche Volksliste, und durch den Landbedarf für Verkehrswege, Truppenübungsplätze und andere öffentliche Aufgaben. Als Landvorrat für weitere Siedlungsmaßnahmen dürften also nur rund 2 000 000 ha in Betracht kommen.

Das bodenständige Deutschtum in diesen Gebieten wurde durch die Zuführung und Ansiedlung von 332 000 Umsiedlern gestärkt. Seine biologische und berufsmäßige Zusammensetzung wurde durch den günstigen Altersaufbau und den überwiegend ländlichen Charakter der Umsiedlergruppen verbessert. Es wurden unter anderem 65 000 Höfe in diesen Gebieten ausgewählt, freigemacht und mit Umsiedlern besetzt. Der Zuzug von Reichsdeutschen wurde durch steuerliche Vorteile und andere Maßnahmen gefördert.

b) In der *Untersteiermark* und in *Oberkrain* wurden rund 13 500 Volksdeutsche aus der Gottschee und Streudeutsche aus der Provinz Laibach angesiedelt und zwar überwiegend in einem geschlossenen Siedlungsgebiet an der deutsch-italienisch-kroatischen Dreiländerecke.

c) Im *Protektorat* werden zurzeit 6000 Umsiedler aus dem Südosten und 600 Luserner und Fersentaler angesiedelt. Durch diese und weitere Ansiedlungen wird eine Deutschtumsbrücke von Norden nach Süden über Prag und eine weitere von Nordosten nach Südwesten durch Mähren gelegt. Das Siedlungsland wird durch Ankauf oder durch Enteignung gegen billige Entschädigung beschafft.

d) Im *Generalgouvernement* werden seit einigen Monaten im Kreise Zamosch (Distrikt Lublin) Umsiedler aus verschiedenen Herkunftsländern angesiedelt, ferner Volksdeutsche und Deutschstämmige aus dem übrigen Generalgouvernement. Infolge der Wirtschafts- und Währungsverhältnisse im Generalgouvernement mußten besondere Maßnahmen getroffen werden, die die Rechtsstellung und Versorgung der deutschen Menschen sicherstellen.

e) Nach *Litauen* wird die Mehrzahl der einwandfreien Litauendeutschen (28 000) wieder zurückgeführt. 17 000 sind bereits geschlossen und unter verbesserten Lebensbedingungen wieder angesiedelt.

f) In den *besetzten Ostgebieten* werden zurzeit rund 40–60 000 Ostwolhyniendeutsche bei drei Stützpunkten zwischen Schitomir und Winniza zusammengezogen und angesiedelt. Die Betreuung der 127 000 Volksdeutschen in Transnistrien wurde auf Grund einer Vereinbarung mit der rumänischen Regierung durch Dienststellen des Reichskommissars übernommen. Die Umsiedlung der Transnistriendeutschen nach der Krim und der Volksdeutschen aus den Nachbargebieten der Krim ist in Vorbereitung.

g) Im *Elsaß* und in *Lothringen* werden zurzeit 5000 Buchenlanddeutsche angesetzt.

h) Im *Altreich* und in den *Alpen- und Donaugauen* wurden – außer Südtirolern – auch 70 000 Umsiedler eingesetzt, die aus volkspolitischen und gesundheitlichen Gründen zum Ansatz im Osten nicht geeignet sind. Im Altreich wurden ferner Angehörige der Zwischenschicht aus Danzig-Westpreußen und andere Bevölkerungsgruppen aus den Grenzgebieten des Reiches eingesetzt. Sie sollen sich in den völkisch gesicherten Gebieten des Altreiches zunächst bewähren.

IV. Alle Maßnahmen wurden in Zusammenarbeit mit anderen Obersten Reichsbehörden unter Einschaltung aller zur Mitarbeit geeigneten Dienststellen und Einrichtungen durchgeführt.

Für die Aufgaben des Reichskommissars wurden bisher rund 770 Millionen Reichsmark an Reichsmitteln benötigt.

Weitere 225 Millionen Reichsmark wurden über die Deutsche Siedlungsbank für die Herrichtung und Ausstattung der Siedlerhöfe in den eingegliederten Ostgebieten aufgewandt. Im wesentlichen wurde die Wiederansiedlung der Umsiedler durch entschädigungslose Verwertung früher fremdvölkischen Vermögens – also ohne Inanspruchnahme von Reichsmitteln – finanziert.

[34.] Schreiben von Generalleutnant Ramcke an Himmler vom 15. Januar 1943

Sehr geehrter Reichsführer!

Für die freundlichen und mich ehrenden Glückwünsche zur Beförderung sage ich meinen ergebensten Dank. Die Verspätung meines Schreibens bitte ich mit einem starken Rückfall in meiner Krankheit (Amöbenruhr) entschuldigen zu wollen.

Bei meiner Anwesenheit im Führerhauptquartier anläßlich der Verleihung des Eichenlaubs habe ich Ihnen, Reichsführer, gegenüber die Bitte zum Ausdruck gebracht, mich um eine Ansiedlung im Osten schon jetzt bewerben zu dürfen. Diese zwischen Tür und Angel vorgebrachte Bitte wiederhole ich noch einmal schriftlich.

Ich entstamme einem alten schleswig-holsteinischen Bauerngeschlecht, das seit dem 15. Jahrhundert auf ein und demselben Erbhof, dem Vollmachthof in Ellerbek Krs. Pinneberg ansässig war. Mein Vater ist als Drittgeborener Sohn Soldat und Beamter geworden. Unter 9 Geschwistern aufgewachsen, habe ich mir meinen Lebensweg allein schaffen müssen. Ich habe 6 gesunde Kinder (5 Jungen und 1 Mädchen) im Alter von 2 – 13 Jahren. Mein fester Wille ist es, mich in den neuerworbenen Gebieten wieder anzusiedeln, um meine Familie, entsprechend ihrer Herkunft, auf die Scholle zu bringen.

Dieserhalb habe ich bei dem Stabshauptamt die nötigen Schritte eingeleitet. Ein Gesuch um vorzeitige Ausstellung eines Ansiedlungsscheines mit den dazu erforderlichen Unterlagen ist in Bearbeitung.

Für eine wohlwollende Berücksichtigung dieses Gesuches wäre ich besonders dankbar.

Indem ich Ihnen, Reichsführer, für das begonnene neue Jahr eine rechte Gesundheit für die Bewältigung Ihrer verantwortungsvollen und schweren Aufgabe wünsche, bin ich mit dem Ausdruck meiner vorzüglichsten Hochachtung und

Heil Hilter
Ihr
(Unterschrift): Ramcke

[35.] Vermerk für Gauleiter Meyer* über die Mitarbeit der Chefgruppe Ernährung und Landwirtschaft im Siedlungsausschuß vom 8. März 1943

RMfdbO III E 2 b 2/547/43 geh

In der ersten Sitzung des Siedlungsausschusses am 21. September 1942 wurden die Aufgaben dieses Ausschusses wie folgt festgelegt:
a) die wichtigsten siedlungspolitischen Richtlinien für die besetzten Ostgebiete zu erarbeiten,

---

* Alfred Meyer, Gauleiter von Westfalen und ständiger Vertreter des Reichsministers für die besetzten Ostgebiete.

b) in den Fragen der Siedlung und Gestaltung der Siedlungsgebiete die notwendige Abstimmung zwischen den beteiligten Dienststellen herbeizuführen,

c) die im Siedlungsausschuß vertretenen Dienststellen über den Stand der siedlungspolitischen Generalplanung des RKF laufend zu unterrichten.

In den darauf folgenden Sitzungen ist der Siedlungsausschuß nicht damit befaßt worden, die siedlungspolitischen Richtlinien für die besetzten Ostgebiete zu erarbeiten, sondern lediglich als Instrument benutzt worden, die beteiligten Dienststellen zu veranlassen, die vom Reichsführer SS geplanten siedlungspolitischen Maßnahmen nachträglich zu billigen oder Abänderungsvorschläge zu machen.

Nebenher liefen Versuche, die notwendige Abstimmung zwischen den beteiligten Dienststellen über laufende und vom Reichsführer SS weiterhin beabsichtigte Maßnahmen herbeizuführen.

In der 2. Sitzung des Siedlungsausschusses vom 6. November 1942 hatte ich gebeten, die Umsiedlungen mit Beendigung der Umsiedlung der Volksdeutschen im Raum von Shitomir abzuschließen, um eine weitere Beunruhigung der ukrainischen Bevölkerung zu vermeiden. Vom Vorsitzenden des Siedlungsausschusses wurde zugesagt, diese Bitte befürwortend dem Reichsführer SS vorzutragen. Weitere Umsiedlungsmaßnahmen sind aber nicht unterblieben, sondern

1. ordnete der Reichsführer SS an, daß Vorbereitungen zur Besiedlung der Krim getroffen würden. Hierzu siehe Vermerke vom 4. 1. und 8. 1. 43 sowie Brief Kinkelin an Prof. Meyer vom 5. 1. 43

2. wurde in der 4. Sitzung des Siedlungsausschusses vom 29. 1. 43 die Planung eines neuen Siedlungsbereiches im Raum von Halbstadt mit Kartenmaterial vorgelegt. Auch diese sehr weitgehende Planung war nicht etwa vom Siedlungsausschuß erarbeitet, sondern wurde ihm nur zur Zustimmung vorgelegt. Zwischen der Abteilung Politik und der Chefgruppe E. u. L. des RMfdbO herrscht Einigkeit darüber, daß diese Planung abgelehnt werden muß.

Meine Behauptung, daß der Siedlungsausschuß nicht führend in die Siedlungsplanung für die besetzten Ostgebiete eingebaut ist und zum Teil erst nachträglich von beabsichtigten und schon begonnenen Umsiedlungsmaßnahmen erfahren hat, entspricht also den Tatsachen.

gez. Riecke *

[36.] **Schriftwechsel zwischen Rosenberg und Göring über eine Lockerung des Verbots der Veräußerung von Betrieben in den besetzten Ostgebieten vom 1. und 15. April 1943**

a) Schreiben Rosenbergs an Göring vom 1. April 1943

Auf Befehl des Führers und auf Ihre ausdrückliche Weisung ist die Veräußerung des nationalisierten Wirtschaftsvermögens in den besetzten Ostgebieten bis zum Kriegsende zurückgestellt worden, um bei einer späteren Veräußerung in erster Linie Frontkämpfer berücksichtigen zu können. Ich darf in diesem Zusammenhang auch auf die mit Erlaß vom 20. Mai 1942 – V.P. 7320/1/6** – von Ihnen herausgegebenen Grundsätze über die treuhänderische Verwaltung in den besetzten Ostgebieten sowie auf die im Einvernehmen mit Ihnen von mir erlassene Verordnung über das Wirtschafts-Sondervermögen vom 28. Mai 1942 (VBl. RM Ost S. 21) hinwei-

---

* Hans-Joachim Riecke, Kriegsverwaltungschef, Leiter der Chefgruppe Ernährung und Landwirtschaft im Wirtschaftsstab Ost und im Reichsministerium für die besetzten Ostgebiete.
** Abgedr. in Grüne Mappe, Teil II, 2. Aufl. vom August 1942, S. 123 f., BA-MA, RW 31/131.

sen. Die weitere Aktivierung des Wirtschaftsaufbaues und die restlose Ausnutzung der Wirtschaftskräfte der besetzten Ostgebiete für die unmittelbare Erfüllung des Truppenbedarfs und ihr höchstmöglicher Einsatz für die deutsche Kriegswirtschaft wie auch die Einsparung deutscher Verwaltungskräfte machen eine Lockerung des Verbots unter der Voraussetzung, daß sie im Einzelfall wirtschaftlich vertretbar ist, schon jetzt in folgender Hinsicht erforderlich:

1.) Eine größere Zahl von Betrieben wird mit Rücksicht auf ihre ganz erhebliche Größe für einen Frontkämpfereinsatz nur bedingt in Frage kommen können. Hier wird in einzelnen Fällen schon heute der wirtschaftlich beste Erfolg m. E. nur erzielt werden können, wenn die Unternehmerinitiative voll eingesetzt werden kann und die deutschen Unternehmer durch privatwirtschaftliche Formen dazu angehalten werden können, in größtmöglichem Umfange selbst Maschinen, Fachkräfte und Geldmittel von sich aus in die Betriebe einzubringen. Hier sollte den deutschen Unternehmern schon jetzt das Eigentum bindend in Aussicht gestellt werden können, auch wenn die Bemessung des Kaufpreises wegen der besonderen Schwierigkeiten der Bewertung einem späteren Zeitpunkt vorbehalten bleiben sollte.

2.) Werden Betriebe in ihrer Gesamtheit aus dem europäischen Großraum in die besetzten Ostgebiete verlagert – Industrieverlagerung –, ohne daß der Unternehmer wesentliche Anlageteile in den besetzten Ostgebieten vorfindet, so sollte dem Unternehmer die Möglichkeit gegeben werden, die Betriebe als Eigenbetrieb in den besetzten Ostgebieten wieder aufzubauen. Grund und Boden, Gebäudereste usw. sollten ihm, wenn er es verlangt, käuflich überlassen werden, wobei die Bemessung des Kaufpreises gleichfalls unter Umständen zurückgestellt werden muß. Zumindest sollte aber auch hier das spätere Eigentum bindend in Aussicht gestellt werden können.

Dies sollte nicht nur für deutsche Unternehmer, sondern auch für alle ausländischen Unternehmer gelten. Ausländische Unternehmer sollten jedoch nur insoweit eingesetzt werden, als deutsche Unternehmer-Kapazitäten nicht in genügendem Umfange zur Verfügung stehen.

3) Bei dem Wiederaufbau des Großhandels in den besetzten Ostgebieten ist der Einsatz deutscher Unternehmer auf privatwirtschaftlicher Grundlage, von deren Initiative eine wenn auch nur eingeschränkte Versorgung abhängt, nicht zu entbehren. Dies gilt jedenfalls für die altsowjetischen Gebiete, in beschränktem Umfange aber auch für die Generalbezirke Estland, Lettland und Litauen. Die vorhandenen Warenläger, Basen usw. müssen aufgelöst bzw. übertragen werden. Dabei wird der Umfang des Einsatzes deutscher Firmen nach der gegenwärtigen Mangellage zu bestimmen sein. Bei Besserung der Mangellage würde infolgedessen auch die Möglichkeit bestehen, Frontkämpfer neu zuzulassen.

Wünschenswert und von erheblicher Bedeutung ist der Einsatz deutscher Handelsunternehmer auf privatwirtschaftlicher Grundlage bei der Versorgung der städtischen Bevölkerung.

Auf dem Gebiet der Erfassung im Bereich der Ernährungswirtschaft wie auch auf dem Gebiet der Versorgung der ländlichen Bevölkerung mit Artikeln des täglichen Bedarfs wird es vorläufig bei den bisher gewählten Formen im Interesse der gesicherten Versorgung von Wehrmacht und Heimat verbleiben müssen.

In den Generalbezirken Estland, Lettland und Litauen besteht, im Gegensatz zu den altsowjetischen Gebieten, die Möglichkeit, in gewissem Umfange staatliche Großhandelsunternehmen weiterzuführen und sie dann unmittelbar später Frontkämpfern zuzuführen. (Dies gilt insbesondere auch für die Kriegsteilnehmer-Betriebe des Einzelhandels, denen auf treuhänderischer Grundlage die Befugnis, Großhandel zu betreiben, auch weiterhin eingeräumt werden kann.)

Die Interessen der Frontkämpfer werden sich in den unter 1–3 genannten Fällen dadurch wahren, daß die Übertragung von Eigentum oder die bindende Inaussichtstellung des späteren Erwerbs nur gegen die vorbehaltlose Zusicherung erfolgt, daß sich der Unternehmer verpflichtet, auf Verlangen Frontkämpfer in geeigneter Weise als Mitinhaber, führende Angestellte aufzunehmen. Es wird dabei richtig sein, diese Forderung im Einzelfalle ganz konkret zu fassen und gegebenenfalls z. B. GmbH-Anteile für den späteren Frontkämpfereinsatz treuhänderisch beim Reich zu halten.

4.) Betriebe kleinster Größenordnung – des Einzelhandels, Handwerks und der Kleinindustrie wie aber auch z. B. kleine Binnenschiffe u. dergl. – sollten schon jetzt einheimischen Kräften käuflich überlassen werden können. Diese Möglichkeit sollte für alle Betriebe kleinster Größenordnung eröffnet werden, gleichgültig ob es sich dabei um nationalisierte, um ehemals baltendeutsche (Baltenvermögen), um herrenlose oder um jüdische Betriebe handelt. Die geringe Größe solcher Betriebe macht sie für eine treuhänderische Verwaltung ungeeignet. Die treuhänderische Verwaltung dieser Betriebe bereitet erhebliche Unkosten und entspricht zudem nicht dem Prinzip des ökonomischen Menscheneinsatzes. Zudem ist es auch zweifelhaft, ob sich im Wege der treuhänderischen Verwaltung von Betrieben kleinster Größenordnung die Substanz dieser Betriebe wirklich erhalten läßt. Der Einsatz von Frontkämpfern wird hierdurch nicht geschmälert, da zu jeder Zeit die Möglichkeit besteht, besonders reizvolle Betriebe von dieser Regelung auszunehmen oder später neu aufzubauen.

5.) Beim Haus- und Grundbesitz sollten die kleinen Objekte, die sich für eine treuhänderische Verwaltung nicht eignen und als Wohnstätten für Deutsche keinesfalls in Frage kommen können, ebenfalls an Private oder Einheimische übereignet werden können. Diese Frage wird allerdings für die Mehrzahl des kleinen Haus- und Grundbesitzes nur von geringer Bedeutung sein, da auch in der Sowjetzeit ein Privateigentum an kleineren Häusern bestanden hat. Es besteht aber auch hier ein vordringliches Interesse, soweit es sich bei diesem Haus- und Grundbesitz kleinster Größen um ehemals baltendeutsche Gebäude (Baltenvermögen), um herrenlose und um jüdische Gebäude handelt.

Die Übertragung von Eigentum oder die bindende Inaussichtstellung des Erwerbs kann nur in Frage kommen, wenn der Unternehmer bereit und unter den gegebenen Verhältnissen in der Lage ist, das volle Risiko zu übernehmen. Sofern er dazu nicht bereit oder in der Lage ist, das Reich demzufolge Risiken übernehmen müßte, wird es auch weiterhin in der Regel bei einer treuhänderischen Verwaltung verbleiben müssen. Ebenso muß die wirtschaftspolitische Steuerung und Lenkung der privatisierten Betriebe in jedem Falle sichergestellt sein.

Ich darf noch bemerken, daß die in diesem Schreiben in Rede stehenden Maßnahmen nur solche Wirtschaftsgüter betreffen sollen, die nicht gemäß der Verordnung über die Wiederherstellung des Privateigentums in den Generalbezirken Estland, Lettland und Litauen vom 18. 2. 43 (VBl. RM Ost S. 57) ohnehin an Einheimische rückübertragen werden oder in Zukunft rückübertragen werden sollen.

Ich bitte, mir Ihre Ansicht zu den aufgeworfenen Fragen, die ich dem Führer vortragen möchte, zugehen zu lassen. Die Einzelheiten der Durchführung werde ich sodann mit Ihnen absprechen, um eine ordnungsmäßige Handhabung der dann aufzustellenden Richtlinien zu gewährleisten.

b) Antwort Görings vom 15. April 1943

Mit den in Ihrem Schreiben vom 1. April 1943 gemachten Vorschlägen [erkläre] ich mich grundsätzlich einverstanden. Bei der Durchführung der Privatisierungsmaßnahmen bitte ich, durch die Einschaltung des Oberkommandos der Wehrmacht die notwendige Berücksichtigung der Interessen der Frontkämpfer sicherzustellen.

[37.] Anordnung Hitlers über Landerwerb und Landdotation im Laufe des Krieges vom 5. Juli 1943

OKW/AWA/BW Sied Nr. 144/43 geh. Geheimes Rundschreiben an die Oberbefehlshaber der Wehrmachtteile und den Chef des Generalstabs des Heeres. Abschrift von Abschrift

In steigendem Maße werden von führenden Persönlichkeiten der Wehrmacht, der Partei und des Staates Anträge auf Landerwerb und Seßhaftmachung auf dem Lande gestellt.

Der Führer hat sich hierzu dahin ausgesprochen, daß er zwar diesen Drang zur eigenen Scholle begrüße, jedoch der Auffassung sei, daß während des Krieges derartigen Wünschen nicht entsprochen werden könne. Eine große Zahl an der Front stehender Volksgenossen, die das gleiche anstreben, hätten keine Möglichkeit, derartige Gedanken jetzt in die Wirklichkeit umzusetzen.

Der Führer wird auch selbst Dotationen, soweit sie sich auf Landbesitz erstrecken, an verdiente Männer aus dem gleichen Grunde erst nach dem Kriege vergeben.

Der Führer hat angeordnet, diese seine Auffassung den beteiligten Dienststellen der Wehrmacht, der Partei und des Staates bekannt zu geben.

Unberührt bleiben die mit Verfügung vom 11. 12. 1942 – 1 k 20 10 AWA/BW Sied (II) Nr. 4271/42 (für Heer: Merkblatt 72/1 (Anhang 2 zur HDv 1a Seite 72 lfd. Nr. 1), für Kriegsmarine: keine Merkblatt-Nr., für Luftwaffe: Merkblatt 183) herausgegebenen Bestimmungen über die Erfassung, Zuführung und Betreuung der siedlungswilligen Kriegsteilnehmer für die wieder gewonnenen Siedlungsräume. Auf Grund dieser Bestimmungen ist es für einen beschränkten Personenkreis bereits während des Krieges möglich, in den neuen Gebieten auf dem Lande seßhaft zu werden.

> Der Chef des Oberkommandos der Wehrmacht
> gez. Keitel

[38.] Rundschreiben des Ostministeriums über den Stand der gegenwärtigen Aussiedlung der Volksdeutschen aus dem Schwarzmeergebiet vom 26. Oktober 1943

I 1925/43g. Verteiler innerhalb des RMfdbO sowie an Prof. Meyer RKF/Stabshauptamt und Reichsleitung NSDAP-Arbeitsbereich Osten

Sämtliche deutschen Altsiedelgebiete im Schwarzmeergebiet (Grunau, Halbstadt mit Berdjansk und Melitopol, Chortitza, Raum nördlich Nikopol und Kronau) mußten im Zusammenhang mit den Ereignissen an der Südfront aufgegeben werden. Soweit die Deutschen aus den ostwärtigen Siedelgebieten schon im Kronauer Auffangraum untergebracht waren, wurden sie, wie die Ansiedler dieses Bezirkes selbst, noch weiter westwärts in die beiden Generalbezirke Shitomir und Wolhynien-Podolien geschickt.

Der größte Teil ist im Treck, der kleinere Teil auf der Bahn unterwegs. Mit der Bahn wurden befördert 9000 aus dem Kronauer Gebiet, rd. 4000 aus dem Halbstädter Gebiet; außerdem wurden die Chortitzer auf die Bahn verladen, da 10000 ohnehin keine Gespanne hatten.

Von der fahrenden Habe konnte nur wenig gerettet werden; der ganze Viehbestand wurde getreckt.

Die Unterbringung in den neuen Auffangräumen wird zunächst als Einquartierung angesehen und gehandhabt, die Frage einer endgültigen Ansiedlung bleibt noch offen. Die jetzigen Maßnahmen hatten vor allem zum Ziel, die Menschen zu retten.

Im einzelnen ist die Unterbringung folgendermaßen geplant:

1.) 20000 Halbstädter im Raum Podolisch-Kamenez.
2.) 15000 Kronauer im Raum Proskurow.
3.) 15000 aus Melitopol, Cherson, Kachowka und dem übrigen Taurien im Raum Schepetowka.
4.) 14000* Prischiber und Grunauer im Raum Nemirow, welcher nunmehr der südöstlichste deutsche Außenposten ist.
5.) Die Chortitzer mußten, da den meisten Gespanne fehlten, sowieso auf die Bahn verladen werden. Als Auffangraum war Dubno geplant. Es fehlen aber die Sicherungskräfte, um diesen Raum bandenfrei zu machen. So wurden die Chortitzer indessen in Litzmannstädter Lager überführt. Im Frühjahr soll ihre Unterbringung im Raum Dubno in Angriff genommen werden.

Es bestehen sonach nunmehr folgende deutschen Siedlungsräume:

a) im Generalbezirk Shitomir:
   1. Tschernjachow
   2. Hegewald
   3. Kalinowka
   4. Nemirow
b) im Generalbezirk Wolhynien-Podolien:
   1. Dubno (geplant)
   2. Schepetowka
   3. Proskurow
   4. Podolisch-Kamenez

Die Generalbezirke Kiew, Dnjepropetrowsk, Krim und Nikolajew sind von Volksdeutschen frei.

Ich bitte, für das Ihnen zustehende Sachgebiet von Vorstehendem Kenntnis nehmen zu wollen und Ihre Maßnahmen nach dem gegenwärtigen Stand einzurichten. Gleichzeitig bitte ich, über das Veranlaßte mit mir in Verbindung zu bleiben.

Im Auftrag
(Unterschrift): Kinkelin **

[Handschriftliche Ergänzung:]
4/11 Stand der Einquartierung
15000 aus Taurien rücken in den Raum Schepetowka
Siedlungsgebiete Hegewald – Kalinowka – Korosten haben Mobpläne erhalten.
Rayon Nemirow (südl. Shitomir) wird nicht belegt – Leute nach Westen (?)
Proskuroff haben ca. 4500 aus Kortiza erreicht, sollen vorläufig zurückgehalten werden um dort zu bleiben (gute Pferde) zusammen 20 – 30000 Pferde. Gesamtzahl hat sich erhöht auf 85000 gesund – wenig Ausfälle, Auslese für Reichseinsatz von Mädchen und Jungen.

---

* Randbemerkung, handschriftlich: 64000, jetzt 9/11: 84000!
** SS-Oberführer Wilhelm Kinkelin, Leiter der Abteilung Ukraine im RMfdbO

[39.] Anordnung Himmlers gegen die überzogenen Ansprüche von Siedlungsbewerbern vom 27. Oktober 1943

Der Reichsführer SS. 47/172/43. Feld-Kommandostelle, mit anschließenden Anweisungen an die SS-Hauptämter zur Bekanntmachung innerhalb der SS.

Ich habe festgestellt, daß deutsche Volksgenossen, denen das Deutsche Reich landwirtschaftliche oder gewerbewirtschaftliche Betriebe aus freien Stücken als Besitz und Eigentum schenkt, den Maßstab für das, was sie geschenkt erhalten, in manchen Fällen voll und ganz verloren haben.

Ich bitte, gegenüber allen Anwärtern auf gewerbewirtschaftliche oder landwirtschaftliche Betriebe bei jeder Unterredung klar auszusprechen, daß sie rechtlich keinen solchen Besitz fordern können, sondern, daß diese Schenkungen einzig und allein der Güte des Führers und der vom Führer befohlenen Großzügigkeit des Deutschen Reiches zu verdanken sind. Es ist also niemand berechtigt, in irgendwelcher Weise Ansprüche zu stellen.

Alle Besitzeinweisungen, die über die Höhe eines normalen Siedlungshofes bezw. bei einzelnen geeigneten Anwärtern über die Größe eines Bauernhofes (400 Morgen) hinausgehen, bedürfen meiner persönlichen Genehmigung. Ebenso bedürfen alle Besitzeinweisungen, die über den Wert von (hier ist mir ein Betrag vorzuschlagen) hinausgehen, meiner Genehmigung.

gez. H. Himmler

[40.] Denkschrift der Hauptabteilung II für Rosenberg »Der europäische Osten unter deutscher Führung« vom 19. Mai 1944 (Auszug)

Mit Anschreiben des Hauptabteilungsleiters II Senator von Allwörden an Reichsminister Rosenberg, II 1.1154/44 gRs

[...]

b) *Siedlungs- und Raumpolitik*
Die bisher vom RKU. vertretene Anschauung, durch Dezimierung der Bevölkerung in der Ukraine Siedlungsraum für Deutsche freizumachen, ist nicht nur falsch, sondern den deutschen Interessen abträglich; die öffentlichen Proklamation einer solchen Absicht, wie sie vom RKU. erwogen wurde, würde von unseren Gegnern sofort als Propagandawaffe ersten Ranges gegen uns verwendet werden. In den nächsten Jahrzehnten haben wir in den eingegliederten Ostgebieten und den unmittelbar daran grenzenden Räumen genügend Siedlungsraum für den zu erwartenden deutschen Bevölkerungszuwachs, einschließlich des erforderlichen Siedlungsraums für eine evtl. deutsche Überseerückwanderung zur Verfügung. Bei der geplanten und notwendig werdenden Auflockerung und der Ausweitung des deutschen Kernsiedlungsraumes haben die Polen, die nicht eindeutschungsfähigen Tschechen und unerwünschte fremdrassige Elemente aus den baltischen Ländern das Objekt einer großzügigen deutschen Umsiedlungspolitik in die entfernteren Osträume zu sein. Damit würde auch unter Berücksichtigung des Zwanges, den uns jetzt zur Verfügung stehenden Kernsiedlungsraum organisch aufzulockern, genügend Neuland zur Verfügung stehen. Sollte darüber hinaus noch die Absicht weiter verfolgt werden, starke deutsche Siedlungsgürtel innerhalb fremdvölkischer Umwelten zu schaf-

fen, so liegen nach dem gewonnenen Kriege und nach der Konsolidierung der deutschen Machtstellung im Osten alle Voraussetzungen zur Durchsetzung einer solchen Absicht absolut in unserer Hand. Die propagandistische Vorarbeit für eine fremdvölkische Umsiedlung kann von langer Hand her betrieben, die Durchführung selbst aber später der einheimischen Verwaltung übertragen werden. Dem Einwand, daß eine freiwillige Auswanderung nur sehr schwer zu erreichen und mit politischen Gefahren für uns verbunden sei, kann mit dem Hinweis begegnet werden, daß seinerzeit die zaristische Siedlungspropaganda für Sibirien sehr beachtliche Erfolge zu verzeichnen hatte. Die Gewährung wirtschaftlicher Vorteile in den neuen Wohngebieten wird einen starken Anreiz auf die Auswanderungswilligkeit ausüben. Wie ich bereits früher mündlich vortrug, sehe ich in der Besiedlung der ferneren Osträume einschließlich Sibiriens die einzige Möglichkeit, diese siedlungsfähigen Gebiete dem asiatischen Einwanderungsdrang zu entziehen und uns bzw. Europa gleichzeitig für kommende Kämpfe zum ersten Mal eine günstige strategische Position zu verschaffen.

Anmerkungen

1 Zur Kontinuität ostimperialer Zielsetzungen s. Müller, Das Tor zur Weltmacht; Anatomie der Aggression; Anatomie des Krieges; Wippermann, Der »Deutsche Drang nach Osten«; Fischer, Bündnis der Eliten; Zorn, Nach Ostland.

2 Zum Ostkrieg s. »Unternehmen Barbarossa«; Dallin, Deutsche Herrschaft; Das Deutsche Reich und der Zweite Weltkrieg, Bd 4; sowie den Literaturüberblick bei Müller/Ueberschär, Die deutsch-sowjetischen Beziehungen.

3 Dagegen Volkmann, Ansiedlung; Müller, Industrielle Interessenpolitik; ders., Die Rolle der Industrie; ders. »Gen Ostland wollen wir reiten«, mit dem Hinweis auf durchaus vorhandene Interessenkonflikte, Rivalitäten und graduelle Unterschiede zu den extremsten NS-Varianten.

4 Zur Dokumentation s. Heiber, Der Generalplan Ost; Madajczyk, Generalplan Ost, sowie mit einem zuverlässigen Überblick über den Forschungsstand und weiteren Dokumenten Eichholtz, »Generalplan Ost«.

5 Den Zusammenhang zwischen Generalplan Ost und »Endlösung« untersucht jetzt Madajczyk, Synchronismus.

6 Benz, Der »Generalplan Ost«; Eichholtz, »Großgermanisches Reich«.

7 Siehe Broszat, Nationalsozialistische Polenpolitik, S. 405 ff.

8 Einen Überblick über die vielfach entlegenen Veröffentlichungen, insbesondere die oft schwer zugänglichen polnischen und tschechischen Publikationen, findet man bei Eichholtz, »Generalplan Ost«. Die wichtigsten Arbeiten auf polnischer Seite stammen von C. Madajczyk, auf tschechischer Seite von M. Kárný. In der älteren amerikanischen Dissertation von Koehl, RKFDV, wird eine kurze Geschichte der Dienststelle des Reichskommissars für die Festigung deutschen Volkstums geliefert, die in Himmlers Auftrag den Generalplan Ost bearbeitete.

9 Das wird besonders deutlich auch bei der Mitwirkung von Universitäten und Forschungsinstituten, die Beiträge zur Entwicklung des Generalplans Ost lieferten. Dazu Roth, »Generalplan Ost« und Burleigh, Germany Turns Eastwards.

10 Stupperich, Siedlungspläne; Geiss, Der polnische Grenzstreifen; Fischer, Griff nach der Weltmacht, S. 128; Hillgruber, Deutsche Rußlandpolitik, S. 87; Volkmann, Polen.

11 Kellermann, Schwarzer Adler, S. 154; Müller, Das Tor zur Weltmacht, S. 236.

12 Angaben aus Brekenfeld, Wehrkraft, S. 41 ff.

13 Ebd., S. 50.

14 Adolf Hitler, Mein Kampf. München, Ausgabe 1941, S. 742. Zu seinem Programm grundlegend Jäckel, Hitlers Weltanschauung; und Zitelmann, Hitler.

15 Zur Besatzungspolitik in der Tschechoslowakei s. Brandes, Die Tschechen, und die Dokumentation in: Nacht über Europa.

16 Das Deutsche Reich und der Zweite Weltkrieg, Bd 5/1, S. 30 ff. (Umbreit).

17 Buchheim, Rechtsstellung, S. 240.

18 Kosthorst, Die deutsche Opposition, sowie mit abweichender Interpretation K.-J. Müller, Das Heer und Hitler, S. 345 ff., und Ueberschär, Das Dilemma, S. 14 ff.

19 Halder, KTB, Bd. I, S. 100 f. (10. 10. 1939).

20 Das Deutsche Reich und der Zweite Weltkrieg, Bd 5/1, S. 40 f. (Umbreit).

21 Halder, KTB, Bd. I, S. 107 (18. 10. 1939); dazu auch Eisenblätter, Grundlinien, S. 67 ff.

22 Broszat, Nationalsozialistische Polenpolitik, S. 30; Oberbefehlshaber Ost/Ia/Gen. d. Pi. Nr. 881/39, betr. Schutzbereiche, vom 15. 12. 1939, Bundesarchiv-Militärarchiv (BA-MA), RH 53-23/22.

23 WiIN Ober-Ost Nr. 4/39g, betr. Wehrmachtplanung und Raumordnung im ehemalig polnischen Gebiet, vom 11. 10. 1939, BA-MA, RW 19/1628.

24 OKW/W. All. (III) Nr. 988/39g, betr. Festigung des deutschen Volkstums, vom 3. 11. 1939, ebd.

25 Umbreit, Militärverwaltungen, S. 219.

26 Die Zuständigkeit für Fragen der besetzten polnischen Gebiete war im OKW nach Weisung Keitels so aufgeteilt: Wehrmachtführungsstab, Abt. Landesverteidigung, Gruppe IV als Zentralstelle mit dem Auftrag, für die einheitliche Ausrichtung der Arbeiten im OKW zu sorgen und diese gegenüber anderen Dienststellen außerhalb der Wehrmacht – also auch gegenüber dem RKF – zu vertreten; die Siedlungsaufgaben lagen beim Allgemeinen Wehrmachtamt, die Bearbeitung der Raumplanung beim Wehrwirtschafts- und Rüstungsamt. S. Verfügung WFA/Abt. L (IVa) Nr. 293/40 vom 3.2.1940, BA-MA, Wi ID/21.

27 OKW/WFA/L (II) Nr. 2821/39g, betr. Anlage neuer Truppenübungsplätze im Ostraum, vom 22.11.1939, BA-MA, RW 19/1628.

28 Umbreit, Militärverwaltungen, S. 220 f.

29 Denkschrift des Rassenpolitischen Amtes der NSDAP über die Behandlung der Bevölkerung der ehemaligen polnischen Gebiete, vom 25.11.1939, Bundesarchiv, Koblenz (BA), R 49/75 (Dok. 4); s. dazu auch Madajczyk, Okkupationspolitik, S. 392 f. Zu anderen Planungsansätzen s. Hartmann, Die annexionistische Agrarsiedlungspolitik, S. 81 ff.

30 OKH/ChefHRüst und BdE Nr. 9/39gKdos, betr. Anlage neuer Truppenübungsplätze im Ostraum, vom 20.12.1939, BA-MA, RW 19/1628.

31 OKW/WFA/L(II) Nr. 2821/39g, betr. Anlage neuer Truppenübungsplätze im Ostraum, vom 21.12.1939, ebd.

32 Das Deutsche Reich und der Zweite Weltkrieg, Bd 5/1, S. 406 f. (Müller).

33 OKH/ChefHRüst u. BdE Nr. 5/40g, betr. Besprechung in Lodsch am 16.1.40, vom 2.1.1940, BA-MA, RW 19/1628.

34 OKW/WFA/L(Ia) Nr. 3143/39gK, betr. Sicherungszone im Osten, vom 3.1.1940, sowie vom 10.1.1940, ebd.

35 Broszat, Nationalsozialistische Polenpolitik, S. 93.

36 Ausführungen des Vertreters WAllg während der Besprechung am 16.1.1940 (Dok. 6) sowie Ankündigung eines Vortrags im OKW über die landwirtschaftlichen Besiedlungsmöglichkeiten in Westpreußen und Posen: Amtliche Nachrichten für die Oberkommandos der Wehrmacht, des Heeres und der Kriegsmarine vom 12.1.1940, S. 46.

37 Anordnung Nr. 11/V des RKF vom 24.11.1939, BA, R 113/10.

38 Rede des SS-Oberführers Ulrich Greifelt, Leiter des Führungsstabs RKF, im Volksdeutschen Klub Berlin am 13.12.1939, BA, R 49/20. (Dok. 5).

39 Neben Vertretern des OKW, des Generalstabs der Luftwaffe, des OB Ost und anderer Stäbe, den Referenten der Landesplanung und des Generalgouverneurs vor allem SS-Brigadeführer Leo Petri für den RFSS, den Chef des Verwaltungsamts der SS, SS-Oberführer August Frank, und den Inspekteur der SS-Verfügungstruppe, SS-Oberführer Hans Jüttner; s. Teilnehmerliste in BA-MA, RH 53–23/22. Himmler selbst hielt sich am 16.1.1940 ebenfalls in Lodsch auf, konnte also von seinen Vertretern sofort unterrichtet werden.

40 OKH/ChefHRüst u. BdE Nr. 13/40gKdos, vom 25.1.1940, ebd.
Das Thema Landesbefestigung im Bereich OB Ost war Gegenstand der Besprechung beim OBdH am 30.1.1940 (Halder, KTB I, S. 176). Brauchitsch dürfte sich bei dieser Gelegenheit auch über die Aussprache in Lodsch informiert haben. Drei Tage später war sein Treffen mit Himmler.

41 OB Ost/Ia Nr. 250/40g, Vortrag beim Oberbefehlshaber des Heeres, vom 8.2.1940, BA-MA, RH 53-23/98.

42 OBdH/GenStdH/Gr. Landesbefestigung Nr. 55/40gKdos, Schreiben an OB Ost, vom 30.1.1940, BA-MA, RH 53-23/56.

43 Groscurth, Tagebücher eines Abwehroffiziers, S. 320 f. (16., 23.1.1940).

44 K.-J. Müller, Das Heer und Hitler, S. 453; Groscurth, Tagebücher eines Abwehroffiziers, S. 471 f.

45 Madajczyk, Okkupationspolitik, S. 394.

46 Halder, KTB, Bd I, S. 182 ff. (5.2.1940).

47 Bericht des Verbindungsoffiziers des OB Ost zum Generalgouverneur vom 7.2.1940, BA-MA, RH 53-23/56.

48 Halder, KTB, Bd I, S. 193 (13.2.1940), S. 206 (24.2.1940), S. 211 (26.2.1940), S. 226 (11.3.1940).

49 OKW/WFA/L(IVa) Nr. 550/40g, betr. Planungen der Wehrmacht im Ostraum, vom 2.3.1940, BA-MA, RW 19/1628.

50 Anweisung RKF betr. Abtransport und Verteilung der Volksdeutschen aus Wolhynien, Galizien und dem Narew-Gebiet, vom 1.3.1940, BA, NS 2/61.

51 Vortragsnotizen des OB Ost für seinen Vortrag beim OBdH am 15.2.1940, BA-MA, RH 53-23/23; und OB Ost/Ia/Pi Nr. 7/40gKdos, betr. Schutzbereiche, vom 26.2.1940, BA-MA, RH 53-23/22.

52 S. nachfolgend Bericht Franks während der 1. Arbeitssitzung des Reichsverteidigungsausschusses für Polen vom 2.3.1940, ebd.

53 Schreiben Blaskowitz an Brauchitsch vom 8.3.1940, ebd.; Halder, KTB, Bd I, S. 223 (8.3.1940); am selben Tage unterrichtete der OB Ost das OKW über Franks Erklärung am 2.3.1940: »Der Führer sagte, er wolle keinen Ostwall bauen, die Russen werden nicht angreifen«, Broszat, Nationalsozialistische Polenpolitik, S. 74, Anm. 3, dort mit einem offensichtlichen Datierungsfehler.

54 K.-J. Müller, Vorgeschichte.

55 Stellungnahme des Generals der Pioniere beim OB Ost vom 19.2.1940 sowie des Grenzabschnitts Mitte vom 14.4.1940, BA-MA, RH 53-23/56.

56 Fernschreiben OB Ost/I a an OKH/GenStdH/Gruppe Landesbefestigung vom 27.2.1940, ebd.

57 Halder, KTB, Bd I, S. 229 (13.3.1940).

58 Ebd., S. 266 (15.4.1940).

59 Das Deutsche Reich und der Zweite Weltkrieg, Bd 4, S. 202 ff. (Klink).

60 Siehe Bericht über die Besichtigungsreise des Reichsministers der Finanzen beim Zollgrenzschutz, vom 28.1.1941, BA-MA, RH 15/286.

61 Halder, KTB, Bd II, S. 55 (4.8.1940), Bericht über den Ausbaustand der Befestigungsanlagen am 1.10.1940, und Übersicht des Festungspionierkommandeur II vom 13.5.1941, BA-MA, RH 53-23/56.

62 Schreiben RKF an das Rasse- und Siedlungshauptamt vom 10.1.1941, BA, NS 2/62.

63 Eisenblätter, Grundlinien, S. 191 ff.

64 Siehe Speer, Sklavenstaat, S. 359 ff.

65 Das Deutsche Reich und der Zweite Weltkrieg, Bd 5/1, S. 866 (Kroener); Hillgruber, Hitlers Strategie, S. 542 ff.

66 Hitler, Monologe, S. 68 (25.9.1941).

67 Deutschlands Rüstung, S. 72 (16.3.1942).

68 S. Schriftwechsel zwischen Militärbefehlshaber im Generalgouvernement und seinem Verbindungsoffizier zum Generalgouverneur vom 16. und 19.1.1942, BA-MA, RH 53-23/56.

69 Führerbefehl Nr. 10 (Ostwall) vom 12.8.1943, BA-MA, RH 2/936, und Hitlers Ausführungen gegenüber Marschall Antonescu am 2.9.1943, Staatsmänner und Diplomaten, Bd 2, S. 309.

70 Befehl des Wehrkreiskommandos Generalgouvernement vom 16.7.1944, BA-MA, RH 53-23/68. Der erste Befehl zur Vorbereitung des Abwehrkampfes an der San-Weichsel-Linie erging am 20.7.1944 (Fernschreiben an Panzerarmee-Oberkommando 1 und 4, BA-MA, RH 53-23/64), am selben Tag, als die Militäropposition durch ihr Attentat auf Hitler den Weg in den Untergang aufzuhalten versuchte.

71 Zu den folgenden Zahlen und zur Personalstruktur der Wehrmacht s. Das Deutsche Reich und der Zweite Weltkrieg, Bd 5/1, S. 816 ff. (Kroener).

72 Ausarbeitung der Kriegswissenschaftlichen Abteilung des Generalstabs des Heeres vom Juni 1941: Die Probleme der wirtschaftlichen Demobilmachung. Darstellung der Maßnahmen des Weltkrieges und Untersuchung auf die Gegenwart. (Bearbeiter: Ministerialrat i. R. Ernst Siegert), BA-MA, RH 60/v. 16.

73 Zum Wehrmachtfürsorgewesen s. Absolon, Die Wehrmacht im Dritten Reich, sowie speziell H.Dv.82/5 b, Bestimmungen für Entlassung von Unteroffizieren und Mannschaften des Heeres während des Krieges, vom 15.4.1941.

74 Das Deutsche Reich und der Zweite Weltkrieg, Bd 5/1, S. 960 (Kroener).

75 Dok. 6; bei einer Mindestgröße von 20 ha kamen demnach höchstens 2000 Siedler in Betracht, und das bei rund 220000 Berufssoldaten und längerdienenden Angehörigen der Waffen-SS.

76 Marschziele – heute und morgen! In: Reichstreubund ehemaliger Berufs-Soldaten Nr. 5 vom 20.5.1942, BA, R 113/2058.

77 Schnellbrief des RIM betr. Unterbringung von Versehrten und sonstigen Kriegsteilnehmern im öffentlichen Dienst, vom 22.7.1943 und vom 3.6.1944, BA, R 113/2058. Dort wurde darauf hingewiesen, daß in Übereinstimmung mit dem OKW ein Berufswechsel für unerwünscht gehalten werde und nur solche Veteranen im öffentlichen Dienst untergebracht werden sollten, die noch keinen Beruf erlernt hatten.

78 Geheime Information der Reichswirtschaftskammer zur Wirtschaftspressekonferenz am 24.2.1942, BA, R 11/96.

79 Erlaß des OKW betr. Ansiedlung von Wehrmachtangehörigen in den neuen Reichsgebieten vom 18.10.1940, Heeres-Verordnungsblatt, T.C, 22 (1940), S. 441 f. (Müller, Industrielle Interessenpolitik, Dok. 1)

80 Anordnung des OKH vom 25.10.1940, ebd.

81 Heerespsychologischer Bericht Nr. 9 vom 1.Februar 1941, BA-MA, RH 15/268 und Nr. 11 vom 7.6.1941, S. 4, BA-MA, RH 15/115.

82 Siehe Interner Schriftwechsel dazu zwischen Himmlers Persönlichem Stab und dem RKF bzw. dem Reichssicherheitshauptamt vom 28.11. und 3.12.1940, BA, NS 19/1358.

83 Siehe Schriftwechsel vom 2. und 11.6.1941, BA, NS 19/671 (Dok. 11).

84 Zur Einsetzung des BW Sied: Amtliche Nachrichten für die Oberkommandos der Wehrmacht, des Heeres und der Kriegsmarine vom 21.2., 9. und 16.5.1941.

85 Anschreiben des Wehrkreiskommandos XII Wiesbaden vom 17.3.1941 zu Himmlers Allgemeiner Anordnung 9/IV vom 21.12.1940, Generallandesarchiv Karlsruhe, 465 d/52.

86 OKW/BW Sied Nr. 264/41, betr. Ansiedlung von Wehrmachtangehörigen, vom 8.4.1941, BA-MA, RW 19/834.

87 Heeres-Verordnungsblatt, Teil C, 23 (1941), S. 339 ff.

88 Schreiben des Siedlungsreferenten Oberschlesien an den Leiter der Treuhandstelle in Kattowitz vom 15.4.1942, BA, R 49 Anhang III/12.

89 Siehe SS-Ansiedlungsstab Litzmannstadt: Die Durchführung des Organisationsplanes für die Ansiedlung der Frontkämpfer im Warthegau, vom 6.2.1942, BA, R 49 Anhang I/29, und Schreiben Himmlers an Greifelt und seine Abmachungen mit General Reinecke, dem Chef des Allgemeinen Wehrmachtamtes, vom 3.12.1942, BA, NS 19/1685.

90 Siehe Ausarbeitung des SS-Ansiedlungsstabes: Die Durchführung des Organisationsplanes für die Ansiedlung der Frontkämpfer im Warthegau, vom 6.2.1942, BA, R 49 Anhang I/29.

91 Besprechung betr. Ansiedlung von Kriegsversehrten bzw. endgültig aus dem Wehrdienst Entlassenen im Gebiet des Generalkommissariats Litauen am 21.7.1942, BA, R 49 Anhang X/8 (Dok. 28).

92 Vermerk über die Ansiedlung von Kriegsversehrten vom 7.10.1942, ebd.

93 Vermerk des Ansiedlungsstabes vom 17.11.1943, ebd.

94 Siehe Abschlußbericht des SS-Krim-Kommandos, vom 31.5.1944, BA, R 70 Sowjetunion/35

95 3. Anordnung der HTO vom 18.1.1942 (Dok. 23). Größere Betriebe im Wert über 100000 RM waren zunächst vom Kriegsteilnehmer-Vorbehalt ausgenommen. Durch die Anordnung Nr. 4 vom 9.11.1942 wurde diese Einschränkung aufgehoben.

96 Erlaß des OKW vom 11.12.1942, Heeres-Verordnungsblatt, Teil A, Blatt 2, vom 1.2.1943.

97 Allgemeine Anordnung Nr. 14/IV und Nr. 15/III vom 10.8.1942, BA, NS 19/967, sowie Erste Durchführungsbestimmung vom 5.5.1943, ebd.

98 Fernschreiben des Persönlichen Stabes RFSS vom 28.3.43, ebd.

99 Schreiben Stabshauptamt RKF an Pers. Stab RFSS vom 27.2.1943, ebd.

100 Der Chef des OKW kümmerte sich mehr um die Frage der Steuerprivilegien, die zu seinem Bedauern nur den im Osten eingesetzten Zivilisten gewährt wurden. Er scheute sich nicht, in dieser Auseinandersetzung mit dem Chef der Reichskanzlei auf eine Führerentscheidung zu dringen. Hitler wies das Verlangen der Wehrmacht entschieden zurück. Siehe Schreiben des Chefs der Reichskanzlei an Keitel vom 18.11.1943, BA-MA, RW 31/281.

101 Hinweis in dem Leserbrief eines ehemaligen Angehörigen der 71. Infanterie-Division in Die ZEIT Nr. 33, vom 12.8.1988.

102 Soldat und Beruf.

103 Auszug aus dem Bericht des Panzer AOK 3, der im September 1942 vom OKH an Armeen und Heeresgruppen verteilt wurde; BA-MA, RH 19 III/489.

104 Schreiben Himmlers an das Stabshauptamt RKF vom 11.3.1943, BA, NS 19/967, und vom 7.8.1943, BA, NS 19/2609. Eine solche Sonder-Anordnung für Ritterkreuzträger der Waffen-SS dürfe »heute noch nicht herauskommen«, erklärte Himmler. In Hitlers Richtlinien über die besondere Betreuung der Ritterkreuzträger vom 27.7.1941 (BA-MA, RH 15/288) war eine Landzuteilung nicht vorgesehen.

105 Unterlagen dazu in BA, R 49/133, 137.

106 Schreiben des Gauleiters Greiser an den Chef der Reichskanzlei vom 30.10.1942, BA, R 49/136; dort auch alle weiteren Unterlagen über die Abwicklung der Dotation. Zur Bewertung siehe auch Groehler, Die Güter der Generale.

107 Schreiben Backes an Manstein und an Himmler vom 17.10.1944, BA, NS 19/909.

108 Schriftwechsel Ramckes mit Himmler vom 15. und 31.1.1943, BA, NS 19/2578 (Dok. 34), sowie Schreiben Backes an Bormann vom 17.10.1944, BA, NS 19/909.

109 Für das Heer als Merkblatt 72/1, BA, R 113/82.

110 OKW/BW Sied Nr. 144/43 geh., vom 5.7.1943, BA-MA, RH 53-17/161.

111 Schreiben des Reichsführers SS vom 27.10.1943, BA, NS 19/967.

112 Siehe interne Anweisungen des RKF vom 8.4., 30.4. und 8.9.1943, ebd.

113 BW Sied Nr. 2823/43, Zusammenfassung der wesentlichsten Punkte aus der Siedlungsreferenten-Besprechung am 4. November 1943 in Weimar, BA, R 88 I/70.

114 Abt. Wirtschaft, Beitrag zum Tätigkeitsbericht unserer Dienststelle, vom 14.9.1942, BA, R 49 Anhang III/12.

115 Bericht des RKF über den Stand der Um- und Ansiedlung, vom 1.6.1944, BA, R 49/86.

116 Schreiben des Landesbauernführers und SS-Brigadeführers Spickschen an SS-Gruppenführer Greifelt vom 31.3.1944, BA, NS 19/967.

117 OKW/BW Sied Nr. 571/44, vom 4.4.1944 und Schreiben des RKF an das Reichsministerium für Volksaufklärung und Propaganda sowie an Himmler vom 22.4.1944, ebd.

118 Schriftwechsel Greifelt/Himmler vom 22.8. und 2.9.1944, ebd.

119 OKW/BW Sied Nr. 1833/44, vom 29.8.1944, BA-MA, RW 6/v.26.

120 Wehrkreiskommando V Stuttgart betr. Lehrgänge für versehrte Berufsunteroffiziere, vom 22.6.1944, BA-MA, RH 53-5/45, s. nachfolgend Himmler, Geheimreden, S. 145.

121 Interne Berichte und Anordnungen dazu in BA-MA, RH 53-10/53.

122 Generalleutnant Schubert, Studie Oldenburg, vom 9.3.1941, BA-MA, RW 31/80. Schubert war im ersten Jahr des Rußlandkrieges Leiter des militärischen Wirtschaftsstabes Ost.

123 Dazu Das Deutsche Reich und der Zweite Weltkrieg, Bd 4, S. 113 ff. (Müller). Zu den vergeblichen Bemühungen des Völkerrechtsexperten im OKW, Hellmuth J. Graf v. Moltke, zugleich Repräsentant des sog. Kreisauer Kreises im Widerstand, diese Entwicklung zu verhindern, s. Müller, Kriegsrecht oder Willkür?

124 Siehe den Überblick bei Müller in: »Unternehmen Barbarossa«; und den Abschlußbericht des Wirtschaftsstabes Ost von 1944/45 in Müller, Wirtschaftspolitik.

125 AOK 17, Verhalten der deutschen Soldaten im Ostraum, vom 17.11.1941, BA-MA, RH 20-17/44. Zu diesen Befehlen s. Das Deutsche Reich und der Zweite Weltkrieg, Bd 4, S. 1050 ff. (Förster).

126 VO/OKW/WiRüAmt beim AOK 17, Nr. 572/41g, Gedanken über die Evakuierung der Bevölkerung aus den Industriestädten im Donez-Gebiet im Interesse der Sicherheit und Ernährung der deutschen Wehrmacht, vom 2.11.1941 (Dok. 17). Zu den Erwägungen bezüglich Leningrad und Kiew s. Das Deutsche Reich und der Zweite Weltkrieg, Bd 4, S. 1010 ff. (Müller).

127 Dazu den Überblick bei Förster, Rückblick, und die neuen Studien von Schulte, German Army; Bartov, The Eastern Front, und Mayer, Krieg als Kreuzzug.

128 Richtlinien Görings für die Wirtschaftspolitik im Osten, vom 8.11.1941, abgedr. in »Unternehmen Barbarossa«, S. 387 ff.

129 Schreiben des Rüstungsinspekteurs Ukraine an den Chef des OKW/WiRüAmt, vom 2.12.1941, abgedr. ebd., S. 392 f.

130 Geheime Denkschrift des Generalfeldmarschalls von Reichenau zur Ukrainefrage, vom Januar 1942, BA-MA, RW 31/203.

131 Dazu umfassend, Dallin, Deutsche Herrschaft; Reitlinger, Ein Haus auf Sand; Bräutigam, So hat es sich zugetragen; neuerdings Mulligan, Politics of Illusion.

132 Siehe Bartoleit, Die deutsche Agrarpolitik.

133 Bericht über die Erkundung der Siedlungsmöglichkeiten in der Nogaischen Steppe (Taurien) und der Halbinsel Krim durch OKVR Donner und Major Seifert, vom 10.3.1942 (Dok. 19) sowie Stellungnahme des Wirtschaftskommandos Krim, Abt. Landwirtschaft, vom 1.12.1941, BA-MA, RW 31/257.

134 WiStabOst/Chefgruppe La, Major Seifert, Bemerkungen zur Ukrainereise, vom 27.12.1941 (Dok. 21).

135 Siehe Stellungnahme WiStabOst/Chefgruppe La, betr. Evakuierung der Krim, vom 28.7.1942, BA-MA, RW 31/246, Vortragsnotiz für Reichsmarschall und Chef OKW, vom 17.8.1942, BA-MA, RW 31/59.

136 OKW/WFSt/Qu (Verw.) Nr. 712/42, betr. Bevorzugte Landzuweisung an Landeseinwohner im Osten, die in deutschen Diensten stehen, vom 18.6.1942, BA-MA, RW 31/277.

137 Kriegstagebuch der Chefgruppe Landwirtschaft/WiStabOst, Eintrag vom 4. und 27.7.1942, BA-MA, RW 31/42b.

138 OKW/BW Sied Nr. 2181/42, Durchführungsbestimmungen zum Befehl des OKW Nr. 712/42, vom 13.8.1942, BA-MA, RW 31/277.

139 OKH/GenStdH/GenQu/K.Verw. (Qu 4) Nr. 8589/42g, betr. Landzuteilung, vom 18.12.1942, und OKW/BW Sied Nr. 5/43, vom 11.1.1943, ebd.

140 OKW/BW Sied Nr. 57/43g, vom 23.2.1943, und Aktenvermerke über die Besprechungen am 26.3. und 3.4.1943, ebd.

141 Siehe dazu Müller, Wirtschaftspolitik.

142 Abschlußbericht über die Tätigkeit der Militärverwaltung im Operationsgebiet des Ostens, 26.3.1954, S. 243, BA-MA, RH 22/298.

143 Krüger, Zu Hitlers »nationalsozialistischen Wirtschaftserkenntnissen«.

144 Dazu umfassend Müller, Das Tor zur Weltmacht.

145 Das Deutsche Reich und der Zweite Weltkrieg, Bd 1, S. 190 ff. (Volkmann).

146 Volkmann, Zwischen Ideologie und Pragmatismus, S. 431.

147 Siehe auch Broszat, Kompetenzen.

148 Verbindungsoffizier des OKW/WiRüAmtes zur HTO, Vermerk betr. Treuhandverwaltung, vom 21.4.1942, BA-MA, Wi/ID. 1600.

149 Zu Görings persönlichem Raubzug in Polen s. Riedel, Eisen und Kohle, S. 300 ff.

150 Vermerk vom 21.4.1942 (Anm. 148), S. 2. Zu den Verhältnissen in den eingegliederten Ostgebieten s. Majer, »Fremdvölkische«, S. 395 ff.

151 HTO: Richtlinien zur Ausfüllung des Fragebogens »Ostbewerbung«, vom August 1940 und vom 1.11.1940, BA, R 113/72.

152 Anordnung Himmlers im Einvernehmen mit Göring über die Zusammenarbeit der HTO mit der Dienststelle des RKF, vom 14.5.1940, BA, NS 2/61.

153 Tätigkeitsbericht der Wirtschaftsabteilung vom 14.9.1942, BA, R 49 Anhang III/12.

154 Memorandum des Verbindungsoffiziers des OKW/WiRüAmtes zur HTO betr. Verhältnis der staatlichen Wirtschaftslenkung zur Treuhandverwaltung im Ostland (o. D.), BA-MA, Wi/ID. 1600. Im Frühjahr 1943 wurde im Operationsgebiet des Ostens eine eigene Sondergruppe Treuhandverwaltung innerhalb der Militärverwaltung des Heeres eingerichtet. Zu ihrer kurzen Tätigkeit s. Müller, Wirtschaftspolitik.

155 V. P. 7320/1/6, vom 20.5.1942, BA-MA, RW 31/131.

156 Dazu umfassend Das Deutsche Reich und der Zweite Weltkrieg, Bd 4, S. 940 ff. (Müller); Eichholtz, Geschichte, Bd 2, S. 392 ff.

157 Aktennotiz von General Thomas über seinen Vortrag beim Reichsmarschall am 26.2.141, BA-MA, Wi/ID. 1716, z. T. abgedr. in Anatomie des Krieges, Nr. 150.

158 Karl Rasche, Gesicherter Ostraum – stabile Gesamtwirtschaft. In: Der deutsche Volkswirt 16 (19.12.1941) Nr. 12/13, S. 392–394 (Dok. 20). R. war Vorstandsmitglied der Dresdner Bank.

159 Ebd.

160 Abschlußbericht des Wirtschaftsstabes Ost, S. 198 (Müller, Wirtschaftspolitik).

161 Siehe Richtlinien für die Ostgesellschaften nach der Besprechung mit den Ressortvertretern am 21.11.1941, BA, R 7/1142.

162 Dazu Mollin, Montankonzerne, S. 202 ff.

163 Die voreiligen Bewerbungen einiger Werke aber lehnte Hitler ausdrücklich ab; s. Aktenvermerk über die Besprechung im Reichswirtschaftsministerium am 25.7.1941 mit General v. Hanneken, BA, R 13 I/608.

164 Abschlußbericht des Wirtschaftsstabes Ost, S. 201 (Müller, Wirtschaftspolitik).

165 Schreiben der Rohstoffbetriebe der Vereinigten Stahlwerke GmbH an General Thomas und an das Reichswirtschaftsministerium vom 31.3.1942, BA, R 7/1146. Zur Rivalität mit dem Reichswerke-Konzern s. Mollin, Montankonzerne, S. 102 ff.

166 Bericht der GHH vom 30.3.1942, BA-MA, Wi/ID.1596, abgedr. z. T. in Müller, Industrielle Interessenpolitik, S. 128 ff.

167 Siehe Bericht von Vertretern der Thyssen Eisen und Stahl A. G. über den Besuch der ehemaligen Randstaaten Litauen, Lettland und Estland vom 2.2.1942, BA, R 10 III/6.

168 Lagebericht vom 3.1.1942, BA-MA, Wi/ID. 1605, abgedr. ebd. S. 126 ff.

169 Studie des Reichsamts für Wirtschaftsausbau vom 10.9.1942, BA, R 25/42.

170 Siehe Görings Ausführungen auf der Sitzung am 18.11.1941, abgedr. in »Unternehmen Barbarossa«, S. 387 ff. Mit der Anordnung V. P. 16565/6/1 vom 12.11.1941 (BA, R 43/680 a) untersagte er noch einmal ausdrücklich die Übernahme von Betrieben im Besatzungsgebiet durch deutsche Dienststellen, Organisationen und Firmen. Alle diesbezüglichen Anträge müsse er zurückweisen. Auch die Regelung der Eigentumsfrage sei »bis auf weiteres« zurückzustellen.

171 Einen Eindruck von den Zuständen vermittelt der Bericht des Staatssekretärs im Reichsministerium des Innern für Himmler vom 10.7.1943, BA, NS 19/950. Er basierte auf einer Prüfung der Privatpost der in der Ukraine eingesetzten Firmen und ihrer Angestellten. Rosenberg hatte bereits neue Merkblätter für die im Osten eingesetzten deutschen Betriebsführer erlassen (Vertrauliches Merkblatt vom 16.3.1943, BA-MA, RW 31/334), und auch Himmler erließ einen Aufruf an alle in den besetzten Ostgebieten eingesetzten Deutschen, dafür Sorge zu tragen, daß die Ukraine »nicht zu einem Paradies für Schieber und Drückeberger« verkommt, BA, NS 19/950.

172 Ausführungen von Ministerialdirektor Gustav Schlotterer, Leiter der Wirtschaftsabteilung im WiStab-Ost, zugleich im Reichswirtschaftsministerium und im Reichsministerium f. d. bes. Ostgebiete, vor Vertretern der Ostgesellschaften und oberster Reichsbehörden am 7.8.1942, abgedr. in Deutsche Besatzungspolitik in der UdSSR Nr. 95.

173 Rundschreiben des Reichswirtschaftsministers vom 22.9.1942, BA, R 7/1142.

174 Siehe den Auftrag des Ostreferenten in der Reichsgruppe Industrie Hans Thode, Der Osten ruft den Unternehmer. In: Deutsche Allgemeine Zeitung Nr. 482 vom 8.10.1942 (BA, R 43/686 a).

175 Schriftwechsel zwischen der Reichsstelle für Raumordnung und dem Beauftragten für den Vierjahresplan vom 1. und 6.3.1940, BA, R 11/1239.

176 Siehe Vermerk der RfR betr. Stillegung von Betrieben vom 24.5.1940, BA, R 113/156. Zur Stillegungsaktion s. Das Deutsche Reich und der Zweite Weltkrieg, Bd 5/1, S. 442 ff. (Müller).

177 Rückblick im Memorandum des Verbindungsoffiziers des OKW zur HTO vom März 1942, abgedr. in Müller, Industrielle Interessenpolitik, S. 130.

178 Vertrauliche Denkschrift vom 6.8.1940, BA, R 113/2390.

179 Rundschreiben der RfR vom 5.10.1940, R 113/72, sowie Vermerk über die Zusammenarbeit mit der HTO vom 28.10.1940, BA, R 113/1243.

180 Industrien in den deutschen Osten, von Ministerialdirektor Dr. Jarmer, BA, R 113/113.

181 Protokoll der Sitzung über die Fragen der gewerblichen Struktur unter besonderer Berücksichtigung der Beziehungen zur Landwirtschaft am 7.12.1940, BA, R 113/1168.

182 Erlaß des Reichswirtschaftsministers betr. Verlegung von Unternehmungen, vom 14.12.1940, BA, R 113/1253.

183 Dazu Borkin, Die unheilige Allianz, S. 105 ff.

184 Vermerk betr. Einrichtung einer Auskunftsstelle für die Umsiedlung, vom 13.2.1941, BA, R 113/72. Siehe auch Anfrage des Instituts für Wirtschafts- und Sozialwissenschaften an der Universität Münster vom 20.1.1941 sowie den Schriftwechsel über einzelne Verlagerungsfälle in BA, R 113/1244, 1245.

185 Siehe Vermerke über die Besprechungen am 17. und 28.2.1941, Schreiben des Reichswirtschaftsministeriums an die RfR vom 18.2.1941 sowie Schreiben der RfR an den Leiter der Reichsgruppe Industrie vom 3.3.1941, BA, R 113/72.

186 Reichsgruppe Industrie: Industrieplanung – Schema für die Behandlung von Anträgen, vom 4.3.1941, sowie Schreiben an die RfR vom 20.3.1941, BA, R 113/72 (Dok. 9).

187 Notiz der RfR betr. Industrialisierung der neuen Ostgebiete, vom 5.5.1941, BA, R 113/72.

188 Schnellbrief des RKF betr. Ostbewerbungsverfahren vom 30.4.1941, ebd.; Schreiben der HTO an die RfR vom 14.5.1941, BA, R 113/1243, und Vermerk der RfR über die Sitzung am 20.5.1941 im Reichswirtschaftsministerium, BA, R 113/1258.

189 Denkschrift des Verbindungsoffiziers zur HTO vom Mai 1941, abgedr. in Müller, Industrielle Interessenpolitik, S. 119 ff.

190 Aktenvermerk von Major Lindmar (BW Sied) über die Besprechung am 18.6.1941, abgedr. ebd., S. 122.

191 Vermerk der RfR betr. Industrieberatungsstelle beim RKF, vom 24.7.1941, BA, R 113/1258.

192 Gemeinsamer Erlaß über die Handhabung der Aufbau-Verordnung, vom 15.7.1941, BA, R 113/72.

193 Hauptabt. III, Vermerk betr. Industrieansatzberatungsstelle, vom 9.9.1941, BA, R 113/1258.

194 Vertrauliche Stellungnahme der Reichsgruppe Industrie vom 26.9.1941 zu grundsätzlichen Organisationsfragen bei der gewerblichen Besiedlung der eingegliederten Ostgebiete, BA-MA, Wi/ID.1600 (Dok. 14).

195 Siehe Tätigkeitsbericht der Abt. Wirtschaft vom 14.9.1942, BA, R 49 Anhang III/12, Vermerk über eine Besprechung mit Vertretern des RKF vom 19.11.1941, BA, R 11/361, Schreiben des RKF an die RfR vom 7.2.1942, BA, R 113/1244.

196 Vermerk vom 19.11.1941, BA, R 11/361. Als Beispiel für solche Untersuchungen s. Aussiedlungsmöglichkeiten in Bayern im Sinne einer Siedlerreserve für den Ostraum, von Prof. O. E. Heuser, Institut f. d. Wirtschaftslehre des Landbaues (1942), BA, R 113/1150.

197 Niederschrift über die Sitzung des Engeren Beirats der RWK am 28.1.1942, BA, R 11/361, sowie Schreiben des Verbindungsoffiziers zur HTO vom 28.4.1942, BA-MA, Wi/ID.1600.

198 Memorandum vom März 1942, abgedr. in Müller, Industrielle Interessenpolitik, S. 130 ff.

199 Pressenotiz »Der wirtschaftliche Aufbau im Osten«, in: Deutsche Allgemeine Zeitung vom 14.4.1942, und Schreiben der RWK an den Verbindungsoffizier zur HTO vom 20.5.1942, BA-MA, Wi/ID.1600.

200 Schreiben an die Wirtschaftskammern und Reichsgruppen vom 16.4.1942, ebd.

201 Zit. nach Volkmann, Zwischen Ideologie und Pragmatismus, S. 436.

202 Siehe z. B. Schreiben des Regierungspräsidenten Aachen an den Oberpräsidenten der Rheinprovinz vom 1.5.1942, BA, R 113/1258.

203 Reichsamt für Wirtschaftsausbau, Die Zukunftsmöglichkeiten in der Ukraine und in den Gebieten zwischen Don und Kaukasus, vom 26.10.1942, BA, R 25/42, und Aktenvermerk des WiStabOst über eine Unterredung mit dem Vertreter des Niederschlesischen Instituts vom 26.6.1942, BA-MA, RW 31/262.

204 Vermerk der RfR betr. Industrieansatzberatungsstelle vom 4.4.1942, BA, R 113/1258.

205 Schreiben Kehrls an die RfR vom 25.4.1942, ebd.

206 Allgemeine Anordnung Nr. 16/III über den Erwerb sowie die Neuerrichtung von gewerblichen Unternehmungen oder städtischem Grundbesitz in den neuerworbenen Gebieten des Deutschen Reiches, vom 10.8.1942, BA, NS 19/967.

207 Vermerk der RfR betr. Errichtung eines Zentralausschusses für den Industrieansatz, vom 24.12.1942, BA, R 113/1258.

208 Vermerk des Leiters der RfR über das Gespräch mit Oberführer Meyer, vom 17.12.1943, BA, R 113/9.

209 Dazu Fröbe, KZ-Häftlinge.

210 Siehe auch den Überblick in Das Deutsche Reich und der Zweite Weltkrieg, Bd 5/1, S. 247 ff. (Umbreit).

211 Hitler, Monologe, S. 49 (27.7.1941).

212 Dazu Das Deutsche Reich und der Zweite Weltkrieg, Bd 5/1, S. 494 ff. (Müller).

213 Stichwortartiges Ergebnis der Besprechung am 21.11.1941, BA-MA, RW 31/282, sowie Vermerk über die Beteiligung des Auslandes an der wirtschaftlichen Erschließung des Ostraumes als Anlage zum Schreiben Görings an Rosenberg vom 3.1.1942, BA, R 6/23 (Dok. 22).

214 Aktenvermerk über den Empfang Musserts am 5.1.1942, BA-MA, RW 31/247.

215 Schreiben Rosenbergs an Göring vom 21.1.1942, BA, R 6/23.

216 Protokoll über die Sitzung mit Rosenberg am 10.2.1942, BA-MA, RW 31/247.

217 Entwurf eines Schreibens an das Auswärtige Amt vom 15.6.1942, BA, R 7/1142.

218 Schreiben Rosenbergs an Göring vom 4.8.1942, BA, R 6/23.

219 Schnellbrief des Beauftragten für den Vierjahresplan V. P. 11145/6 vom 22.6.1942, BA, R 7/1142.

220 Schriftwechsel zwischen Rosenberg und Göring, 1. und 15.4.1943, BA, R 6/23 (Dok. 36).

221 Siehe Schreiben der Auslands-Direktion der Dresdner Bank vom 1.6. u. 10.7.1942 sowie die Besprechungsvermerke des Reichswirtschaftsministeriums vom 5.8., 13.10. u. 8.12.1942, BA, R 7/3013 (Dok. 32).

222 Siehe Vermerk betr. Besprechung wegen des Einsatzes der französischen Wirtschaft in den besetzten Ostgebieten im Reichswirtschaftsministerium, vom 23.2.1943, BA, R 6/464, sowie über die Besprechungen beim Militärbefehlshaber Paris am 9. u. 12.4.1943, ebd.

223 Angaben aus dem Abschlußbericht des Wirtschaftsstabes Ost, S. 145 ff. (Müller, Wirtschaftspolitik).

224 Planungsamt Präsident Kehrl, Denkschrift betreffend Europäische Wirtschafts-Planung vom 13.9.1943, BA R 3/1941. Siehe dazu weiter Herbst, Der Totale Krieg, S. 341 ff.

225 Zu dieser Phase der deutschen Besatzungspolitik siehe jetzt Mulligan, The Politics of Illusion.

226 Dazu Das Deutsche Reich und der Zweite Weltkrieg, Bd 4, S. 954 (Müller), und Abschlußbericht des Wirtschaftsstabes Ost (Müller, Wirtschaftspolitik).

227 Vermerk über die Sitzung des Planungsausschusses »Wirtschaftspolitik« vom 1.4.1942, BA-MA, RW 31/247.

228 V. P. 7066/2 vom 13.4.1942, BA, R 6/23.

229 Deutschlands Rüstung, S. 74 (16.3.1942).

230 Ebd., S. 99 (14./15.4.1942).

231 Siehe Anordnung über die Herstellung von Waffen und Munition und den Ausbau der Energiewirtschaft in den besetzten Ostgebieten, vom 22.5.1942, BA, R 43/686a, Erlaß des Führers über den Einsatz der Technik in den neu besetzten Ostgebieten, vom 9.6.1942, BA, R 7/1142, sowie Anordnung über den Aufbau der Energiewirtschaft in den neubesetzten Ostgebieten, vom 6.8.1942, BA, R 43/686a, sowie Rosenbergs Schreiben an Göring vom 5.6.1942, BA, R 6/23, und Schreiben Lammers' an Speer vom 14.6.1942, BA, R 43/686a.

232 Deutschlands Rüstung, S. 151 (29.6.1942).

233 Entwurf eines Schreibens an Staatssekretär Körner vom 13.5.1942, BA, R 6/23.

234 Vermerk des Amtschefs des Rüstungslieferungsamtes Walter Schieber betr. Neu-Organisation der gewerblichen Wirtschaft in den besetzten Ostgebieten, vom 26.11.1942, Salzgitter AG, Konzern-Archiv, Nr. 14/150/11.

235 Siehe dazu Meyer, Das Syndikat, S. 189 ff. und Riedel, Eisen und Kohle, S. 323 ff.

236 Schreiben Rosenbergs an Göring vom 1? 12.1942, BA, R 6/23.

237 Aufzeichnung Bräutigams vom 25.10.1942, abgedr. in Ursachen und Folgen, Bd 18, S. 581 ff.

238 Die russische Frage. Gedanken zur Neugestaltung Osteuropas, von Richard Riedl, März 1943, BA, R 43 II/683b; Auszüge aus dieser 200 Seiten starken Denkschrift bei Eichholtz, »Wege zur Entbolschewisierung«.

239 Notiz von Ministerialdirektor Dr. Flottmann für Pleiger vom 7.11.1943, Salzgitter AG, Konzern-Archiv, Nr. 14/150/11. Auch das Ostministerium verzichtete unter diesen Umständen darauf, eine Änderung des Erlasses zu verlangen; s. Schreiben an Staatssekretär Körner vom 18.12.1943, BA, R 26/14.

240 Siehe Volkmann, Zum Verhältnis, S. 87 ff.

241 Siehe dazu Bramwell, Blood and Soil; zur Ideologie der SS allgemein auch Wegner, Hitlers Politische Soldaten, S. 25 ff.

242 Siehe Geschäftsverteilungsplan des Reichsministeriums für Ernährung und Landwirtschaft, vom 1.7.1939, BA, NS 2/138.

243 Ausarbeitung des Referenten im Reichsnährstand Hermann Benz über »6 Jahre Auslese bei der Neubildung deutschen Bauerntums« vom 1.12.1939, BA, NS 2/60.

244 Vermerk des Leiters der RfR betr. Siedlungslenkung vom 21.1.1938, BA, R 113/82.

245 Die Arbeit der Reichsstelle für Raumordnung. In: Zeitschrift für Raumforschung und Raumordnung 2 (1938) S. 286.

246 Höhne, Der Orden unter dem Totenkopf, Bd 1, S. 154.

247 Schreiben Panckes an Himmler vom 15. u. 27. 4. 1939, BA, NS 2/138.

248 Aktenvermerk Panckes über die Besprechung mit Darré am 17. 5. 1939, ebd. (Dok. 1).

249 Schreiben Panckes an Darré vom 17. 5. 1939, ebd.

250 Schreiben Darrés vom 17. 5. 1939, ebd.

251 Siehe Tätigkeitsbericht der RuS-Beratung B während des Einsatzes in Polen vom 2. 1. 1940, BA, NS 2/61.

252 Schreiben des Leiters der Siedlungsabteilung im REM an SS-Oberführer v. Gottberg, Chef des Siedlungsamtes im RuS, vom 15. 9. 1939, BA, NS 2/138.

253 Führererlaß vom 7. 10. 1939, BA, NS 2/60.

254 Schreiben Panckes an Himmler vom 23. 10. 1939, ebd.

255 Vorläufige Planungsrichtlinie Himmlers über die Struktur der Dörfer und Gaue, vom 11. 10. 1939, ebd. (Dok. 2).

256 Darlegungen des Reichsführers-SS am 24. 10. 1939 vor den SS-Führern: Gedanken über Siedlung, ebd. (Dok. 3).

257 Schreiben der Reichsjugendführung an Pancke vom 22. 11. 1939 und Schreiben Panckes an Himmler vom 20. 11. 1939, ebd.

258 Schreiben des Chefs der Reichskanzlei Rk. 26715 B an die Obersten Reichsbehörden, vom 24. 10. 1939, ebd.

259 Aktenvermerk Panckes über seine Besprechung mit dem Höheren SS- und Polizeiführer Schlesien, SS-Gruppenführer von dem Bach, am 26. 11. 1939, ebd.

260 Rundschreiben des RKF betr. Zusammenarbeit mit der HTO vom 10. 11. 1939, Eil-Runderlaß betr. Beschlagnahme von Vermögenswerten vom 16. 12. 1939, und Rundschreiben der HTO über die Beschlagnahme der Ziegeleien in den eingegliederten Ostgebieten vom 18. 11. 1939, ebd.

261 Anordnung 11/V des RKF vom 24. 11. 1939, BA, R 113/10.

262 Rassenpolitisches Amt, Die Frage der Behandlung der Bevölkerung der ehemaligen polnischen Gebiete nach rassenpolitischen Gesichtspunkten, vom 25. 11. 1939, BA, R 49/75 (Dok. 4).

263 Aktenvermek Panckes über die Besprechung mit dem Reichsführer-SS am 29. 11. 1939, BA, NS 2/60.

264 Allgemeine Anordnung 2/I des RKF vom 9. 12. 1939, BA, R 113/10.

265 Schreiben an Gruppenführer Greifelt vom 1. 12. 1939, BA, NS 2/60.

266 Aktennotiz über die Ausführungen Greifelts am 13. 12. 1939 im Volksdeutschen Klub Berlin, BA, R 49/20 (Dok. 5).

267 Schriftwechsel Greifelts mit Pancke vom 2. 2. und 11. 3. 1940, BA, NS 2/61. Mit dem Reichspressechef wurde vereinbart, daß der RKF künftig selbst mit eigenen Aufsätzen in Erscheinung treten sollte.

268 Rundschreiben des Leiters des RfR vom 20. 2. 1940, BA, R 113/1561.

269 Schreiben an den Planungs- und Einsatzstab Litzmannstadt vom 21. 3. 1940, BA, R 49/157.

270 Schreiben Himmlers an Bormann vom 20. 5. 1940, BA, NS 2/61.

271 Dok. 7.

272 Notiz über die Siedlungszone 1. Ordnung mit Himmlers Anweisung vom 13. 6. 1940, BA, R 49/157.

273 Vermerk betr. Erweiterung unseres Ansiedlungsgebietes vom 20. 5. 1940, ebd.

274 Denkschrift des REM vom 1. 6. 1940, BA, R 113/7.

275 Einige Gedanken über die Behandlung der Fremdvölkischen im Osten, BA, NS 19/1737; s. Krausnick, Denkschrift Himmlers.

276 Die Aufgaben des Reichskommissars für die Festigung deutschen Volkstums. In: Reichsverwaltungsblatt, Bd 61 (8. 6. 1940), H. 23, S. 261 f.

277 Memorandum Himmlers vom 24. 6. 1940 mit der Randnotiz vom 30. 6. 1940, BA, NS 19/3282, als Faksimile auch bei Roth, »Generalplan Ost«.

278 Madajczyk, Okkupationspolitik, S. 403.

279 Vermerk der RfR betr. Besprechung der Ostplaner am 24. 6. 1940, BA, R 113/294.

280 Himmler über Siedlungsfragen. Madrid, 22. 10. 1940, BA, R 49/20 (Dok. 8).

281 Allgemeine Anordnung Nr. 7/II des RKF vom 26. 11. 1940, abgedr. in Anordnungen und Beiträge, BA, R 49/157.

282 Zum Hintergrund s. Recker, Reichskommissar, und zur Rolle Leys und seiner DAF jetzt insgesamt Smelser, Eine »braune Revolution«?

283 Schreiben des Leiters des Reichsheimstättenamtes an die RfR vom 27. 11. 1940, BA, R 113/1561.

284 Vermerk der RfR betr. Ostreferat vom 30. 1. 1941, BA, R 113/7.

285 Vermerk über die Besprechung der Zusammenarbeit von RfR und RKF vom 6. 2. 1941, ebd.

286 Vermerk über die Besprechung am 24. 2. 1941 mit den Ostplanern, ebd. sowie über die Besprechung beim RKF/Planungshauptabteilung am 26. 2. 1941, BA, R 113/39; Richtlinien des Reichsministers des Innern für die Behörden der allgemeinen Verwaltung über die Neugestaltung des ländlichen Siedlungsaufbaues in den eingegliederten Ostgebieten vom 8. 5. 1941, abgedr. in Anordnungen und Beiträge, S. 8 ff.

287 Planung und Aufbau im Osten. Vortrag bei der Eröffnung der Sonderschau, BA, R 49/20.

288 Vereinbarung über die Zusammenarbeit zwischen den Generalreferenten für Raumordnung und der Planungsabteilung des RKF vom 9. und 25. 4. 1941, BA, R 113/7.

289 Vermerk über die Besprechung mit Brigadeführer Greifelt, ebd.

290 Vermerk über das Gespräch mit dem Leiter des Gauheimstättenamtes in Posen am 2. 5. 1941, BA, R 113/1561, und Niederschrift über die Besprechung betr. Abgrenzung der Zuständigkeiten zwischen dem RKF und der RfR vom 27. 5. 1941, BA, R 113/7.

291 Programm für den sozialen Wohnungsbau im ersten Jahr nach Beendigung des Krieges, BA, R 113/224.

292 Reichsverwaltungsblatt 1941, S. 509 ff.

293 Gemeinsames Schreiben RfR/RKF an die Planungsbehörden in den Ostgauen vom 4. 6. 1941, BA, R 113/7.

294 Schreiben Meyers an Himmler vom 15. 7. 1941, BA, NS 19/1739.

295 Führerbesprechung am 16. 7. 1941, Dok. 221-L, IMT, Bd 38, S. 86 ff.

296 Anweisung betr. Einsatz von Umsiedlern in den besetzten Gebieten der Sowjet-Union vom 26. 7. 1941 und Geheimschreiben vom 20. 6. 1941, BA-MA, RW 31/246.

297 Dazu Fleischhauer, »Unternehmen Barbarossa«.

298 Schreiben RKF/Hauptabt. Planung und Boden an RfR vom 22. 10. 1941 mit dem Entwurf Allgemeiner Richtlinien für die Planung und Gestaltung der Städte in den eingegliederten deutschen Ostgebieten, BA, R 113/10.

299 Vermerk der RfR über die Planertagung in Posen vom 23.–26. 10. 1941, BA, R 113/8.

300 Aktennotiz über die Unterredung Rosenbergs mit Göring am 9. 8. 1941, BA, R 6/23.

301 Schreiben Rosenberg an Göring vom 13. und 27. 8. 1941, ebd., und Bericht des Verbindungsoffiziers OKW/WiRüAmt beim Reichsmarschall vom 29. 10. 1941, BA-MA, RW 31/100.

302 Vermerk über die Abteilungsleiter-Besprechung am 11. 10. 1941, BA, R 49 Anhang III/12.

303 Koeppen-Berichte, BA, R 6/34 a, zit. nach Vogt, Selbstbespiegelung, S. 643.

304 Vermerk der RfR über die Besprechung mit Ministerialrat Dr. Lauenstein vom REM am 16. 10. 1941, BA, R 113/8, und Bericht über die Tagung der Landwirtschaftsleiter der Wirtschaftsinspektionen am 20. 10. 1941, BA-MA, RW 31/42a.

305 Schreiben Rosenbergs an Göring vom 28. 10. 1941, BA, R 6/23.

306 Rundschreiben des RFSS und Chef der Deutschen Polizei vom 11. 10. 1941, BA, R 19/102.

307 Niederschrift über die Besprechung am 30. 10. 1941 im RMfdbO über die Landesplanung im Ostraum, BA, R 6/102 (Dok. 16). Auch in seiner ersten allgemeinen Weisung an den Reichskommissar für die Ukraine vom 18. 11. 1941 (BA, R 6/69) skizzierte Rosenberg die Siedlungsaufgabe in diesem Gebiet, mit dem Vorbehalt, daß nähere Anweisungen auf Befehl des Führers durch den Ostminister ergehen werden.

308 Abgedr. bei Hepp, »Die Durchdringung«.

309 KTB Chefgruppe La, Eintrag vom 5. 11. 1941, BA-MA, RW 31/42a, und Entwurf für eine gemeinsame Anordnung des RKF und des RMfdbO betr. Volkstums- und Siedlungsfragen in den besetzten Ostgebieten, BA, NS 2/62.

310 Aktenvermerk des Rasseamtes vom 8. 11. 1941, BA, NS 2/62, Entwurf einer Anordnung des Leiters der Parteikanzlei über den Aufbau der Volkstumsarbeit der NSDAP, ebd.

311 Anordnung der Chefgruppe La vom 10. 11. 1941, BA-MA, RW 31/131, und Verfügung des Führers über die Errichtung des Hauptamtes für Volkstumsfragen vom 12. 3. 1942, abgedr. im Organisationshandbuch der NSDAP, S. 317.

312 Auszug aus der Rede Heydrichs am 2. 10. 1941, abgedr. in Eichholtz, »Generalplan Ost«, Dok. 3.

313 Koeppen-Berichte, zit. nach Vogt, Selbstbespiegelung, S. 648, Aktennotiz über die Besprechung bei Heydrich über Volkstumsfragen, vom 10. 11. 1941, BA, NS 2/62, und Erlaß des Führers vom 14. 11. 1941, BA, R 43 II/1326.

314 Bericht über die Sitzung am 4. 2. 1942 und Stellungnahme und Gedanken zum Generalplan Ost des Reichsführers SS, vom 27. 4. 1942, abgedr. in Heiber, Der Generalplan Ost, S. 293 ff.

315 Schreiben Himmlers an Greifelt vom 20. 11. 1941, BA, NS 19/1596, Allgemeine Anordnung Nr. 11/II vom 30. 1. 1942, BA, R 113/10. Mit Schreiben vom 9. 2. 1942 (BA, R 113/8) wurde die RfR gedrängt, trotz der Einberufungen zur Wehrmacht ihr Personal so einzusetzen, daß die großräumigen Ostplanungen fortgesetzt werden konnten.

316 Vortrag Meyer über Planung und Aufbau in den eingegliederten Ostgebieten am 28. 1. 1942, abgedr. in Meyer, Agrarpolitik, S. 82 ff.

317 Niederschrift zur Mitgliederversammlung der Vereinigung für deutsche Siedlung und Wanderung am 28. 4. 1942, S. 13, BA, R 49/20.

318 Schreiben Meyers an Himmler vom 28. 5. 1942 mit dem Generalplan Ost – Rechtliche, wirtschaftliche und räumliche Grundlagen des Ostaufbaus. BA, NS 19/1739 (Dok. 26).

319 Schreiben Himmlers an Greifelt vom 12. 6. 1942, ebd.

320 Vermerk Rieckes betr. Fragen der bäuerlichen Siedlung vom 11.6.1942, BA-MA, RW 31/42 b, und Vermerk betr. Rücksiedlung der Litauendeutschen vom 9.6.1942, ebd.

321 RKF/Stabshauptamt, Tätigkeitsbericht (Stand Ende 1942), BA, R 49/15 (Dok. 33).

322 Vermerk der RfR über einen Anruf von Ministerialrat Dr. Fischer aus Prag vom 29.7.1942, BA, R 133/9; zum Hintergrund s. Speer, Sklavenstaat, S. 137 ff.

323 Schreiben RKF/Stabshauptamt an Persönlichen Stab RFSS vom 24.6.1942, BA, NS 19/967, und Aktenvermerk über den Vortrag Greifelts bei Himmler am 10.8.1942, ebd.

324 Dazu Zamojszczyzna – Sonderlaboratorium SS.

325 Majer, »Fremdvölkische«, S. 539.

326 Anordnung Backes vom 14.7.1942, BA, R 113/9.

327 Niederschrift über die Besprechung der Chefgruppe Landwirtschaft am 23. und 24.6.1942, BA-MA RW 31/42 b.

328 Interner Schriftwechsel des RMfdbO dazu vom Juli/August 1942, BA-MA, RW 31/247; zum Hintergrund s. Fleischhauer, Das Dritte Reich, S. 174 ff.

329 Fleischhauer, Das Dritte Reich, S. 170 ff.

330 Germanisieren? In: Das Schwarze Korps vom 20.8.1942, S. 2, und Vermerk über die Äußerungen des Reichsführers SS am 14.8.1942 nach seiner Fahrt nach Kiew, BA, NS 19/1446.

331 Bericht über die Reise nach Rowno am 28.8.1942, BA-MA, RW 31/248, und Aktenvermerk für Landesbauernführer Körner betr. Umsiedlung der Deutschen im Generalbezirk Shitomir vom 9.9.1942, BA-MA, RW 31/257 (Dok. 29).

332 Vermerk für Riecke betr. Siedlungsausschuß vom 25.2.1943, BA-MA, RW 31/248.

333 Entwurf für einen Vortrag von Kleist bei Rosenberg vom 4.12.1942, Institut für Zeitgeschichte, München (IfZ).

334 Rundschreiben Rosenbergs vom 3.12.1942, BA-MA, RW 31/976 (Dok. 31), und Rundschreiben Goebbels' betr. Behandlung der europäischen Völker vom 15.2.1943, BA, R 6/140.

335 Arbeitswiss. Institut der DAF, Die Erschließung der Rohstoff- und Landwirtschaft des Ostens. Problematisches und Grundsätzliches. Berlin 1943.

336 Zit. nach Wegner, Hitlers Politische Soldaten, S. 48.

337 Schreiben Himmlers an Meyer vom 12.1.1943 und dessen Antwort vom 15.2.1943, BA, NS 19/1739 (abgedr. in Eichholtz, »Generalplan Ost«, S. 270 f.).

338 Wegner, Hitlers Politische Soldaten, Nachwort zur 3. Aufl.

339 Siehe dazu Fleischhauer, Die Chance des Sonderfriedens.

340 Dazu den Bericht des Wirtschaftsstabes Ost; Müller, Wirtschaftspolitik.

341 Fleischhauer, Das Dritte Reich, S. 206 ff.

342 Bericht über die Arbeitsergebnisse des RKF-Krimkommandos vom 31.5.1944, S. 17 ff., BA, R 70 Sowjetunion/35.

343 Bericht über den Stand der Rücksiedlung der Litauen-Deutschen zum 10.11.1943, BA-MA, RW 31/248.

344 Fernschreiben des RMfdbO an den Reichskommissar Ukraine vom 20.12.1943, ebd.

345 Stellungnahme zu der Denkschrift von Landesbauernführer Körner, vom 12.5.1944, S. 7, BA-MA, RW 31/252. Körners Denkschrift vom 20.4.1944 über »Die neue deutsche Ukraine-Politik«, PS-1198, Staatsarchiv Nürnberg.

346 Der europäische Osten unter deutscher Führung. Denkschrift der Hauptabteilung II für Rosenberg vom 19.5.1944, S. 4, BA, R 6/223 (Dok. 40).

347 Vermerk für SS-Obersturmbannführer Dr. Brandt vom Mai 1943, BA, NS 19/1739.

348 Rede Himmlers vor dem Offizierkorps einer Grenadierdivision auf dem Truppenübungsplatz Bitsch am 26.7.1944, abgedr. in Himmler, Geheimreden, S. 236 f. In diesem Sinne auch in der Rede vor den Offizieren des BdE am 21.7.1944, ebd. S. 245 f., und vor allem vor den Gauleitern am 3.8.1944; Eschenburg, Die Rede Himmlers. Die Idee der Militärgrenze war für Himmler noch immer mehr als ein Schlagwort. Er gab im Juli 1944 den Auftrag zu entsprechenden historischen Forschungen; BA, NS 19/3060.

349 Muff, Militärgrenzen S. 149.

Literaturverzeichnis

1. Quellentexte und zeitgenössische Literatur

Amtliche Nachrichten für die Oberkommandos der Wehrmacht, des Heeres und der Kriegsmarine

Anatomie der Aggression. Neue Dokumente zu den Kriegszielen des faschistischen deutschen Imperialismus im Zweiten Weltkrieg. Hrsg. von Gerhart Haas und Wolfgang Schumann. Berlin-Ost 1972

Anatomie des Krieges. Neue Dokumente über die Rolle des deutschen Monopolkapitals bei der Vorbereitung und Durchführung des Zweiten Weltkrieges. Hrsg. und eingeleitet von Dietrich Eichholtz und Wolfgang Schumann. Berlin-Ost 1969

Anordnungen und Beiträge zum ländlichen Siedlungsaufbau in den eingegliederten Ostgebieten und in der Untersteiermark. Hrsg.: Der Reichskommissar für die Festigung deutschen Volkstums, Stabshauptamt – Hauptabteilung Planung und Boden. Berlin 1942

Brekenfeld, F. W., Wehrkraft und Siedlung. Leipzig 1937 (= Staatsmedizinische Abhandlungen Nr. 16)

Deutsche Besatzungspolitik in der UdSSR. Dokumente. Hrsg. von Norbert Müller. Köln 1980 (= Kleine Bibliothek, Bd. 194)

Deutschlands Rüstung im Zweiten Weltkrieg. Hitlers Konferenzen mit Albert Speer 1942–1945. Hrsg. und eingeleitet von Willi A. Boelcke. Frankfurt a. M. 1969

Eichholtz, Dietrich, Der »Generalplan Ost«. Über eine Ausgeburt imperialistischer Denkart und Politik (mit Dokumenten). In: Jahrbuch für Geschichte, Bd. 26 (1982), S. 217–274

Eichholtz, Dietrich, »Wege zur Entbolschewisierung und Entrussung des Ostraums«. Empfehlungen des IG-Farben-Konzerns für Hitler im Frühjahr 1943. In: Jahrbuch für Wirtschaftsgeschichte 1970/T. 2, S. 13–44

Eschenburg, Theodor, »Die Rede Himmlers vor den Gauleitern am 3. August 1944«. In: VfZG 1 (1953), S. 375–394

Groscurth, Helmuth, Tagebücher eines Abwehroffiziers 1938–1940. Hrsg. von H. Krausnick und H. C. Deutsch unter Mitarbeit von H. v. Kotze. Stuttgart 1970 (= Quellen und Darstellungen zur Zeitgeschichte, Bd. 19)

Halder, Franz, Generaloberst Halder. Kriegstagebuch. Tägliche Aufzeichnungen des Chefs des Generalstabes des Heeres 1939–1942, hrsg. vom Arbeitskreis für Wehrforschung Stuttgart. Bearb. von Hans-Adolf Jacobsen in Verbindung mit

Alfred Philippi, Bd I: Vom Polenfeldzug bis zum Ende der Westoffensive (14. 8. 1939–30. 6. 1940). Stuttgart 1962; Bd. II: Von der geplanten Landung in England bis zum Beginn des Ostfeldzuges (1. 7. 1940–21. 6. 1941). Stuttgart 1963 (zit. Halder, KTB)

Heeres-Dienstvorschrift 82/5 b, Bestimmungen für Entlassung von Unteroffizieren und Mannschaften des Heeres während des Krieges, vom 15. 4. 1941

Heeres-Verordnungsblatt

Heiber, Helmut (Hrsg.), Der Generalplan Ost. In: VfZG 6 (1958), S. 281–325

Hepp, Michael (Hrsg.), »Die Durchdringung des Ostens in Rohstoff- und Landwirtschaft«. Vorschläge des Arbeitswissenschaftlichen Instituts der Deutschen Arbeitsfront zur Ausbeutung der UdSSR aus dem Jahre 1941. In: 1999, H. 4/ 1987, S. 96–134

Himmler, Heinrich, Geheimreden 1933 bis 1945 und andere Ansprachen. Hrsg. von Bradley F. Smith und Agnes F. Peterson. Frankfurt usw. 1974

Hitler, Adolf, Mein Kampf, München 1941

Hitler, Adolf, Monologe im Führerhauptquartier 1941–1944. Die Aufzeichnungen Heinrich Heims. Hrsg. von Werner Jochmann. Hamburg 1980

Krausnick, Helmut, Denkschrift Himmlers über die Behandlung der Fremdvölkischen im Osten (Mai 1940). In: VfZG 5 (1957), S. 194–198

Madajczyk, Czeslaw, Generalplan Ost. In: Polish Western Affairs, 1962, Vol. III, S. 391–442

Der Menscheneinsatz. Grundsätze, Anordnungen und Richtlinien, hrsg. vom Reichskommissar für die Festigung deutschen Volkstums, Stabshauptamt. Berlin 1940

Meyer, Konrad (Hrsg.), Agrarpolitik eine völkische Grundwissenschaft, 2. erg. Aufl. Radebeul 1943

Müller, Rolf-Dieter, Industrielle Interessenpolitik im Rahmen des »Generalplans Ost«. Dokumente zum Einfluß von Wehrmacht, Industrie und SS auf die wirtschaftliche Zielsetzung für Hitlers Ostimperium. In: Militärgeschichtliche Mitteilungen 29 (1981), S. 101–141

Müller, Rolf-Dieter, Kriegsrecht oder Willkür? Helmuth James Graf v. Moltke und die Auffassungen im Generalstab des Heeres über die Aufgaben der Militärverwaltung vor Beginn des Rußlandkrieges. In: Militärgeschichtliche Mitteilungen 42 (1987), S. 125–151

Müller, Rolf-Dieter, Die deutsche Wirtschaftspolitik in den besetzten sowjetischen Gebieten 1941–1943. Der Abschlußbericht des Wirtschaftsstabes Ost und Aufzeichnungen eines Angehörigen des Wirtschaftskommandos Kiew. Boppard 1991 (= Deutsche Geschichtsquellen des 19. und 20. Jahrhunderts, Bd. 57)

Müller, Klaus-Jürgen, Zu Vorgeschichte und Inhalt der Rede Himmlers vor der höheren Generalität am 13. März 1940 in Koblenz. In: VfZG 18 (1970), S. 95–120

Muff, General der Infanterie, Militärgrenzen. In: Militärwissenschaftliche Rundschau 8 (1943), S. 129–149

Nacht über Europa. Die Okkupationspolitik des deutschen Faschismus (1938–1945). Hrsg. von Wolfgang Schumann und Ludwig Nestler, Bd. 1: Die faschistische Okkupationspolitik in Österreich und der Tschechoslowakei (1938–1945). Köln 1989

Organisationsbuch der NSDAP. Hrsg. Der Reichsorganisationsleiter der NSDAP. München 1943

Der Prozeß gegen die Hauptkriegsverbrecher vor dem Internationalen Militärgerichtshof (International Military Tribunal), Nürnberg 14. Nov. 1945–1. Okt. 1946, Bd 38, Nürnberg 1949 (zit. IMT)

Reichstreubund ehemaliger Berufssoldaten

Reichsverwaltungsblatt

Roth, K. H., »Generalplan Ost« (April/Mai 1940) von Konrad Meyer. In: Mitteilungen der Dokumentationsstelle zur NS-Sozialpolitik 1 (1985), H. 4, 45–52

Soldat und Beruf. Was kann ich durch die Berufsförderung der Wehrmacht praktisch erreichen? (1942)

Staatsmänner und Diplomaten bei Hitler. Vertrauliche Aufzeichnungen über Unterredungen mit Vertretern des Auslandes, Teil II: 1942–1944. Hrsg. u. erl. von Andreas Hillgruber. Frankfurt a. M. 1970

Stupperich, R., Siedlungspläne im Gebiet des Oberbefehlshabers Ost (Militärverwaltung Litauen und Kurland) während des Weltkrieges. In: Jomsburg 5 (1941), S. 348–367

Ursachen und Folgen. Vom deutschen Zusammenbruch 1918 und 1945 bis zur staatlichen Neuordnung Deutschlands in der Gegenwart. Eine Urkunden- und Dokumentensammlung zur Zeitgeschichte. Hrsg. u. bearb. von Herbert Michaelis und Ernst Schraepler unter Mitwirkung von Günter Scheel. Bd. 19, Berlin 1973

Zamojszczyzna – Sonderlaboratorium SS. Zbiór dokumentów polskich i niemieckich z okresu okupacij hitlerowskiej. Pod redakcja Czeslawa Madajczyka. Tom I, II. Warszawa 1977

Zeitschrift für Raumforschung und Raumordnung

2. Sekundärliteratur

Absolon, Rudolf, Die Wehrmacht im Dritten Reich, Bd. 5: 1. Sept. 1939–18. Dez. 1941. Boppard 1989 (= Schriften des Bundesarchivs, Bd. 16, 5)

Bartoleit, Ralf, Die deutsche Agrarpolitik in den besetzten Gebieten der Ukraine vom Sommer 1941 bis zum Sommer 1942 unter besonderer Berücksichtigung der Einführung der »Neuen Agrarordnung«. Eine Studie über die strukturelle Durchsetzung nationalsozialistischer Programmatik. Magisterarbeit, Hamburg 1987

Bartov, Omer, The Eastern Front, 1941–45. German troops and the barbarisation of warfare. London 1985

Benz, Wolfgang, Der »Generalplan Ost«. Zur Germanisierungspolitik des NS-Regimes in den besetzten Ostgebieten 1939–1945. In: Frankfurter Rundschau Nr. 124 vom 31. 5. 1985, S. 10 f.

Borkin, Josef, Die unheilige Allianz der I. G. Farben. Eine Interessengemeinschaft im Dritten Reich. Frankfurt a. M. 1979

Bräutigam, Otto, So hat es sich zugetragen. Ein Leben als Soldat und Diplomat. Würzburg 1968

Bramwell, Anna, Blood and Soil: Richard Walther Darré and Hitler's »Green Party«. Bourne End/Buckinghamshire 1985

Brandes, Detlef, Die Tschechen unter deutschem Protektorat. Bd. I: Besatzungspolitik, Kollaboration und Widerstand im Protektorat Böhmen und Mähren bis Heydrichs Tod (1939–1942). München, Wien 1969

Broszat, Martin, Kompetenzen und Befugnisse der Haupttreuhandstelle Ost (HTO). In: Gutachten des Instituts für Zeitgeschichte, Bd. II, München 1966, S. 235–239

Broszat, Martin, Nationalsozialistische Polenpolitik 1939–1945. Stuttgart 1961 (= Schriftenreihe der Vierteljahreshefte für Zeitgeschichte, Nr. 2)

Buchheim, Hans, Rechtsstellung und Organisation des Reichskommissars für die Festigung deutschen Volkstums. In: Gutachten des Instituts für Zeitgeschichte, Bd. I, München 1958, S. 239–279

Burleigh, Michael, Germany Turns Eastwards. A Study of Ostforschung in the Third Reich. Cambridge etc. 1988

Dallin, Alexander, Deutsche Herrschaft in Rußland 1941–1945. Eine Studie über Besatzungspolitik. Düsseldorf 1958

Das Deutsche Reich und der Zweite Weltkrieg. Bd. 1: Ursachen und Voraussetzungen der deutschen Kriegspolitik. Stuttgart 1979; Bd. 4: Der Angriff auf die Sowjetunion. Stuttgart 1983; Bd. 5/1: Organisation und Mobilisierung des deutschen Machtbereichs, Erster Halbband: Kriegsverwaltung, Wirtschaft und personelle Ressourcen 1939–1941. Stuttgart 1988

Eichholtz, Dietrich, »Großgermanisches Reich« und »Generalplan Ost«. Einheitlichkeit und Unterschiedlichkeit im faschistischen Okkupationssystem. In: Zeitschrift für Geschichtswissenschaft 28 (1980), S. 835–841

Eichholtz, Dietrich, Geschichte der deutschen Kriegswirtschaft 1939–1945, Bd. II: 1941–1943. Berlin-Ost 1985

Eisenblätter, Gerhard, Grundlinien der Politik des Reichs gegenüber dem Generalgouvernement, 1939–1945. Diss. Frankfurt a. M. 1969

Fischer, Fritz, Bündnis der Eliten. Zur Kontinuität der Machtstrukturen in Deutschland 1871–1945. Düsseldorf 1979

Fischer, Fritz, Griff nach der Weltmacht. Düsseldorf [3]1964

Fleischhauer, Ingeborg, Die Chance des Sonderfriedens. Deutsch-sowjetische Geheimgespräche 1941–1945. Berlin 1986

Fleischhauer, Ingeborg, Das Dritte Reich und die Deutschen in der Sowjetunion. Stuttgart 1983 (= Schriftenreihe der Vierteljahreshefte für Zeitgeschichte, Nr. 46)

Fleischhauer, Ingeborg, »Unternehmen Barbarossa« und die Zwangsumsiedlung der Deutschen in der UdSSR. In: VfZG 30 (1982), S. 299–321

Förster, Jürgen, Rückblick auf das »Unternehmen Barbarossa«. Die besondere Qualität des Krieges im Osten. In: Licht in den Schatten der Vergangenheit. Zur Enttabuisierung der Nürnberger Kriegsverbrecherprozesse. Hrsg. von Jörg Friedrich und Jörg Wollenberg. Frankfurt, Berlin 1987, S. 115–129

Fröbe, Rainer, Der Arbeitseinsatz von KZ-Häftlingen und die Perspektive der Industrie, 1943–45. In: Der »Reichseinsatz«. Ausländische Arbeitskräfte in der nationalsozialistischen Kriegswirtschaft 1939 bis 1945. Hrsg. von Ulrich Herbert. Essen 1991, S. 351–383

Geiss, Immanuel, Der polnische Grenzstreifen 1914–1918. Lübeck, Hamburg 1960

Groehler, Olaf, Die Güter der Generale. In: Zeitschrift für Geschichtswissenschaft 19 (1971), S. 655 ff.

Hartmann, Peter R., Die annexionistische Agrarsiedlungspolitik des deutschen Faschismus in den sogenannten »Eingegliederten Ostgebieten« (›Reichsgau Danzig–Westpreußen‹, ›Reichsgau Wartheland‹, ›Regierungsbezirk Zichenau‹) 1939–1945. Diss. Rostock 1969

Herbst, Ludolf, Der Totale Krieg und die Ordnung der Wirtschaft. Die Kriegswirtschaft im Spannungsfeld von Politik, Ideologie und Propaganda 1939–1945. Stuttgart 1983 (= Studien zur Zeitgeschichte Bd. 21)

Hillgruber, Andreas, Hitlers Strategie. Politik und Kriegführung 1940–41. Frankfurt a. M. 1965

Hillgruber, Andreas, Die »Endlösung« und das deutsche Ostimperium als Kernstück des rassenideologischen Programms des Nationalsozialismus. In: VfZG 20 (1972), S. 133–153

Hillgruber, Andreas, Deutsche Rußlandpolitik 1871–1918: Grundlagen – Grundmuster – Grundprobleme. In: ders., Deutsche Großmacht- und Weltpolitik im 19. und 20. Jahrhundert. Düsseldorf 1977, S. 70–90

Höhne, Heinz, Der Orden unter dem Totenkopf. Die Geschichte der SS. 2 Bde., Hamburg 1969 (= Fischer Bücherei 1052 f.)

Jäckel, Eberhard, Hitlers Weltanschauung. Entwurf einer Herrschaft. Tübingen 1969

Kárný, Miroslav, Generální plán Východ. In: Československý časopis historický 25 (1977), S. 345 ff.

Kellermann, Volmar, Schwarzer Adler–Weißer Adler. Die Polenpolitik der Weimarer Republik. Köln 1970

Koehl, Robert Lewis, RKFDV: German Resettlement and Population Policy, 1939–1945. A history of the Reich Commission for the Strengthening of Germandom. Cambridge 1957 (= Harvard Historical Monographs, No. 31)

Kosthorst, Erich, Die deutsche Opposition gegen Hitler zwischen Polen- und Frankreichfeldzug. Bonn ³1957

Krüger, Peter, Zu Hitlers »nationalsozialistischen Wirtschaftserkenntnissen«. In: Geschichte und Gesellschaft 6 (1980), S. 263–282

Madajczyk, Czesław, Die Okkupationspolitik Nazideutschlands in Polen 1939–1945. Berlin-Ost 1987

Madajczyk, Czesław, Besteht ein Synchronismus zwischen dem »Generalplan Ost« und der Endlösung der Judenfrage? In: Der Zweite Weltkrieg, S. 844–857

Majer, Dietmut, »Fremdvölkische« im Dritten Reich. Ein Beitrag zur nationalsozialistischen Rechtssetzung und Rechtspraxis in Verwaltung und Justiz unter besonderer Berücksichtigung der eingegliederten Ostgebiete und des Generalgouvernements. Boppard 1981 (= Schriften des Bundesarchivs, 28)

Mayer, Arno J., Der Krieg als Kreuzzug. Das Deutsche Reich, Hitlers Wehrmacht und die »Endlösung«. Reinbek 1989

Meyer, August, Das Syndikat. Reichswerke »Hermann Göring«. Braunschweig 1986

Mollin, Gerhard Th., Montankonzerne und »Drittes Reich«. Der Gegensatz zwischen Monopolindustrie und Befehlswirtschaft in der deutschen Rüstung und Expansion 1936–1944. Göttingen 1988 (= Kritische Studien zur Geschichtswissenschaft 78)

Müller, Klaus-Jürgen, Das Heer und Hitler. Armee und nationalsozialistisches Regime 1933–1940. Stuttgart 1969 (= Beiträge zur Militär- und Kriegsgeschichte, Bd. 10)

Müller, Rolf-Dieter, »Gen Ostland wollen wir reiten« – Zur Partnerschaft von Industrie und Nationalsozialismus beim Griff nach der Weltherrschaft. In: Salzgitter Forum H. 15 (1988), S. 11–19

Müller, Rolf-Dieter, Die Rolle der Industrie in Hitlers Ostimperium. In: Militärgeschichte. Probleme – Thesen – Wege. Stuttgart 1982, S. 383–406

Müller, Rolf-Dieter, Das Tor zur Weltmacht. Die Bedeutung der Sowjetunion für die deutsche Wirtschafts- und Rüstungspolitik zwischen den Weltkriegen. Boppard 1984 (= Wehrwiss. Forschungen, Abt. Militärgeschichtliche Studien Bd. 32)

Müller, Rolf-Dieter/Gerd R. Ueberschär, Die deutsch-sowjetischen Beziehungen und das Unternehmen »Barbarossa« 1941 im Spiegel der Geschichtsschreibung. Eine kommentierte Auswahlbibliographie. In: »Unternehmen Barbarossa«. Der deutsche Überfall auf die Sowjetunion 1941, hrsg. von G. R. Ueberschär und W. Wette. Paderborn 1984, S. 271–291

Mulligan, The Politics of Illusion and Empire. German Occupation Policy in the Soviet Union, 1942–1943. New York usw. 1988

Recker, Marie-Luise, Der Reichskommissar für den sozialen Wohnungsbau. Zu Aufbau, Stellung und Arbeitsweise einer führerunmittelbaren Sonderbehörde. In: Verwaltung contra Menschenführung. Studien zum politisch-administrativen System, hrsg. von Dieter Rebentisch und Karl Teppe. Göttingen 1986, S. 333–350

Reitlinger, Gerald, Ein Haus auf Sand gebaut. Hitlers Gewaltpolitik in Rußland 1941–1944. Hamburg 1962

Riedel, Matthias, Eisen und Kohle für das Dritte Reich. Paul Pleigers Stellung in der NS-Wirtschaft. Göttingen usw. 1973

Schulte, Theo, The German Army and Nazi Policies in Occupied Russia. Oxford, New York, München 1989

Smelser, Ronald, Eine »braune Revolution«? Robert Ley, Deutsche Arbeitsfront und sozialrevolutionäre Konzepte. In: Der Zweite Weltkrieg, S. 418–429

Speer, Albert, Der Sklavenstaat. Meine Auseinandersetzung mit der SS. Stuttgart 1981

Ueberschär, Gerd R., Das Dilemma der deutschen Militäropposition. Berlin 1988

Umbreit, Hans, Deutsche Militärverwaltungen 1938/39. Die militärische Besetzung der Tschechoslowakei und Polens. Stuttgart 1977 (= Beiträge zur Militär- und Kriegsgeschichte, Bd. 18)

»Unternehmen Barbarossa«. Der deutsche Überfall auf die Sowjetunion 1941.

Berichte, Analysen, Dokumente, hrsg. von Gerd R. Ueberschär und Wolfram Wette. Paderborn 1984 (= Sammlung Schöningh zur Geschichte und Gegenwart)

Vogt, Martin, Selbstbespiegelung in Erwartung des Sieges. Bemerkungen zu den Tischgesprächen Hitlers im Herbst 1941. In: Der Zweite Weltkrieg, S. 641–651

Volkmann, Hans-Erich, Deutsche Agrareliten auf Revisions- und Expansionskurs. In: Die deutschen Eliten und der Weg in den Zweiten Weltkrieg, hrsg. von Martin Broszat und Klaus Schwabe. München 1989, S. 334–388

Volkmann, Hans-Erich, Zur Ansiedlung der Deutschbalten im »Warthegau«. In: Zeitschrift für Ostforschung 30 (1981), S. 527–558

Volkmann, Hans-Erich, Zwischen Ideologie und Pragmatismus. Zur nationalsozialistischen Wirtschaftspolitik im Reichsgau Wartheland. In: Ostmitteleuropa. Berichte und Forschungen. Gotthold Rhode zum 28. Januar 1981. Hrsg. von Ulrich Haustein u. a. Stuttgart 1981, S. 422–441

Volkmann, Hans-Erich, Zum Verhältnis von Großwirtschaft und NS-Regime im Zweiten Weltkrieg. In: Zweiter Weltkrieg und sozialer Wandel. Achsenmächte und besetzte Länder, hrsg. von Waclaw Dlugoborski. Göttingen 1981, S. 87–116

Volkmann, Hans-Erich, Polen im politisch-wirtschaftlichen Kalkül des Dritten Reiches 1933–1993; in: Der Zweite Weltkrieg, S. 74–92

Wegner, Bernd, Hitlers Politische Soldaten. Die Waffen-SS 1933–1945. Paderborn [3]1988

Wehler, Hans-Ulrich, »Reichsfestung Belgrad«. Nationalsozialistische »Raumordnung« in Südosteuropa. In: Vierteljahrshefte für Zeitgeschichte 11 (1963), S. 72–84

Wheeler, Leonie M., The SS and the Administration of Nazi Occupied Eastern Europe, 1939–1945. Phil. Diss. Oxford 1981

Wippermann, Wolfgang, Der »Deutsche Drang nach Osten«. Ideologie und Wirklichkeit eines politischen Schlagworts. Darmstadt 1981 (= Impulse der Forschung, Bd. 35)

Zitelmann, Rainer, Hitler. Selbstverständnis eines Revolutionärs. Stuttgart 1989

Zorn, Gerda, Nach Ostland geht unser Ritt. Deutsche Eroberungspolitik zwischen Germanisierung und Völkermord. Mit einem Vorwort von Herbert Wehner. Berlin, Bonn 1980

Der Zweite Weltkrieg. Analysen, Grundzüge, Forschungsbilanz. Hrsg. von Wolfgang Michalka. München, Zürich 1989

Abkürzungsverzeichnis

a. a. O.	am angegebenen Ort
abgedr.	abgedruckt
Abt.	Abteilung
Ag/U	Amtsgruppe Unterkunft u. Truppenübungsplätze
AHA	Allgemeines Heeresamt
ähnl.	ähnlich
AOK	Armeeoberkommando
AWA	Allgemeines Wehrmachtamt
BA	Bundesarchiv, Koblenz
BA-MA	Bundesarchiv-Militärarchiv, Freiburg
Bd	Band
BdE	Befehlshaber des Ersatzheeres
BHO	Berg- u. Hüttenwerksgesellschaft Ost GmbH
BW Sied	Bevollmächtigter des OKW für Siedlungsfragen
ChefHRüst	Chef der Heeresrüstung
DAF	Deutsche Arbeitsfront
DNVP	Deutschnationale Volkspartei
Dok.	Dokument
E. u. L.	Ernährung und Landwirtschaft
ebd.	ebenda
g/geh	geheim
geh. Rs.	geheime Reichssache
Gen. d. Pi.	General der Pioniere
GenStdH	Generalstab des Heeres
gez.	gezeichnet
GHH	Gutehoffnungshütte
gKdos	geheime Kommandosache
GPO	Generalplan Ost
H. Dv	Heeres-Dienstvorschrift
ha	Hektar
Hauptabt.	Hauptabteilung
HH	Heinrich Himmler
HJ	Hitler-Jugend
HTO	Haupttreuhandstelle Ost
i. A.	im Auftrag
i. R.	im Ruhestand

IfZ	Institut für Zeitgeschichte, München
IMT	International Military Tribunal (s. Der Prozeß gegen die Haupt-kriegsverbrecher, im Literaturverzeichnis)
K. Verw.	Kriegsverwaltung
KTB	Kriegstagebuch
L	Landesverteidigung
La	Landwirtschaft
landw.	landwirtschaftlich
LBF	Landesbauernführer
LBGU	Landbewirtschaftungsgesellschaft Ukraine
ldw.	landwirtschaftlich
lt.	laut
Ltn.	Leutnant
m. A.	meiner Ansicht
Mill.	Millionen
Mrd.	Milliarden
NS	Nationalsozialismus
NSDAP	Nationalsozialistische Deutsche Arbeiterpartei
OBdH	Oberbefehlshaber des Heeres
OB Ost	Oberbefehlshaber Ost
Ob.Reg.Rat	Oberregierungsrat
Oberost	Oberbefehlshaber Ost
Oberschles.	Oberschlesien
Obstlt.	Oberstleutnant
O. G. W.	Organisation der Gewerblichen Wirtschaft
OKH	Oberkommando des Heeres
OKVR	Oberkriegsverwaltungsrat
OKW	Oberkommando der Wehrmacht
Ostpr.	Ostpreußen
Qu	Quartiermeisterwesen
REM	Reichsminister f. Landwirtschaft u. Ernährung
RF	Reichsführer
RfR	Reichsstelle für Raumordnung
RFSS	Reichsführer SS
RGBl.	Reichsgesetzblatt
RIM	Reichsministerium des Innern
RK	Reichskommissar
RKF, RKFDV	Reichskommissar f. d. Festigung deutschen Volkstums
RKU	Reichskommissariat Ukraine
RM	Reichsmark
RMfdbO	Reichsministerium f. d. besetzten Ostgebiete
RSHA	Reichssicherheitshauptamt
RuS	Rasse- und Siedlungshauptamt
RWK	Reichswirtschaftskammer
RWM	Reichswirtschaftsministerium
s.	siehe

SA	Sturmabteilung
SD	Sicherheitsdienst
SS	Schutzstaffel
SS-Brif.	SS-Brigadeführer
SS-Hptstf.	SS-Hauptsturmführer
SS-Ogruf.	SS-Obergruppenführer
SS-Staf.	SS-Standartenführer
SS-Stbf.	SS-Sturmbannführer
T.	Teil
Tgb.	Tagebuch
Tr.Üb.Pl.	Truppenübungsplatz
u. ä.	und ähnliches
u. a. m.	und anderes mehr
UdSSR	Union der Sozialistischen Sowjetrepubliken
V. P.	Vierjahresplan
VBl. RM Ost	Verordnungsblatt des Reichsministeriums für die besetzten Ostgebiete
Verw.	Verwaltung
VO	Verbindungsoffizier
VO	Verordnung
W Allg	Allgemeine Abteilung
W. K.	Wehrkreis
Wa A	Heereswaffenamt
WFA	Wehrmachtführungsamt
WiIn	Wirtschaftsinspektion
WiRüAmt	Wehrwirtschafts- u. Rüstungsamt
WiStabOst	Wirtschaftsstab Ost
WVO	Wirtschaftsvereinigung Ost
z. T.	zum Teil
Ziff.	Ziffer

Personenregister

Verzeichnis der Firmen, Behörden und Institutionen

Bildnachweis

Hitler-Stalin-Pakt 1939

Das Ende Ostmitteleuropas?

*Mit Beiträgen von
Rolf Ahmann, Heino Arumäe,
Armin Heinen, Jörg K. Hoensch,
Kalervo Hovi, Erwin Oberländer
und Gert von Pistohlkors*

*Herausgegeben von
Erwin Oberländer*

Band 4434

Am 23.8.1939 schlossen das
Deutsche Reich und die Sowjetunion einen Nichtangriffspakt,
der mit seinem (von der sowjetischen Regierung noch heute
geheimgehaltenen) Zusatzproto-
koll als Hitler-Stalin-Pakt in die
Geschichte eingegangen ist. Dieser brachte jedoch keinen Frieden, sondern Krieg: Eine Woche
später überfielen deutsche Truppen das Nachbarland Polen – der
Zweite Weltkrieg war entfesselt.
Seither ist die Diskussion um
diesen Vertrag nicht zur Ruhe
gekommen. Die Politik der Groß-
mächte im Sommer 1939 steht in
Ost und West im Mittelpunkt des
Interesses. Die Autoren dieses
Bandes fragen deshalb bewußt
nach dem Schicksal jener Staaten, die auf den Inhalt des Paktes
keinen Einfluß hatten, von dessen Auswirkungen aber unmittelbar betroffen wurden. Denn die
deutsch-sowjetische »Erwerbsge-
meinschaft auf Gegenseitigkeit«
zerstörte 1939/40 die selbständige
Existenz einer ganzen europäischen Region: Polen wurde
unterworfen und erneut geteilt;
Estland, Lettland und Litauen
verschwanden von der Landkarte
Europas; Finnland entging im
Winterkrieg diesem Schicksal nur
knapp, wurde aber ebenso wie
Rumänien zur Abtretung wichtiger Teile des Staatsgebietes
gezwungen.
Das Ende Ostmitteleuropas
zeichnete sich ab, zumal die
betroffenen Völker auch nach
dem Krieg keine Chancen erhielten, ihre staatliche Selbständig-
keit in Freiheit weiterzuentwik-
keln. Wie aktuell die bei uns
weitgehend vergessenen Folgen
des Hitler-Stalin-Paktes in Ost-
mitteleuropa sind und welche
Emotionen sie vor allem unter
Esten, Letten, Litauern und
Polen gerade in jüngster Zeit zu
wecken vermochten, zeigt dieser
Band.

Fischer Taschenbuch Verlag